安琪拉的
灰燼

ANGELA'S ASHES

FRANK McCOURT

法蘭克・麥考特 著 | 趙丕慧 譯

謹以本書獻給我的弟弟們，
馬拉基、邁可、阿方索。
我從你們身上學習，我欣賞你們，我愛你們。

法蘭克．麥考特這位作家對家庭悲劇有直面不懼的眼光，而且還有寬大的胸襟與之匹配。等待了半個世紀才說出自己的故事，麥考特用他臻於成熟的才華來重現在愛爾蘭悲慘的童年，一種渴求物質以及智能糧食的童年。但凡過去有移民史的讀者，都會不由自主地在《安琪拉的灰燼》中找到他自己的祖先。

——山繆．弗里德曼，《紐約時報》專欄作家

法蘭克．麥考特是位巫師。他棲息在兒時的心境之中，生動回憶著童年的痛苦與家庭的艱辛，眞實的有如在你的心臟扎上一刀。他的書具有一本好小說該有的機智、語言與敘述魅力。

——威廉．甘迺迪，《紫苑草》作者

我被這本書的沉鬱及生動之美震懾住了；這是求生的故事，克服一切困難只爲成長。這本回憶錄充滿了驚人的成功，而寫作的語言本身就是一種成功。

——瑪麗．戈登，美國作家

《安琪拉的灰燼》記錄的是成人被殘酷人生隨意擺布，而兒童則被成人擺弄；這本書結合了悽楚與幽默，讓你不知該飲泣還是嘶吼——結果你發現自己兩樣都做了。從敘述的每一個新驚恐裡，你會爲了從沒見過的神奇筆法開心不已。麥考特值得所有榮耀的大獎。給他羅馬大獎、英勇十字勳章、普立茲獎、鄧普頓獎——索性，再給他一瓶健力士啤酒！

——湯瑪斯．高希爾，《愛爾蘭如何拯救文明》作者

是什麼讓深受貧窮、死亡、病疾所苦的童年，搖身變爲閃耀著愛，且每一頁語言都充滿罕見精力、音樂和幽默的故事？以《安琪拉的灰燼》爲例，我覺得一定是法蘭克·麥考特的靈魂。這本回憶錄是我多年來讀過最好的一本，我把它擺在一個小架子上，這上頭的幾本書我絕不外借——以免一借不還，害我再也看不到。

——凱絲琳·哈里遜，美國作家

打從我們遇見擺好陣勢的麥考特夫婦及其長子法蘭克，我們就也被攻擊他們人生的愚行、激情、歡笑、失落圍攻了。一旦翻開這本精采動人的書，非得看到法蘭克（多少算放養的）的童年結束你才會闔上。

——湯瑪斯·肯尼利，電影《辛德勒的名單》原著小說作者

某個世代的愛爾蘭人或愛爾蘭裔美國人，一定認識像麥考特這樣的家庭——但怪的是，你記住的不是他們的貧窮，而是譏誚的妙語、冷峭的異想、嘴角的智慧，會有這樣的風格是因爲帶著對家人的愛。

——湯瑪斯·弗萊納根，美國作家

法蘭克·麥考特抒情的愛爾蘭聲音足以媲美喬伊斯。他就是那麼誘人，那麼爆笑。可是麥考特在利默里克貧民窟忍飢挨餓有一種堅忍不拔的戲劇效果，更符合我們這個時代。即使他因傷寒住院似乎也是一種福氣，讓他暫時逃離了斷斷續續依靠補助金過日子的家庭生活。這些人從來就不會自憐自艾（他們禁不起）；他們從來沒有讓心中的火熄滅過。在回憶錄的編年史中，這一本會被大書特書。

——瑪莉·卡爾，《大說謊家俱樂部》作者

誌謝

這是一首讚頌女性的小詩。

蕊琳・達爾柏格煽燃了灰燼。
莉莎・舒瓦茲朋讀了早期的稿子，並且給我鼓勵。
瑪莉・伯瑞斯提德・斯密斯，本人是高雅的小說家，
讀了前三分之一，交給了莫麗・費德利克，她成爲我的經紀人，
覺得南・葛拉漢，Scribner 的總編輯，
會是那個讓這本書付梓的人。
莫麗沒料錯。

我的女兒瑪姬讓我知道人生可以是偉大的歷險，
而跟我的外孫女琪娥拉共度的美妙時刻，
幫我憶起了一個小孩的驚奇之心。
我的妻子愛倫傾聽我讀稿，支持我到最後一頁。
我是一個有福氣的男人。

1

我的父母親在紐約相識結婚，生下了我，他們本該定居下來，誰知他們又回到了愛爾蘭。那時我四歲，弟弟馬拉基三歲，雙胞胎弟弟奧利佛和尤金不滿一歲，我的妹妹瑪格麗特已經死了。

回顧童年，我真不知道自己是怎麼活過來的。不用說也知道，那是悲慘的童年，幸福快樂的童年大概也不好意思浪費你們寶貴的時間了。一般的悲慘童年已經夠慘了，可是還比不上在愛爾蘭度過的童年慘，不過還有比愛爾蘭的童年更慘的，那就是愛爾蘭天主教徒的童年。

到處都有人在吹噓童年過得有多痛苦，可是跟愛爾蘭的童年比起來，那只是小菜一碟：一貧如洗，無能又愛強辯的酒鬼父親，虔誠又灰心坐在爐火邊哀嘆的母親，愛擺架子的神父，欺負弱小的校長，還有英國人以及他們對我們八百年來的壓迫。

除此之外，我們的身上總是乾不了。

大西洋上空大片大片的雲雨帶聚集起來，緩緩沿著善農河向上游飄移，飄到利默里克就賴著不走了。整個城市從割禮節到除夕都濕答答的，也因此整個城市響徹著短促的乾咳聲、支氣管的嘎嘎聲、氣喘的咻咻聲、肺癆病人嘶啞的咳嗽聲。鼻水流個不停，肺葉變成了充滿細菌的海綿。各種祕方滿天飛：

要舒緩感冒，用牛奶煮洋蔥加胡椒；氣管感染，就煮麵糊加蕁麻，抹在布上，趁熱貼在胸口。

從十月到四月，利默里克的牆壁上總是閃著濕氣。衣服永遠曬不乾：毛呢和羊毛大衣成了許多生物的家，有時甚至會長出神祕的植物。酒館裡，潮濕的人體和衣服會冒出水氣，連同香菸菸斗的煙霧一塊吸進肺裡，再加上潑出來的黑啤酒和威士忌殘留的氣味，還有戶外廁所的尿臊味，許多人把一星期的工錢都吐在那裡。

雨把我們趕進了教堂——那是我們的避難所，我們的力量，我們唯一乾燥的地方。彌撒時、祝禱時、九日敬禮時，我們擠成濕濕的一團，在神父的長篇大論中打瞌睡，而我們的衣服冒出水氣，和焚香味、花香味、蠟燭味混合在一起。

利默里克以虔誠聞名，但我們都知道其實是因爲雨水太多了。

我的父親叫馬拉基．麥考特，出生在安特里姆郡圖姆鄉的農場上。他也同他的父親一樣，小時候很野，跟英國人幹架，跟愛爾蘭人幹架，或是同時跟兩種人幹架。他跟著老愛爾蘭共和軍鬧革命，在某個激烈的行動之後，他成了被懸賞追緝的逃犯。

小時候我會看著父親，看著他日漸稀薄的頭髮和一口壞牙，我會很懷疑怎麼會有人要花錢買這顆腦袋。十三歲時，我的奶奶跟我說了一個祕密：你可憐的爸爸在很小很小的時候摔過腦袋。那是一樁意外。可是從此以後他就不一樣了，你一定得記住，摔過腦袋的人會有一點怪怪的。

就因爲他那顆摔過的腦袋被人懸了賞，他才得偷偷搭上貨輪，從哥爾威溜出愛爾蘭。到了紐約，禁酒令全面執行，害得他以爲自己因爲作惡多端而死後下地獄了。後來他找到了賣私酒的酒館，樂得他手腳都不知道往哪裡擺。

在美國和英國喝酒流浪之後，他渴望在晚年能過點清靜的日子，就回到了貝爾法斯特，結果滿城就像炸了鍋似的。他說，讓他們都遭瘟吧。他跟安德斯城的太太們聊天，她們以各種珍釀誘惑他，但是他都不為所動，只管喝他的茶。他戒了菸酒，所以活著還有什麼樂趣？是該走了，於是他就在皇家維多利亞醫院過世了。

我母親的閨名是安琪拉·席安，在利默里克的貧民窟裡長大，家裡有母親、兩個哥哥湯馬士和派崔克、一個姊姊愛格妮絲。她沒見過她爸爸，她爸爸在她出生前幾週就逃到澳洲去了。

有天晚上他在利默里克一家酒館灌了一肚子波特酒之後，搖搖晃晃走在巷子裡，唱著他最愛的歌。

誰把工作服丟進了莫菲太太的濃湯裡？
沒人承認，他就扯開大嗓門說：
那是下流的愛爾蘭把戲，我能打敗愛爾蘭佬。
誰把工作服丟進了莫菲的濃湯裡。

他還很清醒，就想跟派崔克玩一會兒。小傢伙才一歲，可愛得很，最愛爸爸了。爸爸把他拋到空中，總是樂呵呵地笑。飛上天嘍，小不點，飛上天嘍，飛呀飛呀，飛在黑黑的天上，太黑了，唉呀不好，孩子落下來時沒接著，於是可憐的小派崔克就撞到了頭，咯咯了幾聲，抽噎了一下，就沒了聲響。外婆費勁地從床上爬起來，她大著肚子，懷著我媽，實在沒辦法抱起小派崔克。她俯在孩子身上長長哀號了一聲，然後轉頭看著外公。滾，給我滾。你要再多待一分鐘，我會拿斧頭砍死你，你這個瘋酒鬼。我會親手吊死你。滾。

外公像個男子漢一樣打死不退，他說我有權待在自己家裡。

外婆撲了過去。一見老婆懷裡抱著摔壞的孩子，肚子裡還有個健康的寶寶，氣勢洶洶衝了過來，外公就軟了，跌跌撞撞逃出了屋子，跑進小巷，一路逃到了澳洲的墨爾本。

我的舅舅小派特從此變了一個人。他的腦袋笨笨的，左腿歪向一邊，身體歪向另一邊。他不識字，但天主卻在另一方面祝福他。他八歲開始賣報紙，卻比財政大臣還會算帳。沒有人知道他為什麼叫做席安院長，也就是大修道院院長，可是全利默里克的人都愛他。

我媽的麻煩從她出生那晚就開始了。外婆躺在床上分娩，又是喘息又是抽氣，向聖哲拉馬則，懷孕婦女的主保聖人祈禱。助產士歐哈樂蘭太太穿上了最好的衣服。這天是除夕夜，歐哈樂蘭太太急著接生，以免耽誤了她去參加派對。她跟我外婆說：拜託妳用力推，用力推啊。耶穌，瑪利亞，大聖若瑟，妳要是不趕快生，這孩子就會到元旦才出生，那我穿這一身新衣服還有啥用？別管聖哲拉馬則了。就算他是個聖人，可也還是個男人，女人在這種時候，男人管什麼用？聖哲拉馬則個屁。

外婆又開始向聖安納祈禱了，她是難產的主保聖人。可是孩子就是不出來。歐哈樂蘭太太跟我外婆說，跟聖猶達禱告，他是急難的主保聖人。

聖猶達，急難的主保聖人，幫幫我。我走投無路了。她悶哼，用力推，嬰兒的頭出來了，只有頭，我的母親，午夜的鐘聲響了，新年了。利默里克市爆出了哨聲、喇叭聲、警笛聲、管樂聲，市民又唱又吼。新年快樂。怎能忘記舊時朋友[1]。教堂敲響了祈禱鐘，歐哈樂蘭太太為白白浪費了一件漂亮衣服而哭，哭寶寶還是不肯出來，哭我還穿著這麼漂亮的衣服。拜託你出來好不好，孩子，幫幫忙？外婆用力一推，孩子出世了；是個可愛的女娃，長著黑色的鬈髮和哀傷的藍色眼睛。

啊，天主啊，歐哈樂蘭太太說，這個孩子是個跨年娃，頭在新年，屁股在舊年；還是頭在舊年，屁股在新年？妳得寫信問教宗，搞清楚這孩子算哪一年出生的，我這件衣服就留到明年再穿吧。

這個孩子取名安琪拉，因爲午夜響起的祈禱鐘，因爲新年，因爲她誕生的那一刻，也因爲她是個小天使。

像童年時一樣愛她，
雖然軟弱、老邁又白髮。
因爲你不會缺少母愛，
直到她埋葬在地下。

安琪拉進了聖文生·德保學校，學會了讀寫和算術，九歲就完成了學校教育。她打過零工，做過女傭，當過戴著小白帽的開門僕人，但是她就是學不來這些工作所需的曲膝禮。外婆說，妳連這個也不會，簡直是廢物。妳乾脆到美國去好了，那裡用得著各種廢物。我給妳路費。

她在大蕭條的第一個感恩節抵達了紐約，在布魯克林的克萊森街，丹·麥克多里和太太蜜妮舉辦的

1 這是除夕夜倒數完畢之後播放的歌曲〈Auld Lang Syne〉的第一句。

派對上遇見了馬拉基。馬拉基喜歡她，她也喜歡馬拉基。他的樣子鬼祟，因爲他才爲了打劫卡車坐了三個月的牢。他跟朋友約翰・麥柯連聽信了在私酒酒館裡聽到的話，以爲卡車裡裝滿了一箱箱的豬肉豆子罐頭。他們兩個都不會開車，警察看見卡車在桃金孃街上蛇行，就把卡車攔了下來。警察搜索了卡車，很奇怪怎麼會有人要打劫一輛裝滿了一箱箱鈕釦的卡車。

安琪拉被那種鬼祟的樣子吸引，而馬拉基在牢裡關了三個月見不著女人，結果當然是天雷勾動地火。而天雷勾動地火的結果是貼著牆壁做了，男的女的踮著腳尖，使盡了吃奶的力氣，興奮得膝蓋抖個不停。

而這次的天雷勾動地火讓安琪拉珠胎暗結，少不了會有閒言閒語。安琪拉有表姊，麥納馬拉姊妹，黛莉亞和菲蘿米娜，分別嫁給了梅奧郡的吉米・佛純和布魯克林的湯米・弗林。

黛莉亞和菲蘿米娜都是大骨架大胸脯的潑婦，走在布魯克林的路上，比較小號的人都得讓路以示尊敬。姊妹倆知道何者是對何者是錯，如有疑問，至尊的、神聖的、羅馬的、天主教的、教宗的教廷絕對能解答。她們知道安琪拉還沒結婚是沒有權利懷孕的，於是她們採取了行動。

她們動手了。拖著吉米和湯米，雄糾糾氣昂昂走向了大西洋街的私酒酒館，只要馬拉基找得到活幹，星期五是發薪日，他一定泡在那裡。酒館老闆喬伊・凱恰馬尼不想讓姊妹花進去，可是菲蘿米娜說，如果他還想保住臉上的鼻子，還想保住那扇門，最好趕快讓開，因爲她們是來爲天主跑腿的。喬伊說，好啦好啦，你們這些愛爾蘭人。基督喔！眞是麻煩。

馬拉基坐在吧台另一頭，一見兩個波霸臉色就發白，怯怯地陪著笑臉，想請她們喝酒。她們不理他的笑臉，拒絕了他的請客。黛莉亞說，我們不知道你是北愛爾蘭哪一族的。

菲蘿米娜說，很可能你的家族裡有長老會的，也就難怪你會對我們表妹做出那種事來。
吉米說，唉唷，就算他們家族有長老會的，也不能怪到他頭上啊。
黛莉亞說，你給我閉嘴。
湯米不能不吭聲了。你對那個可憐女孩做的事侮辱了整個愛爾蘭人，你應該感到羞愧。
喔，我是啊，馬拉基說。我是啊。
沒人叫你說話。菲蘿米娜說，你的廢話造的孽已經夠多了，所以你給我閉嘴。
在你閉嘴的時候，黛莉亞說，我們就是來要你對我們表妹安琪拉．席安做對的事。
馬拉基說，喔，對，對。該做的就要做。我很樂意請你們喝一杯，咱們一面喝一面談吧。
把你那杯酒，湯米說，塞進你自己的屁眼吧。
菲蘿米娜說，我們的小表妹才下船就讓你給騙了。我們在利默里克是很講道德的，你知道，道德。
我們可不像安特里姆來的那些兔崽子，淨是些長老會的。
吉米說，他看起來不像是長老會的。
你閉嘴啦，黛莉亞說。
我們還注意到一件事，菲蘿米娜說。你的態度很奇怪。
馬拉基微笑。我有嗎？
有，黛莉亞說。我們大概第一眼就注意到了，那種奇怪的態度，讓我們很不舒服。
還不是那種長老會的鬼鬼祟祟的笑，菲蘿米娜說。
喔，馬拉基說，是因爲我的牙齒不好啦。

不管你的牙好不好，也不管你態度怪不怪，你反正要娶那個女孩，湯米說。結婚禮堂你進定了。

喔，馬拉基說，我沒打算要結婚耶。我沒工作，養不起……

你非結婚不可，黛莉亞說。

結婚禮堂你是進定了，吉米說。

你閉嘴啦，黛莉亞說。

馬拉基目送他們離開，然後跟喬伊·凱恰馬尼說，我可捅了馬蜂窩了。

可不是，喬伊說。他們要是衝著我來，我一定先跳進哈德遜河裡。

馬拉基琢磨著自己捅的馬蜂窩。他的口袋裡還有上一份工作剩下的幾塊錢，而他在舊金山或是加州別的金山有個叔伯。趁現在溜到加州去，總比落進波霸麥納馬拉姊妹花跟她們恐怖的丈夫手裡強吧？好，說走就走，不過他眞不愧是愛爾蘭人，還是得爲自己的決定喝一杯，慶祝慶祝，順道給自己餞行。喬伊斟了酒，這杯酒險些把他的食道都灼傷了。愛爾蘭人，哈！他跟喬伊說，這杯禁酒令黃湯簡直是從惡魔釀酒廠裡偷來的。喬伊聳聳肩。我什麼也不知道，我只管倒酒。不過沒有魚蝦也好，馬拉基還想再來一杯，也給你自己倒一杯，喬伊，再問問那兩個義大利好人想喝什麼，說什麼啊，我當然有錢。

他醒來時是在長島火車站的長椅上，有個警察拿著警棍在敲他的鞋子，他逃亡的錢沒了，麥納馬拉姊妹花會在布魯克林把他生吞活剝。

就在大聖若瑟節日，三月一個寒冷日子裡，在天雷勾動地火後四個月，馬拉基娶了安琪拉，八月就生下了孩子。十一月馬拉基喝醉了，決定也該去給孩子報戶口了。他想讓孩子也叫馬拉基，可是他北愛爾蘭腔太重，又喝多了酒口齒不清，辦事員實在聽不懂，就在出生證明上簡單寫了「梅爾」兩個字。

直到十二月底，他們才把梅爾帶到聖保祿教堂去受洗，取名法蘭西斯，一來是紀念祖父，二來是可愛的亞西西聖人。安琪拉想給孩子取個中間名蒙欽，紀念利默里克的主保聖人，但是馬拉基說，除非踩過他的屍體，他的兒子絕不可以取個利默里克名字。一輩子頂著一個名字就夠折騰人的了，又不是討厭的美國人，非取個中間名不可，再說教名跟亞西西聖人一樣，不需要再多一個名字了。

受洗那天有點延遲，因爲選定的教父約翰·麥柯連在私酒酒館喝醉了，忘了自己的責任。菲蘿米娜跟先生說，湯米，你得當教父。孩子的靈魂有危險，她說。湯米低下頭，咕噥了幾聲。好吧，我來當教父，可是如果他長大了跟他爸爸一樣惹麻煩，吊兒郎當過日子，我可不要擔責任，叫他上酒館去找約翰·麥柯連去。神父說，說得好，湯姆，你是個老實人，正經人是不會進私酒酒館的。馬拉基自己就剛從私酒酒館出來，覺得受辱，想跟神父爭辯，再加個褻瀆神聖的罪行。有種就把領圈摘下來，我們再來看看誰是男子漢。還是靠波霸姊妹花跟她們恐怖的丈夫才把他壓制住，而新手媽媽安琪拉忘了還抱著孩子，手一鬆，孩子就溜進了受洗盆裡，給孩子來了個新教徒式的全身浸洗。協助神父的輔祭童急忙把嬰兒從受洗盆裡撈出來，還給了安琪拉；安琪拉一邊抽泣，一邊把還在滴水的孩子緊緊抱在胸前。神父哈哈大笑，說從沒見過這種事，說孩子已經是個浸信會教徒了，不需要神父了。馬拉基一聽更火大，想撲向神父，因爲他說孩子是某種新教徒。神父說安靜，漢子，你是在上帝的屋子裡；馬拉基回嘴說，屁個上帝的屋子，就被丟到了法院街上，因爲在上帝的屋子裡不能說屁。

受洗之後，菲蘿米娜說她家裡準備了茶、火腿、蛋糕，過個街角就到了。馬拉基說，茶？她說對，茶，難不成你還想要威士忌？他說茶很好，可是他得先去找約翰·麥柯連算帳，他連當教父的責任都做不了。安琪拉說，你只是在找藉口上酒館；他說，天主爲證，我心裡根本就沒想到喝酒。安琪拉哭了起來。你兒子的受洗日，你卻得去喝酒。黛莉亞罵他是個噁心東西，可是北愛爾蘭來的還能有什麼指望。

馬拉基看看這個看看那個，兩腳動來動去，把帽子拉下來蓋住眼睛，兩手深深插入長褲口袋裡，說，噯，他們在偏僻的安特里姆郡都是這樣子的，一轉身就匆匆順著法院街走向大西洋街上的酒館，他很肯定他們會強灌他一杯免費的酒，慶祝他兒子受洗。

到了菲蘿米娜的家，姊妹花跟她們的先生又吃又喝，而安琪拉坐在一角哺乳，一面哭泣。菲蘿米娜嘴裡塞滿了火腿麵包，口齒不清跟安琪拉說話。誰叫妳這麼傻，才剛下船就招惹上那種瘋子。妳應該不要結婚，把孩子送給人領養，今天就還是個自由自在的女人。安琪拉哭得更兇，黛莉亞接手攻擊，喔，不要哭了，安琪拉，行了。妳要怪也只能怪自己，誰叫妳挑上一個北愛酒鬼，他連個天主教徒的樣子都沒有，賊眉鼠眼的。我說啊，那個……那個馬拉基骨子裡絕對是個長老會的。你閉嘴，吉米。

我要是妳啊，菲蘿米娜說，我絕對不會再生。他沒工作，酒又喝得那麼兇，現在沒工作，將來也不會有。所以……不能再生了，安琪拉。妳聽見了沒有？

聽見了，菲蘿米娜。

一年之後，又一個孩子呱呱墜地。安琪拉讓他跟爸爸同一個名字，還加了中間名，傑若德，紀念他爸爸的兄弟。

麥納馬拉姊妹花說，安琪拉簡直就是隻兔子，除非她的腦袋想通，否則她們不想跟她再有任何瓜葛。她們的丈夫都同意。

我跟弟弟馬拉基在布魯克林的克萊森街遊戲區裡。他兩歲，我三歲。我們在玩蹺蹺板。

上下上下。

馬拉基上。

我跳了下去。

馬拉基往下墜，蹺蹺板撞到地面，他尖叫，一手摀著嘴，有血。

天啊，有血就慘了。我媽會打死我。

說鬼鬼到。她正跑過遊戲區，但是大肚子害她跑不快。

她說，你幹了什麼？你爲什麼要對弟弟那樣？

我無話可說。我不知道自己做了什麼。

她揪我的耳朵。回家，上床去。

上床？大白天的？

她把我朝遊戲區的門口推。去。

她把馬拉基抱起來，像鴨子一樣走了。

我爸爸的朋友麥克多里先生站在我們那棟樓外面，跟他太太蜜妮站在人行道邊，看著一條躺在水溝裡的狗。狗頭上到處都是血。顏色就跟馬拉基嘴上的鮮血顏色一樣。

馬拉基有狗血，狗有馬拉基的血。

我拉了拉麥克多里先生的手，跟他說馬拉基的血跟狗一樣。

喔，是啊，法蘭西斯，貓也是啊。還有愛斯基摩人。所有的血都是一樣的。

蜜妮說，別胡說，丹。別把小傢伙搞混了。她跟我說可憐的小狗是被車撞了，從馬路中央一路爬到水溝裡，死在那裡。牠想回家，可憐的小東西。

麥克多里先生說，你最好趕快回家，法蘭西斯。我不知道你把你的小弟弟怎麼了，可是你媽送他去醫院了。快回家去，孩子。

馬拉基會像狗一樣死掉嗎，麥克多里先生？

蜜妮說，他咬到舌頭了，不會死的。

那狗爲什麼會死？

牠的時候到了，法蘭西斯。

公寓裡空盪盪的，我在兩個房間之間晃，臥室和廚房。爸爸出去找工作了，媽媽帶馬拉基到醫院。我希望能有東西吃，可是冰櫃裡什麼也沒有，只有包心菜葉浮在融化的冰上。爸爸說絕不要吃浮在水上的東西，因爲可能有哪裡爛掉。我在爸媽的床上睡著了，媽媽把我搖醒的時候都快天黑了。你的小弟弟得睡一會兒。差點把舌頭整個咬掉了，縫了好多針。到另一個房間去。

爸爸在廚房裡，用他的白色搪瓷大杯喝紅茶。他把我抱到大腿上。

爸，跟我說哭哭的故事好不好？

是庫胡林。來，跟著我念，庫—胡—林。你把這個名字念對了，我就給你說故事。庫—胡—林。

我念對了，他就講了庫胡林的故事。庫胡林小時候有另一個名字，叫瑟坦特。他在愛爾蘭長大，爸爸小時候也住在那裡的安特里姆郡。瑟坦特有一根棒子和一顆球，有一天他把球打進了一隻大狗的嘴裡，把狗噎死了。那隻狗是庫林的。喔，庫林好生氣喔，他說沒了我的大狗來保護房子和老婆，還有我的十個小孩子跟數不清的豬、雞、羊，我要怎麼辦？

瑟坦特說對不起，我會用我的棒子和球來保護你的房子，我會把我的名字改成庫胡林，意思是庫林的獵狗。他說到做到。他保護了房子和附近地區，成了偉大的英雄，北愛爾蘭的獵犬。爸說他比希臘人大吹特吹的赫丘里斯和阿基里斯都還要偉大，而且他可以在公平的打鬥裡幹掉亞瑟王跟他所有的騎士，不過跟英國人打鬥是絕不可能會公平的啦。

這是只給我一個人聽的故事。爸不能把故事講給馬拉基或是走廊上別家的孩子聽。

他說完了故事，讓我喝他的茶。很苦，可是我很高興能坐在他的大腿上。

馬拉基的舌頭腫了好幾天，幾乎沒法發出聲音，更別說講話了。不過就算他能說話，也不會有人理，因爲天使在半夜三更送來了兩個新生兒。鄰居說，喔，啊，好可愛的男孩啊，看看那雙大眼睛。

馬拉基站在房間中央，抬頭看著大家，指著自己的舌頭說啊啊。鄰居說，你沒看見我們在看你的小弟弟嗎？他就哭了，後來爸爸拍了拍他的頭。把舌頭收進去，兒子，去外面跟法蘭基玩，去。

我在遊戲區跟馬拉基說，有隻狗死在街上，因爲有人塞了一顆球到牠嘴裡。馬拉基搖頭。才不是球哩，是車子撞死的。他哭了，因爲他的舌頭痛，幾乎不能說話，而不能說話可就太憋屈了。他不肯讓我幫他推鞦韆。他說你會害我摔死，就像坐蹺蹺板一樣。他叫弗瑞迪·雷伯維茨幫他推，玩得很開心，盪到天上時還哈哈笑。弗瑞迪七歲，個子很大，我請他幫我推鞦韆，他說不要，你想害死你弟弟。

我想靠自己把鞦韆盪高，可是弄了半天也只是前後搖晃，我火了，因爲弗瑞迪和馬拉基嘲笑我不會盪鞦韆。他們現在成了哥倆好，弗瑞迪七歲，馬拉基兩歲。他們每天都哈哈笑，馬拉基的舌頭因爲常常笑也好多了。

他笑的時候，你就會看見他的牙齒有多白多小多漂亮，也會看見他的眼睛閃閃發亮。他跟媽媽一樣是藍眼珠，有金色的頭髮和粉紅色臉頰。我跟爸爸一樣是棕色眼珠，黑色頭髮，臉頰在鏡子裡是白色的。我媽跟走廊尾巴的雷伯維茨太太說，馬拉基是天底下最開心的小孩。她跟走廊尾巴的雷伯維茨太太說，法蘭基跟他爸爸一樣怪怪的。我不知道什麼叫怪怪的，可是我不能問，因爲我不應該偷聽。

我眞希望能盪到天上，盪到雲層裡。這樣就可以繞著天上飛，而不會半夜三更聽到奧利佛和尤金哭。媽媽說他們總是餵不飽。她也在半夜三更哭，她說她累壞了，整天忙著照顧孩子、餵奶、換尿布，四個孩子實在太多了。她希望她只有一個女兒，她願意拿一切去換一個小女兒。

我跟馬拉基在遊戲區裡。我四歲，他三歲。他讓我幫他推鞦韆，因爲他不會自己盪，而弗瑞迪·雷伯維茨在上學。我們得待在遊戲區，因爲雙胞胎在睡覺，媽媽說她累死了。出去玩，她說，讓我休息休息。爸爸又出去找工作了，有時候他回來身上有威士忌的味道，還大唱那些受苦受難的愛爾蘭歌。媽一聽就來氣，說愛爾蘭可以親我的屁眼。爸說在孩子面前說這種話還眞是有教養，媽說別管什麼教養不教養，飯桌上有食物才最實在，而不是受苦受難的愛爾蘭。她說禁酒令取消了更慘，因爲爸爸會到每一家酒館去，用打掃或是搬酒桶來換一杯威士忌或啤酒喝。有時候他會帶一點免費午餐回家來，裸麥麵包、鹽醃牛肉、泡菜，把東西放在桌上，自己卻喝茶。他說食物對身體不好，眞不知道我們的胃口是哪裡來的。媽回說，他們有胃口是因爲一半時間都在餓肚子。

爸找到工作時，媽就眉開眼笑，會唱：

誰都看得出我爲什麼要你的吻，
一定是你，而原因是這樣。
會是眞的嗎？像你這樣的人
會愛我，愛我？

爸帶著第一個禮拜的薪水回家，媽很高興能付錢給雜貨店那個可愛的義大利人，又可以抬著頭做人了，因爲天底下最糟的就是欠債又被人盯著看。她清理廚房，洗杯子盤子，刮掉餐桌上的食物碎屑，清空冰櫃，向另一個義大利人訂一塊冰。她買衛生紙，讓我們帶到走廊底的廁所，她說這總比拿《每日新聞》的頭條來擦屁股，擦得一屁股黑要好。她用爐子燒水，花一整天時間在一個大錫盆裡洗我們的衣服襪子、雙胞胎的尿布、我們家的兩條床單、三條毛巾。她把衣服全都晾到公寓後面的曬衣繩上，我們可以看著衣服在風和陽光下跳舞。她說你不會想要鄰居從晾的衣服上知道你有什麼，可是陽光曬乾的衣服卻是什麼也比不上的。

如果爸在禮拜五晚上帶著第一週的薪水回家，我們就知道週末可開心了。媽會在星期六晚上用爐子燒水，用大錫盆給我們洗澡，爸會幫我們擦乾。馬拉基會轉過去露出屁股，爸會假裝大吃一驚，我們都會哈哈大笑。媽會泡熱可可，我們可以熬夜，聽爸爸說他腦子裡的故事。我們只需要說個名字，麥克多里先生或是走廊尾巴的雷伯維茨太太，爸爸就會讓他們兩個在巴西的河裡划船，後面有一堆綠鼻子、深褐色肩膀的印第安人在追。像這樣的夜晚，我們飄進夢鄉時知道早餐會有蛋、烤番茄、煎麵包、加了糖和奶的茶，而且還會有很豐盛的午餐，馬鈴薯泥、火腿燉豆子，媽做的乳脂鬆糕，蛋糕體浸過雪莉酒，上面加上一層層水果和溫熱可口的蛋奶醬。

如果爸爸把第一週的薪水帶回家，而且天氣好，媽就會帶我們去遊戲區。她坐在長椅上，跟蜜妮·麥克多里聊天。她跟蜜妮說利默里克家鄉的人物，蜜妮跟她說貝爾法斯特的人物，兩人笑呵呵的，因爲愛爾蘭，不管北或南，都有很多好笑的人。然後她教彼此唱傷心的歌，馬拉基跟我就會丟下鞦韆和蹺蹺板，跟她們一起坐在長椅上唱歌：

一群青年軍晚上坐在營房，
談著他們的意中人。
每個都歡天喜地，只有一個例外，
他垂頭喪氣，心情低落。
一起來嘛，一個青年說，
你一定也有一個心上的人兒。

可是奈德搖頭，驕傲地說：

我愛上了兩個人，每一個都像我的母親，

兩個我都不要分手。

因爲一個是我的媽媽，天父祝福她愛她，

另一個是我的小卿卿。

馬拉基跟我唱這首歌，媽和蜜妮哈哈笑，直笑到掉眼淚，最後馬拉基鞠躬，向媽媽伸出雙手。丹．麥克多里下班走這條路回家，說魯迪．瓦雷[2]最好要小心點，競爭對手出現了。

回家以後，媽會泡茶、烤麵包抹果醬，或是做馬鈴薯泥加奶油和鹽。爸只喝茶，什麼也不吃。媽說，天啊，你怎麼能幹一整天的活卻不吃東西呢？他說，茶就夠了。她說，你的身體會受不了的，然後他就又說食物對身體不好。他喝茶，跟我們說故事，教我們讀《每日新聞》上的字母和單字，不然就抽香菸，瞪著牆壁，用舌頭舔嘴唇。

爸上班到第三個禮拜，沒帶薪水回家。我們在禮拜五晚上等著他回家，媽給我們吃麵包和茶。夜色降臨，克萊森街家家戶戶都點上了燈。其他有工作的男人都回家了，晚上吃蛋，因爲禮拜五不能吃肉。你能聽到樓上樓下走廊上的人家在說話，收音機裡傳出平．克勞斯貝[3]的歌聲，老兄，施捨個一毛吧？

2　魯迪．瓦雷（Rudy Vallée, 1901–1986），美國流行歌手及演員。

3　平．克勞斯貝（Bing Crosby, 1903–1977），美國流行歌手及演員。一九六二年獲首屆葛萊美獎終身成就獎。

馬拉基跟我陪雙胞胎玩，我們知道媽不會唱誰都看得出我爲什麼要你的吻。她坐在廚房裡自言自語：我該怎麼辦？一直到很晚，爸才唱著洛迪．麥考利[4]搖搖晃晃走樓梯上來。他推開門，大聲叫我們：我的小軍隊呢？我的四個阿兵哥呢？

媽說，不要吵孩子們。他們半餓著肚子上床，因爲你把錢都拿去買威士忌灌飽你自己的肚子了。

他來到臥室門前。起來，孩子，起來。誰答應爲愛爾蘭而死，就給誰五分錢。

我們在加拿大的深林相遇，
都來自一個明亮的島嶼。
我們踏上的土地很偉大，
可是我們的心卻留在家裡。

起來，孩子們。法蘭西斯，馬拉基，奧利佛，尤金。紅宮騎士[5]，芬尼亞人，愛爾蘭共和軍，起來，起來。

媽坐在廚房裡搖頭，頭髮濕答答，臉也濕濕的。你就不能別鬧他們嗎？她說。耶穌，瑪利亞，大聖若瑟，你回家來口袋裡沒有半毛錢還不夠嗆，還要把孩子當猴子耍？

她來到臥室。回去睡覺，她說。

我要他們起來，他說。我要他們準備好迎接愛爾蘭從中心到海邊全都自由的那一天。

少惹我，她說，你敢招惹我，我會讓你在你媽家裡都下不了台。

他把帽子往下拉蓋住眼睛，大聲喊，我可憐的母親，可憐的愛爾蘭。噢，我們該怎麼辦？

媽說，你喝酒喝瘋了。然後又叫我們回去睡覺。

爸爸上班的第四個禮拜五早上，媽問他晚上是會帶薪水回來，還是又把錢都喝光？他看著我們，對著媽媽搖頭，好似在說：噢，妳不該在孩子面前說這種話。

媽不饒他。我在問你話，你是會回家來讓我們有點晚飯吃，或是又半夜三更才口袋空空，唱著凱文·巴里[6]和那些哭調子回來？

他戴上帽子，兩手插進長褲口袋裡，嘆了口氣，抬頭看著天花板。我不是說過我會回來嗎，他說。

那天稍晚，媽給我們換了衣服，把雙胞胎放進嬰兒車，我們就出門了，穿過布魯克林區長長的街道。有時她會讓馬拉基坐進嬰兒車，因爲他累了，再也沒辦法跟著走。她跟我說我太大了，坐不下嬰兒車。我是可以跟她說我走得兩腿都痛，可是她沒有唱歌，我知道現在不是跟她說我腿痛的時候。

我們來到了一道大柵門前，有個男人站在一個四面都有窗戶的盒子裡。媽跟那個男人說話。她想知道能不能進去到工人領薪水的地方，也許他們會把爸的薪水拿一些給她，他就不會把工錢全都花在酒館裡了。那人搖頭。對不起，女士，只要一開了例，布魯克林的太太們就會把這個地方擠爆。許多男人都有喝酒的問題，可是只要他們能清醒著來上班，幹他們的活，我們就管不了那麼多。

4　洛迪．麥考利據傳是一七九八年愛爾蘭起義的英雄，後被捕吊死，但生平不詳。
5　紅宮騎士（Red Branch Knights）是愛爾蘭神話中，效忠於阿爾斯太國王的戰士。
6　〈凱文．巴里〉是一首愛爾蘭反抗歌曲，紀念一九二〇年十一月一日被吊死的愛爾蘭共和軍成員凱文．巴里。他死時年僅十八歲。

我們在對街等待。媽讓我坐在人行道上，背靠著牆。她給雙胞胎喝一瓶糖水，可是我跟馬拉基就得等到她從爸那裡拿到錢，然後我們才可以到義大利老闆那裡去買茶、麵包、雞蛋。

五點半，下班的笛聲響了，戴帽子穿工作服的男人蜂擁走出大柵門，臉和手都是黑的。媽叫我們仔細找出爸爸來，因爲她在對街看不清楚，她的眼睛壞到那種程度了。先是幾十個男人，後來剩下一些，然後一個也沒了。媽在哭。你們爲什麼沒看到他？是瞎了嗎？

她又去找那個盒子裡的人。你確定全部的人都走光了嗎？

是的，女士，都走了。妳跟他一定是錯過了。

我們又穿過長長的布魯克林街道。雙胞胎拿著水瓶，哭著還要喝。馬拉基說他餓了，媽叫他再等一等，爸爸會拿錢回來，我們就可以吃一頓美味的晚餐。我們會去跟義大利老闆買雞蛋，用爐子的火烤吐司，上面還會放火腿。對，沒錯，我們會又飽又暖。

大西洋街上很暗，長島火車站四周的酒館卻明亮熱鬧。我們一家挨一家找爸爸。媽把我們留在外面看著嬰兒車，她自己進去酒館，不然就是叫我進去。酒館裡一大堆吵鬧的男人和酒走了味的味道，讓我想起了爸爸帶著混身威士忌味回家來。

吧台後的人說，孩子，你要什麼？你其實不應該進來的，知不知道。

我在找我爸爸。我爸爸有來嗎？

唉唷，我怎麼會知道？你爸是誰？

他叫馬拉基，他愛唱凱文・巴里。

馬辣奇？

不是，是馬拉基。

馬拉基？他愛唱凱文．巴里啊？

他對著吧台的客人喊，喂，有沒有人認識一個愛唱凱文．巴里的馬拉基啊？

他們搖頭。有一個人說他認識一個邁可，他也愛唱凱文．巴里，可是他戰爭時受了傷，喝了酒，舊傷復發就死了。

酒保說，唉唷，彼特，我又沒叫你給我上世界史。沒有，孩子，我們這裡不讓人唱歌，會惹麻煩。尤其是愛爾蘭人。讓他們唱歌，馬上就拳頭滿天飛。再說，我也沒聽過有誰叫馬拉基的。沒有，孩子，這裡沒有馬拉基。

那個叫彼特的人對著我舉酒杯。來，小伙子，喝一口。可是酒保說，彼特，你幹什麼啊？想把這個小孩灌醉嗎？再有一次，我就出來打爛你的屁股。

媽找遍了車站附近每家酒館，最後才放棄。她靠著牆哭。耶穌，我們還得一路走回克萊森街，我還有四個挨餓的孩子。她又叫我回那間彼特要給我酒喝的酒館，問酒保能不能把雙胞胎的瓶子裝滿水，最好還能加一點糖。酒館裡的人覺得很好笑，酒保居然還會給奶瓶裝水，可是酒保是條大漢，他叫他們都閉嘴。他跟我說小娃娃應該要喝牛奶，而不是水，我跟他說媽沒錢買牛奶，他就把奶瓶都倒乾淨，裝滿了牛奶。他說，跟你媽說他們需要這個，牙齒和骨頭才長得好。喝糖水只會得軟骨病。告訴你媽。

媽拿到牛奶很開心。她說她知道牙齒骨頭軟骨病那些事，可是乞丐還能挑嘴嗎？

走到克萊森街後，她直接就到義大利雜貨店去。她跟老闆說她的先生今天晚回來，可能在加班，可不可以先賒帳，明天再來付錢？

義大利人說，太太，不拘早晚，妳每次都會把帳付清，這裡的東西妳愛拿什麼就拿什麼。

喔，她說，我要的沒有很多。

隨便什麼東西，太太，因爲我知道妳是個老實的好女人，還養了幾個好孩子。

我們拿了雞蛋、果醬、吐司，不過我們在布魯克林走了那麼多路，累得幾乎連咀嚼的力氣都沒有。

雙胞胎一吃完飯就睡了，媽把他們抱到床上換尿布。她叫我到走廊底的浴室去洗髒尿布，好晾起來風乾，明天才能再用。馬拉基幫她給雙胞胎洗屁股，其實他已經快睡著了。

我爬上床跟馬拉基和雙胞胎一起睡。我看著媽媽坐在廚房，抽香菸，喝茶，一面哭。我想下床去跟她說，我很快就會長大，會去那個有大柵門的地方幹活，我會每個禮拜五晚上帶著薪水回家，讓她買雞蛋吐司火腿，讓她又能開心地唱，誰都看得出我爲什麼要你的吻。

下個禮拜，爸丟了工作。那個禮拜五晚上他回家來，把薪水丟在桌上，跟媽說：妳現在滿意了吧？妳守在大門外怨天怨地，這下子他們把我開除了。他們老早就想找藉口開除我，結果這個藉口還是妳送上門去給他們的。

他從薪水裡拿了幾塊錢，就出去了。回家來很晚了，又吼又唱。雙胞胎哭了，媽安慰他們，自己也哭了很久很久。

我們在三種時候會在遊戲區待很久：雙胞胎睡覺的時候，媽很累的時候；爸混身帶著威士忌酒味回家來，扯開嗓門大唱凱文·巴里在禮拜一早上被吊死或是洛迪·麥考利歌，

他踏上了那條窄街，
微笑著，得意著，年輕著，
頸子上那圈麻繩，
黃金小環玎玎響，
那雙藍眼沒有淚，
唯有歡喜與明亮，
洛迪．麥考利步向死亡，
死在圖姆橋上。

他一面唱一面繞著餐桌踢正步，媽哭，雙胞胎也跟著她一起哭嚎。她說，出去，法蘭基，出去，馬拉基。你們不應該看到你們爸爸這個樣子。待在遊戲區裡。

我們不介意到遊戲區去。我們可以玩地上堆積的落葉，可以幫彼此推鞦韆，可是冬天降臨了克萊森街，鞦韆凍住了，動也不動。蜜妮．麥克多里說，天主幫幫這兩個可憐的小男孩，他們連一隻手套都沒有。我聽了就哈哈笑，因爲我知道馬拉基跟我有四隻手，一隻手套根本就不夠。馬拉基不知道我在笑什麼，他要到四歲快滿五歲才會慢慢了解一些事情。

蜜妮把我們帶進屋去，給我們茶和加了果醬的麥片粥。麥克多里先生抱著他們的新生兒梅西坐在扶手椅上，一手扶著奶瓶一面唱：

拍拍手，拍拍手，
等到爸爸回家來，
口袋裡有麵包，
只給梅西一個人。
拍拍手，拍拍手，
等到爸爸回家來，
因爲爸爸有錢，
媽媽一毛也沒有。

馬拉基想學他唱，可是我不准他唱，這是梅西的歌。他就哭了。蜜妮說，乖，乖，你可以唱，這首歌是給每個孩子唱的。麥克多里先生對馬拉基微笑，而我則納悶那是什麼樣的世界，人人都可以唱別人的歌。

蜜妮說，別皺眉頭，法蘭基，你的臉會變黑，天主知道已經夠黑了。將來有一天你會有個小妹妹，你就可以唱這支歌給她聽。對，你會有個小妹妹，一定。

蜜妮說對了，媽的願望也成眞了。沒多久就有了一個新生兒，是個小女娃，他們叫她瑪格麗特。我們都愛瑪格麗特。她有捲捲的黑髮，跟媽媽一樣的藍眼睛，兩隻小手揮呀揮的，也跟克萊森街上的小鳥一樣啾啾叫。蜜妮說製造這個孩子的那天，天堂放假。雷伯維茨太太說沒見過這麼漂亮的眼睛，這麼可愛的笑臉，這麼開心的孩子。她讓我想跳舞，雷伯維茨太太說。

爸去找工作，回家來，會抱著瑪格麗特唱歌給她聽：

月夜在陰暗的角落，
我看見了一隻小精靈。
頭戴紅帽披綠袍，
旁邊有個小水罐。
他的鎚子咚咚咚，
在敲一隻小小鞋。
喔，我笑著想他終於被抓住了，
可是小精靈也在笑。

爸抱著她在廚房走，跟她說話。跟她說她捲捲的黑髮跟像媽媽的藍眼有多可愛，跟她說他會帶她到愛爾蘭，他們會走在安特里姆的峽谷，會在內伊湖游泳。他很快就會找到工作，很快，然後她就會有絲綢裙子和銀釦鞋可以穿。

爸唱得越久，瑪格麗特哭得就越少，日子一天天過去，她甚至會笑了。媽說，看他還想抱著孩子跳舞呢，也不想想自己長了兩隻左腳。媽哈哈笑，我們都哈哈笑。

雙胞胎小時候哭，爸跟媽就會說噓噓，然後餵他們，他們吃飽了就又回頭睡覺。可是瑪格麗特一哭，空氣中就有種非常孤單的感覺，爸總是立刻下床抱起她，繞著餐桌跳慢舞，唱歌給她聽，發出像母親的聲音。他經過窗戶，街燈照進來，你可以看到他的臉上有淚，這就奇了，因爲他從來不會爲誰哭，除非是喝了酒，唱凱文·巴里和洛迪·麥考利之歌。現在他卻爲瑪格麗特而哭，而且身上還沒有酒味。

媽跟蜜妮·麥克多里說，天主在天堂看顧這個孩子。他從孩子出生後就沒碰過一滴酒。早知道我應該早點生個小女兒的。

喔，女兒好棒，對不對？蜜妮說。小男孩也很棒，可是妳需要一個小女兒給自己。

媽笑了。給我自己？天父在上，要不是得餵奶，我根本連靠近都靠近不了，他日日夜夜都想抱著她不放手。

蜜妮說，看著一個大男人這麼迷他的小女兒，還眞是可愛。妳看不是人人都喜歡她嗎？

每一個人。

雙胞胎會站會走了，而且意外不斷。他們的屁股發炎，因爲他們總是又尿濕又拉屎。什麼東西都放進嘴裡，紙張、羽毛、鞋帶，結果就生病。媽說我們會把她逼瘋。她幫雙胞胎換衣服，把他們放進嬰兒車，馬拉基跟我就帶他們到遊戲區。寒冷的天氣結束了，克萊森街的樹木又長出了綠葉。

我們在遊戲區推著嬰兒車到處跑，雙胞胎樂得咕咕笑，等他們餓了，就又哭了起來。嬰兒車裡有兩瓶糖水，他們喝了會安靜一陣子，等到餓了就又哭，哭得很大聲。我不知道該怎麼辦，因爲他們那麼小，我恨不得給他們各式各樣的食物，讓他們哈哈笑，發出嬰兒的聲音。他們愛吃媽媽用鍋子煮出來的糊糊東西，愛吃浸透了牛奶的麵包泥，愛吃糖水。媽說那叫麵包和好東西。

如果我現在就把雙胞胎帶回家去，媽會對我又吼又叫，因爲她會沒時間休息，或是吵醒了瑪格麗特。我們得待在遊戲區，等她從窗戶探頭叫我們。我扮鬼臉，讓雙胞胎不要再哭。還把一張紙放在頭頂上，紙一落下來，他們就哈哈笑。我把嬰兒車推到馬拉基那裡，他跟弗瑞迪．雷伯維茨在盪鞦韆。馬拉基在跟弗瑞迪說瑟坦特變成庫胡林的事。我叫他不要講這個故事，這是我的故事。他不肯住口，我推了他，他就哭了。哇哇，我要告訴媽媽。弗瑞迪也推了我一把，我的腦袋一下子變黑，我撲向他拳打腳踢，最後他大喊，嘿，停止、停止。我不肯停，因爲我停不了，也不知道怎麼停，而且要是我停下來，馬拉基就會繼續搶走我的故事。弗瑞迪把我推開跑掉，一面大喊，法蘭基要殺我。法蘭基要殺我。我不知道該怎麼辦，因爲我從沒想過要殺人，而現在馬拉基卻坐在鞦韆上哭喊，別殺我，法蘭基，一副可憐兮兮的樣子，於是我用兩手抱住他，把他抱下鞦韆。他擁抱我，說我不會再講你的故事了。我不會跟弗瑞迪說哭哭。我想笑，可是我不能笑，因爲雙胞胎在哭，而且天黑了，他們看不到我，那扮鬼臉、讓東西從頭頂落下來又有什麼用？

義大利雜貨店就在對街，我看見了香蕉、蘋果、柳橙。我知道雙胞胎可以吃香蕉。馬拉基愛吃香蕉，我自己也一樣。可是你需要錢，可沒聽說過義大利人會送人香蕉吃，尤其不會送給麥考特家，他們已經賒了很多雜貨了。

我媽媽時時刻刻都在告誡我，絕對、絕對、絕對不可以離開遊戲區，除非是要回家。可是嬰兒車裡的雙胞胎餓得嚎啕大哭，我還能怎麼辦？我跟馬拉基說馬上回來。確定沒有人在看，就抓了一串義大利雜貨店外面的香蕉，跑到桃金孃街，離開了遊戲區繞過街區，再回到另一頭，那邊的籬笆有個洞。我們把嬰兒車推到較暗的角落，幫雙胞胎剝香蕉皮。這一串有五根香蕉，我們就在陰暗的角落裡大吃。雙胞胎吃得口水都流出來了，臉上、頭髮、衣服上都是香蕉。我這才發現媽媽一定會問。媽會想知道雙胞胎為什麼身上都是香蕉，我是從哪裡弄來的。我不能跟她說是轉角的義大利店。只能說是有一個人。

我就要這樣說。有一個人。

沒想到奇怪的事發生了。遊戲區的柵門前有個男人，他在叫我。喔，慘了，是義大利老闆。嘿，孩子，過來。嘿，跟你說話啊。過來。

我走了過去。

你是那個帶著幾個小弟弟的孩子吧？雙胞胎？

對。

來。這兒有一袋水果。不是我給你的，是我丟掉的。對吧？喏，拿去，裡頭有蘋果、柳橙、香蕉。你喜歡香蕉吧？我就知道你喜歡。哈哈，我知道你喜歡吃香蕉。來，袋子給你。你有個好媽媽。你的爸爸嘛？嗳，你也知道，他有毛病，愛爾蘭人的毛病。把香蕉拿給雙胞胎吃，讓他們閉嘴。我從對街都能聽到他們哭。

謝謝你，先生。

喲，好有禮貌的小孩子。誰教的啊？

我爸爸教我要說謝謝，先生。

你爸爸？喔，對。

爸坐在廚房看報紙。他說羅斯福總統是好人，美國人很快都可以找到工作。媽在餐桌另一頭餵瑪格麗特，臉上的表情讓我很害怕。
水果是哪兒來的？
那個人。
什麼人？
那個義大利人給我的。
是不是你偷的？
馬拉基說，那個人。那個人給了法蘭基袋子。
你是不是欺負弗瑞迪·雷伯維茨了？他的媽媽來過。善良的好女人。沒有她和蜜妮·麥克多里，我真不知道我們該怎麼辦。而你還非得打可憐的弗瑞迪不可。
馬拉基跳下跳下。他沒有、他沒有，他沒有要殺弗瑞迪，沒有要殺我。
爸說，噓，馬拉基，噓，過來這裡。他把馬拉基抱到大腿上。
我媽說，到走廊那邊去跟弗瑞迪道歉。
可是爸說，你想跟弗瑞迪說你很抱歉嗎？
我不想。
我的父母互望了一眼。爸說，弗瑞迪是個好孩子，他只是幫你弟弟推鞦韆，對不對？
他想把我的庫胡林故事偷走。
怎麼會呢。弗瑞迪才不管什麼庫胡林故事呢，他有他自己的故事。好幾百個故事。他是猶太人。
什麼叫猶太人？

爸哈哈笑。猶太人就是、就是有自己故事的人民。他們不需要庫胡林，而是摩西、參孫。

誰是參孫？

如果你去跟弗瑞迪講話，我以後就跟你說參孫的故事。你可以跟弗瑞迪說你很抱歉，以後再也不會了，還可以問他參孫的故事。什麼都可以，只要你跟弗瑞迪說話。好嗎？

瑪格麗特在媽媽懷裡哭，爸爸立刻跳了起來，害馬拉基摔在地上。她沒事吧？我媽說，當然沒事，她在喝奶。眞要命，別這麼緊張兮兮的。

他們在談瑪格麗特，把我忘了。我不在乎。我要去找弗瑞迪問他參孫的故事，看參孫是不是和庫胡林一樣偉大，看弗瑞迪是不是有自己的故事，還是仍想要偷走庫胡林。馬拉基想跟我一起去，因爲現在爸爸站著，他沒有大腿可坐了。

雷伯維茨太太說，喔，法蘭基、法蘭基，進來，進來。還有小馬拉基。告訴我，法蘭基，你欺負弗瑞迪了嗎？想殺了他嗎？弗瑞迪是個好孩子，法蘭基。會看書，跟他爸爸一起聽收音機。他幫你弟弟推鞦韆。你卻想殺了他。喔，法蘭基、法蘭基。還有你可憐的媽媽和生病的寶寶。

她沒有生病，雷伯維茨太太。

她生病了。她生病了。我看得出寶寶有沒有生病。我在醫院幹活，不用你來跟我說，法蘭基。進來，進來。弗瑞迪、弗瑞迪，法蘭基來了。出來，法蘭基不會殺你的。你跟小馬拉基。很好的猶太名字，吃塊蛋糕吧？怎麼會給你取了個猶太名字？來，喝杯牛奶，吃塊蛋糕。你們這兩個孩子都太瘦了，愛爾蘭人都不吃飯。

我們跟弗瑞迪坐在餐桌，喝牛奶吃蛋糕。雷伯維茨先生坐在扶手椅上看報紙，聽收音機，有時會跟雷伯維茨太太說話，我聽不懂，因爲他嘴裡發出的音很怪。弗瑞迪聽得懂。雷伯維茨先生發出奇怪的聲音，弗瑞迪就會站起來給他一塊蛋糕。雷伯維茨先生對弗瑞迪微笑，拍他的頭，弗瑞迪也露出微笑，發出奇怪的聲音。

雷伯維茨太太對著我和馬拉基搖頭。喔唷，這麼瘦。她說了太多喔唷，逗得馬拉基哈哈笑，也跟著說喔唷，雷伯維茨夫婦也哈哈笑，雷伯維茨先生說了我們聽得懂的話，愛爾蘭男孩子笑起來啊。雷伯維茨太太笑得全身都在抖，還抱著肚子，馬拉基又說了一次喔唷，因爲他知道這樣會逗得大家哈哈笑。我也說喔唷，可是沒有人笑，所以我知道喔唷是馬拉基專用的，就像庫胡林是我專用的一樣。好，喔唷就讓給馬拉基吧。

雷伯維茨太太，我爸說弗瑞迪有一個最愛的故事。

馬拉基說，參、參，喔唷。大家又都哈哈笑，可是我沒笑，因爲我記不得是參什麼。弗瑞迪含著滿口蛋糕開口說參孫，雷伯維茨太太就叫他嘴巴裡有東西的時候不准說話，我一聽就笑了，因爲她是大人了，可是她把嘴巴說成了姐巴。馬拉基也跟著我笑，雷伯維茨夫婦互看了一眼，露出微笑。弗瑞迪說，不是參孫。我最愛的故事是大衛和巨人歌利亞。大衛用彈弓殺了他，石頭打到巨人的頭，巨人的腦漿灑在地上。

灑在地上，雷伯維茨先生說。

對，爸爸。

爸爸，弗瑞迪這樣叫他父親，而我叫我父親「爸」。

媽媽壓低的說話聲吵醒了我。孩子怎麼了？時間還早，房間裡還沒有多少晨光，可是你能看見爸站在窗邊，抱著瑪格麗特。一面搖，一面嘆氣。噢。

媽說，她是不是、是不是生病了？

噢，她很安靜，而且有點冷。

我媽下了床，把寶寶抱過去。去叫醫生，快一點。我爸穿上了長褲襯衫，沒穿外套，穿上了鞋，沒穿襪子，在這苦澀的一天。

我們在房間裡等，雙胞胎睡在床尾，馬拉基在我旁邊翻身。法蘭基，我要喝水。媽在床上抱著寶寶搖。喔，瑪格麗特、瑪格麗特，我的小心肝寶貝。張開可愛的藍眼睛，小寶貝。

我裝了一杯水給馬拉基跟我，媽在哭。水給你跟你弟弟，是啊，自己喝啊。什麼也不給妹妹。你們可憐的小妹妹。你們有沒有問問她的臉上是不是有嘴巴？她是不是也想要喝點水？哼，算了，去呀，去自己喝水啊，你跟你弟弟，好像沒事人似的。你們兩個覺得今天就跟昨天一樣，是不是？雙胞胎還自顧自睡他們的大頭覺，好像他們可憐的小妹妹在我懷裡病了不關他們事似的。在我懷裡病了。喔，天上的耶穌啊。

她爲什麼這樣說話？她今天不像我的媽媽。我要爸爸，爸爸呢？

我爬上床，哭了起來。馬拉基說，你幹嘛哭？你幹嘛哭？後來媽又罵我。你妹妹在我的懷裡病了，你還在那裡鬼哭狼嚎的。要是讓我過去，小心我會讓你好好嚎一頓。

爸帶著醫生回來了，身上有威士忌的味道。醫生檢查了寶寶，戳她，拉起她的眼皮，摸她的脖子、胳膊、腿。他挺直腰，搖搖頭。她走了。媽伸手去抱寶寶，擁抱她，轉身面對著牆壁。醫生想知道，是不是發生了什麼意外？有人把孩子摔了嗎？是不是男孩子跟她玩得太粗野了？任何事情？

我爸搖頭。醫生說他得帶她去檢查，爸簽了文件。我媽懇求再等幾分鐘，可是醫生說他沒有時間。爸伸手要去抱瑪格麗特，媽躲開了，挨著牆。表情瘋狂，黑色捲髮濕濕貼著額頭，滿臉是汗，眼睛瞪得好大，臉上淚光閃閃，一直搖頭呻吟，喔，不，喔不，一直到爸把寶寶從她懷裡抱走。醫生用毛毯把瑪格麗特包起來，我媽哭喊，天啊，你會悶死她的。耶穌，瑪利亞，大聖若瑟，幫幫我。醫生離開了。我媽轉身面對牆壁，不動也不出聲。雙胞胎醒了，餓得大哭，可是爸站在房間中央瞪著天花板，臉色很白，兩隻拳頭捶打大腿。他來到床邊，一手放在我的頭頂。他的手在發抖。法蘭西斯，我要出去買菸。

媽一整天沒下床，也幾乎沒有動。馬拉基跟我幫雙胞胎的奶瓶裝糖水。我們在廚房找到半條隔夜的麵包、兩根冷掉的香腸。我們不能喝茶，因為冰塊又融化了，冰櫃裡的牛奶餿掉了，而大家都知道沒有牛奶不能喝茶，除非是你爸爸在說庫胡林故事的時候，拿他的馬克杯給你喝。

雙胞胎又餓了，但是我知道不能讓他們一整天都喝糖水。我把餿牛奶倒進鍋子裡煮，加了一些隔夜麵包，裝在杯子裡想餵他們，麵包和好東西。但是他們扮鬼臉，哭著跑到媽媽的床鋪。媽仍然面對著牆壁，雙胞胎又跑回來我這裡，還在哭。他們不肯吃麵包和好東西，我只好加了糖。這下子他們開心地吃了，還把好東西抹得滿臉都是。馬拉基也想吃，要是他能吃，那我也能吃。我們坐在地板上吃好東西，嚼著冷香腸，喝我媽用牛奶瓶裝的水，她都放在冰櫃裡。

吃吃喝喝之後，我們得到走廊底的浴室去，可是我們進不去，因為雷伯維茨太太在裡面又哼又唱。她說等等，孩子們，等等，達令。再兩分鐘就好。馬拉基拍手到處亂轉，唱著等等，孩子們，等等，達令。雷伯維茨太太打開了浴室門。看看他，已經是個小演員了。咳，孩子們，你們的媽媽好嗎？

她在床上，雷伯維茨太太。醫生把瑪格麗特帶走了，我爸爸出去買香菸了。

喔，法蘭基，法蘭基。我就說那個孩子有病。

馬拉基抓著小雞雞。尿尿、尿尿。

要尿就尿啊。等你們幾個孩子尿完，我們去看看你們媽媽。

我們撒完尿後，雷伯維茨太太來看媽媽。喔，麥考特太太。噯，達令。看看，看看雙胞胎，光著屁股。麥考特太太，是怎麼了？寶寶病了？來，跟我說。可憐的女人。來，轉過來，太太。跟我說。喔唷，眞是太糟糕了。來，跟我說，麥考特太太。

她把我媽扶起來靠牆坐著，媽好像變小了一點。雷伯維茨太太說她會帶湯來，叫我去拿水來幫媽洗臉。我把毛巾浸在冷水裡，拍她的額頭。她按住我的手，貼著她的臉頰。喔，耶穌，法蘭基。喔，耶穌。她不肯放開我的手，我嚇壞了，因爲我沒看過她這個樣子。她嘴巴上說法蘭基，完全是因爲她按的是我的手，其實她心裡想的是瑪格麗特，不是我。你可愛的小妹妹死了，法蘭基。死了。而你的爸爸呢？她放掉了我的手。我說你爸爸呢？喝酒去了。又去泡酒館了。家裡一分錢也沒有。他找不到工作，卻找得到酒錢，酒錢，酒錢，酒錢。她向後仰，腦袋敲到牆，大聲尖叫，她呢？她呢？我的小女兒呢？喔，耶穌，瑪利亞，聖若瑟，幫幫我。我會瘋掉，我會、我會整個瘋掉。

雷伯維茨太太衝進來。太太、太太，怎麼了？小女兒。哪兒去了？

我媽又尖叫，死了，雷伯維茨太太。死了。她低下頭，前後搖晃。半夜三更，雷伯維茨太太。在嬰兒車裡。我應該一直看著她的。她才到這個人世七個禮拜，就孤伶伶地半夜死了，雷伯維茨太太，孤伶伶地死在嬰兒車裡。

雷伯維茨太太摟著我媽媽。噓、噓，寶寶都是這麼走的。誰也難免，太太。上帝把他們接去了。死在嬰兒車裡，雷伯維茨太太。就在我的床邊。我本來可以把她抱起來，她不用死的，對不對？上帝不會要小娃娃，祂要去了能幹什麼？

我不知道，太太。上帝的事我沒法知道。來，喝點湯。喝湯好，讓妳有力氣。你們這幾個孩子，去拿碗來。我給你們舀湯。

什麼碗，雷伯維茨太太？

喔，法蘭基，你連碗都不知道嗎？喝湯用的啊，達令。你們沒有碗嗎？那就拿杯子來喝湯。我把豌豆和扁豆混在一起，沒有火腿。愛爾蘭人喜歡火腿。沒有火腿，法蘭基。喝，太太，喝湯。

她一湯匙一湯匙餵我媽，幫她擦下巴，馬拉基跟我坐在地板上，用馬克杯喝湯。我們用湯匙餵雙胞胎。湯又熱又好喝。我媽從來沒煮過這樣的湯，我忍不住想，有沒有可能雷伯維茨太太會變成我媽媽。弗瑞迪可以是我，我的爸爸媽媽給他，馬拉基和雙胞胎也可以給他當弟弟。他不能有瑪格麗特當妹妹，因爲她就像街上那條狗，被帶走了。我不知道她爲什麼被帶走。我媽說她死在嬰兒車裡，那一定就像是被車撞了，因爲他們會把你帶走。

我眞希望小瑪格麗特也能在這裡喝湯，我可以像雷伯維茨太太餵我媽一樣，用湯匙一口一口餵她，她會咕咕叫，像對爸爸笑一樣咯咯笑。她不會再哭了，我媽也不會白天晚上都在床上，爸會跟我說庫胡林的故事，我也不會再想要雷伯維茨太太當我的媽媽。雷伯維茨太太是好人，可是我寧可要我爸跟我說庫胡林的故事，寧可要瑪格麗特咯咯笑，媽哈哈笑，看著爸爸用兩隻左腳跳舞。

蜜妮·麥克多里也來幫忙。聖母喔，雷伯維茨太太，雙胞胎的臭味都衝到九重天上了。

我不知道什麼聖母，蜜妮，可是這兩個孩子需要洗澡。他們需要乾淨的尿布。法蘭基，乾淨的尿布擺在哪裡？

我不知道。

蜜妮說，他們是用破布當尿布的。我去拿梅西的來。法蘭基，你把那些破布脫了，拿去丟掉。

馬拉基幫奧利佛脫破布，我幫尤金。安全別針卡住了，他扭來扭去，別針鬆開戳到屁股，他就大哭著要找媽媽。可是蜜妮帶著毛巾肥皂熱水回來了。我幫著她把黏住的大便洗掉，她讓我在雙胞胎發炎的屁股上撒爽身粉。她說他們是乖小孩，有個大驚喜要給他們。她走到走廊底，帶回了一鍋馬鈴薯泥給我們大家吃。馬鈴薯泥裡放了很多鹽和奶油，我又忍不住想，有沒有可能蜜妮會變成我媽媽，我就可以一天到晚吃這個了。要是我可以讓雷伯維茨太太和蜜妮同時當我媽媽，我就有吃不完的湯和馬鈴薯泥了。

蜜妮跟雷伯維茨太太坐在廚房。雷伯維茨太太說，不想個辦法不行了。這些孩子沒人管，他們父親呢？我聽蜜妮低聲說，他出去喝酒了。雷伯維茨太太說，太糟糕、太糟糕了，愛爾蘭人太愛喝酒了。蜜妮說，她的丹就不喝酒，沾都不沾，而且丹跟她說寶寶死了之後，那個可憐的人，馬拉基·麥考特，在弗萊布許街和大西洋街上發酒瘋，長島車站附近的每一家酒館都把他轟了出去，要不是看在死了一個可愛小娃的分上，警察也會把他關進牢裡。

他家裡還有四個可愛男孩啊，蜜妮說，可是都安慰不了他。那個小女娃帶出了他最好的一面。妳知道從她出生之後，他就滴酒不沾了，眞是奇蹟出現呢。

雷伯維茨太太想知道媽的表姊住在哪裡，就是嫁了兩個話很少的丈夫的波霸姊妹花。蜜妮會去找她們，告訴她們孩子沒人照料，快變野孩子了，屁股還發炎等等的。

兩天後，爸出去買菸回來了。在半夜，可是他把我跟馬拉基叫下床。他身上有酒味。他讓我們在廚房立正，我們是士兵。他跟我們說，一定要發誓爲愛爾蘭而死。

好的，爸，好。

我們一塊唱凱文．巴里。

禮拜一早晨在芒特喬伊，
在高高的絞架樹上，
凱文．巴里把年輕的生命
獻給了自由。
只活了十八個寒暑。
當然沒有人能否認，
在他邁向死亡的那天早晨，
他的頭抬得有多高。

有人敲門，是麥克多里先生。噯，馬拉基，看在上帝的分上，現在是半夜三點。你這一唱把整棟公寓的人都吵醒了。

唉唷，丹，我只是在教孩子們要爲愛爾蘭而死。

你可以等到白天再教孩子們爲愛爾蘭而死啊，馬拉基。

這事等不得，丹，等不得。

我知道，馬拉基，可是他們還小。還是小娃娃。你也該上床睡覺了，像個規規矩矩的男人。

上床，丹！我上床能幹啥？不管白天晚上，她可愛的小臉都在那兒，她捲捲的黑色頭髮，她可愛的藍眼睛。喔，耶穌，丹，我該怎麼辦？難道她是餓死的嗎，丹？

當然不是。你太太把她餵得很飽。是上帝帶走了她，祂有祂的理由。

再唱一首，丹，然後我們就上床睡覺了。

晚安，馬拉基。

來，孩子們，唱。

因爲他愛祖國，
因爲他愛綠色[7]，
他迎接了烈士的命運，
以傲然歡欣的態度；
至死不悔，喔！至死不悔！
他走上了上坡路；

年輕的洛迪．麥考利去赴死，
　今天在圖姆橋上。

你們會爲愛爾蘭而死，是不是，孩子們？

是，爸。

我們會在天堂見到你們的小妹妹，對不對，孩子們？

對，爸。

我弟弟的臉貼著桌腿，睡著了。爸把他抱起來，搖搖晃晃穿過房間，把他放到床上我媽身邊。我爬上床，我爸躺在我旁邊，仍穿著衣服。我暗自希望他會摟住我，可是他只是一直唱著洛迪．麥考利，一直跟瑪格麗特說話，喔，我的捲髮藍眼小可愛，我會讓妳穿絲綢，帶妳到內伊湖，後來窗戶出現了天光，我也睡著了。

那晚庫胡林來找我。他的肩膀上站了一隻大青鳥，一直唱著凱文．巴里和洛迪．麥考利，我不喜歡那隻鳥，因爲鳥嘴唱歌的時候會有鮮血滴下來。庫胡林一手拿著蓋包戟，就是只有他才舉得起來的長矛；另一手拿著香蕉，餵給青鳥吃，可是青鳥只是一直呱呱叫，把血噴在他臉上。你不免會懷疑庫胡林幹嘛要容忍這樣的一隻鳥。如果雙胞胎在我餵他們吃香蕉的時候把血噴在我臉上，我覺得我一定會用香蕉打他們的頭。

7　愛爾蘭國旗上的綠色代表蓋爾傳統。

早晨爸爸坐在廚房，我跟他說了我的夢。他說古時候的愛爾蘭沒有香蕉，就算有，庫胡林也不會餵給鳥吃，因為那種鳥是從英格蘭飛來過夏天的，鳥在他快死的時候停在他的肩膀上；庫胡林靠著一塊石頭，埃林人也就是愛爾蘭人想殺死他，又害怕有危險，後來看到鳥在喝庫胡林的血，才知道可以放心攻擊他了，卑鄙下流的孬種。所以你要注意鳥，法蘭西斯，鳥和英國人。

大多數的時候媽都躺在床上，面對著牆。如果她喝茶或是吃東西，就會吐在床上的桶子裡，我就得拿到走廊底的浴室去倒，洗乾淨。雷伯維茨太太拿湯來給她喝，還有像麻花一樣的好笑麵包。媽想把麵包切片，可是雷伯維茨太太哈哈笑，叫她直接撕開。馬拉基說那是撕開麵包，可是雷伯維茨太太說，不對，這叫哈拉，還教我們念。她搖頭。喔唷，你們這些愛爾蘭人，不管活多久都沒辦法像個猶太人一樣說哈拉。

蜜妮．麥克多里送馬鈴薯和包心菜來，偶爾會有一塊肉。噯，日子不好過啊，安琪拉，可是那個好人，羅斯福先生，會幫每個人都找到工作的，妳先生也會找到工作的。可憐的人，大蕭條也不能怪他，他白天晚上都在找工作。我的丹運氣好，在這裡住了四年，而且又不喝酒。他跟妳先生一起在圖姆長大的。有的人喝酒，有的人不喝。這是愛爾蘭人的詛咒。來，吃一點，安琪拉。妳得把身體養好。

麥克多里先生跟爸說，公共事業振興署有職缺，他去幹活就會有錢買食物，媽就會下床來清理雙胞胎，餵飽我們。爸帶著一身酒味回家來，一毛錢也沒有，媽對他大吼大叫，弄得雙胞胎也哭了，我跟馬拉基跑到遊戲區去。那樣子的晚上，媽會爬回床上，爸會唱那些愛爾蘭的哀歌。他為什麼不抱住媽，哄她睡覺，像他以前哄我們死掉的小妹妹一樣？他為什麼不唱一首瑪格麗特的歌，或是一首能讓媽不再流淚的歌？他仍然把我跟馬拉基叫下床，穿著襯衫立正，要我們發誓爲愛爾蘭而死。有天晚上他想讓雙胞胎發誓會爲愛爾蘭而死，可是他們連話都還不會說，媽對他大吼大叫，你這個發神經的老殺胚，你就不能別煩這些孩子嗎？

如果我們發誓會爲愛爾蘭而死，他就要給我們一毛錢，我們發誓了，可是從來沒有拿到錢。

我們從雷伯維茨太太那裡得到湯，從蜜妮·麥克多里那裡得到馬鈴薯泥，她們也教我們如何照顧雙胞胎，如何幫他們洗屁股，如何在他們把尿布都拉上屎之後洗乾淨。雷伯維茨太太說尿布，蜜妮說尿片，怎麼說都無所謂，反正雙胞胎都會弄得全是大便。如果媽躺在床上，而爸出去找工作，我們一整天就愛幹什麼幹什麼。我們可以把雙胞胎放進公園的小鞦韆上，輕輕推，推到他們餓了哭起來。那個義大利人會從對街喊我，嘿，法蘭基，過來。過馬路小心啊。那兩個雙胞胎又餓了？他給我們一點起司、火腿、香蕉，可是自從那隻鳥對著庫胡林噴血以後，我就沒辦法再吃香蕉了。

那人說他叫做狄米諾先生，櫃台後的是他太太安琪拉。我跟他說那是我媽的名字。沒搞錯，孩子，你媽也叫安琪拉？我都不知道愛爾蘭人也會叫這個名字呢。嘿，安琪拉，他媽媽的名字叫安琪拉呢。她露出笑容說，好巧啊。

狄米諾先生問我媽跟爸的事，問誰幫我們做飯。我告訴他，我們從雷伯維茨太太和蜜妮·麥克多里那裡得到食物。我跟他說了尿布尿片隨便怎麼叫，反正最後都是大便的事，他哈哈笑。安琪拉，妳聽見了嗎？幸好妳是義大利人。他說，孩子，我得跟雷伯維茨太太談一談。你一定有親戚能照顧你們。你看到蜜妮·麥克多里，就叫她過來找我。你們這些孩子快變野孩子了。

兩個特大號的女人站在門口。她們說，你是誰？

我是法蘭克。

法蘭克！你多大了？

我四歲，快滿五歲了。

對四歲的小孩來說，你好像長得不是很高，對不對？

我不知道。

你媽媽在家嗎？

她在床上。

天氣這麼好，又是大白天的，她在床上幹什麼？

她在睡覺。

嗯，我們要進來了。我們有話要跟你媽說。

她們從我面前走過，進了房間。耶穌，瑪利亞，聖若瑟，這股子味道喔。這些孩子又是誰？

馬拉基笑著跑向兩個特大號女人。他笑的時候，你能看見他潔白整齊的漂亮牙齒，還有藍眼睛閃閃發亮，臉頰紅通通。兩個女人都因此而微笑，我忍不住奇怪她們跟我說話怎麼就不笑。

馬拉基說，我是馬拉基，這個是奧利佛，這個是尤金，他們是雙胞胎，那邊那個是法蘭基。

褐色頭髮的大號女人說，嗯，你可一點也不害臊啊，是不是？我是你媽媽的表姊菲蘿米娜，這位是你媽媽的表姊黛莉亞。我是弗林太太，她是佛純太太，你們就這樣稱呼我們。

天啊，菲蘿米娜說。這兩個雙胞胎沒穿衣服，他們難道沒有衣服嗎？

馬拉基說，他們的衣服都是大便。

黛莉亞吼了起來。看吧，就知道會這樣。一張嘴就跟臭水溝一樣髒，也難怪，有那麼個北愛人當爹。不要說這種話，那是髒話，是受了詛咒的話。說那種話會下地獄。

什麼是地獄啊？馬拉基問。你很快就會知道，黛莉亞說。

兩個大號女人跟雷伯維茨太太和蜜妮．麥克多里坐在廚房。菲蘿米娜說，安琪拉的小女兒死了實在太可憐了，她們都聽說了，讓人很難不去想他們把那個小娃娃怎麼了。你可能會覺得好奇，我可能會覺得好奇，可是湯米．弗林一點也不懷疑。湯米說，北愛來的馬拉基把寶寶拿去換錢了。換錢？雷伯維茨太太說。沒錯，菲蘿米娜說。錢。他們收各種年齡的屍體拿來做實驗，最後不會剩下多少，你也不會想要回去，因爲殘缺不全的寶寶沒辦法葬在神聖的墓地裡。

太可怕了，雷伯維茨太太說。不管是做父親的還是做母親的，都絕不會拿孩子去換那種錢。

就是會，黛莉亞說，只要他們喝酒的癮頭上來了。只要酒癮犯了，他們連自己的媽都會拿去換錢，更何況是個死了的孩子。

雷伯維茨太太搖頭，在椅子上搖晃。喔唷。她說，喔唷，喔唷，喔唷。可憐的孩子。可憐的母親。感謝上帝我的先生沒有那種，妳怎麼說來著？癮頭？愛爾蘭人才會有這種癮頭。

我的先生可不會，菲蘿米娜說。要是他敢帶著酒癮回家來，我會打破他的頭。不過黛莉亞的吉米就有那種癮頭了，每到禮拜五晚上你就會看到他溜進酒吧。

妳不需要侮辱我的吉米，黛莉亞說。他有工作，他會把工資帶回家來。

妳還是得看牢他，菲蘿米娜說。酒癮一犯，他就什麼都顧不上了，到時候妳自己就會有另一個北愛來的馬拉基。

管妳自己的事情就好，黛莉亞說。至少吉米是愛爾蘭人，不像妳的湯米是在布魯克林出生的。

說到這個，菲蘿米娜就沒辦法回嘴了。

蜜妮抱著自己的女兒，大號女人說她是個可愛寶寶，乾乾淨淨，不像安琪拉這一窩。菲蘿米娜說，她不知道安琪拉這種骯髒毛病是打哪兒來的，因爲安琪拉的母親簡直有潔癖，都可以坐在她家地板上吃飯了。

我倒覺得奇怪了，明明就有桌子椅子，幹嘛要坐在地板上吃飯。

黛莉亞說，一定得想個辦法處理安琪拉跟這些孩子，因爲他們簡直丟人現眼，眞的，連跟他們攀上親戚都會覺得可恥。得寫封信給安琪拉的母親。菲蘿米娜會寫，因爲利默里克的一位老師曾跟她說過她有好拳頭。黛莉亞不得不向雷伯維茨太太解釋，好拳頭的意思是指寫了一手好字。

雷伯維茨太太回家去借她先生的自來水筆、紙和信封。四個女人坐在廚房，草擬了一封寫給我外婆的信：

親愛的瑪格麗特阿姨：

我拿筆寫給妳這封信，希望妳收信時就跟我們當初離開時一樣身體安康。我的先生湯米身體很好，認眞上班，黛莉亞的先生吉米的身體很好，認眞上班，我們希望妳收信時也身體很好。很遺憾我必須說安琪拉現在不是很好，她的孩子，跟妳一樣叫瑪格麗特的小女兒死了，從那之後，安琪拉就變了，一直躺在床上面對著牆。更糟的是我們覺得她又懷孕了，這實在是太過分了。她前一分鐘才失去一個孩子，下一分鐘就又有了。我們也不知道她到底怎麼搞的。她結婚四年，生了五個孩子，肚子裡還有一個。可見嫁給北愛人就會這樣，因爲他們根本不懂什麼叫自制，一群新教徒。他每天都去上班，可是我們知道他把時間都耗在酒館裡，靠掃地抬酒桶賺個幾塊錢，然後又立馬把錢都花在買酒上。眞是恐怖，瑪格麗特阿姨，我們都覺得安琪拉跟孩子們回到祖國會比較好。我們沒有錢買船票，因爲這裡的日子不好過，可是妳大概能想想辦法。希望妳收信時就跟我們當初離開時一樣身體安康，感謝天主以及聖母瑪利亞。

仍然愛妳的外甥女　菲蘿米娜．弗林（本姓麥納馬拉）

以及另一個外甥女　黛莉亞．佛純（也是本姓麥納馬拉，哈哈哈）

席安外婆寄錢給菲蘿米娜和黛莉亞，她們買了船票，在聖文生會討到一個大行李箱，雇了車把我們送到曼哈頓碼頭，送我們上船，說不要再見，就走了。

船漸漸離開了碼頭。媽說，那是自由女神像，那是愛莉絲島，所有的移民都從那裡來。然後她一彎腰就吐了，大西洋的風把她吐出來的東西都吹在我們身上，以及其他看風景的快樂旅客身上。乘客又罵又跑，港口的海鷗從四面八方飛來，媽軟軟地掛在欄杆上。

2

一週之後，我們抵達了多尼戈郡的莫維爾，搭巴士到貝爾法斯特，再換車到安特里姆郡的圖姆鄉。我們把行李箱留在一家商店裡，徒步走兩哩路到麥考特爺爺家。路上很黑，遠處山丘才微微披上朦朧的曙光。

爸抱著雙胞胎，他們輪流餓得大哭。媽每幾分鐘就停下來，坐在路邊的石頭上休息。我們跟她一起坐，看著天空變紅，然後又變藍。小鳥開始在樹上唱歌，旭日初升，我們看見田野有奇怪的動物，站在那兒看著我們。馬拉基說，爸，那是什麼？

母牛，孩子。

爸，母牛是什麼？

母牛就是母牛，孩子。

我們沿著越來越亮的路繼續向前走，田野裡還有別的動物，白色的，毛茸茸的。

馬拉基說，爸，那是什麼？

綿羊，孩子。

爸，綿羊是什麼？

我爸爸對他吼，你有完沒完啊？綿羊就是綿羊，母牛就是母牛，那邊的是山羊。山羊就是山羊。山羊會產奶，綿羊產羊毛，母牛什麼都產。你還想知道什麼？

馬拉基嚇得慘叫，因爲爸從來沒有像這樣子說話，從來不會對我們大聲小氣的。他可能會在半夜把我們叫下床，要我們發誓爲愛爾蘭而死，可是他從來不會像這樣子吼叫。馬拉基跑向媽媽，她說，乖、乖，不哭。你爸爸只是抱著雙胞胎太累了，抱著雙胞胎長途跋涉實在很難回答這麼多問題。

爸把雙胞胎放在路上，向馬拉基伸出手。這下子又換雙胞胎哭了，馬拉基緊緊抱著媽媽，也在哭。母牛哞哞叫，綿羊和山羊咩咩叫，小鳥在樹上啾啾叫，一輛汽車的嗶嗶聲蓋過了這一切。汽車裡的一個人大聲說，天啊，你們這些人怎麼在復活節的禮拜日一大清早就走在路上？

爸說，早安，神父。

神父？我說。爸，他是你的爸爸嗎？

媽說，別問他問題。

爸說，不是、不是，這位是神父。

馬拉基說，什麼是——？可是媽用手摀住了他的嘴。

神父有白髮白領子。他說，你們要上哪兒去？

爸說，往上走到穆尼格拉斯的麥考特家。神父就讓我們都上了車。他說他認識麥考特夫婦，很好的一家人，善良的天主教徒，每天都會領受聖體。他希望會在彌撒上看到我們，尤其是這幾個不知道什麼是神父的小美國佬，上帝幫助我們。

到了屋子，媽伸手去開門閂。爸說，不對、不對，不是那裡。不是前門。他們只有在神父來或是辦喪事的時候才會走前門。

我們繞到屋子後面去走廚房門。爸推開門，就看到麥考特爺爺在用大馬克杯喝茶，麥考特奶奶在煎東西。

噢，爺爺說，你們來了。

噢，我們來了，爸說。他指著我母親。這是安琪拉，他說。爺爺說，噢，妳一定累壞了，安琪拉。奶奶什麼也沒說，轉過身又去煎東西。爺爺帶我們穿過廚房，進了一個大房間，裡面有一張大桌子和幾張椅子。他說，坐，喝點茶。要不要吃點巴克斯泰？

馬拉基說，什麼是巴克斯泰？

爸哈哈笑。煎餅，兒子。用馬鈴薯做的煎餅。

爺爺說，我們有雞蛋。今天是復活節禮拜日，你們想吃多少雞蛋都可以。

我們喝了茶，吃巴克斯泰和水煮蛋，然後我們都睡著了。我在床上醒來，旁邊睡著馬拉基和雙胞胎。我的父母睡在窗邊另一張床上。我在哪裡？天色變暗了。這裡不是船上。媽打呼咻咻響，爸打呼轟隆隆的。我下了床，戳戳爸爸。我要尿尿。他說，用尿壺。

什麼？

在床底下，兒子。尿壺。上面有玫瑰花，還有少女在山谷裡歡蹦亂跳。尿在那裡面。

我想問他究竟在說什麼，因爲我的膀胱雖然快爆炸了，還是覺得尿在有玫瑰跟歡蹦亂跳少女（誰知道那是什麼意思）的壺裡很奇怪。我們在克萊森街根本沒有這種東西，我們都是站在走廊上，抓著小雞雞，而雷伯維茨太太則在浴室裡唱歌。

現在換馬拉基想用尿壺了，可是他想要坐在上面。爸說，不行，不能坐，兒子，你得到外面去。他不說還好，一說，我也得要坐了。他帶我們下樓，穿過大房間，爺爺坐在爐火邊看書，奶奶坐在椅子上打盹。外頭很黑，不過月亮夠亮，可以幫我們照路。爸打開了一間小屋子的門，裡頭有個座位，座位上有個洞。他示範要如何坐在洞上，如何用掛在釘子上的報紙擦屁股。然後他叫我們等一下，自己進去了小屋子，關上門悶哼起來。月光好亮，我能俯視田野，看到那些叫母牛和綿羊的動物，忍不住好奇牠們怎麼不回家。

房子裡還有別人跟我爺爺奶奶在一起。爸說，她們是你們的姑姑：愛蜜莉、諾拉、瑪姬、薇拉。你們的伊娃姑姑在巴利米納帶像你們一樣的孩子。我的姑姑不像雷伯維茨太太和蜜妮·麥克多里，她們點頭，卻不擁抱我們，也不笑。媽帶著雙胞胎進來房間，爸跟他的妹妹說，這是安琪拉，這兩個是雙胞胎。她們又只是點頭。

奶奶到廚房去，沒多久我們就有麵包、香腸和茶。餐桌上只有馬拉基開口說話，他拿湯匙指著姑姑，又問她們叫什麼名字。媽叫他閉上嘴吃香腸，他的眼眶就紅了，諾拉姑姑伸手過來安慰他，說乖、乖；我覺得眞奇怪，爲什麼馬拉基哭的時候大家都說乖、乖。乖、乖是什麼意思？

餐桌上很安靜，後來爸說，美國的情況很糟糕。奶奶說，噢，噯，我在報上看到了。可是他們說羅斯福先生是個好人，如果你留下，現在可能已經找到事做了。

爸搖頭。奶奶說，我不知道你打算怎麼辦，馬拉基。這裡的情況比美國還慘。沒有工作，而且上帝知道，我們沒辦法再養活六個人。

爸說，我應該能在農場上找到事做。我們可以弄個小房子。

在那兒之前你們要住哪裡？奶奶說。你要怎麼養活你自己跟你這一家子？

喔，我應該可以領補助金吧。

你不能剛從美國船下來就領補助金，爺爺說。他們會讓你等，在等的時候你要怎麼辦？

爸什麼也沒說，媽直直瞪著牆壁。

你到自由邦大概比較好，奶奶說。都柏林是個大地方，一定能找到事做，不然還有附近的農場。

你也有權從愛爾蘭共和軍那裡拿錢，爺爺說。你爲他們打過仗，他們現在在整個自由邦發錢。你可以到都柏林去請他們幫忙。我們可以借錢讓你們搭車到都柏林去，雙胞胎可以坐在你大腿上，就可以省一張票。

爸說，噢，嗳，而媽瞪著牆，眼裡有淚。

吃完飯我們又上床，隔天早晨，所有大人都坐在一起，一臉悲哀。沒多久有人開汽車來了，把我們載回那家寄放行李箱的商店。他們把行李箱抬到巴士車頂上，我們坐上了巴士。爸說我們要到都柏林去。馬拉基說，什麼是都柏林？可是沒有人回答他。爸把尤金抱在大腿上，媽抱著奧利佛。爸看著田野，跟我說這裡是庫胡林會想散步的地方。我問他庫胡林是在哪裡把球打進狗嘴裡的，他說再幾哩外。

馬拉基說，看、看，我們都看了。是一片銀光閃閃的水面，爸說這就是內伊湖，愛爾蘭最大的湖，庫胡林在大戰之後都會來這裡游泳。庫胡林打仗打得全身發熱，就跳進內伊湖裡，結果連湖水都沸騰了，四周的鄉村會有好幾天氣溫都很高。將來有一天我們都會回來，像庫胡林一樣游泳。我們會釣鰻魚，放到鍋裡煎，而不是跟庫胡林一樣把鰻魚從湖裡抓出來，直接生呑扭動不停的鰻魚，因爲鰻魚可以給人很大的力量。

眞的嗎，爸？

眞的。

媽沒有看窗外的內伊湖。她一邊臉頰貼著奧利佛的頭頂，瞪著巴士的地板。

沒多久，巴士就開進了一個地方，那裡有大房子、汽車、馬拉的貨車，有人騎腳踏車，好幾百個人用走路的。馬拉基很興奮。爸、爸，遊戲區在哪裡？鞦韆呢？我要找弗瑞迪·雷伯維茨。

啊，兒子，你現在是在都柏林，離克萊森街遠得很。你是在愛爾蘭，跟紐約可遠了。

巴士停止了，行李箱被抬下來放在車站地上。爸跟媽說她可以坐在車站的長椅上，他去一個叫泰納紐的地方找共和軍的人。他說車站有男生上的廁所，他不會耽擱太久，等他回來就會有錢，我們就會有吃的了。他叫我跟他去，媽說，不行，我需要他幫忙。可是爸說，我需要人幫我扛錢；媽笑了，說好吧，跟著你爸去。

你爸，這表示她的心情好。如果她說你父親，那就表示她的心情不好。

爸牽著我的手，我在他旁邊小跑步。他走路很快，到泰納紐區要走滿長一段路，我是希望他能停下來，抱著我走，就像他在圖姆抱雙胞胎一樣。可是他邁開大步跑，一聲不吭，只開口問人家泰納紐區怎麼走。過了一會兒，我們到了，現在我們要找共和軍的查爾斯·海格提先生。有個戴著粉紅色眼罩的人說我們找對街了，查理·海格提住在十四號，上帝祝福他。那人跟爸說，我看得出你是個打過仗的人。

爸說，喔，我是打過，那人說，我也打過，結果呢，只是少了一隻眼，拿了一筆連金絲雀都餵不飽的退休金。

可是愛爾蘭自由了，爸說，這可是天大的喜事。

自由個屁，那人說。我覺得讓英國人來管還比較好。算了，祝你好運，先生，我大概知道你是為什麼來的。

十四號有個女人來開門。她說，恐怕海格提先生抽不出空來。爸跟她說，他帶著小兒子從都柏林市中心一路走過來，他的老婆和三個孩子還在車站等他，要是海格提先生那麼忙，那我們就在門口等他。

那女人進去了一分鐘，就回來說海格提先生可以撥出一點時間，麻煩請這邊走。海格提先生坐在辦公桌後，靠近發光的爐火邊。他說，有什麼可以效勞的地方？爸站在桌子前說，我剛從美國帶著老婆跟四個孩子回來，我們什麼也沒有。獨立戰爭的時候，我曾經在快速突擊部隊服役，希望在我需要幫助的時候你能幫個忙。

海格提先生記下了爸的姓名，翻開一本很厚的書。他搖搖頭，不對，這裡沒有你的服役紀錄。

爸即席演講起來了。他告訴海格提先生他如何作戰，在何時何地，如何因為有人懸賞要他的項上人頭而偷渡出境，如何教導他的兒子們要愛愛爾蘭。

海格提先生說他很抱歉，可是他也不能因為有人進來說自己服過役，他就把錢交給他。爸跟我說，別忘了這件事，法蘭西斯，這就是新的愛爾蘭。小人坐在小椅子上拿著小紙頭。這就是男人為它而死的愛爾蘭。

海格提先生說他會調查爸的說法，而且絕對會讓他知道結果。他會給我們巴士錢，讓我們回車站。

爸看著海格提先生手上的零錢，說你可以再加一點，加到一品脫的酒錢。

喔，你是要喝酒啊？

一品脫不算喝酒。

你寧願走幾哩路回去，讓孩子跟著一塊走，就因爲你想喝酒，是嗎？

走幾步路又死不了人。

我要你立刻離開，海格提先生說，否則我就叫守衛來了，而且我保證你不會再有我的消息。我們撥錢出去，可不是爲了支持健力士家族。

都柏林的街道夜色降臨。兒童在街燈下玩鬧嬉笑，媽媽們在門口呼喚，一路上飯菜香一直鑽進我們鼻孔，從窗戶我們能看見大家圍著餐桌而坐，吃吃喝喝。我又累又餓，想要爸抱我，可是我知道現在叫他也沒用，因爲他的一張臉繃得很緊。我讓他牽著我的手，我跑步跟上他，最後終於走到公車站，媽帶著我的弟弟們在等我們。

他們在長椅上睡覺，我母親和三個弟弟。爸跟媽說沒有錢，媽搖搖頭，哭了，喔，耶穌，我們該怎麼辦？一個穿藍色制服的人走過來，問她怎麼了，這位太太？爸跟他說我們困在公車站了，我們沒有錢，沒有地方過夜，孩子們都餓了。那人說他快下班了，會帶我們到警察營房去，反正他也得回去報告，到時再看看能有什麼安排。

那個穿制服的人跟我們說可以叫他守衛，在愛爾蘭都這麼叫警察。他問我們在美國都怎麼叫警察，馬拉基說，條子。守衛拍拍他的頭，說他是個聰明的小美國佬。

到了警察營房，警佐說我們可以在這兒過夜，他很抱歉，可是他只能讓我們打地鋪。這天是禮拜四，牢房裡關滿了人，都是把失業補助金拿去買酒喝，不肯離開酒館的人。

守衛們給我們熱熱的甜茶和厚片麵包，麵包上抹了奶油和果醬，我們開心極了，在營房裡跑來跑去，玩得不亦樂乎。守衛們說我們是一群可愛的小美國佬，他們想把我們帶回家去，我說不要，馬拉基說不要，雙胞胎說不要不要，所有的守衛都哈哈笑。牢房裡的人伸出手來拍我們的頭，他們的味道跟爸唱著凱文·巴里和洛迪·麥考利上刑場的歌回家來的時候一樣。那些人說，唉喲喂呀，你們聽聽，他們簡直像是電影明星。你們是天上掉下來的嗎？另一頭牢房裡的女人跟馬拉基說他好帥，說雙胞胎好可愛。有個女人跟我說，過來，小親親，要不要吃糖？我點頭。她又說，好，手伸出來。然後從嘴巴裡拿出什麼黏答答的東西，放到我手裡。喏，給你，她說，好吃的奶油糖，放進嘴裡。我不想放進嘴裡，因為那個東西是從她嘴裡拿出來的，又黏又濕，可是我不知道牢裡女人給你黏答答的奶油糖，你應該要怎麼做；我就快把糖放進嘴巴裡了，這時有個守衛過來，拿走了奶油糖，丟回給那個女人。婊子酒鬼，他說，少惹這個孩子。所有的女人都哈哈笑。

警佐給了我媽一條毛毯，讓她睡在長椅上。我們都睡在地板上。爸背靠著牆坐，帽簷下的眼睛沒閉上，守衛請他抽菸他就抽。把奶油糖丟回給牢裡女人的那個守衛說，他是北方的巴利米納人，他跟爸爸聊著他們在那兒認識的人，還有別的地方，像是庫申多爾和圖姆。守衛說將來領到退休金後，他要住在內伊湖沿岸，每天釣魚。鰻魚，他說，一堆鰻魚，唉呀，我最愛吃煎鰻魚了。我問爸，他是庫胡林嗎？守衛一聽就哈哈大笑，笑得一張臉都變紅了。喔，聖母啊，你們聽到了嗎？這個小傢伙想知道我是不是庫胡林。一個小美國佬，居然還知道庫胡林啊。

爸說，不是，他不是庫胡林，不過他是個好人，他以後要住到內伊湖沿岸，每天釣魚。

爸在搖我。起來，法蘭西斯，起來。營房裡很吵。一個男孩邊拖地邊唱歌。

誰都看得出我爲什麼要你的吻，
一定是你，而原因是這樣。
會是眞的嗎？像你這樣的人
會愛我，愛我？

我跟他說那是我母親的歌，他不可以唱，可是他只是噴著香菸，走開了，我倒覺得奇怪了，爲什麼大家非要唱別人的歌不可。男人女人從牢裡出來了，打呵欠的打呵欠，嘀咕的嘀咕。給我奶油糖的女人停下來，說我喝醉了，孩子。對不起，騙著你玩。可是從巴利米納來的守衛叫她快走，老婊子，省得我再把妳關起來。

喔，關啊，她說。進來，出去，有什麼差別，你這隻藍屁股的豬。

媽坐在長椅上，裹著毛毯。一個灰髮女人端了杯茶給她，說，對，我是警佐的老婆，他說妳可能需要幫忙。要不要來顆煮得嫩嫩的蛋，太太？

媽搖頭，不用了。

唉呀，太太，妳這個身子應該吃顆蛋補一補。

可是媽還是搖頭，我眞不懂她怎麼能拒絕一顆煮得嫩嫩的蛋呢，那是全世界最好吃的東西啊。

好吧，太太，警佐的太太說，那就吃點吐司吧，再給孩子和妳可憐的先生弄點東西吃。

她回到另一個房間，沒多久就端來了茶和麵包。爸喝茶，把麵包給我們吃。媽說，看在天主的分上，吃麵包好不好，你要是餓得倒下來，對我們都沒有好處。他搖頭，問警佐的太太有沒有菸可以抽。她拿了香菸來，跟媽說營房的守衛集資，幫我們買到利默里克的火車票。有輛汽車會來載我們的行李箱，送我們到國王橋火車站，三、四個小時你們就會到利默里克了。

媽張開雙臂，擁抱了警佐的太太。天主祝福妳跟妳的先生還有所有的守衛，媽說。沒有你們，我眞不知道我們會怎麼樣。回到自己的同胞之間，眞是太幸福了。

這是我們的一點心意，警佐的太太說。妳有可愛的孩子，我自己也是科克市來的，我知道身上沒有錢在都柏林生活是什麼滋味。

爸坐在長椅的另一頭，抽香菸，喝茶。一直保持這個樣子。後來汽車來載著我們穿過都柏林的街道。爸問司機能不能繞到郵政總局一下，司機說你是要買郵票嗎？不是，爸說。我聽說他們立了一個新的庫胡林雕像，紀念一九一六年殉難的人，我想讓兒子看看是誰那麼感念庫胡林。

司機說他壓根不曉得這個庫胡林是個什麼人，可是他不介意稍微停一下。他自己倒也想看看究竟是什麼引起那麼大的騷動，他說他小時候去過郵政總局，後來就沒再去過了，英國人在利菲河對岸拿大砲轟，險些把郵局夷爲平地。他說正面牆上還看得到彈孔，應該就留著，讓愛爾蘭人時時刻刻記住英國人的背信。我問他什麼叫背信，他說問你父親，我是想問，可是車子正好停在一棟大房子前面，大房子有很多柱子，原來就是郵政總局。

媽留在車子裡，我們都跟著司機走進郵政總局。就在那兒，他說，你的庫胡林。

我的眼淚快掉下來了，因爲我終於看到他了，庫胡林，在郵政總局裡，立在他的基座上。他低著頭，頭髮金黃色、長長的，肩膀上立著一隻大鳥。

司機說，嘿，這究竟是什麼東西？這傢伙爲什麼長頭髮，肩上還站著一隻鳥？先生，可不可以麻煩你告訴我，這跟一九一六年殉難的人有什麼關係？

爸說，庫胡林一直戰到最後一刻，就像復活節週的那些人。他的敵人不敢靠近他，直到那隻鳥落在他身上喝他的血，他們才確定他死了。

唉，司機說，愛爾蘭人還需要一隻鳥來告訴他們有個人死了，這一天對他們來說還眞是悲哀的一天。我們該走了，不然就要錯過火車了。

警佐的太太說她會拍電報給外婆，讓她到利默里克來接我們，而她果然就在月台上；外婆有著白頭髮，慍怒的眼睛，披著黑披肩，看到我母親或是我們都沒有笑容，甚至我的弟弟馬拉基，他有最燦爛的笑容和最白的牙齒。媽指著爸。這是馬拉基，她說，外婆點點頭，別開了臉。她呼喚在火車站內徘徊的兩個男孩子，付錢要他們抬行李箱。男孩子剃光頭，流著鼻涕，沒穿鞋，我們跟著他們走在利默里克的街道上。我問媽他們爲什麼沒有頭髮，她說他們把頭髮剃掉就不會有頭虱。馬拉基說，頭屎是什麼？媽說，不是頭屎，頭上不會有大便。外婆說，別說了！這都說的是什麼話？兩個男孩子吹口哨哈哈笑，小跑步前進，光腳好像也不礙事。外婆叫他們不要笑了，小心把行李箱摔破。他們就不吹口哨也不笑了，我們跟著他們走進公園，中央有高高的柱子和雕像，草綠得讓你不敢睜開眼睛。

爸抱著雙胞胎，媽一手提袋子，一手牽著馬拉基。她每隔幾分鐘就停下來喘氣，外婆說，妳現在還在抽紙菸？妳早晚會抽死。不用抽紙菸，利默里克的肺癆就已經夠多了，再說那是有錢人的玩意。

穿過公園的路上有幾百種花，顏色都不一樣，雙胞胎好興奮。他們指著花發出吱吱聲，我們都哈哈笑，只有外婆沒笑，她用披肩包著頭。爸停下來，把雙胞胎放下地讓他們能靠近花。他說，花，雙胞胎就來來回回跑，指手劃腳想說花。指行李的兩個男孩裡有一個說，天啊，他們是美國人？媽說，對。他們在紐約出生，所有孩子都是在紐約出生的。那個男孩跟另一個說，天啊，他們是美國人耶。他們放下了行李箱，瞪著我們看，我們也瞪回去，後來外婆說，你們要站在那裡看一整天的花，大眼瞪小眼嗎？我們就又向前移動，走出了公園，走進一條小巷，又接上另一條小巷，到了外婆家。

巷子兩邊都有一排小房子，外婆就住在其中一棟。她的廚房有擦得發亮的黑鐵爐灶，爐架上還燒著火。牆邊窗下有一張桌子，對面的壁櫥裡擺了杯碟和花瓶。這個壁櫥總是上著鎖，鑰匙也放在外婆口袋裡，除非有人死了，或是有人從國外回來或是有神父來訪，否則絕對不用櫥子裡的東西。

爐灶旁的牆上有一張圖片，是一個留著褐色長髮、眼神憂傷的男人，他指著自己的胸口，那裡有一顆著火的心臟跑出來。媽告訴我們這是耶穌聖心，我想知道這個人的心臟爲什麼著火，他爲什麼不拿水潑熄？外婆說，這些孩子難道連自己的宗教也什麼都不知道？媽跟她說美國不一樣。外婆說聖心到哪裡都一樣，對這種事情無知是沒有藉口的。

在那個心臟著火男人的圖片下是一個架子，擺了一個紅色玻璃杯，燃著蠟燭，旁邊是一尊小雕像，媽跟我們說這是耶穌聖嬰，布拉格耶穌聖嬰像，有什麼需要，就向祂祈禱。

馬拉基說，媽，我能不能跟祂說我餓了，媽就用一隻手指壓住嘴唇。

外婆在廚房一面嘀咕一面忙著泡茶，還叫媽切麵包，又叮嚀她別切太厚。媽坐在餐桌旁，呼吸粗重，說等一下再切麵包。爸拿了刀子切起麵包，看得出外婆不高興。她對他皺眉，卻沒說什麼，即使他切的麵包很厚。

椅子不夠每個人坐，我跟弟弟們就坐在樓梯上喝茶吃麵包。爸跟媽坐在餐桌旁，外婆坐在耶穌聖心下喝茶。她說，我眞不知道該拿伊們怎麼辦，屋子不夠大，連給伊們其中一個的房間都沒有。

馬拉基說伊、伊，咯咯笑了起來，我說伊、伊，雙胞胎也說伊、伊，我們都哈哈笑，笑得連麵包都沒法吃。

外婆狠狠瞪著我們。笑什麼笑。這屋子裡沒有什麼好笑的。伊們最好乖乖的，免得我修理伊們。

她還是一直伊啊伊的，這下子馬拉基可笑壞了，麵包和茶都吐了出來，一張臉漲成了紅色。

爸說，馬拉基跟你們三個，別鬧了。可是馬拉基管不住自己，還是笑個不停，最後爸說，過來這裡。他把馬拉基的袖子捲起來，舉高手作勢要打他的胳膊。

你要不要聽話？

馬拉基的眼圈紅了，點點頭說要，因爲爸從來沒打過小孩。爸說，做個乖孩子，去跟你的兄弟坐在一起，他把馬拉基的袖子拉下來，拍了拍他的頭。

那天晚上媽媽的姊姊，安姬阿姨從成衣工廠下班回家來。她的體型也跟麥納馬拉姊妹有得拚，而且頭髮是火紅色的。她把一輛大腳踏車推進廚房後面的小房間裡，出來吃晚餐。她住在外婆的房子裡，因爲她跟她的先生帕．基廷吵架了，他喝了酒，說妳這頭肥母牛，滾回妳媽家去。外婆是這樣跟媽說的，也因爲這樣，外婆才沒有房間給我們住。她已經有她自己、安姬阿姨，她的兒子派特了。派特是我舅舅，出去賣報紙了。

外婆跟安姬阿姨說，媽晚上得跟她睡，安姬阿姨很不高興，埋怨個不停。外婆說，喔，妳給我閉嘴。只不過一個晚上，死不了的，妳要是不高興，可以回去找妳先生，反正妳本來就該回去了，而不是跑回來我這裡。耶穌，瑪利亞，聖若瑟，看看這個家——妳跟派特跟安琪拉，還有她那一堆吱吱喳喳的美國人。我這後半輩子就連一點清閒都得不到嗎？

她在後面的小房間地上鋪了大衣和布，我們就跟腳踏車睡在一起。爸坐在廚房椅子上，在我們需要時帶我們去後院上廁所，晚上雙胞胎冷得哭了，他安慰他們，要他們安靜。

早晨安姬阿姨來牽腳踏車，跟我們說，拜託小心一點好嗎？拜託別擋路好嗎？我聽到爸在廚房笑，後來外婆下樓來，他就趕緊叫馬拉基安靜。

那天外婆和媽出去後，在風車街上找到一間附基本家具的房子，安姬阿姨跟她先生也住在這邊。外婆說房租是兩週十先令。她給媽錢買食物，借給我們一個水壺、一只鍋、一只煎鍋、刀子湯匙、果醬瓶（當作馬克杯）、一條毛毯跟一個枕頭。她說她只能借這麼多了，說爸得挪動他的屁股去找活幹，去申請補助金，去聖文生會乞求救濟，或是去接受賑濟。

房間有壁爐，可以燒水泡茶或是等眞的有錢了煮雞蛋。我們有一張桌子、三張椅子、一張床，媽說她還沒見過這麼大的床。那晚我們很高興有床可以睡，因爲在都柏林和外婆家打地鋪，大家都累壞了。床上擠了六個人沒關系，我們在一起，遠離了外婆和守衛，馬拉基可以說伊伊伊，我們愛笑多大聲就笑多大聲。

爸跟媽躺在床頭，馬拉基跟我睡床腳，雙胞胎睡在他們覺得舒服的地方。馬拉基又逗得我們哈哈笑。伊伊伊，他說，還有喔唷喔唷，然後他就睡了。媽發出咻咻的打呼聲，我們就知道她睡著了。我就著月光看整張床，看到爸仍醒著，奧利佛在睡夢中哭，爸就伸手去把他抱起來。噓，他說。噓。

後來尤金坐起來，大聲叫，還亂扯自己的衣服。啊、啊，媽咪、媽咪。爸坐起來。怎麼了？怎麼回事，兒子？尤金一直哭，爸跳下床，點亮了瓦斯燈，我們看見跳蚤在到處亂跳，黏在我們皮膚上。我們又拍又打，可是跳蚤從這個人身上跳到那個人身上，又跳又咬。我們亂抓，抓到都出血了。我們從床上跳下來，雙胞胎在哭，媽在呻吟，喔，耶穌，我們就沒個消停嗎！爸用果醬瓶調了鹽水，點在我們的傷口上。鹽刺痛了傷口，可是他說過一會兒就好。

媽坐在壁爐邊，雙胞胎坐在她大腿上。爸穿上長褲，把床墊拖到街上。他把水壺和鍋子都裝滿水，把床墊立在牆上用鞋子拍打，叫我把水倒在地上淹死掉在地上的跳蚤。利默里克的月亮好亮，我能看到點點月光在水面上閃爍，我想把月光舀起來，可是腿上到處都有跳蚤在跳，我根本沒辦法。爸繼續用鞋子打床墊，我得跑過屋子到後院水龍頭裝更多水。媽說，看看你，你的鞋子都濕透了，你會凍死的，你父親一隻腳沒穿鞋，一定會得肺炎的。

有個騎腳踏車的人停下來，想知道爸爸爲什麼要拍打床墊。聖母啊，他說，我從來沒聽過用這個方法治跳蚤。你知道嗎，如果人能像跳蚤那麼會跳，只一蹦就能蹦上月球了。你應該要這樣，把床墊拖進去，翻過來放到床上，那些小蟲子搞不清楚東西南北，就會咬床墊或自相殘殺，這是最好的辦法。跳蚤咬過人以後就會發狂，你知道，因爲牠們旁邊還有咬過人的跳蚤，血腥味讓牠們受不了，牠們就都發神經了。這玩意簡直就是瘟神，我再清楚不過了，因爲我就是利默里克長大的，就在城中的愛爾蘭城，那裡的跳蚤又多又大膽，直接就坐在你的鞋尖上，跟你一起討論愛爾蘭悲慘的歷史。聽說古時候的愛爾蘭沒有跳蚤，是英格蘭人弄進來的，想把我們都逼瘋掉，要說是英國人的錯我絕不會意外。說起來不是很奇怪嗎，聖派屈克把蛇從愛爾蘭趕出去，英國人就把跳蚤弄進來。幾百年來愛爾蘭都是個漂亮和平的地方，沒有蛇，也找不到一隻跳蚤。你可以在愛爾蘭的四片綠色原野上漫步，不怕被蛇咬，也可以好好睡一覺，不會有跳蚤咬。蛇不會傷害你，你不惹牠牠也不招惹你，牠遠遠避開其他生物，躲在灌木叢之類的地方，可是跳蚤卻照三餐在吸你的血，因爲那就是牠的本性，牠也沒辦法。我聽說蛇很多的地方就沒有跳蚤，比方說亞歷桑那。你老聽說亞歷桑那的蛇，可是你聽說過亞歷桑那的跳蚤嗎？祝你好運了。我站在這裡也得當心，因爲可能會有一隻跳蚤跳到我的衣服上，那我就等於邀請牠全家人進駐了。跳蚤比印度人繁殖得還要快。

爸說，你不會剛好有香菸吧？

菸？喔，當然有啊，來。我自己就差點抽菸把命給抽完了。要命的乾咳，你知道。一下子來得太兇，害我差點從腳踏車上摔下來。我能感覺到咳嗽在我的心窩動，一路往上爬，最後爬到我的頭頂上。

他擦燃了火柴，給自己點了菸，再把火柴拿給爸爸。不過呢，住在利默里克早晚都會咳嗽，因爲這裡是虛弱胸口的首都，而虛弱的胸口最後就會變成肺癆。要是利默里克所有得肺癆的人都死了，這裡就會變成鬼城，不過我自己倒是沒得肺癆。唉，我這咳嗽是德國人送的禮物。他歇口氣，吞雲吐霧，又忙著咳嗽。要死了，話說得難聽，請見諒，不過紙菸早晚會要了我的命。好吧，我就不打擾了，你繼續忙你的床墊吧，別忘了我的話，讓那些小臭蟲搞不清楚東西南北。

他騎著腳踏車搖搖擺擺地走了，嘴角叼著菸，身體因咳嗽而震動。爸說，利默里克的人話眞多。來吧，我們把床墊搬回去，看今晚能不能睡個好覺。

媽坐在壁爐邊，雙胞胎在她大腿上睡覺，馬拉基蜷縮在她腳邊地上。她說，你在跟誰說話啊？聽起來好像就是帕·基廷，安姬的先生。我聽得出他的咳嗽聲。他在法國打仗的時候呑了毒氣，就染上了咳嗽的毛病。

下半夜我們都睡著了，到了早晨才看見跳蚤飽餐一頓的地方，有跳蚤咬痕的地方皮膚粉紅，被我們抓破的地方則鮮血淋漓。

媽泡了茶，煎了麵包，爸又用鹽水幫我們擦傷口。他也又把床墊抬到後院。這麼冷的天，跳蚤一定會凍死，我們就可以有一夜好眠了。

＊＊＊

幾天之後我們漸漸習慣了新房間，爸把我從夢中搖醒。起來，法蘭西斯，起來。穿上衣服，跑去把安姬阿姨叫來。你母親需要她。快點。

媽在床上呻吟，臉色雪白。爸把馬拉基和雙胞胎都抱下床，坐在熄滅的爐火邊。我跑過街，敲安姬阿姨的門，最後帕·基廷姨丈來開門，一面咳嗽一面嘟囔，誰啊？誰啊？

我媽在床上呻吟。我覺得她生病了。

安姬阿姨嘟囔著來了。伊們從美國搬來之後就只會找麻煩。

別這樣，安姬，他只是個孩子，只是照大人的吩咐辦事。

她叫帕姨丈回床上睡覺，明天早上還得上班，不像某個她提都不想提的北愛人。帕姨丈說，不不，我也去。安琪拉一定有什麼不對。

爸叫我跟弟弟們一起坐著，我不知道媽是怎麼了，因爲每個人都壓低了聲音，我只能隱約聽見安姬阿姨跟帕姨丈說孩子掉了，去叫救護車，帕姨丈就出了門，安姬阿姨跟媽說利默里克別的好處都沒有，就是救護車來得很快。她沒跟我父親說話，連看都不看他。

馬拉基說，爸，媽媽生病了嗎？

噢，她不會有事的，兒子。她只是需要看醫生。

我不知道孩子掉了是什麼意思，因爲我們每一個都在這裡，一共四個，並沒有孩子掉在哪裡，而且他們爲什麼不告訴我媽媽是怎麼了。帕姨丈回來了，救護車就在他後面。有人拿著擔架進來，他們把媽媽抬走了，床邊地板上滴了好多血。馬拉基咬到舌頭流了血，街上的狗流了血而且死了。我想問爸爸，媽媽會不會像我的妹妹瑪格麗特一樣一去不回，可是他也跟媽一起去了，問安姬阿姨也沒用，我怕她會把我的頭咬下來。她把血都擦掉了，叫我們回床上，乖乖等爸爸回來。

這時是半夜，我們四個在床上很暖和，都睡著了。後來爸回來，跟我們說媽沒事了，舒服地躺在醫院裡，很快就會回來。

後來，爸到勞工介紹所領補助金。說話帶北愛爾蘭口音的工人是沒有希望在利默里克找到工作的。

他回來後，跟媽說我們一週會拿到十九先令。她說只夠我們大家餓肚子。十九先令要養活我們六個人？十九先令還不到四塊錢美金，我們是要怎麼活？兩個禮拜後就要付房租了，到時怎麼辦？如果這個房間的房租是每週五先令，我們就只剩十四先令買食物衣服和燒水泡茶的煤炭了。

爸搖頭，用果醬瓶小口喝茶，瞪著窗外，吹著民謠〈韋克斯福德的子弟〉。馬拉基和奧利佛拍著手在房間裡跳舞，爸不知道是該吹口哨或是微笑，因爲沒辦法同時做這兩件事，可是他實在忍不住，就停下來微笑，拍拍奧利佛的頭，再接著吹口哨。媽也微笑了，笑容卻一閃即逝，等她看著灰燼，你能看出她在心煩，因爲她的嘴角下垂。

隔天她叫爸看著雙胞胎，就帶著馬拉基跟我到聖文生會去。我們跟披著黑披肩的婦人一起排隊，她們問我們叫什麼名字，我們回答時她們都露出笑臉。她們說，天父啊，這是兩個小美國佬呢，她們也很奇怪穿著美國大衣的媽媽，爲什麼會來慈善團體接受救濟，因爲光是利默里克的可憐人都不夠吃了，哪還能讓美國人跑來搶走他們嘴裡的麵包。

媽跟她們說大衣是她在布魯克林的表姊給的，說她的先生沒有工作，家裡還有別的孩子，兩個雙胞胎。那些女人抽抽鼻子，用披肩把自己裹好，她們每家都有一本難念的經。媽跟她們說，她不得不離開美國是因爲在小女兒死掉之後，她再也待不下去了。她們又抽鼻子，不過這一次是因爲媽在哭。有人說她們也失去了小娃，沒有比這種事更痛苦的了，妳盡可像默突舍拉[8]的妻子一樣活下去，可是傷口永遠好不了。男人不會了解失去孩子的母親心裡的感受，就算這個男人比兩個默突舍拉還活得久。

她們痛痛快快哭了一頓，後來有個紅髮女人傳了個小盒子過來，每個女人都用指頭捏了什麼塞進鼻孔。一個年輕的女人打了噴嚏，那個紅髮女人哈哈笑。唉喲，比蒂，妳連這個都不行。來，小美國男孩，來捏一點。她把褐色的東西抹到我們鼻孔裡，我們拚命打噴嚏，所有的女人都不哭了，反而笑得眼淚都流出來，每個都忙著用披肩擦眼睛。媽說，這是好東西，可以讓你們清清頭腦。

那個叫比蒂的年輕女人跟媽說，我們是可愛的孩子。她指著馬拉基。這個有金色捲髮的小的，長得

8 據聖經記載，默突舍拉是亞當第七代子孫，是最長壽的老人，據說活了九百六十九年。

眞是漂亮，他可以跟雪莉．鄧波一樣當電影明星呢。馬拉基露出笑臉，讓整個隊伍都窩心。

有鼻菸的女人跟媽說，這位太太，我不是好管閒事，可是妳最好坐下來，我們都聽說了妳的事。

另一個女人擔心地說，啊，不行，他們不喜歡那樣。

誰不喜歡怎樣？

啊對，諾拉．莫洛伊，慈善會不喜歡我們坐在台階上，他們要我們恭恭敬敬挨著牆站好。

他們可以親老娘的屁股，那個紅髮女人諾拉說。坐下來，太太，坐在台階上，我陪妳坐，如果聖文生會敢說一個字，我就搧他們兩個耳刮子。妳抽菸嗎，太太？

抽，媽說，可是我沒有菸。

諾拉從圍裙口袋裡掏出香菸，折成兩半，一半遞給媽媽。

那個擔心的女人說，他們也不喜歡那樣。他們說你每抽一根菸，就等於拿走孩子的一口飯。裡面的昆勒文先生就最反對抽菸了。他說你既然有錢買菸，就有錢買吃的。

叫昆勒文也來親老娘的屁股，皮笑肉不笑的老不死。我們唯一的安慰就只是抽根菸了，他連這個也要管？

走道盡頭打開了一扇門，有個男人出來了。有人要孩子的靴子嗎？

很多女人舉手。我要，我要。

喔，靴子都沒有了，妳們得下個月再來。

可是我的米奇需要靴子上學啊。

我說了，都沒有了。

可是外面冷死了耶，昆勒文先生。

靴子都沒有了，我也沒辦法。這是什麼味道？有人在抽菸嗎？

諾拉揮著香菸。是我，她說，而且享受得很。

妳每抽一口，他開口說話。

我知道，她說，就等於拿走孩子的一口飯。

妳很無禮，女人。這裡不會給妳賑濟。

是這樣嗎？那好吧，昆勒文先生，如果我在這裡要不到，那我知道到哪裡去要。

這話是什麼意思？

我去找貴格會，他們會接濟我。

昆勒文先生朝諾拉走去，一根手指比著她。妳知道妳是什麼嗎？我們這些人裡面有個喝湯的。我們在大饑荒的時候就出過喝湯的。新教徒到處跟虔誠的天主教徒說，只要他們放棄信仰變成新教徒，就能拿到喝不完的湯，而天主見憐，有些天主教徒就眞的接受了湯，以後就揹上了喝湯的醜名，失去了不朽的靈魂，墮落到最深層的地獄裡。而妳，女人，如果妳去貴格會，妳就會失去不朽的靈魂，連妳孩子的靈魂也會失去。

那，昆勒文先生，你就得拯救我們了，不是嗎？

他瞪著她，她也瞪回去。他的眼睛飄向了其他女人。有一個用手摀嘴，強忍著笑。

妳偷笑什麼？

沒有，昆勒文先生，眞的沒有。

我再說一次，沒有靴子了。說完他就摔上了門。

排隊的女人一個接一個被叫進裡面。等諾拉出來，她掛著微笑揮舞一張紙。靴子，她說。我幫孩子弄到三雙。用貴格會威脅裡頭的人，他們連內褲都會脫下來給你。

輪到媽了，媽把我跟馬拉基也帶了進去。我們站在一張桌子前，三個男人坐著發問。昆勒文先生正要開口說話，中間的男人說，夠了，昆勒文。要是照你的做法，利默里克的可憐人就會全部跳進新教徒懷抱了。

他轉向媽，想知道那件漂亮的紅色大衣是哪裡來的。她把跟外面女人說的話再重複一遍，說到瑪格麗特夭折，她搖搖頭，哭了。她跟三個男人說她很抱歉，管不住眼淚，可是事情才過了幾個月，她還沒走出來，她甚至不知道她的小寶貝下葬了沒有，不知道她有沒有受洗，因爲她生了四個孩子，身體實在太虛弱，沒力氣到教堂去參加受洗禮，而想到瑪格麗特可能在地獄邊緣裡，永遠沒有希望在天堂、地獄或是煉獄跟我們再見，她的心就像被熱水燙了一樣痛。

昆勒文先生把他自己的椅子讓給媽媽坐。噯，別傷心，太太，別傷心，來，坐下。

其他人看著桌子、天花板。中間的人說他會給媽一張食物券，去帕諾街莫格拉的店領取一週的雜貨，裡頭有茶、糖、麵粉、牛奶、奶油，另外一張煤票可以去碼頭路的薩頓煤場領取一袋煤炭。

第三個人說，當然這一週妳還沒辦法領取，太太。我們會到府上拜訪，看是否眞的需要救濟。我們不得不這麼做，太太，才能複審妳的申請。

媽用衣袖擦眼，接下了單子。她告訴那些人說，謝謝你們的仁慈，天主祝福你們。他們點頭，看著桌子、天花板、牆壁，叫她叫下一個女人進來。

外面的女人跟媽說，等妳到莫格拉的店，要小心那個老女人，因爲她會偷斤減兩。她會在秤上墊一張報紙，報紙會向下垂，被櫃台擋住，她以爲妳看不到。她會抽動那張報紙，妳要是能拿到一半斤兩就算走運了。而且她滿店裡貼著聖母像和耶穌聖心像，還老是在聖若瑟教堂裡跪著數玫瑰念珠，像個殉道處女一樣呼吸，哼，老賤人。

諾拉說，我陪妳去，太太。我也要去找那個莫格拉太太，而且我會知道她有沒有騙妳。

她帶路到帕諾街。櫃台後的女人看到穿美國大衣的媽，眉開眼笑的，可是等媽拿出聖文生會的食物券，她的態度就變了。她說，我眞不知道妳這個時間跑來幹什麼，我從來都不在晚上六點以前提供救濟物品的。不過妳是第一次，我就通融一次好了。

她跟諾拉說，妳也有食物券嗎？

沒有，我是好心來幫這可憐的一家子的，他們第一次拿聖文生會的單子。

莫格拉太太把一張報紙墊在秤上，從大袋子裡倒麵粉出來。倒完之後，她說，喏，這是一磅麵粉。

我看不是吧，諾拉說。這一磅還眞少呢。

莫格拉太太臉紅了，兇巴巴地瞪著眼。妳是在指控我嗎？

怎麼會呢，莫格拉太太，諾拉說。我想只是個小小的意外，妳的屁股壓到了報紙，而且妳沒注意到報紙被往下拉了一點。唉呀呀，像妳這樣總是跪在聖母面前的女人可是我們大家的表率呢，喔，地上的錢是妳的嗎？

莫格拉太太立刻向後退，秤上的指針又跳又抖。什麼錢？她說，然後看著諾拉，知道上當了。諾拉微笑。一定是我看花眼了，她說，還對著秤微笑。鐵定是有人搞鬼，因爲秤上連半磅的麵粉都不到呢。

這個秤眞是麻煩，莫格拉太太說。

當然是秤有問題嘛，諾拉說。

可是我在上帝面前是問心無愧的，莫格拉太太說。

想必是，諾拉說，而且妳還是聖文生會和聖母軍裡人人讚不絕口的模範呢。

我盡量盡到天主教徒的本分。

盡量？唉呀，妳眞是太客氣了，誰不知道妳有一顆好心腸呢。我剛剛還在想，不知道妳會不會給這兩個孩子兩顆糖吃呢。

嗯，這個，我不是百萬富翁，可是……

天主祝福妳，莫格拉太太，我知道這麼問是太過分了，可是妳能不能借兩根菸抽抽？

這個嘛，清單上可沒有。我也不提供奢侈品。

要是妳能行個方便，我絕對會跟聖文生會的人說妳有多仁慈。

好吧好吧，莫格拉太太說。香菸拿去，就此一次，下不爲例。

天主祝福妳，諾拉說，眞遺憾妳的秤惹出那麼多麻煩來。

回家路上我們停在人民公園，坐在長椅上，我跟馬拉基舔著糖果，媽和諾拉抽菸。抽菸害諾拉咳嗽，她跟媽說紙菸早晚會害死她，她的家族都有肺癆，沒有人活到老年，不過在利默里克誰會想活到老？在這裡四面看一圈，第一個注意到的就是灰頭髮的人少之又少，所有灰頭髮的人不是進了墓地，就是到了大西洋另一邊，不是在築鐵路，就是穿著警察制服遊手好閒。

妳很幸運，太太，總算見過世面。唉，只要能看看紐約，看看大家在百老匯無憂無慮地跳舞，我願意付出一切代價。結果，我偏偏不長眼看上一個酒鬼，彼得．莫洛伊，喝酒冠軍，我還不滿十七歲就被他弄大肚子，弄上了禮堂。我當年很無知，太太。我們在利默里克長大都很無知，眞的，什麼都不知道就嫁人了，我們還沒變成女人就做了媽媽。而這裡除了下雨跟老太婆念玫瑰經以外，什麼也沒有。只要能出去，到美國，甚至到英國，賣掉我滿口牙齒我也甘願。我家那個喝酒冠軍老是在領補助金，有時候甚至連補助金都喝掉了，氣得我都進了瘋人院。

她吸菸，嗆到，咳得整個身體都前後搖晃，而在咳嗽之間，她哀哀叫耶穌、耶穌。等咳嗽慢慢停歇之後，她說她得回去吃藥了。她說，我們下個禮拜見，太太，聖文生會見。要是妳有什麼事，捎個信到懷紀田巷給我。隨便問個人說要找彼得．莫洛伊，喝酒冠軍的太太。

尤金蓋著大衣在床上睡覺，爸坐在壁爐邊抱著奧利佛。我覺得奇怪，爸爲什麼要跟奧利佛說庫胡林的故事。他明知道庫胡林的故事是我的，可是我看著奧利佛，一點也不介意。他的臉頰紅通通，直瞪著熄滅的爐火，一看就知道他對庫胡林沒興趣。媽摸了他的額頭。他好像發燒了，她說。眞可惜沒有洋蔥，不然加牛奶和胡椒煮，可以治發燒。可是就算有洋蔥，我要拿什麼煮牛奶？我們需要煤炭來生火。

她把到碼頭路領煤炭的清單拿給爸。他帶我一起去，可是天黑了，煤場關門了。

我們現在要怎麼辦，爸？

我不知道，兒子。

我們前方有披著披肩的女人和年紀小的兒童在路邊撿煤炭。

爸，那裡有煤炭。

喔，不行，兒子。我們不在路邊撿煤炭。我們不是乞丐。

他跟媽說煤場關門了，今晚我們只能喝牛奶吃麵包，可是我跟她說路上有女人在撿煤炭，她就把尤金交給爸爸抱。

既然你的面子太重要，拉不下臉去路邊撿煤炭，那我就穿上大衣，自己到碼頭路去。

她拿了一個袋子，帶著馬拉基跟我。碼頭路的另一邊有個寬敞的、黑黑的東西，還有燈光在閃爍。媽說那是善農河，她說她在美國最想念的就是這裡，善農河。哈德遜河很漂亮，可是善農河會唱歌。我聽不見它唱歌，可是媽媽聽得見，而且變得開心。碼頭路上的其他女人都不見了，我們尋找著從貨車上掉落的煤塊。媽跟我們說要撿所有可以燒的東西，煤炭、木頭、厚紙板、報紙。她說，有的人還會燒馬糞，不過我們還沒有淪落到那種地步。袋子差不多裝滿後，她說，現在我們得為奧利佛找洋蔥。馬拉基說他會找到，可是媽告訴他，不行，在路上找不到洋蔥的，要到店裡去買。

馬拉基一看到商店就喊了起來，有店了，然後就一溜煙跑進去。

洋蔥，他說，給奧利佛的洋蔥。

媽跑進商店，跟櫃台後的女人說，對不起。女人說，天啊，他眞可愛。他是美國人嗎？

媽說是。那女人微笑，露出兩顆牙，都在上排，左右各一顆。好可愛，她說，哇，看看，這麼漂亮的金色捲髮。他剛才是要什麼來著？糖果嗎？

喔，不是，媽說，是洋蔥。

女人哈哈笑，洋蔥？我從來沒聽過有小孩子想吃洋蔥的。他們在美國都這麼吃嗎？

媽說，我只是說過要幫我另一個生病的孩子弄個洋蔥。放進牛奶裡煮，妳知道的。
對極了，太太。牛奶煮洋蔥，再靈不過了。來，小孩子，這顆糖給你，還有一顆給另一個，是哥哥吧。
媽說，啊，不可以的。說謝謝，孩子們。
女人說，來，這個洋蔥給那個生病的孩子，太太。
媽說，喔，我買不起，太太，我沒有錢。
洋蔥是送給妳的，太太。可別讓人家說，利默里克有孩子生病卻沒洋蔥可以治病。別忘了撒點胡椒粉。妳有胡椒粉嗎，太太？
嗯，沒有，可是過幾天就會有了。
來，太太。胡椒跟一點鹽。孩子就會活蹦亂跳了。
媽說，天主祝福妳，太太。她的眼睛水汪汪的。
爸抱著奧利佛走來走去，尤金在地板上玩鍋子和湯匙。爸說，妳弄到洋蔥了嗎？
弄到了，媽說，還不止呢。我弄到了煤炭跟生火的東西。
我就知道妳有辦法。我向聖猶達禱告了。他是我最愛的聖人，急難的主保聖人。
煤炭是我撿來的，洋蔥也是我討來的，聖猶達可沒幫上什麼忙。
爸說，妳不應該像個普通乞丐一樣在路上撿煤炭，這樣子不對，給孩子立了壞榜樣。
那你就該請聖猶達到碼頭路去啊。
馬拉基說，我餓了。我也餓了，可是媽說，你們得等奧利佛的洋蔥牛奶先煮好。

她生了火，把洋蔥對切，丟進正在沸騰的牛奶裡，加了一點奶油，再撒一點點鹽。她把奧利佛抱到大腿上，想餵他喝，可是他別開臉，看著火。

噯，喝啊，孩子，她說，對你的身體好。讓你長大又強壯喔。

他閉著嘴不肯喝。媽把鍋子放下，輕輕搖晃他，等他睡著了，就把他放到床上，媽跟我們說不要吵，否則就要處罰我們。她把另一半洋蔥切絲，用奶油炒過，抹在麵包片上。她讓我們圍著爐火坐在地板上，吃麵包，用果醬瓶喝燙嘴的甜茶。她說，爐火又亮又暖，我們可以把瓦斯燈關掉，等有錢付瓦斯的時候再用。

爐火讓房間暖洋洋的，火焰在煤炭上跳躍，你能看到臉孔、山脈、山谷和動物在跳躍。尤金在地板上睡著了，爸把他抱到床上，放在奧利佛旁邊。媽把煮洋蔥牛奶的鍋子放到壁爐上，怕會有老鼠來偷吃。她說她累壞了，聖文生會、莫格拉太太的店、到碼頭路撿煤炭、擔心奧利佛不肯吃煮洋蔥，如果明天他還是這樣，她就要帶他去看醫生，現在她要上床睡覺了。

沒多久，我們大家都上了床，如果有跳蚤，我也不在意，因爲床上有六個人，很暖和，而且我很愛火花跳躍在牆上天花板上，房間紅紅黑黑、黑黑紅紅的，最後爐火變暗，變成白白黑黑的，一點聲音都沒有，只有奧利佛在媽媽懷裡輕輕地哭。

早上爸在生火泡茶切麵包，他已經穿好了衣服，正在叫媽趕快穿衣服。他跟我說，法蘭西斯，你弟弟奧利佛生病了，我們要帶他去醫院。你要做個好孩子，照顧兩個弟弟。我們很快就會回來。

媽說，我們不在家的時候，糖不要吃多了。我們可不是百萬富翁。

媽把奧利佛抱起來，用大衣包住。尤金站在床上。我要奧利，他說。奧利玩。

奧利很快就回來，媽說，那時你再跟他玩。現在先跟馬拉基和法蘭克玩。

奧利、奧利，我要奧利。

他用眼睛盯著奧利佛，爸媽走後，他坐在床上看著窗外。馬拉基說，金金，小金金，我們有麵包喔，我們有茶喔。給你的麵包上放糖，金金。他只是搖頭，把馬拉基給他的麵包推開。他爬到奧利佛跟媽媽躺的地方，低著頭，瞪著窗外。

外婆站在門口。我聽說你們爸媽抱著孩子跑到亨利街上，他們這是要上哪兒啊？

奧利佛生病了，我說。他不肯吃牛奶煮洋蔥。

你胡說八道些什麼？

不吃煮洋蔥，生病了。

那誰來照顧伊們？

我。

床上那一個又怎麼了？他叫什麼？

他是尤金，他在想奧利佛。他們是雙胞胎。

我知道他們是雙胞胎。那孩子一副沒吃飽的樣子。伊們這裡沒有麥片粥嗎？

麥片粥是什麼？馬拉基問。

耶穌，瑪利亞，聖若瑟！麥片粥是什麼！麥片粥就是麥片粥，就是這樣。我就沒見過像伊們這樣什麼都不知道的美國佬。來吧，把衣服穿上，我們到對街安姬阿姨家去，她跟她先生帕．基廷在家，她會給伊們麥片粥吃。

她抱起了尤金，用披肩裹住他，我們就到對街的安姬阿姨家去了。她現在搬回去跟帕姨丈住了，因為帕姨丈說她其實不是一隻胖母牛。

有沒有麥片粥？外婆跟安姬阿姨說。

麥片粥？怎麼，餵這票美國佬幾時又變成是我分內的事了？

眞是沒良心，外婆說。一點麥片粥又吃不垮妳。

今天餵了麥片粥，明天他們又會想在什麼上面加點糖和牛奶，或是來敲門借個雞蛋了。安琪拉自己犯的錯，憑什麼要我們來付代價？

耶穌，外婆說，幸好伯利恆的馬廄不是妳開的，不然聖家三口到現在都還餓著肚子在世界上流浪呢。外婆硬闖進安姬阿姨家裡，把尤金放在靠近火邊的椅子上，自己動手煮麥片粥。有個男人從另一個房間進來，他的黑色頭髮捲捲的，皮膚也黑黑的，我喜歡他的眼睛，因為非常藍，而且帶著笑意。他是安姬阿姨的先生，就是在我們殺跳蚤那天晚上經過、跟我們說跳蚤和蛇的故事的人，就是在打仗時吞了毒氣所以會咳嗽的人。

馬拉基說，你為什麼這麼黑？帕・基廷姨丈又是笑又是咳嗽，最後只好靠抽菸來舒緩。喔，小美國佬，他說。他們還眞是一點都不怕生啊。我這麼黑是因為我在利默里克瓦斯廠幹活，把煤炭和焦煤剷進爐子裡。我在法國吞毒氣，回到利默里克又在瓦斯廠幹活。等你長大了，一定會覺得很好笑。

我跟馬拉基得讓出位子，大人才能坐在餐桌旁喝茶。他們喝茶，可是帕・基廷姨丈把尤金抱到大腿上說，這個小傢伙怎麼這麼不高興啊，然後就扮鬼臉，發出可笑的聲音。我跟馬拉基哈哈笑，可是尤金只是伸手去摸帕·基廷黑黑的皮膚，帕假裝要咬他的手，尤金才笑出來，房間裡的每個人也都跟著笑了。馬拉基走向尤金想逗他，可是尤金卻轉過頭，把臉埋進帕·基廷的襯衫裡。

我覺得他喜歡我欸，帕說。安姬阿姨突然把茶杯放下，哇哇大哭起來。哇哇哇，大顆眼淚從她紅紅的胖臉上滾下來。

噢，耶穌，外婆說，她又來了。這次又怎麼了？

安姬阿姨哭號著說，看帕腿上坐著一個孩子，我卻不能自己生。

外婆對她吼，不要在孩子面前說這種話。妳有沒有羞恥啊？等天主準備好了，祂就會讓妳有孩子。

安姬哭著說，安琪拉生了五個，死了一個，她那麼沒用，連洗地板都不會。我呢，一個也沒有，可是我理家是一把手，燉肉炸魚哪樣不會。

帕·基廷哈哈笑。我看我把這個小不點留下好了。

馬拉基跑向他。不行、不行、不行，他是我弟弟，他是尤金。我也說，不行、不行、不行，他是我們的弟弟。

安姬阿姨擦掉臉上的淚說，我不要安琪拉的東西。我不要一半利默里克一半北愛爾蘭的東西，我不要，所以伊們把他帶回家。我自己會生，就算要我向聖母瑪利亞跟她媽媽聖安納做一百次的九日經，或是要我跪著從這裡爬到盧爾德，[9]也沒關係。

外婆說，行了，伊們吃過麥片粥了，該回家去看看伊們的爸爸媽媽回來了沒有。

9 位於法國西南部，是全法國最大的天主教朝聖地。

她披上披肩去抱尤金，可是他緊緊抓著帕．基廷的襯衫，外婆得用力把他拉開，不過他出了門仍然一直看著帕。

我們跟著外婆回到我們的房間，外婆把尤金放到床上給他喝水。她叫他乖乖睡覺，因爲他的弟弟奧利佛很快就會回來，他們就可以在地板上玩了。

可是尤金還是一直看著窗外。

外婆跟我和馬拉基說，我們可以坐在地板上玩，可是不可以吵，因爲她要禱告了。馬拉基上床坐在尤金旁邊，我坐在餐桌旁，看著充當桌巾的報紙認字。室內只聽見馬拉基悄悄在跟尤金說要開心，還有外婆數著玫瑰念珠喃喃自語。好安靜，所以我把頭枕著桌子，就睡著了。

爸在碰我的肩膀。起來，法蘭西斯，你得照顧弟弟。

媽倒在床沿，發出小小的哭聲，很像小鳥叫。外婆在披披肩。她說，我去找湯普森要棺材跟馬車。聖文生會一定會付錢的。

她出去了。爸站著面對壁爐，用拳頭打大腿，噢噢噢。

他的噢噢噢把我嚇到了，媽小鳥似的叫聲也是，我不知道該怎麼辦，只想著有沒有人要生火，我們就能喝茶吃麵包，因爲麥片粥是很久以前的事了。要是爸從壁爐前移開，我就可以自己來生火。你只需要紙，一點點煤炭或是泥炭塊，一根火柴。他不肯移開，所以我就想繞過他的大腿，可是他注意到我了，想知道我爲什麼要生火。我跟他說我們都餓了，他卻發出瘋狂的笑聲。餓？他說。噢，法蘭西斯，你的小弟弟奧利佛死了。你的小妹妹死了，你的小弟弟也死了。

他把我抱起來，用力摟抱我，痛得我叫了出來。然後馬拉基哭了，媽媽哭，爸爸哭，我也哭，可是尤金卻靜悄悄的。然後爸鼻音很重地說，我們來大吃一頓。來吧，法蘭西斯。

他跟我媽說我們馬上就回來，可是她在床上抱著馬拉基和尤金，頭也不抬。他抱著我走過利默里克的街道，我們從一家店到一家店，他問他們有沒有什麼可以給一個一年內失去兩個孩子的家庭，一個死在美國，一個死在利默里克，而且因爲缺吃少喝的，可能會再失去第三個。大多數的店主都搖頭。很遺憾你遭遇的困難，可是你可以去聖文生會，或是尋求政府的協助。

爸說他眞高興看見耶穌的精神在利默里克重現，他們說他們不需要像他這種說話帶著北方腔的人來跟他們說三道四的，而且他應該自己覺得羞愧，拖著個孩子像個乞丐、吉普賽人、流浪漢。

有幾家商店給了我們麵包、馬鈴薯、豆子罐頭，爸說可以回家了，你們三個孩子可以吃點東西。可是我們遇見了帕．基廷姨丈，他跟爸說他爲爸的處境很難過，問爸要不要跟他去酒館喝一杯。

酒館裡的男人面前都擺著一大杯黑黑的東西。帕．基廷姨丈跟爸也喝了那種黑黑的東西。他們小心地舉杯，慢慢地喝。嘴巴上有白色泡沫，他們舔掉時還輕嘆一聲。帕姨丈請了我一瓶檸檬汁，爸給了我一片麵包，我就不覺得餓了。可是我還是在想我們要在這裡坐多久，馬拉基和尤金還在家裡餓著肚子，麥片粥早就消化了，而尤金根本什麼也沒吃呢。

爸和帕姨丈喝了一杯黑黑的東西，又喝一杯。帕姨丈說，法蘭基，這個是麥酒。是人生的菁華。哺乳中的媽媽跟長期虛弱不振的人喝這個最補了。

他哈哈笑，爸露出微笑，我也哈哈笑，因爲我覺得帕姨丈說話你就該笑。他跟別人說奧利佛死了的時候沒有笑，其他人向爸爸頂帽子行禮。眞遺憾，先生，讓我請你喝一杯。

爸對每一杯都來者不拒，沒多久就唱起了洛迪·麥考利和凱文·巴里，還有一首又一首我沒聽過的歌，爲他的小女兒，死在美國的瑪格麗特哭，也爲他的小兒子，死在城市之家醫院的奧利佛哭。他又叫又哭又唱，我嚇到了，我巴不得能回家去跟三個弟弟，不，是兩個弟弟，和我媽媽在一起。

吧台後面的男人跟爸說，先生，你喝得夠多了。很遺憾發生了那麼多不幸，可是你得把孩子帶回家去找他母親，孩子的媽現在一定坐在爐火邊，傷心欲絕。

爸說，再一杯，最後一杯，啊？那人說不行。爸搖晃拳頭。我爲愛爾蘭戰鬥過。那人從吧台後面出來，握住爸的胳膊，爸想把他推開。

帕姨丈說，好了，馬拉基，別耍流氓。你得回安琪拉身邊去。明天還得辦喪事，而且可愛的孩子們也在等著你呢。

可是爸還是拚命掙扎，最後是好幾個男人把他推到街上。帕姨丈拎著那袋食物跌跌撞撞出來。走吧，他說，回你家去。

爸想到另一家酒館去喝酒，可是帕姨丈說他沒錢了。爸說他會把自己的不幸跟每個人講，他們會請他喝酒。帕姨丈說那樣子討酒喝太丟臉了，爸就趴在他的肩膀上哭。你是個好朋友，他跟帕姨丈說。他一直哭，最後帕姨丈拍他的背。唉，可憐啊可憐，帕姨丈說，不過你早晚會熬過去的。

爸挺直了腰，看著他。不可能，他說。不可能。

隔天我們坐馬車到醫院去。他們把奧利佛放進馬車載來的白盒子裡，我們把他帶到墓地。他們把白盒子放進地上一個洞裡，覆上土。我媽和安姬阿姨哭了，外婆一臉怒氣，爸、帕．基廷姨丈和派特．席安舅舅一臉哀戚卻沒有哭，我覺得如果你是男人，就只能在喝那種叫麥酒的黑黑東西的時候哭。

我不喜歡棲在樹上和墓碑上的穴烏，我不想把奧利佛留在這些鳥之間。有一隻穴烏對著奧利佛的墳走來，我朝牠丟石頭。爸說我不應該對穴烏丟石頭，牠們很可能是某人的靈魂。我不知道靈魂是什麼，可是我沒問他，因爲我不在乎。奧利佛死了，我恨穴烏。我將來會變成大男人，我會帶著一袋石頭回來，我會讓墓地這裡到處躺著死穴烏。

奧利佛下葬之後的隔天早上，爸去勞工介紹所領這個禮拜的補助金，十九先令六便士。他說中午就會回來，說他會去領煤來生火，我們爲了紀念奧利佛要吃薄片火腿、雞蛋和茶，還說我們可能會有一、兩顆糖果。

到了中午他沒回家，一點了，兩點了，仍然不見他的蹤影，我們煮了昨天店東送的幾個馬鈴薯。五月的那一天，直到太陽下山他都沒有回來。最後在酒館都早已打烊之後，我們聽見他在風車街上大唱：

四周都在警戒，
西部在沉睡，西部在沉睡——
唉，愛爾蘭是該哭泣，
因爲康納特安穩沉睡。
湖泊和平原笑著慶祝自由平等，

他們的守護騎士分布在岩石間。
歡唱吧，啊，讓大家學到自由，
從鞭笞的風和拍擊的大海。

他跌跌撞撞走進房間，靠著牆。鼻孔掛著鼻涕，他用手背擦掉。他口齒不清。孩子都上床睡覺。聽我的，孩子都上床睡覺。

媽質問他。孩子都餓了。補助金呢？我們來買炸魚薯條，讓他們上床睡覺的時候肚子裡有東西。

媽想把手伸進爸的口袋裡，可是被他推開了。放尊重點，他說。在孩子們面前放尊重點。

媽終於把手伸進了爸的口袋。錢呢？孩子都餓了。你這個老王八蛋，你是不是又把錢喝光了？就跟你在布魯克林一樣。

他哭號，噢，可憐的安琪拉。可憐的小瑪格麗特，可憐的小奧利佛。

他踉蹌走向我，我聞到了以前在美國聞到的氣味。我的臉被他的眼淚、口水、鼻涕弄濕了，而且我好餓，他在我的頭頂上哭，我不知道該說什麼。

忽然他放開了我，又摟抱馬拉基，仍哭訴著什麼小妹妹小弟弟冷冰冰埋在地下，我們大家都要禱告，要乖，我們都要聽話，聽我們母親的話。他說我們有自己的麻煩，可是我跟馬拉基都該去上學了，因爲什麼都比不上受教育，教育可以受用一輩子，而且你們得準備好爲愛爾蘭犧牲奉獻。

媽說她沒辦法在風車街上的這個房間再待上一分鐘，她沒辦法睡在會讓她想起奧利佛的房間裡，奧利佛在床上，奧利佛在地板上玩，奧利佛在爐火邊坐在爸的大腿上。她說讓尤金待在這地方不好，雙胞胎失去了弟弟所受的苦，就連身爲母親的人都不會懂。哈茨東具街上有個房間，有兩張床，不用像在這裡六個人擠一張床，不，是五個人了。我們要租那個房間，爲了確定，她在禮拜四到勞工介紹所去排隊，在爸領到補助金的那一刻就把錢接過去。爸說她不能去，那樣他在別的男人面前會沒面子。勞工介紹所是男人去的地方，不能讓女人在他們鼻子底下把錢拿走。她說，少說廢話，要不是你把錢都糟蹋在酒上，我也不必像在布魯克林一樣跟著你。

爸說他會一輩子抬不起頭來。媽說她不在乎。她要哈茨東具街上的那個房間，那是個溫暖舒服的房間，走廊盡頭還有浴室，就像布魯克林的那間，沒有跳蚤，也沒有會殺人的濕氣。她要那個房間，因爲跟里彌國際學校在同一條街上，我跟馬拉基可以回家來吃午餐，喝杯茶吃片麵包。

禮拜四那天，媽跟著爸到勞工介紹所去。她在他後面大步走，那裡的人把錢推給爸爸，她就接了過去。其他來領補助金的男人互相推擠，嘻嘻笑。爸覺得很丟臉，因爲女人不應該干涉男人的補助金。他可能會想花六便士賭馬或是喝杯酒，要是每個女人都有樣學樣，那賽馬不跑了，健力士也會破產。但是錢在媽的手上了，我們就搬到了哈茨東具街。然後她抱著尤金，我們往上走到里彌國際學校。校長斯嘉倫先生說我們得禮拜一再去，要帶著作文簿、一枝鉛筆和一枝好筆尖的鋼筆。我們不能帶著錢癬或跳蚤到學校裡，我們隨時都要把鼻涕擦乾淨，可是不能擤在地上，散布肺癆，也不能用衣袖擦，而是要用手帕或乾淨的布。他問我們是不是好孩子，我們說是。他說，天啊，他們是美國佬嗎？

媽跟他說了瑪格麗特和奧利佛的事，他說，上主啊上主，世上的苦痛太多了。好吧，我們會把小的，馬拉基放到大班，他哥哥到一年級。都在一間教室裡，同一個老師。禮拜一早晨九點，準時。

里彌的男生想知道我們爲什麼那樣子說話。伊們是美國佬嗎？我們說是從美國來的，他們又想知道伊們是黑道還是牛仔？

一個大男生把臉伸到我面前。我在問伊問題，他說。伊是黑道還是牛仔？

我跟他說我不知道，他就用手指戳我的胸口。馬拉基說，我是黑道，法蘭克是牛仔。大男生說，你弟弟很聰明，你是個笨蛋美國佬。

他周圍的男生很興奮。打架，他們大吼，打架。他就用力推了我一把，把我推倒了。我想哭，可是我又像那次對弗瑞迪·雷伯維茨一樣，眼前突然一片黑，我衝向他，又踢又打。我把他打倒在地上，想揪住他的頭髮，抓他的頭去撞地，可是我的後腿卻猛地像針扎一樣痛，於是就放開了他。

班森老師揪住了我的耳朵，正在鞭打我的腿。小流氓，他說。你從美國就帶來這種行爲嗎？哼，等我把你教訓完，你就會懂規矩了。

他叫我伸出一隻手，再伸另一隻，然後就用棍子打了我的手心各一下。回家去，他說，跟你母親說你是個壞孩子。你是個壞美國佬。跟著我念，我是壞孩子。

我是壞孩子。

再來念我是壞美國佬。

我是壞美國佬。

馬拉基說，他不是壞孩子。壞孩子是那一個，他說我們是牛仔和黑道。

你這樣說嗎，海夫能？

我只是開玩笑啦，老師。

不准再開玩笑，海夫能。他們是美國佬又不是他們的錯。

是，老師。

還有你，海夫能，每天晚上都應該要跪下來，感謝天主你不是美國佬，因爲如果你是，海夫能，你就會是大西洋兩岸最大的黑道老大。連艾爾．卡彭[10]都得來給你當徒弟，不准你再招惹這兩個美國佬了，海夫能。

不會了啦，老師。

再犯的話，海夫能，我會把你的皮掛在牆上。好了，全都回家去。

里彌國際學校有七位老師，全都有皮鞭、枴杖、帶刺的棍子。他們拿棍子打你的肩膀、背、腿，尤其愛打手心。要是打你的手心，就叫掌摑。你遲到了，打；鋼筆尖漏水，打；笑出聲，打；說話，打；不知道答案，打。

如果你不知道天主爲什麼創造世界，打；不知道利默里克的主保聖人，打；不會背《使徒信經》，打；不會十九加四十七，打；不會四十七減十九，打；不知道愛爾蘭三十二個郡的主要城市和產品，打；沒辦法從牆上那幅被憤怒學生丟滿口水、鼻涕、墨水點的世界地圖上找到保加利亞，打。

不會用愛爾蘭語說名字，打；不會用愛爾蘭語念《聖母經》，打；不會用愛爾蘭語討上廁所牌，打。

聽高年級大男生的話很有幫助。他們會跟你說你現在的老師怎麼樣，告訴你他喜歡什麼討厭什麼。

10 艾爾．卡彭（Al Capone, 1899–1947），一九二〇年代橫行美國芝加哥的黑幫首領。

如果你不知道艾蒙·戴·瓦勒拉[11]是全世界最偉大的偉人，有個老師就會打你。如果你不知道麥可·柯林斯[12]是全世界最偉大的偉人，另一個老師就會打你。

班森老師討厭美國，你得跟著討厭美國，不然他就會打你。

歐戴老師討厭英國，你得跟著討厭英國，不然他就會打你。

如果你敢說奧利佛·克倫威爾[13]的好話，所有的老師都會打你。

* * *

即使他們用白楊木或是有疙瘩的帶刺棍子一天打你六次，你也不能哭。哭了就是娘娘腔。會有男生在街上譏笑你作弄你，但是他們也得小心翼翼，因爲風水輪流轉，他們也會有挨棍子的一天，到時他們也得忍住眼淚，否則就會丟臉一輩子。有的男生說哭比較好，老師會高興；不哭的話老師會討厭你，因爲你讓他們在全班面前沒面子，他們就會發誓下次再逮著你，他們會更下死勁，非打得你掉眼淚或流血，或是兩樣都來不可。

五年級的大男生跟我們說，歐戴老師喜歡在全班面前處罰你，這麼一來他就能站在你後面，捏住你太陽穴兩邊的頭髮，那叫做鬢腳，往上拉。站高點，站高點，他說，最後你得踮著腳尖，眼眶裡都是眼淚。你不想讓全班同學看見你哭，可是不管你喜不喜歡，拉鬢腳就是會害你流眼淚。而歐戴老師可就愛死了。全校只有歐戴老師每次都能讓學生流眼淚出醜。

能不哭最好還是不要哭，因爲你得跟學校裡的男生一國，絕不能讓老師們得逞。

要是老師打你，回家跟父母親告狀是沒有用的，他們總是說，你活該，別像個愛哭鬼一樣告狀。

我知道奧利佛死了，馬拉基知道奧利佛死了，可是尤金太小了，什麼也不知道。他每天早上醒來就會說，奧利、奧利，然後在房間裡走來走去，找床底下，或是爬到床上站在窗邊，指著街上的兒童，尤其是像他和奧利佛一樣有金髮的兒童。奧利、奧利，他說，媽就會把他抱起來，哭著擁抱他。他掙扎著要下去，因爲他不想要人家抱。他想找到奧利佛。

爸媽跟他說，奧利佛在天堂和天使玩，我們將來都會跟他見面，可是他聽不懂，因爲他只有兩歲，不知道這些話的意義。這眞的是世界上最慘的事情。

馬拉基跟我陪他玩，我們想逗他笑。我們扮鬼臉，把鍋子扣在頭上，假裝鍋子快掉了。我們跑過房間，假裝跌倒。我們帶他到人民公園看可愛的花，跟狗玩，在草地上打滾。

看到跟奧利佛一樣有金髮的小孩，他不再叫奧利了，只是用手指著。

爸說尤金很幸運有我跟馬拉基這樣的哥哥，因爲我們幫助他遺忘，有天主的幫助，他很快就會完全不記得奧利佛了。

結果他還是死了。

11 艾蒙．戴．瓦勒拉（Eamon de Valera, 1882–1975），愛爾蘭共和國第一任總理，後又擔任第三任總統。
12 麥可．柯林斯（Michael Collins, 1890–1922），愛爾蘭革命領導人。一九二二年八月在愛爾蘭內戰中被槍擊身亡。
13 奧利佛．克倫威爾（Oliver Cromwell, 1599–1658），蘇格蘭軍政領袖，曾征服愛爾蘭並且殘害天主教徒。

十一月，奧利佛走了之後半年，一個慘淡的早晨，我們發現尤金冷冰冰地躺在我們旁邊。特洛伊醫生來了，說他死於肺炎，爲什麼沒有早點送他到醫院？爸說他不知道，媽說她不知道，特洛伊醫生說孩子就是這樣死的，大家都不知道。他說如果我或是馬拉基有一點點咳嗽的跡象，或是喉嚨有一點點嘎嘎聲，就要趕緊帶去看他，無論白天或晚上。我們隨時都要保持乾爽，因爲我們家的人胸腔好像比較差。他跟媽說請她千萬要節哀，他會幫她開個方子，讓她能夠度過未來幾天的痛苦。他說天主要的太多了，太多了。

外婆和安姬阿姨過來我們這裡。外婆幫尤金洗澡，安姬阿姨到商店去買了一件小小的白袍子和一串玫瑰念珠。她們幫他穿上白袍，放在床上靠窗邊的位置，他以前總在這裡找奧利佛。她們把他的手放在胸口，一手在上一手在下，用玫瑰念珠纏住。外婆把他眼睛和額頭上的頭髮梳到後面，她說，他的頭髮眞是又軟又滑。媽走向床鋪，拉起毯子蓋住他的腿，免得他涼到。外婆跟安姬阿姨互看了一眼，什麼也沒說。爸站在床腳，用拳頭打大腿，跟尤金說話，跟他說，噢，善農河害了你，從河上來的濕氣帶走了你跟奧利佛。外婆說，你閉嘴行不行？你害全家人都緊張了。她拿了特洛伊醫生的處方箋，叫我跑到藥劑師歐康諾那邊去拿藥，因爲特洛伊醫生的好心，拿藥不用錢。爸說他跟我去，我們要到耶穌會去爲瑪格麗特、奧利佛、尤金禱告，他們都開開心心地在天堂裡了。藥劑師給了我們藥，我們去禱告了，回家後外婆給了爸錢，要他到酒館去買幾瓶黑啤酒。媽說，不行不行，可是外婆說，他沒有藥來抒解痛苦，天主垂憐，一瓶黑啤酒多少能給他一點安慰。然後外婆跟爸說，他明天得去找葬儀社，用馬車載棺材來。她叫我跟爸爸一起去，確保他不會整晚泡在酒館裡，把所有的錢都喝光。爸說，噢，法蘭基不應該進酒館，外婆說，那就別待在裡頭。爸戴上帽子，我們就到邵斯酒館去了。到了門口，爸說我可以回家了，可是我說不要。他說聽話，回家去陪你可憐的媽媽。我說不要，他就說我是壞孩子，天主會不高興。我說我要跟他一起回家，他說，噢，這世界是怎麼回事？他匆匆喝了一杯波特酒，我們就帶著幾瓶黑啤酒回家了。帕．基廷在我們家裡，帶了一小瓶威士忌和幾瓶黑啤酒來，派特．席安舅舅也帶了兩瓶黑啤酒。派特舅舅坐在地板上，抱著酒瓶一直說，是我的，是我的，唯恐被別人拿走。摔過腦袋的人總是怕別人會偷走他的啤酒。外婆說，別擔心，派特，喝你自己的酒吧。不會有人來搶你的。她跟安姬阿姨坐在床邊，守著尤金。帕．基廷坐在餐桌旁，喝他的啤酒，也給每個人喝一口他的威士忌。媽吃了藥坐在爐火邊，馬拉基坐在她大腿上。她一直說馬拉基的頭髮跟尤金一樣，安姬阿姨說才不一樣，最後外婆用手肘戳了她的胸口叫她閉嘴。爸站在壁爐和床鋪中間，靠著牆喝黑啤酒。帕．基廷說故事，大人都哈哈笑，雖然他們並不想笑，或是在死掉的兒童面前不該笑。他說他在法國的時候在英國的軍隊裡，德國人放毒氣，他中毒很深，只好送進醫院裡。他們讓他住院一陣子，後來就讓他回戰壕了。英國兵都送回了家，可是他們才不管愛爾蘭兵的死活。不過帕沒死，反而交上了財運。他說他解決了戰壕戰的一個大問題。戰壕裡又濕又泥濘，他們沒辦法燒水泡茶。他跟自己說，耶穌，我的身體裡有一大堆瓦斯，浪費掉實在太可惜了。所以他就在屁股插了一支管子，點了一根火柴，不到一秒鐘，就生起了不小的火，可以用馬口鐵罐燒水了。英國兵聽到了，從四面八方的戰壕裡跑過來，只要他肯讓他們燒水，多少錢他們都願意付。他賺得飽飽的，最後拿賺來的錢買通了將軍，放他退伍，他就跑到巴黎快活逍遙，跟藝術家和模特兒喝酒。他過得太舒服了，把錢都花光了，等他回利默里克只能找到在瓦斯廠剷煤塊的活。他說他的身體裡面有太多瓦斯，可以供應一個小鎮一年的電燈。安姬阿姨嗤之以鼻，說在夭折的孩子面前說這個，太不成體統了；外婆說，講這樣的故事總比拉長臉坐在一起的好。派特．席安舅舅抱著酒瓶坐在地上，說他要唱歌。好樣的，帕．基廷說。派特舅舅就唱〈到拉辛之路〉。他一直說拉辛、拉辛，小卿卿，他唱的沒人聽得懂，因爲他爸爸很久以前摔過他的頭，他每次唱都唱得不一樣。外婆說他唱得不錯，帕．基廷說，義大利男高音卡魯索最好小心有人要搶走他的飯碗了。爸走向他跟媽睡的角落，坐在床沿上，酒瓶放在地上，兩手摀著臉哭了起來。他說，法蘭克、法蘭克，過來，我只好過去，讓他像媽抱馬拉基一樣抱住我。外婆說，我們走吧，在明天葬禮之前多少睡一點。他們一個個跪在床邊禱告，吻了尤金的額頭。爸把我放下來，站起來，點頭送他們離開。他們走後，他把每一個酒瓶都拿起來喝乾，還把一隻手指伸進威士忌酒瓶裡抹，再拿出來舔。他把桌上的煤油燈調暗，說我跟馬拉基該上床睡覺了。我們得跟他和媽睡，因爲這一晚尤金會需要一整張床。房間裡很暗，只有銀色的街燈照在尤金可愛軟滑的頭髮上。

早晨爸生了火，泡茶烤麵包。他端麵包和茶給媽媽，可是她揮手不要，又面對著牆壁。他帶我和馬拉基到床邊跪下，爲尤金禱告。他說像我們這樣的孩子的禱告，一個抵得過十個樞機主教和四十個主教。他教我們如何爲自己祝福，因父及子及聖神之名。阿們，然後他說，親愛的天主，這是你要的嗎？你要我的兒子，尤金。你要他的兄弟奧利佛，你帶走了他的妹妹瑪格麗特。我不該質問，是不是？親愛的天父啊，我不知道爲什麼孩子得死，可是這是你的意旨。你叫善農河殺人，它就殺人。你能不能發發慈悲？放過我們這兩個孩子？我們只要求這麼多，阿們。

他幫我跟馬拉基洗頭洗腳，讓我們乾乾淨淨參加尤金的葬禮。我們必須非常安靜，即使他用我們從美國帶來的毛巾一角幫我們洗耳朵，弄痛了我們。我們必須安靜，因爲尤金在這裡，閉著眼睛，我們不想要他醒過來，看著窗外尋找奧利佛。

外婆來了，跟媽說她得起床。有孩子死了，她說，可是還有孩子活著，他們需要媽媽。她端給媽一杯茶，讓她吃那種可以抒解痛苦的藥。爸跟外婆說今天禮拜四，他得到勞工介紹所去領補助金，然後會去葬儀社讓馬車把棺材載過來。外婆跟他說把我帶去，可是他說我最好陪著馬拉基，為床上死去的小弟弟禱告。外婆說，你是在說笑吧？為一個不到兩歲已經在天堂和弟弟玩耍的小孩子禱告？你帶著你兒子一塊去，他會提醒你今天可不是泡酒館的日子。她看著爸，爸看著她，戴上了帽子。

我們在勞工介紹所排在隊伍尾巴，後來有個人從櫃台出來，跟爸說請他要節哀，他應該在這麼悲哀的日子排到前面去。男人都碰帽子行禮，說請他節哀，有人拍我的頭給我零錢，一共二十四便士兩先令。爸跟我說我現在是富翁了，我應該給自己買糖果，他則進去那個地方一會兒。我知道那個地方是酒館，我知道他想要喝那種叫黑啤酒的東西，可是我沒吭聲，因為我想到隔壁店裡買一塊太妃糖。我咬著太妃糖，咬到糖化掉，滿嘴都甜滋滋黏答答。爸仍在酒館裡，我想反正他還在裡面，我是不是應該再去買一顆糖。我正要把錢付給店裡的女人，忽然有人拍了我的手，安姬阿姨怒沖沖地站在那裡。今天是你弟弟下葬的日子，你就這個樣子嗎？她說。大吃特吃糖果，你那個老子呢？

他在、他在酒館裡。

那還用說。你在外面拚命吃糖果，他在裡面喝得連路都走不穩，今天可是你可憐的小弟弟下葬的日子。她對店裡的女人說，就跟他老子一個樣，一樣的賊頭賊腦，一樣的北愛人下巴。

她叫我進酒館裡去叫我爸爸別喝了，趕緊把棺材和馬車弄回家。她不進酒館，因為酒是這個可憐國家的詛咒。

爸坐在酒館最後面，跟一個臉孔骯髒、鼻孔裡長毛的男人坐在一起。他們沒說話，只是直直瞪著前方，黑啤酒放在兩人之間的白色小棺材上。我知道這是尤金的棺材，因爲奧利佛的也是這樣，我看到棺材上的黑啤酒，好想哭。我現在很後悔，尤金死掉了躺在床上，我卻吃了太妃糖，我也被他白色棺材上的兩杯黑啤酒嚇到。跟爸坐在一起的人說，不行，先生，現在不能把小孩的棺材留在馬車上了。我留過一次，進去喝杯酒，結果他們把馬車上的棺材搶走了。你能相信嗎？感謝天主，棺材是空的，可是啊，我們的日子實在太難過了，太難過了。跟爸坐在一起的人舉起酒杯，喝了一大口，把杯子放下來時，棺材發出空洞的聲音。爸朝我點頭。我們馬上就走，兒子，可是他猛灌了一口，把杯子放在棺材上，我把杯子推開了。

這是尤金的棺材。我要跟媽說，你把酒杯放在尤金的棺材上。

噢，兒子，噢。

爸，這是尤金的棺材。

另一個人說，我們再喝一杯吧，先生？

爸跟我說，到外面去再等幾分鐘，法蘭西斯。

不要。

要聽話。

不要。

另一個人說，耶穌喔，這要是我兒子，我會一腳把他踹到凱立郡去。他怎麼可以在這麼悲慘的日子，用這種態度跟他爸爸說話。要是男人連在葬禮那天都不能喝一杯，那活著還有什麼味兒。

爸說，好吧，我們走吧。

他們喝乾了酒，用衣袖擦掉棺材上的褐色酒漬。那人爬上馬車駕駛座，爸跟我坐在車裡。他把棺材放在大腿上，緊緊摟在胸前。回到家，我們房間裡都是大人，媽、外婆、安姬阿姨、她先生帕．基廷、派特．席安舅舅，還有湯姆．席安舅舅，他是媽媽的大哥，從來不跟我們來往，因爲他討厭北愛爾蘭人。湯姆舅舅帶了太太珍來。她是哥爾威人，大家說她長得像西班牙人，所以家裡才沒人要跟她說話。

那人拿走了爸懷裡的棺材，一拿進房間，媽就呻吟，喔，不，喔天主，不。那人跟外婆說，他等一下再回來帶我們到墓地去。外婆跟他說，他最好不要醉醺醺地回來，因爲這個要到墓地去的孩子受了許多罪，應該得到尊重，而且她不會容忍一個喝醉了、隨時會從馬車高高座位上掉下去的車夫。

那人說，太太，我送過幾十個孩子到墓地，從來沒有一次掉下來過，不管座位是高還是矮。

男人又在喝瓶裝的黑啤酒，女人用果醬瓶喝雪莉酒。派特．席安舅舅跟每個人說，這是我的酒，這是我的酒。外婆說，放心吧，派特，沒有人會拿你的酒。然後他說他要唱〈到拉辛之路〉，可是帕．基廷說，不行，派特，不能在辦喪事的日子唱這首歌，可以在葬禮前的那個晚上唱。可是派特舅舅一直說，這是我的酒，我要唱〈到拉辛之路〉，而大家都知道他這樣子說話是因爲腦袋摔壞了。他開始唱他的歌，唱著唱著就停了，因爲外婆打開了棺材蓋，媽哭著說，喔，耶穌，喔，耶穌，就沒有消停的時候嗎？難道要我只剩下一個孩子？

媽坐在床頭一張椅子上，輕撫尤金的頭髮、臉和手。她跟他說他是全世界最甜美、最精緻、最有愛心的孩子。她說失去他很可怕，可是他現在進了天堂跟弟弟妹妹在一起，知道奧利佛不再孤孤單單一個人，有雙胞胎兄弟陪著他，我們都很安慰。雖然這麼說，她還是把頭放在尤金旁邊，哭得好厲害，房間裡所有女人都陪著她一起哭。她一直哭到帕·基廷跟她說我們得走了，不能等天黑了才到墓地去。

外婆跟安姬阿姨悄悄說，誰把孩子放進棺材裡？安姬阿姨也小聲說，我不要。這是做母親該做的事。派特舅舅聽到了。我來把孩子放進棺材裡，他說。他一跛一跛走向床鋪，兩手抱住媽媽的肩膀。她抬頭看，一張臉濕淋淋的。他說，我來把孩子放進棺材裡，安琪拉。

喔，派特，她說。派特。

我可以，他說。沒錯，他是個小孩子，我一輩子沒抱過小孩子。我從來沒有抱過小孩子，我不會把他摔下去的，安琪拉。我不會。我跟天主發誓，我不會。

我知道你不會，派特。我知道你不會。

我會把他抱起來，而且我不會唱〈到拉辛之路〉。

我知道你不會，派特，媽說。

派特把媽給尤金蓋著保暖的毯子抽掉，尤金的腳好白好亮，還看得見小小的藍色血管。派特彎腰抱起了尤金，摟在胸口。他親吻尤金的額頭，然後房間裡每個人都親吻了尤金。他把尤金放進棺材裡，退後幾步。我們都聚在棺材旁，看尤金最後一眼。

派特舅舅說，看吧，我沒有把他摔下去，安琪拉。媽就摸他的臉。

安姬阿姨到酒館去叫車夫。他把棺材蓋上，釘死。他說，誰要坐馬車？接著就把棺材抬到馬車上。馬車只夠爸媽、我跟馬拉基坐，外婆說，你們去吧，我們在這裡等。

我不知道我們爲什麼不能把尤金留下來，我不知道他們爲什麼讓那個把黑啤酒放在白色棺材上的人把他送走。我不知道他們爲什麼要把瑪格麗特和奧利佛送走。把我的妹妹和弟弟們放進白色盒子裡是一件很糟糕的事，我眞希望能找個人說一說。

* * *

馬蹄在利默里克街上達達響。馬拉基說，我們要去看奧利佛嗎？爸說，不，奧利佛在天堂，不要問我天堂是什麼，因爲我不知道。

媽說，天堂是奧利佛、尤金和瑪格麗特在的地方，他們開心又暖和，將來有一天，我們也會在那裡跟他們相見。

馬拉基說，馬在街上大便了，好臭。媽和爸忍不住露出笑臉。

到了墓地，車夫爬下車，打開馬車門。把棺材給我，他說，我來抬到墓穴去。他用力拉棺材，腳步蹣跚。媽說，你醉成這樣，不准你抬我的孩子。她轉頭看爸。你來抬，她說。

隨便你，車夫說。隨你高興。然後他就爬上座位去了。

天色變暗了，棺材在爸的懷裡好像變得更白了。媽牽著我們的手，我們跟著爸穿過墓地。穴鳥靜悄悄待在樹上，牠們的一天快過完了，必須休息，才能明天一大早醒來餵牠們的寶寶。

有兩個人拿著鏟子，在一處挖好的小墓穴旁等待。一個人說，你們來得太晚了，幸好不是什麼大工程，不然我早就走了。他爬進墓穴。交給我，他說，爸就把棺材交給了他。

那人在棺材上撒了乾草和青草後爬出來，另一個人就把土剷上去。媽發出長長的一聲哭號，喔，耶穌、耶穌。有隻穴鳥在樹上呱呱叫，我眞恨不得有塊石頭把牠打下來。那兩個人把土剷完以後，擦了擦額頭的汗，等在一邊。一個說，呃，這個嘛，通常會打點賞給我們解渴。

爸說，喔，對對。給了他們錢。他們說，請節哀，就走了。

我們回去墓園大門找馬車，結果馬車居然走了。爸在黑暗中東張西望，搖著頭回來了。媽說，天主原諒我，可是那個車夫就是一個骯髒的老酒鬼。

從墓地走回我們家是一段很長的路。媽跟爸說，這兩個孩子需要營養，你還有今天早上領的補助金。要是你打算今晚到酒館去，趁早給我打消主意。我們要帶他們到諾頓的店，買炸魚薯條、檸檬汁給他們吃，因爲他們不是每天都在埋葬弟弟。

炸魚薯條淋上醋和鹽眞是極品，而且檸檬汁直酸進我們的嗓子眼。

回家時屋裡一個人也沒有。桌上有空啤酒瓶，爐子裡的火也滅了。爸點起了煤油燈，可以看見尤金睡過的枕頭凹了一塊。你以爲會聽到他的聲音，看到他搖搖晃晃走過房間，爬上床看著窗外找奧利佛。

爸跟媽說他要出去散步。她說不行，她知道他在打什麼主意，他等不及要把最後幾先令花在喝酒上。好吧，他說。他生了火，媽泡了茶，沒多久我們就上床睡覺了。

我跟馬拉基又回到尤金死掉的床上睡覺。我希望他在白色棺材裡不會冷，雖然我知道他已經不在棺材裡了，因爲天使會到墓地來，打開棺材，他已經離開會殺人的善農河遠遠的了，現在正在天堂和奧利佛、瑪格麗特在一起，他們會有好多炸魚薯條、太妃糖吃，不會有阿姨來阻止，而且天堂裡每個父親都會把從勞工介紹所領來的錢帶回家，你不必跑遍每一家酒館去找他。

3

媽說她沒辦法在哈茨東具街的這個房間再多待一分鐘，她每天早晨、中午、晚上都看到尤金。看到他爬上床看著街道尋找奧利佛，有時她會看見奧利佛在外面，尤金在裡面，兩個人在聊天。她很開心他們在聊天，可是她不想下半輩子都一直看見、聽見他們。要搬家很可惜，因爲這裡很靠近里彌國際學校，可是如果再不搬，她就會發瘋，最後非進瘋人院不可。

我們搬到了羅登巷，就在一個叫營盤山的山頂上。巷子一邊有六棟房子，面對著另外六棟。這些房子叫做二上二下，樓上兩個房間，樓下兩個房間。我們家在巷子尾，六棟裡的最後一棟。我家門邊有個小棚屋，是廁所，再過去是馬廄。

媽到聖文生會去看有沒有可能弄到家具。那裡的人說他會給我們一張清單，領取一張餐桌、兩張椅子、兩張床。他說我們得到愛爾蘭城的二手家具店，自己把家具扛回家。媽說我們可以用雙胞胎以前的嬰兒車，她說這話時哭了。她用衣袖擦乾眼淚，問那人我們領的是不是二手床。他說當然是，她就說她非常擔心那種床很可能有人死在上面過，尤其是死於肺癆的。那人說非常抱歉，可是乞丐沒得挑剔。

我們花了一整天功夫，才把家具用嬰兒車從利默里克的一頭推到另一頭。嬰兒車有四個輪子，可是有一個搖搖晃晃，老是想走不同方向。我們有兩張床，一個有鏡子的餐具櫃，一張餐桌，兩張椅子。我們對這個新家很滿意。我們可以從一個房間走到另一個房間，上上下下走樓梯。每天上上下下走樓梯，愛走幾趟就走幾趟，你會覺得很有錢。爸生火，媽泡茶。他坐一張椅子，媽坐另一張，我跟馬拉基坐在我們從美國帶來的大衣箱上。我們正在喝茶，有個老人經過我家門口，手上拿著桶子。他把桶子倒進廁所，沖洗乾淨，我們的廚房就臭得要命。媽走到門口說，你爲什麼到我家的廁所來倒桶子？他掀起帽子。太太，妳家的廁所？啊，不是的，妳只怕是搞錯了，哈哈。這個不是妳家的廁所，唉呀，這個是整條巷子共用的。妳將來會看到十一個桶子從妳家門口經過，我告訴妳，天氣熱的時候那個味道可就大了，大的不得了。現在是十二月，感謝天主，天氣冷，聖誕節也快到了，廁所還不那麼臭，可是你們需要防毒面具的那一天早晚會到。好了，晚安了，太太，希望你們在新房子裡住得開心。

媽說，等一下，先生，請問誰負責打掃廁所？

打掃？啊，耶穌，眞是太好笑了。打掃，媽說。妳在開玩笑吧？這些房子是在維多利亞女王時代蓋的，要是這間廁所打掃過，那一定也是半夜三更趁沒人看見的時候來偷偷打掃的。

說著他笑著往巷子頭拖著腳走了。

媽回到椅子上喝茶。我們不能住在這裡，她說。那間廁所會害我們生病。

爸說，我們不能再搬了。我們要到哪裡去找一個禮拜六先令的房子？我們自己來打掃廁所，我們可以燒開水，再往裡面潑。

喔，是嗎？媽說，我們要到哪裡去弄煤炭或泥煤塊來燒水啊？

爸不說話了。他把茶喝完，找釘子要把我們唯一的相片掛起來。相片中的人有一張瘦削的臉，戴著黃色小圓帽，一身黑袍，胸前戴著十字架。爸說他是一位教宗，雷歐十三世，是勞工的好朋友。他發現某個沒時間管勞工的人把相片丟了出來，就撿了起來，大老遠從美國帶回來。媽說他就會說一堆屁話，爸說她不該在孩子面前說屁這種字。爸找到了釘子，卻不知道沒鎚子是要如何釘釘子。媽說他可以到隔壁家去借，可是他說不可以跟不認識的人借東西。他把相片靠在牆上，用果醬瓶的底來敲釘子。果醬瓶破了，割傷了他的手，一滴血流在教宗頭上。他用擦碗布包著手，叫媽快、快，把教宗的血擦掉，免得乾在上面。她用衣袖去擦，可是衣料是羊毛的，反而把教宗的半張臉都弄髒了。爸說，天上的父啊，安琪拉，妳把教宗毀了。媽說，啊，少鬼吼鬼叫啦，以後弄顏料來把他的臉塗一遍就看不出來了。爸說，只有這個教宗是勞工之友，如果聖文生會的人來了，看見他滿頭是血，我們要怎麼說？媽說，誰知道，那是你的血，男人連釘釘子都不會，簡直可悲，可見得你有多沒用。你還是去種田什麼的吧，隨便。我的背痛，我要睡了。

噢，我該怎麼辦？爸說。

把教宗拿下來，藏到樓梯下面的煤坑裡，就不會有人看到，也不會礙事了。

不行，爸說。這樣會走楣運。煤坑不是教宗待的地方。教宗上位了就應該在上面。

隨便你，媽說。

好，爸說。

這是我們在利默里克過的第一個聖誕節，巷子裡的女生都出來了，一面跳繩一面唱歌：

聖誕節來了，
鵝也養肥了，
請放一便士，
到老人的帽子裡。
要是沒有一便士，
半個也可以，
要是半個也沒有，
天主祝福你。

男生取笑女生，大聲喊：

祝福妳媽出意外，
掉進廁所吃大便。

媽說她想弄一頓豐盛的聖誕節大餐，可是在奧利佛和尤金死後，勞工介紹所把補助金調降到十六先令，你能怎麼辦？你付六先令的租金，只剩下十先令，十先令要怎麼養活四個人？

爸沒找到工作。他在工作日早早起床，生火，燒水泡茶刮鬍子。穿上襯衫，接上有金屬釦的硬衣領，打好領帶，戴上帽子，到勞工介紹所去領補助金。他沒戴衣領打領帶是不會出門的。沒有衣領和帽子的男人是不自重的男人。誰也說不準勞工介紹所的人幾時會跟你說，蘭克麵粉廠或是利默里克水泥廠缺人，就算是賣力氣的活，你沒戴衣領打領帶，別人會怎麼想？

老闆和工頭總是會待他以禮，說要雇用他，可是只要他一開口，他們聽見了北愛爾蘭腔，就會改而雇用利默里克人。這是他在爐火邊跟媽說的，而媽說，你幹嘛不穿得像個工人？他就說他絕不會讓步，絕不能讓他們知道。媽說，你爲什麼不能像個利默里克人一樣說話？他說他絕不能沉淪到那種地步，而他人生中最大的痛苦，就是兩個兒子也感染了利默里克腔。她說，眞可憐啊，你的煩惱這麼多，希望你這輩子可不要再有別的煩惱了。爸說早晚有一天，在天主的幫助下，我們會離開利默里克，遠遠離開那條會殺人的善農河。

我問爸感染是什麼意思，他說，生病，兒子，還有不適合的東西。

爸不找工作的話，就去散步，走好幾哩路到鄉間。他問農夫是否需要人手，說自己是在農場長大的，什麼都會做。要是他們雇用了他，他就戴著帽子、衣領、領帶，立刻上工。他工作得很勤奮，工時又長，還得要農夫叫他休息。他們覺得很奇怪，哪有人能在漫長炎熱的白天裡勞動那麼久，卻不想吃飯喝水的。爸也只露出笑容。他在農場賺的錢從來沒有帶回家過，這個錢似乎和補助金不同，補助金是要拿回家的。他把農場賺來的錢都花在喝酒上。六點鐘祈禱鐘敲響，爸還沒回來，媽就知道他去幹活了。她希望他可能會想到家人，能偶爾一次經過酒館而不進去，但從來沒發生過。她希望他可能會從農場帶東西回家來，馬鈴薯、包心菜、蕪菁、紅蘿蔔，但是他什麼也不會帶回來，因爲他還不至於卑微到懇求農夫給他什麼。媽說她到聖文生會去乞討一張食物券就沒關係，可是叫他塞兩顆馬鈴薯到口袋裡他卻死都不肯。他說男人不一樣，你得保住尊嚴。戴衣領和領帶，注意儀容，絕不開口乞討。媽說，好，就讓尊嚴把你撐死吧。

農場的錢喝光之後，他會搖搖擺擺唱著歌，爲愛爾蘭哭，也哭著要他死去的孩子回來，但主要是哭愛爾蘭。要是他唱洛迪·麥考利，那就表示他只賺到一、兩杯啤酒的錢。要是他唱的是凱文·巴里，那就表示他這一天大豐收，現在已經爛醉如泥，準備把我們叫下床，立正站好，要我們發誓爲愛爾蘭而死了。最後一定是媽媽叫他不要再煩我們，不然她就要用撥火棍敲他的腦袋。

妳才不會呢，安琪拉。

我會，不信你就試試看。你最好少胡鬧，上床睡覺去。

床、床、床，上床有什麼好處？上床去還不是得再起來，我沒辦法在有條河會用霧氣毒死我們的地方睡覺。

他上了床，用拳頭打牆、唱哀歌，終於睡覺了。天色一亮他就醒了，因爲沒有人應該黎明了還不起床。他把我跟馬拉基叫醒，我們很累，因爲前一晚被他的說話聲和歌聲吵得不能睡。我們抱怨，說我們生病了，我們好累，可是他把我們當被子蓋的大衣掀掉，硬逼我們站在地板上。這時是十二月，天氣非常冷，我們呼吸都有一團白霧。我們在臥室門邊的桶子尿尿，跑下樓去爸爸已經生好的爐火邊取暖。我們在門邊水龍頭底下的盆子裡洗臉洗手。水管牽在牆上，用一個線圈掛在釘子上。水龍頭的四周都是濕的，地板、牆壁、放盆子的椅子。水龍頭流出的水很冰冷，我們的手洗完都會發麻。爸說這對我們有好處，可以讓我們變成男子漢。他把冰水潑到臉上、脖子上、胸上，表示沒有什麼好怕的。我們對著爐火伸手取暖，可是也不能在爐邊站太久，因爲我們得喝茶吃麵包上學校。爸叫我們在餐前餐後都要禱告，叫我們在學校裡要聽話，因爲天主會看著我們的每一步，只要有一丁點不聽話，我們就會直接下地獄，到時就再也不用擔心寒冷了。

說完他面露微笑。

聖誕節前兩個禮拜，我跟馬拉基放學回家來，大雨滂沱，我們推開門發現廚房是空的。餐桌、椅子、行李箱都沒了，爐火也早熄滅了。教宗還在那裡，也就是說我們並沒有搬家。爸絕不會丟下教宗的。廚房地板是濕的，到處都有一攤攤的水，牆壁也閃著水光。樓上有動靜，於是我們上樓去，看到了爸媽和失蹤的家具。爐架上有燃燒的火，房間暖和舒服。媽坐在床上，爸在爐火邊看《愛爾蘭新聞日報》、抽菸。媽跟我們說發生了可怕的水災，雨水沖進巷子裡，從門縫湧進來。他們想用布塞住門縫，可是布也濕透了，雨水還是一直湧進來。而來倒桶子的人只是讓情況更糟糕，廚房裡有一股臭死人的味道。她覺得我們就待在樓上等雨停。冬天這幾個月我們會很溫暖，等春天來了，如果牆壁和地板變乾，我們再下樓。爸說這樣就像到一個陌生地方度假，像是義大利。從現在開始我們就要叫樓上是義大利。馬拉基說教宗還在樓下的牆上，一定會很冷，我們不能把他拿上來嗎？可是媽說，不行，他就待在樓下，因為我不想讓他在牆上瞪著躺在床上的我。我們從布魯克林把他一路拖到貝爾法斯特，再到都柏林，再到利默里克，還不夠折騰的嗎？我現在只需要一點點寧靜、舒適和安慰。

＊　＊　＊

媽帶我跟馬拉基到聖文生會去排隊，看能不能弄到聖誕大餐——一隻鵝或一塊火腿，可是裡面的人說，這個聖誕節利默里克的每個人都得勒緊褲帶。他給了她一張清單到莫格拉太太那裡領取雜貨，另一張單子到肉販那裡。

沒有鵝，肉販說，沒有火腿。妳拿的是聖文生會的清單，就沒有奢侈品。妳現在的選擇呢，太太，是羊肚灌黑布丁、羊頭或豬頭。吃個豬頭也不會死，太太，有很多肉，孩子都喜歡，把臉頰肉切片，配上一堆芥末就美上天了。不過在美國他們大概沒這玩意吧，他們只知道吃牛排和各種禽鳥，飛的、走的、游水的。

他跟媽說，不行，不能要煮醯肉或香腸，如果她還有腦筋就會拿豬頭，免得沒有了，利默里克的窮人可都搶著要呢。

媽說豬頭不像聖誕節的食物，肉販說聖家三口在伯利恆馬廄裡受凍挨餓，可連豬頭都吃不上呢。要是那時有人送個油滋滋的豬頭給他們吃，他們絕對不會埋怨。

對，他們不會埋怨，媽說，可是他們絕對不會吃豬頭，他們是猶太人。

怎麼又扯上這個了？豬頭就是豬頭。

而猶太人就是猶太人，吃豬肉違反他們的宗教，我也不會怪他們。

肉販說，太太，妳對猶太人和豬肉是專家啊？

我不是，媽說，可是在紐約有個猶太女人，雷伯維茨太太，如果沒有她，我眞不知道我們會怎麼樣。

肉販把豬頭從架子上拿下來，馬拉基說，喔，看那個死狗。肉販和媽媽都噗哧笑了出來。他把豬頭用報紙包好，交給媽媽，說耶誕快樂。然後又包了幾根香腸，說香腸拿去當聖誕節的早餐。媽說，喔，我買不起。他說，我有要錢嗎？有嗎？香腸拿去。沒有鵝、沒有火腿，多少可以彌補一下。

你不必這樣，媽說。

我知道，太太。就算有規定要這樣，我也不幹。

媽說她背痛，叫我抱著豬頭。我把豬頭抱在胸前，可是豬頭濕濕的，後來報紙破掉，人人都能看到豬頭。媽說，我眞是丟死人了，全世界都知道我們要用豬頭來過聖誕節。里彌學校的男生看見了我，指指點點，嘻嘻哈哈。唉唷，看法蘭基·麥考特跟他的豬鼻子。美國佬都這樣過聖誕節的嗎，法蘭基？

有一個喊另一個，嘿，克利斯帝，你知道怎麼吃豬頭嗎？

不知道耶，帕弟。

抓住耳朵，把臉咬下來。

克利斯帝說，嘿，帕弟，你知不知道麥考特家有哪個地方不吃嗎？

不知道耶，克利斯帝。

他們只有豬叫聲不吃。

過了幾條街之後，整個報紙都碎了，每個人都能看到豬頭。豬鼻子扁扁地壓著我的胸口，對著我的下巴，我爲牠難過，因爲牠死了，而且大家都在嘲笑牠。我的妹妹跟兩個弟弟也死了，可是如果有人敢嘲笑他們，我會用石頭打他們。

我希望爸能來幫我們，因爲媽每走幾步都要停下來靠著牆。她扶著背，跟我們說她絕對爬不上營盤山。就算爸來了也沒用，因爲他從來不提東西，不提包袱，不提袋子，不提包裹。提這些東西有失尊嚴，他是那樣說的。雙胞胎累的時候他會抱他們，他會拿教宗的相片，可是那跟抱豬頭這種普通東西是不一樣的。他跟我和馬拉基說等你們長大了，得戴硬領和領帶，絕不能讓人看見你們提東西。

他坐在樓上的火爐邊抽香菸，看《愛爾蘭新聞日報》，他愛死這報紙了，因爲是戴・瓦勒拉的報紙，而他覺得戴・瓦勒拉是世界上最偉大的偉人。他看著我跟豬頭，跟媽說讓一個孩子抱著這種東西走過利默里克的大街小巷實在太丟臉了。媽脫掉大衣，慢慢躺到床上，跟他說明年聖誕節他可以出門去找大餐。她累壞了，非常需要來一杯茶，所以拜託他放下那種高高在上的態度，燒水泡茶，煎點麵包，免得他的兩個小兒子餓死。

聖誕節早上爸早早就生了火，讓我們可以吃香腸、麵包、喝茶。媽叫我去外婆家，看能不能借個鍋子來煮豬頭。外婆說，伊們午餐吃什麼？豬頭！耶穌，瑪利亞，聖若瑟，實在太不像話了。你父親就不能出門去，至少買個火腿或隻鵝嗎？他到底還是不是男人？

媽把豬頭放進鍋子裡，裝滿了水。煮豬頭的時候，爸帶我跟馬拉基去贖世主堂望彌撒。教堂裡很暖和，充滿了花香、焚香、蠟燭香。他帶我們去看秣槽裡的耶穌聖嬰。祂又胖又大，跟馬拉基一樣有金色捲髮。爸跟我們說。穿藍色衣服的是耶穌的母親瑪利亞，還有祂父親聖若瑟，留鬍子的老人。他說他們很傷心，因爲他們知道耶穌長大以後會被殺，這樣我們才能進天堂。我問他爲什麼耶穌聖嬰要死，爸說你不能問這種問題。馬拉基說，爲什麼？爸叫他不要說話。

媽在家裡卻陷入了麻煩。煤炭不夠煮午餐，水怎麼燒也燒不開，她說她擔心得快發狂了。我們得再去碼頭路，看能不能撿到卡車掉下來的煤炭或泥煤塊。別的日子都撿得到，今天當然也撿得到。就連最窮苦的窮人也不會在聖誕節這天去路上撿煤塊。叫爸去沒有用，因爲他絕不肯沉淪到那個地步，而且就算他肯，他也不肯提著東西走在街上。這是他的規矩。媽不能去，因爲她背痛。

她說，只能你去了，法蘭克，帶馬拉基一起去。

碼頭路很遠，可是我們不介意，因爲我們的肚子裝滿了香腸、麵包，而且沒有下雨。我們拎著帆布袋，是媽跟隔壁的漢能太太借的，而且媽說對了，碼頭路上沒有人。窮人都在家裡吃豬頭，也許是吃鵝肉。整條碼頭路都是我們的。我們在馬路的裂縫和煤場圍牆裡找到了煤塊和泥煤塊。我們找到了紙張和厚紙板，可以生火。我們走來走去想把袋子裝滿，忽然看見帕．基廷走過來。他一定是特地爲聖誕節洗了澡，因爲他不像尤金死的時候那樣黑黑的。他想知道我們拎著袋子在這裡做什麼，馬拉基跟他說了。他說，耶穌，瑪利亞，聖若瑟！聖誕節欸，伊們連煮豬頭的火都沒有，簡直太丟臉了。

他帶我們到邵斯酒館，今天應該不營業的，但他是常客，想在聖嬰耶穌的生日來喝一杯慶祝的人，就可以從後門進去。他點了黑啤酒，讓我們喝檸檬汁，然後問老闆有沒有煤塊。老闆說他賣酒賣了二十七年，還從來沒有人跟他要過煤炭。帕說算賣個人情給他，老闆就說如果帕是要天上的月亮，那他也會飛上去摘。老闆帶著我們到樓梯下的煤坑，叫我們能拿多少就拿多少。這是眞的煤炭，不是碼頭路上那種屑渣，就算我們抱不動，也可以在地上拖。

我們花了好長時間從邵斯酒館走回營盤山，因爲袋子破洞了。我拖著袋子，馬拉基負責把從洞口掉出來的煤炭撿起來，再放回袋子裡。忽然又下雨了，我們不能站在門洞裡躲雨，因爲我們拖著煤炭，而馬路上留下了一條長長的痕跡。馬拉基因爲一直撿煤炭，把煤炭放回袋子裡，再用濕濕的兩隻黑手擦掉臉上的雨水，漸漸變成了一個小黑人。我跟他說他是黑人，他說我是黑人，有個商店的女人叫我們不要站在門口，今天是聖誕節，她不想看到非洲。

我們得一直拖著袋子，不然聖誕節大餐就會沒了。維持爐火很費功夫，而要吃到大餐則要花更久的時間，因爲水一定得燒開，媽才能把包心菜和馬鈴薯放到鍋子裡跟豬頭作伴。我們拖著袋子走上歐康諾街，看到屋子裡的人都坐在餐桌旁，每一家都有各式各樣的裝飾品和明亮的燈光。有一家把窗子向上推開，那一家的孩子指著我們笑個不停，還對我們喊，看那兩個祖魯人，你們的長矛呢？

馬拉基向他們扮鬼臉，想要拿煤塊丟他們，可是我跟他說，要是他丟了煤塊，豬頭就會少一塊，我們就吃不到午餐了。

我們家的樓下又變成了一片湖泊，雨水從門縫灌進來了，不過無所謂，我們兩個反正濕透了，可以涉水而過。爸下樓來把袋子拖上去義大利。他說我們能弄到這麼多煤炭，眞是好孩子，還說碼頭路上一定到處都是煤炭。媽一看見我們就笑了，笑著笑著就又哭了。她笑是因爲我們兩個變成了黑炭團，她哭是因爲我們兩個變成了落湯雞。她叫我們把衣服都脫掉，幫我們洗掉臉上手上的煤灰。她跟爸說豬頭可以等一會兒，先讓我們喝一杯熱茶。

外頭在下雨，而我們樓下的廚房變成了湖，可是在樓上的義大利這裡，火又生了起來，房間乾爽暖和，喝過茶後，我跟馬拉基在床上睡著了，一直到爸爸來把我們叫醒，說午餐好了。我們的衣服還沒乾，所以馬拉基就坐在行李箱上，裹著媽媽的紅色美國大衣，而我裹著媽媽那個跑到澳洲的爸爸留下來的舊大衣。

房間裡的味道好香，包心菜、馬鈴薯、豬頭，可是爸把豬頭從鍋子裡撈到盤子上，馬拉基卻說，喔，可憐的豬，我不想吃這隻可憐的豬。

媽說，你是不餓，不然就不會挑嘴了。好了，少胡鬧，快點吃飯。

爸說，等一等。他把臉頰肉切成片，放到我們的盤子上，再抹上芥末，然後他把盛著豬頭的盤子放到桌子底下。好，他跟馬拉基說，這是火腿，馬拉基就吃了，因爲他不用看著肉的來源，就不再是豬頭了。包心菜又熱又軟，還有很多馬鈴薯加奶油和鹽。媽幫我們剝馬鈴薯皮，可是爸爸連皮一起吃。他說馬鈴薯的養分全都在皮裡，媽說幸好他不吃雞蛋，不然他會連殼一起吃。

爸說他眞的會連殼吃，還說愛爾蘭人眞是浪費，每天把幾百萬的馬鈴薯皮都丟掉，難怪有幾千個人死於肺癆，而且雞蛋殼也一定有營養，因爲浪費是第八大罪。要是按照他的意思，媽就插嘴說，不要管你的什麼意思了，吃飯吧。

他吃了半個帶皮馬鈴薯，把另一半又放回鍋子裡。他吃了一小片臉頰肉，一片包心菜葉，就把盤子裡的東西都推給我跟馬拉基了。他又泡了茶，我們配麵包塗果醬吃，這樣誰也不能說我們在聖誕節沒吃到甜點。

天黑了，雨仍下個不停，煤炭在爐架上燒得通紅，媽跟爸坐著抽菸。衣服仍沒乾，你也不能做什麼，所以我們就回到舒服的床上，聽爸爸說庫胡林如何變成天主教徒，然後你睡覺了，夢到豬站在贖世主堂的秣槽裡哭，因爲牠和聖嬰耶穌和庫胡林都不得不長大，然後死掉。

把瑪格麗特和雙胞胎送來的天使又來了，送給我們另一個弟弟邁可。爸說他是在到義大利的第七階樓梯上找到邁可的。他說如果你要一個新寶寶，就得要留意這個地方，第七階的天使。

馬拉基想知道如果家裡沒有樓梯，是要怎樣從第七階的天使那裡得到新弟弟，爸就跟他說，問太多問題是很討厭的毛病。

毛病。我倒想知道這是什麼意思。毛病，可是爸說，噢，孩子，世界就是一個毛病，還有世界上的每樣東西也是，然後就戴上帽子到貝德福街醫院去看媽和邁可了。她因爲背痛住院，她把寶寶帶去是爲了確定他被留在第七階樓梯時很健康。我是不懂，因爲我很肯定天使不會把生病的寶寶留在第七階樓梯上，可是問爸或媽也不會有答案。他們說，你也學會了你弟弟的毛病，問東問西的。去玩去。

我知道大人不喜歡小孩子問問題。他們卻可以愛問什麼就問什麼，學校裡怎麼樣？有沒有乖？禱告了嗎？可是如果你問大人有沒有禱告，就可能會被敲頭。

爸把媽和寶寶帶回家來，可是媽因爲背痛得躺在床上幾天。她說這個寶寶簡直是我們死去妹妹的翻版，波浪般的黑髮，可愛的藍色眼睛，還有漂亮的眉毛。媽是這麼說的。

我想知道寶寶是要怎麼翻版，也想知道哪裡是第七階樓梯，因爲我家的樓梯有九級，我想知道是要由上往下數，還是由下往上數。爸倒不介意回答這個問題。天使是從天上下來的，他說，而不是從像我們家廚房那樣十月到四月都是水的地方上去的。

所以我由上往下數，找到了第七階樓梯。

* * *

邁可寶寶感冒了。他的頭塞住了，幾乎不能呼吸。媽很煩惱，因爲今天是禮拜天，爲窮人開的施藥所今天休息。如果你去醫生家，女佣看到你是社會底層的，就會叫你去施藥所。如果你跟她說懷裡的孩子快死了，她就會說醫生到鄉下騎馬了。

媽哭了，因爲寶寶拚命想用嘴巴吸氣。她用小紙捲幫他清鼻孔，又怕戳得太深。爸說，那樣子沒有用。妳不應該拿東西塞進孩子腦袋裡。他好像要親寶寶，結果是把嘴巴放在他的小鼻子上，把壞東西吸出邁可的腦袋，再吐進火爐裡，邁可發出好響的哭聲，還可以看見他把空氣吸進了腦袋裡，兩腳亂踢還咯咯笑。媽看著爸，彷彿他剛從天堂下來，爸說，我們安特里姆早在有騎馬的醫生之前就這麼做了。

邁可讓我們有權多領幾先令的補助金，可是媽說不夠，現在她只得到聖文生會去討食物。有天晚上有人敲門，媽叫我下樓去看是誰。聖文生會來了兩個人，他們想見我的父母。我說我爸媽在樓上的義大利，他們說，什麼？

在沒淹水的樓上，我跟他們說。

他們想知道我們前門旁邊的棚子是什麼，我說是廁所。他們想知道爲什麼不是蓋在後面，我跟他們說，那是整條巷子共用的廁所，幸好不是在我們家後面，不然就會每天有人提著會害你生病的桶子，穿過我家廚房了。

他們說，你確定整條巷子只有一間廁所？

確定。

他們說，聖母啊。

媽從義大利朝下喊，是誰在下面？

兩個人。

什麼人？

聖文生會的人。

他們走進廚房的湖泊裡，走得很小心，還發出嘖嘖嘖的聲音，跟彼此說，慘不忍睹、慘不忍睹。最後他們上樓到義大利。他們跟爸爸媽媽說很抱歉來打擾，可是會裡需要確認幫助的對象是否眞的需要協助。媽請他們喝茶，可是他們東看西看，說不用了，謝謝。他們想知道我們爲什麼住在樓上。他們想知道廁所的事。他們提出問題，因爲大人可以愛問什麼就問什麼，而且他們還會記在簿子裡，尤其是戴硬領、領帶，穿套裝的大人。他們問邁可多大了，爸在勞工介紹所領多少補助金，最近一次有工作是幾時，現在爲什麼沒工作，還有他的腔調是哪裡人？

爸跟他們說，廁所會讓他們死於各種疾病，說廚房冬天會淹水，爲了乾爽我們不得不搬到樓上來。他說善農河就是害得世界這麼濕，以及害我們一個接一個死掉的罪魁禍首。

馬拉基跟他們說，我們住在義大利，他們都露出笑容。

媽問有沒有可能幫我和馬拉基弄到靴子，他們說她得到歐茲南之家來申請。媽說她從孩子來了之後就一直不舒服，沒辦法久站排隊，可是他們說他們得一視同仁，即使是在愛爾蘭城生了三胞胎的女人，然後他們說謝謝，我們會向會裡報告。

他們要走了，馬拉基想讓他們看天使把邁可放下的第七階，可是爸說，現在不行，現在不行。馬拉基哭了，其中一個就從口袋裡拿了塊太妃糖給他，我也希望能爲什麼事情哭，就可以吃到糖了。

我又得下樓，教這兩個人要踩在什麼地方才不會弄濕腳。他們一直搖頭，說萬能的天主和聖母啊，實在太悽慘了。他們的樓上不是義大利，是加爾各答。

爸在樓上的義大利跟媽說，她不應該那樣子乞討。

乞討，什麼意思？

妳難道沒有自尊嗎，跟人家討靴子？

那麼你會怎麼做呢，偉大的自尊先生？讓孩子光著腳嗎？

我寧可幫他們修理鞋子。

他們現在穿的鞋子都快四分五裂了。

我可以修，他說。

你什麼也修不好，你是個廢物，她說。

隔天爸帶著一個舊腳踏車輪胎回來，叫我去跟隔壁的漢能先生借一個鞋楦和鎚子。他拿了媽的利刀砍輪胎，砍出了適合我們鞋子的鞋底和鞋跟的幾片橡皮。媽說他會把鞋子也一起毀了，可是他用鎚子鎚啊鎚的，把釘子敲進橡皮和鞋子裡。媽說，天主啊，你要是不去弄，鞋子最起碼還能撐到復活節，而且我們可能還能從聖文生會弄到靴子。可是他不肯停手，最後鞋底和鞋跟都覆滿了一塊塊的橡皮，橡皮從鞋子的每一邊向外翹，前後都啪答啪答地動。他叫我們穿上鞋子，說我們的腳會很舒服暖和，可是我們不想穿，因爲一走路，那一塊塊的橡皮就會害我們絆到。他叫我把鞋楦和鎚子拿去還給漢能先生，漢能太太看到我就說，啊呀，你的鞋子怎麼了？她哈哈笑，漢能先生搖頭，我覺得好丟臉。第二天我不想去上學，就假裝生病，可是爸爸把我們弄下床，給我們吃煎麵包和茶，叫我們應該要感恩，因爲我們還有鞋子穿，里彌國際學校有的孩子還在寒冷的天氣裡打赤腳上學呢。上學的路上，里彌的學生嘲笑我們，因爲輪胎皮太厚讓我們高了幾吋，男生就說，上面的空氣好不好啊？我班上有六、七個打赤腳的男生，他們什麼也沒說，我忍不住想，穿老是會害你絆到、橡皮輪胎補的鞋，會比打赤腳要強嗎？如果你沒鞋子，所有打赤腳的同學就跟你同一國。如果你的皮鞋上有橡皮輪胎，你就只跟自己弟弟一國，那你就得要獨力作戰。我坐在校園棚屋的長椅上，脫掉了鞋襪，可是我走進教室，老師就問我鞋子哪兒去了。他知道我不是打赤腳的學生，就叫我回去把鞋子拿回來穿上。然後他跟全班說，我們這兒有瞧不起人的，有嘲笑別人不幸的。班上有人覺得自己是完美的嗎？有就舉手。

沒有人舉手。

班上有人家裡非常富有，可以花很多錢買鞋子的嗎？有就舉手。

沒有人舉手。

老師說，我們班上有同學需要想各種辦法補鞋子，還有根本就沒鞋子穿的同學。這件事不是他們的錯，也不是什麼丟臉的事。我們的天父就沒有鞋子，他死的時候也沒鞋穿。你們看到十字架上的祂穿著運動鞋嗎？有嗎，孩子們？

沒有。

你們沒看到天父怎樣？

掛在十字架上，穿著運動鞋。

好，如果讓我聽見班上有人爲了鞋子捉弄或是嘲笑麥考特跟他弟弟，棍子就會出現。什麼會出現，孩子們？

棍子。

棍子打下去會痛，孩子們。白楊木會在空中呼嘯，然後打在那個捉弄或嘲笑別人的孩子背上。棍子會打誰，孩子們？

打嘲笑的人。

還有呢？

打捉弄的人。

男生不再取笑我們，而我們就穿著這雙有橡皮的鞋子。一、兩個禮拜之後復活節到了，聖文生會的人送了我們靴子。

如果我半夜要尿在桶子裡，我就會到樓梯口去看天使有沒有在第七階樓梯上。有時我確定看到那裡有光，如果大家都在睡，我就坐在那一階上，看天使是不是又會送寶寶來，或者只是來拜訪一下。我問媽，天使是不是只把寶寶帶來，然後就忘了。她說，當然不是。天使絕對不會忘了寶寶，他會回來看寶寶是不是幸福快樂。

我可以問天使各式各樣的問題，我相信他會回答，除非是女天使。可是我確定女天使也會回答問題。我從來沒聽說過天使不回答問題的。

我坐在第七階上很久，而且我確定有天使。我跟他說了各種事情，這些事你不能跟爸爸媽媽說，怕會被敲頭，或是被打發到外面去玩。我跟他說了學校的事，還有我有多怕老師跟他的棍子，有多怕他用愛爾蘭語對我們吼叫，因爲我是美國來的，到現在還聽不懂他在說什麼，而別的同學又比我多學了一年的愛爾蘭語。

我留在第七階上，一直到天氣太冷或是爸起來叫我上床睡覺。是他跟我說天使會來到第七階樓梯的，你會以爲他知道我爲什麼坐在那裡。有天晚上我跟爸說我在等天使，他說，噢，法蘭西斯，你還眞是愛作夢。

我回到床上，可是我聽見爸跟媽說悄悄話。可憐的小不點坐在樓梯上跟天使說話。

他呵呵笑，媽也呵呵笑。我就想，天使送新的孩子給大人，大人卻笑他，不是很奇怪嗎？

復活節之前，我們又搬回樓下的愛爾蘭了。復活節比聖誕節好，因爲天氣比較暖和，牆壁不會滴水，廚房也不是湖泊，如果我們起床得早，還可以看見一抹陽光從廚房窗戶照進來。

天氣好的時候，男人會坐在屋外，有菸的就抽菸，看著世界，看著我們玩耍。女人會抱著胳膊站著聊天。她們不坐，因爲她們每天都在家裡，照顧孩子、打掃家裡、煮飯，而男人需要椅子。男人坐是因爲他們很累，每天早上要走路到勞工介紹所領補助金，討論世界上的問題，還要煩惱這一天怎麼打發。有的跑到組頭那兒研究賭盤，在某個項目押一、兩先令。有的在卡內基圖書館看英文報和愛爾蘭文報，一看就是幾小時；領補助金的男人需要追得上時局，因爲其他那些領補助金的人都對世界局勢瞭如指掌。領補助金的人必須時時充實自己，以免某人說起希特勒、墨索里尼或是中國幾百萬人口的悲慘狀況時，自己搭不上腔。領補助金的男人在跟組頭或報紙消磨了一天之後回家去，平靜地抽菸喝茶，坐在椅子上思索世界，他的太太就不會嘮叨。

復活節比聖誕節好，因爲爸會帶我們去贖世主堂，那裡的神父都穿白色衣服，會唱歌。他們很開心，因爲天主在天堂裡。我問爸秣槽裡的嬰兒是不是死了，他說，沒有，祂死的時候三十三歲，而且祂就在那兒，在十字架上。我不明白祂怎麼會長得那麼快被吊在那裡，頭上戴著一頂荊棘帽子，而且到處都是血，從祂的頭、雙手、雙腳以及肚子附近一個大洞流下來。

爸說等我長大就懂了。他現在一天到晚跟我說這句話，我想跟他一樣大，這樣就能什麼都懂。早晨醒來什麼都知道，感覺一定很棒。我希望自己能夠像教會裡那些站著、跪著、禱告的大人一樣，什麼都懂。

彌撒時，大家走向聖壇，神父放了什麼到他們嘴裡。他們回到座位上，低著頭，嘴巴動來動去。馬拉基說他餓了，他也想吃。爸說，噓，那是聖體，是天主的體血。

可是，爸。

噓，那是一個奧祕。

問得再多也沒有用。不管你問什麼，他們都說是奧祕，等你長大了就會懂，乖，去問你媽，去問你爸，看在耶穌的分上，不要煩我，到外面玩去。

爸找到了在利默里克的第一份工作，在水泥廠，媽好開心。她不必到聖文生會排隊，爲我跟馬拉基討衣服和靴子了。她說那不是乞討，是慈善，可是爸說那是乞討，而且很丟臉。媽說她現在可以付清積欠凱絲琳．歐康諾的店的幾鎊了，還可以還清欠她母親的錢。她討厭欠人家的，尤其是欠自己母親。

水泥廠在利默里克城外幾哩處，也就是說爸得早上六點以前就出門。他不介意，因爲他習慣了走路。上班前一晚，媽幫他裝了一壺茶，一個三明治，一顆水煮蛋。她很遺憾爸得走三哩路去上班，再走三哩路回家。有腳踏車就方便了，可是你得工作個一年才買得起腳踏車。

禮拜五是發薪日，媽早早起床，打掃屋子，還唱著歌。

誰都看得出我爲什麼要你的吻，

一定是你，而原因是這樣……

其實也沒有什麼可掃的。她掃了廚房地板跟樓上的義大利地板，洗了我們充當馬克杯的四個果醬瓶。她說如果爸的工作能一直做下去，我們就能買眞正的杯子，說不定還能買茶碟，天主和聖母如果祝福，將來有一天床上還能有床單，如果能存錢，還能買一、兩條毯子，就不必蓋這些一定是大饑荒時期別人留下來的舊大衣了。她燒開水，洗布頭，這些布讓邁可不會把嬰兒車和房子拉得到處都是。喔，她說，等你爸把薪水拿回來，我們可以喝杯暖呼呼的茶。

你爸。她的心情很好。

笛聲和哨聲響徹了整個城市，男人在五點半下班。我跟馬拉基好興奮，因爲我們知道如果你的父親有工作，而且把薪水帶回家，你就能得到禮拜五零錢。我們是從別的男生那裡聽來的，他們的父親有工作。我們知道在喝完茶以後，你可以到凱絲琳·歐康諾的店去買糖果。如果你的母親心情好，她甚至可能會給你兩便士，讓你隔天到黎菈克電影院去看一場詹姆斯·卡格尼[14]主演的電影。

在城裡的工廠和店鋪上班的男人回到了巷子裡，回家來享用晚餐，清洗，然後上酒館去。女人到影城或是黎菈克電影院去看電影。她們買糖果和野忍冬牌香菸，要是她們的先生很長時間都有工作，她們就會奢侈一下，買幾盒黑魔法巧克力。她們最愛浪漫電影，如果結局是悲劇或英俊的情人在印度或其他非天主教地區被射殺，她們就盡情地大哭一回。

我們得等很久，因爲爸得從水泥廠走回來。我們要等他回家才能喝到茶，可是實在很難熬，因爲你一直聞到別家飄出的飯菜香。媽說幸好發薪日是禮拜五，這天不能吃肉，因爲別家煮醃肉跟香腸的話，她一定會瘋掉。我們還是能吃起司麵包，喝加了一丁點牛奶和糖的熱茶，還奢求什麼呢？

女人都去看電影了，男人去泡酒館，爸還沒回來。媽說就算他走路很快，水泥廠可也不近。她說是這麼說，眼睛卻水汪汪的，而且也不再唱歌了。她坐在火爐邊，抽著野忍冬香菸，是她從凱絲琳．歐康諾那兒賒來的。香菸是她唯一的奢侈品，而且她絕不會忘記凱絲琳的善行。她不知道能讓水壺裡的水燒多久，除非爸爸回來，否則就不能泡茶，因爲茶泡太久就不好喝了。馬拉基說他餓了，媽給了他一片起司麵包。她說，這份工作是我們的救星。他滿口北方腔，要找到工作已經夠難了，要是他又丟了這份工作，我眞不知道我們要怎麼辦。

巷子裡都黑了，我們點了一根蠟燭。她最後不得不給我們喝茶吃麵包起司，因爲我們太餓，等不下去了。她坐在餐桌邊，吃一點點的麵包起司，抽她的野忍冬。她到門口去看爸有沒有回來，嘴巴上念著在布魯克林時我們在發薪日滿街找他。她說，將來我們會全都回美國去，我們會有個溫暖的地方住，廁所在走廊後面，就跟克萊森街一樣，而不是在我們門外的這間髒東西。

看電影的女人回來了，嘻嘻哈哈的，泡酒館的男人回來了，唱著歌。媽說不用再等了。如果爸要在酒館泡到打烊，他的薪水就不會有剩，我們索性上床睡覺。她躺在自己的床上，抱著邁可。巷子裡很安靜，我能聽到她哭，雖然她用舊大衣蓋著臉，而我也聽見一段距離之外父親的聲音。

我知道是我父親，因爲利默里克只有他一個人唱北愛歌，洛迪．麥考利今天死在圖姆橋上。他繞過巷子頭，又唱起了凱文．巴里。他唱了一段，停住，扶著牆，爲凱文．巴里而哭。大家紛紛從窗戶或大門探出頭來，跟他說，吵什麼吵，閉嘴啦。我們早上還得上班呢。回家去唱你見鬼的愛國歌曲。

他站在巷子中央，告訴全世界的人有種出來，他隨時都可以戰鬥，可以爲愛爾蘭而戰鬥，爲愛爾蘭

14 詹姆斯．卡格尼（James Cagney, 1899–1986），美國演員，曾獲一九四二年奧斯卡影帝。

而死。他這麼說已經很大膽了，因爲全世界都知道利默里克人跟背信的薩克遜人是一個鼻孔出氣的。

他邊推我們家的門邊唱：

四周都在警戒，
西部在沉睡，西部在沉睡——
唉，我的愛爾蘭在哭泣，
爲熟睡的康納特。
可是聽！有聲音響如雷霆。
「西部醒了！西部醒了！
歡唱吧，喔，萬歲，讓英格蘭發抖，
我們會爲愛爾蘭夙夜匪懈，至死方休！」

他在樓梯口往上喊，安琪拉、安琪拉，家裡有沒有茶啊？

她不回答，他就又喊，法蘭西斯、馬拉基，下來，孩子。我有禮拜五零錢給你們喔。

我想下去拿禮拜五零錢，可是媽用大衣摀著嘴在哭，而且馬拉基說，我不想要他的禮拜五零錢，他可以自己留著。

爸跌跌撞撞上樓來，絮絮叨叨地說我們都必須爲愛爾蘭而死。他劃了火柴，點亮媽床邊的蠟燭，把蠟燭高舉在頭頂上，繞著房間邊走邊唱：

看誰越過了紅花石南地，
綠色的旗幟親吻著純淨的山上空氣，
昂揚著頭，目視前方，一起傲然跨步，
自由高高坐在每一條驕傲的靈魂上。

邁可醒了，大哭一聲，漢能夫婦在隔壁捶牆，媽跟爸說他簡直可恥，爲什麼不乾脆滾出去算了。

他站在房間中央，高舉著蠟燭，從口袋裡拿出一便士，朝著我和馬拉基揮動。你們的禮拜五零錢，孩子們，他說。我要你們從床上跳下來，像阿兵哥一樣排隊立正，發誓會爲愛爾蘭而戰，我才會給你們兩個禮拜五零錢。

馬拉基在床上坐起來。我不要，他說。

我也跟他說，我不要。

爸站了一分鐘，搖搖擺擺，把錢放回口袋裡。他轉向媽，媽說，你今晚不准睡在床上。他拿著蠟燭下樓，睡在椅子上，早上誤了上班時間，丟掉了水泥廠的工作，我們就又回去吃補助金了。

4

老師說，該準備第一次告解和初領聖體了，要記住教理問答的所有問題和答案，要成爲好天主教徒，要能分辨對錯，必要時能爲信仰而死。

老師說爲信仰而死是榮耀，爸說爲愛爾蘭而死是榮耀，我忍不住懷疑這世界上到底有沒有人要我們活下去啊。我的兩個弟弟死了，妹妹死了，我很好奇他們是爲愛爾蘭而死還是爲信仰而死的。爸說他們年紀太小，不會爲什麼東西而死。媽說他們會死是因爲生病、挨餓，還有爸從來不工作。爸說，噢，安琪拉，然後就戴上帽子，出去散步了。

老師說爲了初領聖體的綠皮教理問答書，我們每個人都要帶三便士到學校。教理問答書裡有我們必須默背下來的問題和答案，等背熟了就可以開聖體了。五年級大一點的孩子有厚厚的紅皮堅振禮教理問答書，那本要六便士。我很樂意能當重要的大男生，拿著紅皮的堅振禮教理問答書走來走去，可是我覺得大家要求我爲這個死爲那個死，我可能活不了那麼久。我想要問，爲什麼有那麼多大人沒有爲愛爾蘭而死或是爲信仰而死，可是我知道如果問這種問題，你就會被敲頭，不然就是叫你出去玩。

＊＊＊

米奇·莫洛伊就住在巷子轉角，對我實在很方便。他十一歲，有羊癲瘋，我們背地裡叫他羊癲瘋莫洛伊。巷子裡的人都說羊癲瘋是一種毛病，現在我知道毛病是什麼意思了。米奇什麼都知道，因爲他發作的時候會看見幻影，而且他愛讀書。他在女生的身體和一切髒東西方面是專家，而且他答應我說法蘭基，等你跟我一樣十一歲了，我什麼都會告訴你，你就不會笨笨的，什麼都不知道了。

幸好他先叫我的名字，我才知道他在跟我說話，因爲他有鬥雞眼，你根本猜不到他在看誰。要是他跟馬拉基說話，我卻認爲是在跟我說話，那他就會發脾氣，然後毛病發作。他說長鬥雞眼是天主送的禮物，因爲你就像神一樣，同時看兩個方向，如果是在古羅馬時代，鬥雞眼的人絕對可以找到好工作。你去看羅馬皇帝的畫像，就會看到每一個都很像有鬥雞眼。他不發作的時候，就坐在巷子口的地上，讀他父親從卡內基圖書館借來的書。他的母親說看書、看書、看書，早晚會把眼睛看壞，需要開刀矯正，可是誰來付錢。她跟他說要是他老這麼耗眼力，眼珠子會滾到一塊，最後就會只剩下一隻眼睛長在腦門中央。從那之後，他父親就叫他賽克洛普斯，那是希臘神話裡的獨眼巨人。

諾拉·莫洛伊是在聖文生會排隊的時候認識我媽的，她跟我媽說，米奇比十二個在酒館裡喝啤酒的男人都還要有學問。他知道從聖伯鐸到碧岳十一世所有教宗的名字。他才十一歲，但已經是個男人了，喔，確實是個男人。許多個禮拜都是他讓一家人免於挨餓的。他從艾登·法洛那兒借了手推車，在利默里克挨家挨戶敲門，問是否有人要送煤炭或泥炭塊，然後他就到碼頭路去扛一袋又一袋的煤，不下一百多磅重。他會幫走不動的老人家跑腿，如果他們一個子兒也掏不出，一句祝禱也行。

如果他賺了一點錢，就會交給媽媽，而她愛極了她的米奇。他是她的世界，她的心肝寶貝，她的脈搏，要是他出了什麼事，那他們乾脆把她關進瘋人院裡，把鑰匙丟掉算了。

米奇的爸爸彼得是冠軍。他在酒館跟人打賭，比別人多喝了兩杯。他的訣竅是跑到廁所用手指挖喉嚨，全部吐出來，然後就又能比下一回合了。彼得這個冠軍後來厲害到不必用手指，就能站在廁所裡大吐特吐。他厲害到就算把他的手指剁掉，照樣可以比賽。他贏了一堆錢，可是一毛也沒帶回家。有時候他就像我爸爸一樣，把補助金喝光，所以諾拉·莫洛伊經常被送到瘋人院，因爲她擔心沒飯吃的一家子擔心到發瘋。她知道只要進了瘋人院，這個世界和所有的折磨就碰不了你，你什麼也不必做，會有人保護你，擔心又有什麼用。大家都知道瘋人院的人必須用拖的才能拖進去，可是她卻是唯一要用拖的才能拖出來的人，拖出來回到她五個孩子和喝酒冠軍的身邊。

諾拉·莫洛伊幾時會進瘋人院是有徵兆的，當你看見她的五個孩子跑來跑去，從頭到腳都是白色麵粉，那就是時候到了。那種事會發生在彼得把補助金喝掉，害她走投無路的時候，她就知道會有人來把她帶走。你知道她在屋子裡急著烤麵包，想要確保孩子不會在她不在家時挨餓，她會在利默里克到處乞討麵粉。她去找神父、修女、新教徒、貴格會。她去蘭克麵粉廠，乞討地上掃出來的麵粉。她日日夜夜都在烤麵包。彼得求她停手，她就大聲尖叫說，誰叫你把補助金喝光了。他跟她說，麵包只會發霉。但是怎麼說都沒有用。烤、烤、烤。如果她有錢，她會把整個利默里克以及附近地區的麵粉都用光。如果瘋人院的人不來帶走她，她會一直烤一直烤，烤到自己昏倒爲止。

她的孩子吃太多麵包了，巷子裡的人說他們連樣子都像麵包了。可是麵包還是發霉了，米奇實在很煩惱這麼浪費，他就去找一個有食譜的有錢女人，她教他做麵包布丁。他把硬麵包用水和酸奶煮在一起，丟進一杯糖，他的弟弟們愛吃極了，就算他們母親在瘋人院時，他們只能連吃兩個禮拜這東西，還是吃得很開心。

我爸說，他們把她帶走是因爲她烤麵包烤到瘋掉，還是因爲他們要把她帶走，所以她才發了瘋似地烤麵包？

諾拉回家來了，很平靜，彷彿是到海邊度假。她總是說，米奇呢？他還活著嗎？她擔心米奇，因爲他還不是天主教徒，萬一毛病發作死掉了，誰知道下輩子會變成什麼。他不算天主教徒是因爲他不能開聖體，怕他舌頭上有東西會引起發作，噎死他。老師試了一次又一次，撕一小塊的《利默里克讀者報》，可是米奇每次都吐出來，最後搞得老師也火了，叫他去找神父，神父寫信給主教，主教說，別煩我，自己處理。老師寫了一張紙條給米奇的父母，說米奇必須跟父親或母親練習開聖體，可是就連他的父母親也沒辦法讓他吞下祭餅形狀的《利默里克讀者報》。他們甚至拿一小塊形狀像祭餅的麵包，抹上果醬，還是沒辦法。神父叫莫洛伊太太不要擔心。天主的神蹟何時何處出現不是我們能夠臆測的，祂對米奇當然是有特別的用意，不管有沒有羊癲瘋。她說，他能吞下所有的糖果和甜麵包，可是要他吞下天主的聖體他就會發作，這不是很奇怪嗎？這不是很奇怪嗎？她擔心米奇要是靈魂有什麼罪惡，萬一毛病發作死掉，就會下地獄，但是大家都知道他是天上的天使。米奇跟她說，天主不會讓你有羊癲瘋這種毛病，然後又把你踢進地獄裡的，不然的話，祂算哪門子天主呢。

你確定嗎，米奇？

確定。我在書上看到的。

他坐在巷子口的燈柱下，笑著說他的初領聖體那天都是唬人的。他沒辦法吞下祭餅，可是他母親有因此沒要他穿著討奉獻的小黑套裝在利默里克遊行嗎？她跟米奇說，我不說謊，所以我沒說謊。我只是在跟鄰居說，看，米奇穿著他的初領聖體套裝。聽好了，我只是這個意思。要是他們以爲你呑下了第一個聖體，我又憑什麼反駁，害他們失望呢。米奇的爸爸說，放心吧，賽克洛普斯。你有的是時間。耶穌一直到最後的晚餐吃了麵包、喝了酒以後才是正式的天主教徒，那時祂已經三十三歲了。諾拉．莫洛伊說，你不要再叫他賽克洛普斯行不行？他腦門上有兩個眼睛，而且他不是希臘人。可是米奇的爸爸，那個喝酒冠軍，就跟我姨丈帕．基廷一樣，壓根不甩別人說什麼，將來我也想像他們這樣。

米奇跟我說，初領聖體最棒的地方就是討奉獻。你的母親必須幫你弄到一套新衣服，才能把你炫耀給鄰居親戚看，他們會給你糖果和錢，你就可以到黎蕊克電影院去看查理．卓別林[15]的電影。

那詹姆斯．卡格尼呢？

不要管詹姆斯．卡格尼了。都是胡說八道。查理．卓別林才非看不可。可是討奉獻的時候你得跟你母親一塊。利默里克的大人不會把錢拿給每一個穿著初領聖體衣服，卻沒有母親在身邊的阿狗阿貓的。

米奇在初領聖體日拿到五先令多，吃了好多好多糖果和甜麵包，最後還在黎蕊克電影院吐了，賣票的法蘭克．高金把他轟了出去。他說他不在乎，因爲他還有剩錢，就跑到薩佛伊電影院去看海盜電影，吃吉百利巧克力，喝檸檬汁，最後肚子撐得像個小氣球。他巴不得堅振日快點來，因爲那時你的年紀比較大，又有一次討奉獻，得到的錢會比初領聖體還多。他後半輩子都要到電影院去，坐在女生旁邊，像專家一樣做骯髒的事。他愛他母親，可是他不會結婚，怕太太也會進進出出瘋人院。可以坐在電影院裡，跟一堆女生做骯髒事，那些女人也不在乎做了什麼，因爲她們早就跟哥哥做過了，有這麼好的事還結婚幹什麼。如果不結婚，家裡就不會有孩子吵著要喝茶吃麵包，就不會毛病發作，大口大口喘氣，眼珠子亂瞟。等他再大一點，他要像他父親一樣上酒館，喝更多酒，贏更多打賭，把錢帶回來給他母親，讓她不會發瘋。他說他不是正式的天主教徒，意思就是被詛咒了，所以他愛做什麼就可以做什麼。

他說，等你長大了我再跟你說更多事情，法蘭基。你現在太小了，連手肘和屁股都分辨不出來。

班森老師很老了。他每天都對我們又是吼叫又是噴口水。坐第一排的男生都偷偷祈禱他沒有什麼疾病，因爲口水是會傳播疾病的，他可能向左右的人傳播肺癆。他跟我們說，我們必須把教理問答背得滾瓜爛熟，倒著背，正著背，斜著背。我們必須知道十誡、七美德、神律和道德律、七大聖事，七宗罪。我們必須能默背所有的祈禱文、聖母經、主禱文、悔罪經、使徒信經、痛悔經、聖母德敘禱文。我們必須能用英語和愛爾蘭語背誦，如果我們忘了愛爾蘭語，改用英語，他就會暴跳如雷，拿棍子打我們。要是他能作主，我們會用拉丁文學習宗教，那是聖人和天主以及聖母親密交談的語言，是早期基督徒的語言，他們在地下墓穴中相擁，然後慷慨死於拷問台或刀劍下，或是葬身獅口。愛爾蘭語適合愛國者，英語適合叛徒和洩密者，但是拉丁文才是讓我們進入天堂的語言。殉道的烈士在野蠻人拔出他們身上的釘子，把他們的皮膚一吋吋剝下來的時候，用的是拉丁語祈禱。他說我們對不起愛爾蘭和她悠久悲慘的歷史，我們只配到非洲去對著灌木或樹木祈禱。他跟我們說我們毫無希望，是他教過最差的一個初領聖體班，不過不用懷疑，天主既然能創造出小蘋果，他也絕對能讓我們變成天主教徒，他會把我們身體內的懶散都打掉，把聖化聖寵給打進去。

15 查理・卓別林（Charlie Chaplin, 1889–1977），世界三大喜劇演員之一，也是極成功的導演，奠定了現代喜劇電影的基礎。

布蘭登．桂格里舉手。我們叫他「問不停桂格里」，因爲他老是有問題。但他也是沒辦法。老師，他說，什麼是聖化聖寵？

老師朝天翻白眼。他會殺了桂格里。可是他只是對他吼叫，不用管什麼是聖化聖寵，桂格里，那不關你的事。你是來學習教理問答的，乖乖照著我的話做就對了。你不是來這裡問問題的。世界上有太多人遊手好閒，東問西問，所以我們今天才會這個樣子，如果我發現這個班上有人問問題，後果我可不負責。聽見了沒有，桂格里？

聽見了。

聽見了什麼？

聽見了，老師。

他繼續發表長篇大論。班上有的男生永遠也不會知道什麼叫聖化聖寵。爲什麼呢，因爲貪心。我在校園裡聽到他們在講初領聖體日，他們一生中最快樂的一天。他們在說接受天主的聖體和鮮血嗎？喔，不，這些貪心的小騙子在講他們會得到的錢，在講討奉獻。他們要穿著小套裝，挨家挨戶去討奉獻。他們會拿那些錢去給非洲的小黑寶寶嗎？他們會想到那些小異教徒因爲不能受洗、不曉得什麼是眞正的信仰而永遠被天譴嗎？小黑寶寶得不到基督奧體？地獄裡到處都是小黑寶寶在飛，在哭著找媽媽，因爲他們絕對沒辦法沐浴在我們神聖天父的存在裡，以及那些光輝的聖人、烈士、處女的存在裡。喔，不。他們講的是去電影院，我們的初領聖體男生跑去沉迷在好萊塢隔著世界吐過來的污穢裡，那幫魔鬼的狗腿子。這樣子對嗎，麥考特？

不對，老師。

問不停的桂格里舉手了。大家都看來看去，心裡想他是不是想自殺啊。

什麼是狗腿子？

老師的臉變得雪白，然後又變紅。他抿緊嘴巴，再張開，口水像蒼蠅一樣滿天飛。他走向問不停，把他從座位上拖出來。他的鼻子哼個不停，結結巴巴，口水像蒼蠅一樣滿天飛。他痛打問不停的肩膀、屁股、雙腿。他揪住他的領子，把他拖到教室前面。

看著這個榜樣，他吼道。

問不停全身發抖，哭著說對不起，老師。

班森老師模仿他。對不起，老師。你對不起什麼？

我不應該問問題。我不會再問了，老師。

你敢再問，桂格里，你就會巴不得天主把你帶到祂的懷抱裡。你會希望什麼，桂格里？

希望天主把我帶到祂的懷抱裡，老師。

回座位上，你這個嘔霉漢、蠢貨，從黑暗廁所爬出來的東西。

他坐在講桌上，面前擺著棍子。他叫桂格里不要再哭了，要他像個男人。要是他聽到這個班上還有人敢問愚蠢的問題，或是又說到什麼討奉獻，他就會把他打得鮮血亂噴。

我會怎麼樣，孩子們？

打他，老師。

打到怎樣？

打到鮮血亂噴，老師。

好，克拉赫西，第六誡是什麼？

毋行邪淫。

毋行邪淫什麼？

毋行邪淫，老師。

邪淫是什麼，克拉赫西？

不潔的想法，不潔的語言，不潔的行爲，老師。

好，克拉赫西，你是好孩子。你也許會忘了稱呼老師，你也許沒有鞋子穿，可是你的第六誡背得很好，這樣就會讓你保持純潔。

派帝·克拉赫西沒有鞋子穿，他母親把他剃光頭，以免有頭虱，他的眼睛紅紅的，總是拖著鼻涕。膝蓋上的瘡永遠好不了，因爲他會去摳疤，放進嘴巴裡。他的衣服破破爛爛，必須跟六個兄弟和一個妹妹合穿。如果他帶著流血的鼻子或是黑眼圈來上學，你就知道他那天早晨爲了衣服打了一架。他討厭學校。他快滿八歲了，是班上最大最壯的男生，而且他巴不得快點長大，滿十四歲就可以逃家，冒充十七歲的男生加入英國軍隊，到印度去，那裡又溫暖又漂亮，他會跟一個額頭上有紅點的女人住在帳篷裡，躺著吃無花果，印度人都吃這個東西，無花果；她會日日夜夜煮咖哩，彈著四弦琴，等他賺夠了錢，就會把全家人都接過去，他們都會住在帳篷裡，尤其是他可憐的父親，因爲肺癆每天在家都咳一堆血。我媽媽在街上看到他，就說唉呀，看那個可憐的孩子。瘦得只剩骨架子，衣服破破爛爛的，如果要拍大饑荒的電影，他絕對可以去演。

我覺得派帝喜歡我，因爲葡萄乾的關係，而我覺得有一點良心不安，因爲我並不是那麼大方的人。班森老師說政府要給我們免費午餐，我們就不必在冷死人的天氣裡回家吃飯。他帶我們到學校一間冷冰冰的地下室裡，燒煤的女人奈莉．埃亨在發半品脫牛奶和葡萄乾麵包。瓶子裡的牛奶都結冰了，我們得夾在大腿間讓牛奶退冰。男生開玩笑說瓶子會把我們的蛋蛋凍掉，老師就吼罵誰再說那種話，我就用你們的後腦勺來退冰。我們都在麵包裡找葡萄乾，可是奈莉說他們一定是忘了放，她會問那個送麵包來的人。我們每天都在找葡萄乾，最後我終於在我的麵包裡找到一顆，就把它舉起來。男生七嘴八舌抱怨，說他們也要葡萄乾。奈莉說又不是她的錯，她會再問那個送貨的人。這下子男生都在求我把葡萄乾給他們吃，他們願意拿各種東西來換，一口他們的牛奶、一枝鉛筆、一本漫畫。托比．麥基說要把他的妹妹給我，班森老師聽見了，就把他帶到走廊上，打得他哀爸叫母的。我想自己吃葡萄乾，可是我看見派帝．克拉赫西站在角落，沒穿鞋子，而房間冷得要死，他像被踢了一腳的狗那樣發抖，看到狗被踢我都很難過，所以我就走過去，把葡萄乾給了派帝，因爲我不知道還能怎麼辦。所有的男生都大嚷大叫，說我是笨蛋、大白痴，我一定會後悔。我把葡萄乾給派帝之後，我自己也好想吃，可是來不及了，因爲他直接丟進嘴巴裡，一口就吞掉了。他看著我，什麼也不說。我在心裡說你簡直是白痴，居然把葡萄乾給了別人。

班森老師看了我一眼，沒說話。奈莉．埃亨說，你眞是個了不起的小美國佬，法蘭基。

神父很快就會來查驗我們的教理問答和別的事情。老師自己得示範如何領聖體。他叫我們都圍著他，他在帽子裡裝滿了一小片一小片的《利默里克讀者報》，把帽子交給派帝．克拉赫西，跪在地上，叫派帝拿一片紙放在他的舌頭上。他示範要如何伸舌頭，接受那張紙，停一會兒，再收回舌頭，兩手互握禱告，看著天堂，閉上眼睛崇拜，等著紙張在口裡融化，吞下去，感謝天主的禮物，浮動著聖潔芬芳的聖化聖寵。他伸出舌頭的時候，我們都得忍住笑，因爲我們沒看過那麼紫的舌頭。他睜開眼睛，看到有人在嘻嘻笑，可是他不能說什麼，因爲他的舌頭上仍然有天主，而這是神聖的一刻。他站起來，叫我們跪下，練習領聖體。他繞著教室把紙片放在我們的舌頭上，喃喃念著拉丁文。有的男生嘻嘻笑，他就對他們吼叫說如果繼續嘻嘻笑，他們得到的就不是聖體，而是臨終聖事了，那個聖禮叫什麼，麥考特？

臨終聖膏油禮，老師。

對了，麥考特。你這個從美國那個罪惡海岸過來的美國佬還不錯。

他告訴我們舌頭要伸得夠長，以免聖體的祭餅掉在地上。他說神父發生這種事最糟糕不過了。要是祭餅從你的舌頭上掉下去，神父必須要兩條腿都跪下來，用他自己的舌頭去把祭餅舔起來，而且還要舔旁邊的地板，以免祭餅從一個地方又彈到另一個地方。神父很可能會被木頭刺到，他的舌頭就會腫得像蕪菁那麼大，那就可能會害你噎到，把你噎死。

他說除了眞十字架的殘片之外，聖體祭餅是最神聖的東西了，而我們的初領聖體是我們一生中最神聖的時刻。一談起初領聖體，老師就興奮得不得了。他來回踱步，揮動著棍子，叫我們絕不能忘了聖體放在我們舌頭上的那一瞬間，在那一瞬間我們變成了至尊的、神聖的、羅馬的、天主教暨教皇的教會最光榮的信眾的一員，兩千年來，男女老幼爲信仰而死，愛爾蘭在殉道這方面不落人後。難道我們沒有出現過眾多烈士嗎？我們難道沒有在新教徒的斧頭下露出脖子嗎？我們難道沒有爬上絞刑台，唱著歌，彷彿是去野餐嗎，有沒有，孩子們？

有，老師。
我們有什麼，孩子們？
在新教徒的斧頭下露出脖子，老師。
還有呢？
爬上絞刑台，唱著歌，老師。
好像怎樣？
好像去野餐，老師。
他說，也許，在這個班上，將來會出個神父或是爲信仰而殉道的烈士，不過他倒是非常懷疑，因爲我們是最懶惰最無知的一票人，他教到我們眞是倒楣。
但是人有百百種，他說，而天主把你們這樣的東西送來禍害世界，自有祂的道理。而天主把沒鞋穿的克拉赫西，把問個不停的桂格里，把沾滿了美國罪惡的麥考特送到我們這裡來，也自有祂的道理。記住這一點，孩子們，天主把祂的獨生子送上十字架，並不是爲了讓你們在初領聖體日伸出狗爪子去討奉獻的。我們的天主犧牲了是爲了讓你們獲得救贖。收到信仰的禮物就足夠了。有沒有聽見？
聽見了，老師。
什麼就足夠了？
收到信仰的禮物，老師。
好。回家吧。

晚上，我們三個人坐在巷子口的燈柱下讀書，我跟米奇和馬拉基。莫洛伊家就像我們家，爸爸把補助金或是工資喝掉，家裡沒錢買蠟燭或是煤油燈需要的煤油。米奇讀書，我們兩個看漫畫。他的父親彼得從卡內基圖書館借書回家，這樣不喝酒的時候或是照顧家裡人的時候才有事可做。莫洛伊太太進了瘋人院。莫洛伊先生讓米奇愛看什麼書就看什麼書，現在米奇在讀一本庫胡林的書，聽他講起來好像他對庫胡林什麼都知道似的。我想跟他說，我還不滿四歲的時候，就對庫胡林的故事熟到不能再熟了，說我在都柏林看過庫胡林，說庫胡林隨時都會到我的夢裡來。我想跟他說不要再說庫胡林了，他是我的，他在我很小的時候就是我的了。可是我不能說，因爲米奇念給我們聽一個我沒聽過的故事，是庫胡林的噁心故事，我不能跟爸爸或媽媽說，說依瑪是怎樣變成庫胡林的太太的。

庫胡林快要是一個二十一歲的老人了。他很寂寞，想要結婚，所以就變軟弱了，米奇說，害他最後被殺掉。愛爾蘭的女人都爲庫胡林瘋狂，想要嫁給他。他說這樣子很棒，他不介意娶全愛爾蘭的女人。既然他可以打退愛爾蘭的每一個男人，爲什麼不能娶每一個女人？可是國王康諾．麥內薩說，你當然覺得很不錯，庫，可是愛爾蘭的男人可不想要長夜漫漫卻孤孤單單的。國王決定要來一場競賽，看誰該嫁給庫胡林，比賽的內容是尿尿。愛爾蘭的女人都集合在莫海姆平原上，看誰尿得最久，結果贏的人是依瑪。她是愛爾蘭女人的尿尿冠軍，就嫁給了庫胡林，所以到今天她還是被叫成大膀胱依瑪。

米奇和馬拉基笑翻了，可是我覺得馬拉基並沒有聽懂。他太小了，離他的初領聖體還早，他只是聽到尿尿這個字眼才覺得好笑。後來米奇跟我說，我聽了有那個字眼的故事，我犯了罪，等我第一次告解時得去跟神父說。馬拉基說，對，尿尿是髒話，你必須跟神父說，因爲那是罪惡的話。

我不知道該怎麼辦。我怎麼能在第一次告解跟神父說這種可怕的事呢？每個男生都知道要跟神父說什麼樣的罪，這樣才能開聖體，然後討奉獻，然後去黎蕊克電影院看詹姆斯・卡格尼，吃糖果和蛋糕。老師幫我們找出我們的罪惡，每個人的罪惡都一樣。我打我弟弟。我說謊。我從媽媽的皮包偷了一便士。我不聽父母的話。我禮拜五吃了一根香腸。

可是現在我有了別人都沒有的罪，神父會很震驚，會把我從告解室拖到走道上，丟到街上，讓大家都知道我聽了一個庫胡林的太太是全愛爾蘭尿尿冠軍的故事。我絕對沒辦法舉行我的開聖體禮，而別人的媽媽會把小孩抱起來，指著我說，看看他，他就跟米奇・莫洛伊一樣，沒開過聖體，滿身罪惡地晃來晃去，討不到奉獻，也看不到詹姆斯・卡格尼。

我很難過有初領聖體和討奉獻這種事。我覺得噁心，不想喝茶，也不想吃麵包。媽跟爸說眞奇怪，小孩子會不想喝茶吃麵包；爸說，喔，他只是因爲初領聖體在緊張。我想要走到爸爸那邊，坐在他的大腿上，跟他說米奇・莫洛伊對我做的事，可是我太大了，不能坐在他大腿上了，如果坐了，馬拉基就會跑出去，告訴整條巷子的人我是個大寶寶。我想跟第七階樓梯上的天使說我的煩惱，可是他忙著把寶寶送到全世界的母親那裡。所以我還是問了爸。

爸，第七階的天使除了送寶寶以外，還有別的工作嗎？

有啊。

第七階的天使會在你不知道該怎麼辦的時候，告訴你該怎麼辦嗎？

喔，他會啊，兒子，他會。天使的責任就是那樣，即使是第七階的。

爸去散步，媽帶邁可去看外婆，馬拉基在巷子裡玩，家裡只剩我一個，所以我可以坐在第七階樓梯上跟天使說話。我知道他在那裡，因爲第七階感覺比別的地方熱，而且我的頭上有光。我跟他說了我的煩惱，我聽見了聲音，怕不，聲音說。

他倒著說話，我就跟他說我聽不懂他在說什麼。

不要害怕，聲音說，把你的罪告訴神父，你就會獲得原諒。

隔天早晨我很早就起床了，跟爸喝茶，跟他說第七階天使的事。他一手放在我的額頭上，看我有沒有不對勁。他問我是不是確定頭上有光，而且聽見了聲音，聲音又說了什麼？

我跟他說，那聲音說怕不，意思是不要害怕。

爸跟我說天使說得對，我不應該害怕，我就跟他說了米奇·莫洛伊對我做的事。我跟他說了大膀胱依瑪的故事，我甚至用了尿尿這個字眼，因爲天使說了，怕不。爸放下了果醬瓶，拍我的手背。噢噢噢，他說，我忍不住想他是不是要像莫洛伊太太一樣發瘋了，進進出出瘋人院，可是他說，你昨天晚上就是在擔心這個嗎？

我跟他說是的，他就說那不是罪惡，我不必跟神父說。

可是第七階天使說，我應該要說。

好吧，如果你想說，就跟神父說，可是第七階天使會這麼說，完全是因爲你沒有先跟我說。把煩惱告訴你的爸爸，不是比告訴一個只是一道光跟你腦子裡聲音的天使要強嗎？

對，爸。

初領聖體的前一天，老師帶我們到聖若瑟教堂去辦告解。我們兩個兩個排好，如果我們走在利默里克街上嘴唇敢動一動，他就會當場殺了我們，讓我們帶著一身罪惡下地獄去。但是這樣也阻止不了大家吹噓自己最大的罪惡。威利．哈洛德低聲說，他的大罪是偷看姊姊的裸體。帕弟．哈提根說他從阿姨的皮包裡偷拿了十先令，買冰淇淋和薯條吃，吃得都吐了。問不停桂格里說他逃家，半個晚上躲在水溝裡，跟四隻山羊睡在一起。我想跟他們說庫胡林跟依瑪的事，可是老師逮到我說話，重重敲了一下我的腦袋。

我們跪在告解室旁的長椅上，我心裡在想，我的依瑪罪惡跟偷看姊姊的裸體是不是一樣大，因爲我現在知道了世界上有些事情比另一些事情還要壞。所以才會有不同的罪，有褻瀆神聖罪、不赦之罪、可赦之罪。還有老師和大人說的不可赦的罪，那是很神祕的事情。誰也不知道是什麼，你難免會想如果你不知道那是什麼，那你怎麼會知道自己犯了沒有。要是我跟神父說了大膀胱依瑪和尿尿比賽，他可能會說那是不可赦免的罪，把我踢出告解室，我就會在利默里克抬不起頭來，被詛咒到地獄裡，永遠被惡魔折磨，這些惡魔沒有別的事好做，只會用火燙的長柄叉戳我，戳到我累死爲止。

威利進去告解，我想偷聽，可是我只聽到神父的嘶嘶聲，威利出來的時候在哭。

輪到我了。告解室黑黑的，我的頭頂上有一個很大的十字架。我能聽到另一邊有個男生在咕噥著告解。我很想知道現在跟第七階天使說話會不會有用，我知道他不能在告解室附近停留，可是我感覺到頭裡的光，而那聲音在叫我怕不。

我面前的板子滑開了，神父說，說吧，孩子。

求神父降福，我犯了罪。這是我的第一次告解。

好的，孩子，你犯了什麼罪？

我說謊。我打我弟弟。我從我媽的皮包裡偷了一便士。我說髒話。

好的，孩子，還有嗎？

我、我聽了一個庫胡林和依瑪的故事。

這樣不是犯罪，孩子。我們都知道有些作家寫了庫胡林在臨死前皈依了天主教，他的國王康納．麥內薩也一樣。

是依瑪啦，神父，是她怎樣嫁給他的事。

喔，是怎麼樣呢，孩子？

她是尿尿比賽贏的。

粗重的呼吸聲。神父一手摀著嘴巴，發出嗆住的聲音，而且還自言自語，聖母啊。

是、是誰跟你說的故事，孩子？

米奇．莫洛伊，神父。

他又是從哪裡聽來的？

他看書看到的，神父。

啊，看書啊。有的書對兒童有害，孩子。不要去想那種胡說的故事了，想想聖人的生活。想想聖若瑟，耶穌的小花，甜美溫和的聖方濟．亞西西，他愛天空的小鳥、大地的動物。你會這麼做嗎，孩子？

我會，神父。

還有別的罪惡嗎，孩子？

沒有了，神父。

你要念三遍聖母經，念三遍主禱文，再特地爲我念一次祈禱文來懺悔。

好的，神父。這個是不是最壞的罪惡？

什麼意思？

我是最壞的男生嗎，神父？

不是，我的孩子，你還差得遠呢。好，念一次悔罪經，別忘了，天父時時刻刻都看著你。主祝福你，孩子。

初領聖體日是你這一生最快樂的一天，因為討奉獻和黎蕊克電影院的詹姆斯・卡格尼。初領聖體日的前夕，我興奮得直到天亮才睡著。要不是外婆來砰砰砰敲門，我會一直睡。

起床了！起床了！把那個孩子叫起來。他這輩子最快樂的一天，他居然還在床上呼呼大睡。

我跑到廚房。襯衫脫掉，她說。我把襯衫脫掉，她把我丟進一個錫盆裡，盆裡的水是冰的。我媽幫我刷洗，外婆幫我刷洗。我的皮膚紅通通，一碰就痛。

她們把我擦乾，幫我穿上我的黑色天鵝絨開聖體套裝、白色花邊襯衫、短褲、白長襪、黑色亮皮鞋，又在我的胳膊上綁了一個白色緞帶蝴蝶結，在我的衣領上別了一只耶穌聖心胸針，就是一張聖心的圖片，有血滴下來，還會冒火，下面是一頂看起來很恐怖的棘冠。

過來我幫你梳頭，外婆說。看看這頭亂髮，就是不肯服服貼貼。這種頭髮絕不是我們家的遺傳，是你爸的北愛人頭髮，就是長老會的人才有的頭髮。要是你媽嫁給正正經經的利默里克人，你就不會有這種刺蝟似的頭髮了。北愛爾蘭，長老會的頭髮。

她朝我的頭吐了兩次口水。

外婆，拜託妳不要對著我的頭吐口水好嗎？

不管你想說什麼，都閉嘴。一點點口水死不了人。來吧，我們望彌撒要遲了。

我們跑向教堂。媽抱著邁可落在後面，一路喘個不停。我們抵達教堂時，正好趕上最後一批男生離開聖壇圍欄，神父站在那兒拿著聖餐杯和聖體，怒沖沖地瞪著我。然後他把祭餅放在我的舌頭上，耶穌的體血。終於，終於。

聖體在我的舌頭上。我把舌頭縮回來。

卡住了。

天主黏在我的上口腔。我能聽到老師的聲音，別讓聖體碰到牙齒，不然你就會把天主咬成兩半，你就會永遠在地獄裡被火烤。

我想用舌頭把天主弄下來，可是神父低聲對我說，不要弄出答答的聲音，回到座位上。

天主很好，祂融化了，我就把祂吞了下去。現在，我終於是唯一眞正教會的一員了，是個正式的罪人了。

彌撒結束後，大家都在教堂門口，我媽抱著邁可，外婆也在。她們都把我擁在胸前，都跟我說這是我一生中最快樂的一天。她們都在我的頭頂上哭，除了外婆早上在我頭上貢獻的口水之外，我的頭成了一個沼澤。

媽，我現在可以去討奉獻了嗎？

她說，等你先吃點早餐以後。

不行，外婆說。先到我家去吃一頓像樣的開聖體早餐，不然不准你去討奉獻。走吧。

我們跟著她。她摔鍋打碗的，埋怨全世界都指望她招之即來。我吃了蛋，吃了香腸，想在茶裡放更多糖，她卻把我的手拍掉。

少吃點糖。你以爲我是百萬富翁嗎？是美國人嗎？你以爲我身上戴著亮晶晶的珠寶嗎？以爲我包在漂亮的皮草裡嗎？

食物在我的胃裡翻轉。我乾嘔。跑到她的後院，把吃的東西全都吐了出來。外婆出來了。

看看他。開聖體早餐吐出來了。把耶穌的血和肉吐出來了。我的後院裡有天主。我該怎麼辦？我要帶他到耶穌會去，他們連教宗的罪都知道。

她拖著我在利默里克的街上走，跟鄰居和經過的路人說她的後院有天主。把我推進了告解室裡。

因父及子及聖神之名，求神父降福，我犯了罪。從上次告解至現在已有一天。

一天？才一天你又犯了什麼罪呢，我的孩子？

我睡過頭了。差點就沒趕上我的開聖體。我外婆說我有不聽話的、北愛爾蘭的、長老會的頭髮。我把我的開聖體早餐都吐了。現在外婆說她的後院裡有天主，她該怎麼辦。

神父就跟首次告解的神父一樣，也發出粗重的呼吸和嗆到的聲音。

呃……呃……跟你外婆說，用一點水把天主洗掉。至於你的懺悔，念一次聖母經，一次我們的父，爲我念一次祈禱文，天主祝福你，我的孩子。

外婆跟媽就在告解室旁邊等。外婆說，你是不是在告解室裡跟神父說笑話？要是讓我發現你跟耶穌會的神父說笑話，我會把你的腰子挖出來。我後院裡的天主他怎麼說？

他說用一點水把祂洗掉，外婆。

聖水還是普通水？
他沒說，外婆。
那，再進去問。
可是，外婆……
她又把我推進了告解室。
求神父降福，我犯了罪。從上次告解至現在已有一分鐘。
一分鐘！你是剛才那個孩子嗎？
對，神父。
現在又怎麼了？
我外婆說，是用聖水還是普通水？
普通水，跟你外婆說不要再煩我了。
我跟外婆說，普通水，外婆，還有他說不要再煩他了。
不要再煩他了。那個自大的愛爾蘭老鬼。
我問媽，我可以去討奉獻了嗎？我想去看詹姆斯．卡格尼。
外婆說，你可以把討奉獻和詹姆斯．卡格尼忘了，因爲你不是正式的天主教徒，你把天主吐在地上了。走了，回家。
媽說，等一下，這是我兒子，這是我兒子的開聖體日。他要去看詹姆斯．卡格尼。
不行。

偏要。

外婆說，那就帶他去看詹姆斯．卡格尼，看那能不能拯救他的長老會北愛爾蘭美國靈魂。去啊。

她拉攏披肩，走掉了。

媽說，唉呀，現在去討奉獻太晚了，你也看不到詹姆斯．卡格尼了。不過我們還是去黎蕊克電影院，看他們看你穿著開聖體衣服肯不肯讓你進去。

我們在貝林頓街遇到米奇．莫洛伊。他問我是不是要去黎蕊克，我說我是想去。想去？他說。你沒有錢？

我覺得說沒有錢很丟臉，可還是得說實話。他說，沒關係，我幫你溜進去。我來分散注意。

什麼叫分散注意？

我有錢可以進去，等我進去了，我就假裝發作，賣票的人會慌了手腳，那時你聽到我大叫就溜進去。我會注意著門口，等我看到你，我就會奇蹟似地復元，這就叫分散注意。我都是這樣把我弟弟弄進去的。

媽說，喔，那樣不好吧，米奇。那樣不是犯罪嗎，你總不會要法蘭克在他的開聖體日就犯罪吧？

米奇說就算犯罪也是他犯罪，而且他也不算是天主教徒，所以沒關係。他發出尖叫聲，我就溜進了戲院，坐在問不停桂格里的旁邊，賣票的法蘭克．高金太擔心米奇了，根本就沒發覺。電影很刺激，可是結局是悲劇，因爲詹姆斯．卡格尼是全民公敵，他們射殺了他，用繃帶把他纏住，丟進門裡，把他的老愛爾蘭媽媽嚇得半死。我的開聖體日也就這樣結束了。

5

外婆不跟媽媽說話了，因爲我把天主吐在她的後院裡。媽不跟她的姊姊安姬和哥哥湯姆說話。爸不跟媽家裡的人說話，他們也不跟他說話，因爲他是北愛人，而且他的態度鬼鬼祟祟的。沒有人跟湯姆舅舅的太太珍說話，因爲她是哥爾威人，而且長得像西班牙人。人人都跟媽的哥哥派特說話，因爲他摔過腦袋，他很單純，而且他賣報紙。人人都叫他院長或是席安院長，誰也不知道是爲什麼。人人都跟帕．基廷姨丈說話，因爲他在戰爭中中過毒，又娶了安姬阿姨，就算他們不跟他說話，他也連屁都不在乎，所以邵斯酒館裡的人都叫他瓦斯人。

我也想要這樣，當個瓦斯人，連個屁都不在乎，我就是這樣告訴第七階天使的，後來我才想起來，在天使的面前不可以說屁。

湯姆舅舅和哥爾威珍有孩子，可是我們不能跟他們講話，因爲我們的爸媽不說話。他們有一個兒子一個女兒，格瑞和佩姬，如果我們跟他們說話，媽就會吼我們，可是我們不知道要怎樣才能不跟表哥表姊說話。

利默里克的人有辦法不跟親戚家人說話，這可是多年練習才練出來的本事。有人彼此不說話，因爲他們父親在一九二二年的內戰中是敵對的兩方。要是有人去加入英軍，那他的家人還不如乾脆搬到利默里克的另一邊，那邊住的都是英軍的家眷。要是過去八百年來，你家裡有人對英國人有一丁點的友善，這筆舊帳就會翻出來，摔在你的臉上，那你乾脆就直接搬到都柏林去，因爲那裡不會有人在乎。有些家庭覺得很慚愧，因爲他們的祖先在大饑荒年代，爲了一碗新教徒的湯背棄了信仰，這些家庭從此就揹上了喝湯的惡名。當喝湯的很糟糕，因爲你就被打入地獄喝湯的那一層，永世不得翻身了。喝湯的甚至比告密的還糟。學校的老師說，每次愛爾蘭人就快在公平的戰鬥中推翻英國人了，卻總是會有下流無恥的告密者出賣他們。被發現是告密者的人應該吊死，不，還不止是這樣，應該每個人都不理他，因爲如果人人都不理你，那你還不如自己找根繩子吊死算了。

每一條街都有某某人不跟某某人說話，或是某某人不理某某人，或是每個人都不理每個人。你絕對看得出誰不跟誰說話，看他們擦身而過的樣子就知道了。女人會鼻孔朝天，抿緊嘴巴，別開臉去。如果女人披著披肩，她就會拎起一角往肩膀上一摔，彷彿在說，敢說一句話或是敢看我一眼，妳這個不要臉的臭女人，我就把妳的臉皮撕下來。

外婆不跟我們說話很糟糕，因爲我們就不能去找她借糖借茶借牛奶了。去找安姬安姨根本沒用，她只會把你的頭咬下來。回家去，她會這麼說，叫你爸爸抬抬他的北愛屁股，像利默里克的正經男人一樣去找個活幹。

他們說她老一肚子氣是因爲紅髮，也可能是她是紅髮，所以才老是一肚子氣。

媽跟布莉笛·漢能相處得不錯，她跟她爸媽住在隔壁。媽跟布莉笛一天到晚在講話。我爸出門去散步，布莉笛就會跑過來，兩人坐在爐子邊喝茶抽菸。要是家裡什麼也沒有，布莉笛就會帶茶、糖、牛奶過來。有時候她們一再回收利用茶葉，媽說這樣的茶是燜過、燉過、煮過的。

媽跟布莉笛太靠近爐子，兩人的小腿都烘成了紅色紫色藍色。她們一聊就是幾個鐘頭，說悄悄話，爲祕密的事大笑。我們不能聽祕密的事，所以叫我們出去玩。我經常坐在第七階樓梯偷聽，她們根本就不知道。外面或許下著傾盆大雨，可是媽說，不管下不下雨都出去，她還跟我們說，要是看到你們爸爸回來了，就跑進來告訴我。媽跟布莉笛說，妳有沒有聽過一首詩？寫詩的人一定是爲我跟他寫的。

什麼詩，安琪拉？

叫做〈北方人〉。我在美國從蜜妮．麥可多里那兒聽來的。

我沒聽過，念來聽聽。

媽念了那首詩，可是她從頭笑到尾，我也不知道爲什麼。

他是北方人，話很少，
可是聲音親切，心很正。
我看他的眼睛知道他誠實無欺，
我就嫁給了我的北方人。

喔，蓋瑞歐文[16]可能都比
這個內伊湖邊的人要活潑，
我知道太陽柔柔地照在

穿過我家鄉的河流上。

可是——我既喜悅又得意地說，
全芒斯特省的人都沒得比，
利默里克城裡也找不著，
比我跟我的北方人更開心的家庭。

希望在利默里克他們只知道，
我遇見的親切和氣鄰居。
小小的仇恨或輕蔑永存在
南方和北方的心間。

她總是重複第三節，而且笑得好厲害，笑到哭起來，我也不曉得是爲什麼。她歇斯底里地說：

利默里克城裡也找不著，
比我跟我的北方人更開心的家庭。

16 蓋瑞歐文（Garryowen）是一九二〇年代英國默片中的一匹馬。

要是爸回來得早，看到布莉笛在廚房裡，這個北愛人就會說嚼舌、嚼舌、嚼舌，拿著帽子站在那裡，直到她離開。

布莉笛的母親和我們巷子裡裡外外的其他人，得到門口來問爸，肯不肯寫封信給政府或是遠方的親戚。爸坐在餐桌旁，拿著筆和一瓶墨水，聽他們說要寫什麼，他就說，噢，不行，你不會想說這種話，然後他就寫了自己想寫的話。那些人就告訴他對啦，他們本來就是要這樣說，說他的英語眞是不錯，也有挺不錯的拳頭。他們會爲麻煩他付他六便士，可是他揮揮手不要，他們就把錢交給媽，因爲他太高尚了，不屑拿這六便士。等他們走後，他就拿這六便士叫我到凱絲琳．歐康諾那兒去買香菸。

外婆睡在樓上一張大床上，床頭有耶穌聖心像，爐架上有聖心雕像。她希望將來能把瓦斯燈換成電燈，這樣雕像下方就會永遠都有一盞小紅燈。她對聖心像的虔誠是整條巷子跟別條巷子都有名的。

派特舅舅睡在同一個房間角落的小床上，這樣外婆才能確定他在該睡覺的時間進來，跪在床邊禱告。他也許摔過頭，也許不識字，也許酒喝太多，可是沒有理由在上床之前不禱告。

派特舅舅跟外婆說，他遇見一個人在找住的地方，讓他可以早晚清洗，一天供兩餐，午餐和下午茶。他叫比爾．高文，在石灰窯幹活。總是混身上下覆滿白色石灰，不過總比黑黑的煤灰要強。

外婆得要讓出她的床，搬進小房間。她會把聖心像帶走，留下雕像來看顧這兩個人。而且她的小房間裡也容納不下雕像了。

比爾．高文在下班後過來看房間。他個子小，全身白色，像狗一樣嗅來嗅去。他問外婆是否介意把雕像拿下來，因爲他是新教徒，有雕像他睡不著。外婆對派特舅舅大吼，罵他不先說他把一個新教徒拖進了家裡。耶穌，她說，整條巷子跟別條巷子都會嚼舌根的。

派特舅舅說他也不知道比爾．高文是新教徒。看他的外表根本看不出來，尤其是他全身又覆著石灰。樣子就像個普通的天主教徒，誰想得到新教徒也會劏石灰呢。

比爾．高文說他剛去世的可憐太太是天主教徒，她把牆壁都貼滿了聖心像和聖母像，表示他們的誠心。他本人並不反對聖心像，只是看見雕像會讓他想起他可憐的太太，讓他心痛。

外婆說，唉，天主祝福，你怎麼不早說呢？我當然可以把雕像放在我房間窗台上，你就不會看到它心痛了。

外婆每天早晨幫比爾做午餐，送到石灰窯去。媽很奇怪他幹嘛不早晨自己帶去。外婆說，妳是要我天亮就起床，煮包心菜和豬腳，好給那位大人帶飯盒嗎？

媽跟她說，再一個禮拜學校就放假了，要是妳給法蘭克六便士一個禮拜，他一定會很樂意幫妳送比爾．高文的午餐的。

我不要每天到外婆家，我不要跑到碼頭路去幫比爾．高文送午餐。可是媽說家裡用得著六便士，要是我不肯送，那我就哪裡也不准去。

你就待在屋子裡，她說。不准跟你的朋友玩。

外婆警告我，叫我直接去送飯，不准繞路東看西看，不准踢罐子毀了鞋尖。午餐是熱的，比爾．高文就是要吃熱的。

午餐桶飄出很香的味道，煮鹹肉和包心菜，兩大顆粉粉的馬鈴薯。要是我吃半個馬鈴薯，他一定不會注意到吧。他不會跟外婆抱怨，因爲他除了鼻子呼嚕呼嚕響個兩聲之外，差不多不說話。

我最好還是把另一半也吃掉，他就不會問爲什麼只有半個。那我乾脆也吃幾口煮鹹肉和包心菜好了，要是我把另一個馬鈴薯也吃掉，他會以爲外婆根本就沒有放馬鈴薯。

第二個馬鈴薯在我的嘴巴裡融化，我得再吃一點包心菜，再一點煮鹹肉。這下子沒剩多少了，他一定會很懷疑，那我乾脆把它吃光光算了。

現在我該怎麼辦？外婆會殺了我，媽會把我禁足一年。比爾·高文會把我埋在石灰堆裡。我就跟他說我在碼頭路上被狗攻擊，狗把飯都吃掉了，我很幸運能逃走，不然連我也會被狗吃掉。

哦，是這樣嗎？比爾·高文說。那你的毛衣上掛著包心菜是怎麼回事？狗舔你嘴巴的時候弄到的嗎？回家去跟你外婆說，你把我的午餐吃光了，而我餓得倒在石灰窯裡了。

她會殺了我的。

跟她說別殺你，先幫我把飯送來再說。要是你現在不去跟她說，幫我把飯送來，我會殺了你，把你的屍體丟進石灰堆裡，你母親想哭都不會有多少屍骨可以哭。

外婆說，你把桶帶回來幹嘛？他自己就會拎回來。

他還想要吃。

還想吃是什麼意思？耶穌在上，他的腿上是漏了洞嗎？

他餓得倒在石灰窯裡了。

你是不是在騙我？

他說再送一次飯去。

我不要，我已經送過了。

他沒吃到。
沒吃到？爲什麼？
我吃了。
什麼？
我餓了，就吃了一口，結果就停不下來了。
耶穌，瑪利亞，聖若瑟。
她狠狠敲了我的腦袋，痛得我眼淚都流出來了。她對我吼叫，像報喪女妖一樣，在廚房裡跳來跳去，威脅要把我拖到神父、主教、教宗面前，如果教宗就住在街角的話。她切麵包，對著我揮刀子，用冷馬鈴薯和碎肉凍做三明治。
把三明治拿去給比爾．高文，你要是敢看一眼，我就活剝了你的皮。
她當然跑去跟我媽告狀了，她們都同意我爲自己可怕的罪彌補的方法，就是幫比爾．高文送兩個禮拜的飯，不支薪的。我必須每天把桶子拎回來，也就是說我得坐著看他把午餐裝進肚子裡，而他可不是那種會問你頭上有沒有嘴巴的人。
每天我都把桶子拎回外婆家，外婆會罰我跪在聖心像前，告訴天主我很抱歉，而這一切都是比爾．高文那個新教徒害的。
媽說，我是爲菸而死的烈士，你父親也是。
家裡或許會缺少茶或麵包，可是媽跟爸總能弄到香菸，野忍冬牌。早晨或喝茶的時候，一定得來根野忍冬。他們每天都告訴我們不可以抽菸，對肺不好，對胸不好，會影響你們成長，他們自己卻坐在爐子邊呑雲吐霧。媽說，要是讓我看到你嘴巴裡叼著菸，我就打爛你的臉。他們告訴我們香菸會腐蝕牙齒，你知道他們沒說謊，因爲他們的牙齒變黃變黑，一顆接一顆掉下來。爸說他的牙齒有洞，大到可以讓麻雀築巢。他還剩了幾顆牙，可是他到牙科去都拔掉了，裝了假牙。他戴著假牙回來的那天，露出又白又亮的笑容，看起來簡直像美國人。每次他在爐火邊跟我們說鬼故事，都會把下排牙齒推到鼻子底下，把我們嚇得連小命都快沒了。媽的牙齒也很糟，得到貝林頓醫院去全部拔掉，她回家來嘴上摀著一塊布，沾滿了血。還得一整夜坐在火爐邊，因爲牙齦流血不能躺下來，否則會在睡眠中噎死。她說等流血止了，她會戒菸，可是此時此刻她需要來一根，在香菸裡尋求安慰。她叫馬拉基到凱絲琳．歐康諾的店去，問她能不能賒五根野忍冬，等爸禮拜四領到補助金就會付錢。要是有誰能從凱絲琳那裡賒到煙，一定是馬拉基。媽說他有魅力，她跟我說，叫你去沒用，誰叫你長了一張馬臉，又有你爸的怪德性。

媽的牙齦不再流血也癒合了之後，她就去診所裝假牙。她說等裝上假牙後就不抽菸了，結果只是說說而已。新假牙磨得她的牙齦腫痛，只有野忍冬能夠抒解。生得起火的時候，爸跟媽就坐在爐火邊，談著他們的假牙會卡卡響。他們來回移動下巴想讓卡卡響停止，卻越弄越糟，他們就咒罵牙醫跟都柏林製造假牙的人，而他們越是罵，假牙就越是卡卡響。爸說這些假牙是爲都柏林的有錢人做的，可是他們戴著不合適，所以就拿來給利默里克的窮人，窮人不會介意，因爲窮人沒多少東西可嚼，嘴巴裡能有牙齒就感激涕零了。他們如果話說得太多，牙齦就會紅腫，只好把假牙摘下來，然後兩人就坐在爐火邊聊天，兩張臉像垮掉了似的。每天晚上他們都把假牙放在裝滿水的果醬瓶裡，擺在廚房。馬拉基想知道爲什麼，爸就說是爲了清潔。媽說，不是，睡覺的時候不能把假牙放在嘴巴裡，因爲會鬆脫把你噎死。

牙齒就是馬拉基去貝林頓醫院，以及我動手術的原因。馬拉基半夜跟我小聲說，你想不想下樓去戴看看假牙？

假牙太大，要放進嘴巴裡實在太困難，可是馬拉基不肯放棄。他的嘴唇向兩邊拉開，咧開大嘴露出假牙。那模樣就像電影裡的怪物，我哈哈笑，可是他拉扯假牙卻噢噢叫，眼淚也跑出來了。他越是噢噢叫，我就笑得越厲害，最後爸在樓上喊，你們兩個在幹什麼？馬拉基從我面前跑開，跑上樓，這下子換成爸媽在笑了，但是後來他們發現他可能會被假牙噎死。兩個人都用手指去摳假牙，可是馬拉基嚇壞了，拚命發出噢噢的叫聲。媽說我們得送他上醫院，爸說他去。叫我也一塊去，怕醫生會有問題，因爲我比馬拉基大，其實他沒說出來的意思是我是罪魁禍首。爸抱著馬拉基急急忙忙跑在街上，我努力想追上他。馬拉基趴在爸肩上看著我，臉頰上掛著淚，爸的假牙從他嘴巴裡凸出來，我爲他感到難過。貝林頓醫院的醫生說，不用緊張。他把油倒進馬拉基的嘴巴裡，不到一分鐘就把假牙拿出來了。然後他看著我，跟爸說，那個孩子爲什麼張大嘴巴站在那裡？

爸說，那是他的習慣，張大嘴巴站著。

醫生說，過來我這裡。他檢查我的鼻子、耳朵、喉嚨，又摸我的脖子。

扁桃腺，他說。腺樣增殖。一定得摘除，越快越好，否則等他長大，張著大嘴的樣子會像白痴。

隔天，馬拉基得到了一大顆太妃糖，安慰他把假牙塞進嘴巴裡拿不出來，而我卻得進醫院動手術讓嘴巴可以閉上。

某個禮拜六的早上，媽喝完了茶，說你要去跳舞。

跳舞？爲什麼？

你七歲了，也領過聖體了，現在該是學跳舞的時候了。我要帶你到凱瑟琳街，上歐康納太太的愛爾蘭舞蹈班。以後你每個禮拜六早上都去上課，省得在街上鬼混，跟著小流氓在利默里克鬼混。

她叫我洗臉，別忘了洗耳朵和脖子，梳頭髮，擤鼻子，把臉上那種表情拿掉。什麼表情？算了，拿掉就對了，穿上你的長襪跟開聖體禮的鞋子，她說鞋子毀了，因爲我只要看到路上有罐子或是石頭，就非踢不可。她累得半死到聖文生會爲我和馬拉基排隊討鞋子，難道就爲了讓我們兩個把鞋頭踢壞？你們的父親說，學習祖先的歌舞永遠不嫌早。

什麼祖先？

你不用管，她說，反正你要去學舞蹈。

我覺得眞是奇怪，我還得要爲愛爾蘭唱歌跳舞，那我是要怎麼爲愛爾蘭而死啊？爲什麼就沒有人說你可以爲愛爾蘭吃糖果，留在家裡不用上學，去游泳？

媽說，少耍嘴皮子，小心我揪你的耳朵。

西若．班森跳舞，他的獎章多到可以從肩膀掛到膝蓋上。他贏了愛爾蘭各地的比賽，而且穿著橘黃色裙子很可愛。他是他母親的驕傲，而且名字常常上報，你可以確定他會幫家裡賺進個幾鎊。你不會看到他在街上看見東西就踢，把鞋子踢成開口笑，喔，不，他是個好孩子，爲他可憐的母親而跳舞。

媽弄濕了一條舊毛巾用力幫我擦臉，擦到我皮膚刺痛。又拿毛巾包住手指伸進我的耳朵裡，說我的耳蠟多到可以種馬鈴薯了。她把我的頭髮弄濕，讓頭髮倒下來，還叫我閉嘴不要鬼叫，說舞蹈課每個禮拜都得花她六便士，我本來可以幫比爾．高文送飯賺到這六便士的，天知道她實在擠不出錢來了。我跟她說，啊，媽，妳可以用這個錢來抽一根野忍冬、喝杯茶，不用送我去學跳舞啦。可是她說，喔，你很聰明是不是？就算要我一輩子不抽菸，你也得去學跳舞。

要是我的朋友看到媽拖著我走在街上，就為了去上舞蹈課，那我就丟死人了。他們覺得跳舞沒關係，可以假裝你是佛雷．亞斯坦[17]，跟琴姐．羅傑絲[18]在銀幕上跳來跳去。可是愛爾蘭舞沒有琴姐．羅傑絲，也不能跳來跳去。你直上直下地蹦，胳膊貼著身體向上踢腿，臉上沒有笑容。我的帕．基廷姨丈說，愛爾蘭舞者好像屁股插了鐵條，可是我不能跟媽說，她會殺了我。

歐康納太太用留聲機放愛爾蘭吉格舞曲或利爾舞曲，男生女生都踢著腿，兩手貼著身體跳來跳去。歐康納太太是個很胖的女人，每次她把舞曲停掉，示範動作，從下巴到腳踝都會有肥肉抖來抖去，我眞奇怪她怎麼能教舞呢。她向我母親走過來，說這就是小法蘭克嗎？我覺得他有跳舞的天分喔。孩子們，我們是不是有跳舞的天分啊？

是的，歐康納太太。

媽說，我帶了六便士來，歐康納太太。

啊，是啊，麥考特太太，請等一下。

她搖搖擺擺走向一張桌子，拿來一個黑黑的男生頭，頭髮捲捲的，有紅色眼睛、紅色大嘴唇，嘴巴

17　佛雷．亞斯坦（Fred Astaire, 1899–1987），美國歌舞劇演員，活躍於影壇及百老匯。
18　琴姐．羅傑絲（Ginger Rogers, 1911–1955），美國女演員，常與亞斯坦搭檔演出歌舞片。

張開開。她叫我把六便士放進嘴巴裡就趕快把手拿出來，免得被那個黑男孩咬到。所有的男生女生都在看，臉上露出淡淡笑容。我把六便士放進去，在嘴巴閉上前趕緊把手抽回來。大家都在笑，我知道他們想看我的手被嘴巴咬住。歐康納太太又是喘氣又是笑，跟我媽說，唉呀，是不是笑死人了？媽說是啊。她叫我要乖，跳著舞回家來。

我不想留在這個地方，歐康納太太明明可以自己把六便士放進去，卻偏偏要我放，害我差點被那個黑男孩咬掉一隻手。我不想留在這個地方，因爲你得跟男生女生排在一起，挺直背，兩手貼腿，直視前方，不能低頭。腳移動，腳移動，看著西若，看著西若，而西若就在那裡，穿著橘黃色的裙子，獎章玎璫響，這個獎，那個獎，女生都愛西若，歐康納太太也愛西若，因爲不就是他爲她贏來的名氣嗎？不就是她教會了他知道的每一個舞步嗎？喔，跳吧，西若，跳吧，喔，基督，他在房間飄浮，他是天堂來的天使，別皺眉頭，法蘭基．麥考特，不然你的臉就會像個一磅重的牛肚。跳舞，法蘭基，跳舞，把腳抬起來，看在基督的分上，一二三四五六七，一二三，一二三，茉拉，妳幫一下法蘭基．麥考特，免得他兩隻腳打結，幫幫他，茉拉。

茉拉是個大概十歲的大女生。她向我跳過來，露出白牙，她的舞衣上都是金黃色、黃色、綠色的圖案，聽說是古時候的圖案。她說，把手給我，小男生。她拉著我在房間裡轉，轉得我頭昏，在大家面前成了徹底的呆子，又笨又臉紅，最後我好想哭，可是唱片停了，留聲機嘶嘶叫，我獲救了。

歐康納太太說，喔，謝謝妳，茉拉，下一週，西若，你可以教法蘭基一點讓你出名的舞步。下一週，孩子們，別忘了帶六便士來給小黑孩喔。

男生女生離開了。我也下樓梯出了門，暗自希望不會被朋友看見，我跟穿著裙子的男生，以及露出白牙、穿著古時候漂亮衣服的女生在一起。

媽跟她住隔壁的朋友布莉笛・漢能在喝茶。媽說，你學了什麼?叫我在廚房裡跳，一二三四五六七，一二三，一二三。她跟布莉笛痛快地笑了一回。第一次就能跳這樣，還不錯嘛。不到一個月，就又一個西若・班森了。

我不想當西若・班森，我想當佛雷・亞斯坦。

她們笑得歇斯底里，茶都噴了出來。耶穌愛他，布莉笛說。他還眞是看得起自己啊。佛雷・亞斯坦，久仰久仰。

媽說佛雷・亞斯坦每週六都去上課，不會到處亂跑把鞋子踢成開口笑，如果我想當他，就得每個禮拜都去歐康納太太那兒上課。

第四個禮拜六早晨，比利・坎貝爾來敲我們家的門。麥考特太太，法蘭基能不能出來玩?媽跟他說，不行欸，比利，法蘭基要去上舞蹈課。

他在營盤山腳下等我，他想知道我爲什麼要跳舞，大家都知道娘娘腔才跳舞，我最後會跟西若・班森一樣穿著裙子掛著獎章，跟一大堆女生跳舞。他說接下來我就會坐在廚房裡織襪子了。他說跳舞會毀了我，我就不能再踢足球、打橄欖球或蓋爾足球，因爲跳舞教你像個娘娘腔一樣跑，大家都會笑你。

我跟他說我不跳了，說我的口袋裡有要給歐康納太太的六便士，本來是要放進小黑孩嘴巴裡的，可是我要去黎蕊克電影院了。六便士夠我們兩個看電影，還剩兩便士可以買兩塊克里夫太妃糖。我們看了《荒野情天》，高興極了。

爸跟媽坐在爐火邊，他們想知道我今天學了什麼舞步，都叫什麼名稱。我已經跳過「因尼斯圍城戰」和「利默里克的城牆」，兩個都是眞正的舞蹈。現在我得瞎編幾個名字和舞蹈。媽說她怎麼沒聽過「丁哥圍城戰」，不過既然我學了，那就跳來看看，我就繞著廚房，兩手貼著大腿，自己配樂，滴的哩嗳滴嗳滴嗳滴的哩嗳嘟唷嘟唷。爸媽跟著我的舞步打拍子。爸說，喔，不錯嘛，你將來會是個很有用的愛爾蘭舞者，也是為國家而死的人的驕傲。媽說，六便士就學這麼點，不划算。

下一週是喬治．雷夫特的電影，再下一週是喬治．歐布萊恩演的牛仔片，再來是詹姆斯．卡格尼，我不能帶比利去，因爲除了克里夫太妃糖之外，我還想吃一條巧克力。我正在享受的時候，突然下巴好痛，有顆牙齒被太妃糖黏住，掉下來了，痛得我要死。可是我還是不能把太妃糖浪費了，所以我就把那顆牙拔出來，放進口袋裡，用另一邊嚼太妃糖，連血和口水一塊吞。我的嘴巴一邊痛，一邊有美味的太妃糖，我想起了我的帕．基廷姨丈，他都說有時候你就是不曉得該拉屎呢還是瞎掉。

我現在就得回家去，我心裡擔心得不得了，因爲你不可能不讓你媽發現你少了一顆牙。做媽媽的什麼都知道，而且她老是檢查我們的嘴巴，看有沒有什麼毛病。她就坐在火爐邊，爸也在那兒，他們又問我同樣的問題，舞步和名稱。我說我學了「科克的城牆」，我在廚房跳來跳去，想哼首編的歌，嘴巴卻痛得要死。媽說，科克的城牆，胡說八道，沒有這支舞。爸說，過來這裡。站在我前面。說實話，你今天有沒有去上跳舞課？

我沒辦法再說謊了，牙齦快痛死了，嘴巴裡還有血。況且，我知道他們什麼都知道了，而他們現在就在告訴我。舞蹈班上有個像蛇一樣陰險的男生看到我走進黎蕊克電影院，就說了出來，歐康納太太叫人送紙條來，說有好久沒看到我了，我沒事吧？我極有潛能，連偉大的西若．班森的舞步都能跟上。

爸不管我的牙齒，他說我得去告解，就把我拖到贖世主堂，因爲今天禮拜六，全天都可以告解。他告訴我我是個壞孩子，讓他覺得丟臉，我居然跑去看電影，而不願學習愛爾蘭的國家舞蹈，吉格舞、利爾舞，這些是男男女女奮鬥犧牲了幾個世紀才能夠跳的舞。他說有許多年輕人被吊死，現在在石灰坑裡腐爛，他們很樂意能爬起來跳這種愛爾蘭舞。

神父知道了內情，我必須把我的罪大聲說出來，他說我是小流氓才會跑去看電影而不去上舞蹈課，不過他本人倒認爲舞蹈幾乎和電影一樣有害，會勾引出罪惡的想法，可就算舞蹈令人憎惡，我拿了我母親的六便士卻說謊，我也犯了罪，而地獄就有一個灼熱的地方專關我這種人。念十年的玫瑰經，請求天主原諒你在地獄的大門口跳舞，孩子。

我七歲、八歲、九歲，快滿十歲了，爸還是沒有工作。他早晨喝茶，到勞工介紹所去領補助金，到卡內基圖書館看報紙，走很長的路到鄉下去。要是他在利默里克水泥廠或蘭克麵粉廠找到差事，也會在第三個禮拜就丟飯碗。因爲第三個禮拜五他會上酒館，把薪水全喝光，然後錯過禮拜六的半天班。

媽說，他爲什麼就不能跟利默里克其他街上的男人一樣？六點整祈禱鐘一敲，就把薪水交給老婆，換上襯衫，喝杯茶，從太太那裡拿幾先令，到酒館去喝個一、兩杯。

媽跟布莉笛·漢能說，爸沒辦法學他們，也不肯學他們。她說他是個天殺的大傻瓜，跑到酒館去請別人喝酒，自己的孩子卻在家裡餓得前胸貼後背，連頓像樣的午餐也沒有。他會向全世界吹噓他在無利可圖且無人景從的時候爲愛爾蘭而戰，只要國家需要，他樂於爲愛爾蘭而死，說他只後悔只有一條命能奉獻給可憐又不幸的國家，如果有誰有意見，歡迎他們到酒館外面來，做個了斷。

咳，媽說，他們才不會有意見呢，他們也不會到酒館外面去，那一幫泡在酒館裡的懶漢、流浪工人、小器鬼。他們跟他說他是了不起的人，雖然他是北愛人，能讓這樣一位愛國人士請杯酒，是他們莫大的榮幸。

媽跟布莉笛說，我眞不知道我該怎麼辦。補助金一個禮拜只有十九先令六便士，房租就要六先令六便士，我只有十三先令來供五個人吃穿，讓我們在冬天保持溫暖。

布莉笛抽著野忍冬，喝著茶，高呼天主是仁善的。媽說，她很確定天主對某處的某某人是仁善的，可是祂最近很少在利默里克的窮巷裡露面。

布莉笛哈哈笑。喔，安琪拉，妳說這話會下地獄的。媽就說，我不是早就在地獄裡了嗎，布莉笛？兩個人一起哈哈笑，喝著茶，抽著菸，跟彼此說香菸是她們唯一的安慰。

一點也沒錯。

問不停桂格里跟我說，我得在禮拜五到贖世主堂去，加入男孩子的弟兄團總團。你一定要參加，不能說不要。每一條巷子跟街上的男生，只要爸爸是領補助金或幹勞力活的，都一定要參加。

問不停說，你爸爸是北愛來的外地人，他不參加沒關係，可是你還是要參加。

人人都知道全愛爾蘭最神聖的城鎭就是利默里克，因爲它有聖家的弟兄團總團，全世界最大的會社。任何城鎭都有弟兄團，但只有利默里克有總團。

我們的弟兄團每個禮拜有五個晚上會塡滿贖世主堂，三個晚上是男人，一個晚上是女人，一個晚上是男生。有祝福儀式，用英語、愛爾蘭語、拉丁語唱聖歌，不過最厲害的是贖世主堂的神父最出名的佈道，就是這個佈道讓幾百萬中國人和其他異教徒不必跟新教徒一樣，最後淪落到地獄裡受苦。

問不停說你一定要加入弟兄團，這樣你媽媽才能跟聖文生會說，他們就知道你是個好天主教徒。他說他父親是忠實的成員，所以才會得到有退休金可以領的好工作，在火車站清廁所。等他長大了，他也要找個好工作，除非他逃家去加入皇家加拿大騎警，那他就可以唱〈我會叫你嗚嗚嗚〉，就像尼爾遜·艾迪唱給因爲肺癆而在沙發上吐出最後一口氣的珍妮特·麥當諾[19]。要是他把我帶到弟兄團，辦公室的人就會把他的名字寫進一本大書裡，將來他就可以晉升到區隊長，除了穿上騎警隊的制服外，這是他一生中最想要的事情。

一個區隊裡有三十個同一條街巷的男生，區隊長是頭頭。每個區隊都以聖人命名，座位旁邊會豎一根柱子，柱頭上的盾牌畫著聖人像。區隊長和助手會點名，監督我們，要是我們在祝福儀式的時候笑，或是犯了什麼褻瀆神聖的罪，他們可以敲我們的腦袋。如果你有一個晚上沒去，辦公室的人就會想知道原因，想知道你是不是想退出弟兄團，他也可能會跟辦公室裡的另一個人說，我覺得我們這位小朋友想喝湯了。這句話無論是對利默里克或愛爾蘭的天主教徒來說，都是莫大的恥辱，追本溯源還是發生在大饑荒時期的事情。如果你缺席兩次，辦公室的人就會送一張黃色通知書，要你出席說明；如果你缺席三次，他會派出武裝隊，也就是五、六個跟你同區的大男生到街上去尋找，確定你並不是自己在玩樂，而不去弟兄團爲中國人或其他迷失的靈魂跪著禱告。武裝隊會到你家去，跟你媽媽說你不朽的靈魂有危險了。有的母親會很擔心，有的會說，滾開，不然我會出來給你們每個人的屁股一頓好打。這些不是弟兄團的好母親，指導員就會說我們應該爲她們祈禱，讓她們看出她們的錯誤。

19 這是一九三六年的電影《一代佳人》（Rose-Marie）的情節。

但是最糟的還是弟兄團的指導員，哥利神父親自到訪。他會站在巷子口，用能夠讓幾百萬個中國人皈依天主教的大嗓門大吼，法蘭克．麥考特家在哪裡？就算他口袋裡有你家的地址，明明知道你住在哪裡，他還是會大吼。他大吼是想讓全世界都知道你快要退出弟兄團，害你不朽的靈魂有危險了。那些媽媽都嚇壞了，而爸爸們會低聲說，我不在這裡，我不在這裡；他們會確定從今天開始，你每次都會到弟兄團報到，免得鄰居在背後閒言閒語，害他們完全抬不起頭來。

問不停帶我到聖分保區隊，區隊長叫我坐在那邊，不准講話。他叫狄克倫．卡勒，十四歲，額頭有腫塊，像長了兩隻角。他的眉毛是淡赤黃色的，粗粗的，在眉心連成了一條，掛在眼睛上，兩條胳膊長到膝蓋。他跟我說，他要讓這個區隊變成弟兄團最好的一隊，要是我敢缺席，他會打爛我的屁股，然後一塊塊送回去給我媽媽。絕沒有缺席的藉口，因爲別的區隊有個男孩快死了，他們還是用擔架把他抬來。他說如果你缺席，最好是因爲死亡，不是家裡有人死了，而是你自己死了。聽見了沒有？

聽見了，狄克倫。

我這個區隊的男生跟我說，如果出席率百分百，區隊長可以得到獎勵。狄克倫想盡快離開學校，到派屈克街的肯諾克大商店裡去賣地板布。他的伯父方西在那裡賣了好多年，賺了不少錢，自己到都柏林開了店，三個兒子都在賣地板布。如果狄克倫是個好區隊長，小隊的出席率可以百分百，那指導員哥利神父就可以輕輕鬆鬆幫他弄到肯諾克的工作，難怪如果我們缺席，狄克倫會想宰了我們。他跟我們說，誰也不准擋在我跟地板布之間。

狄克倫喜歡問不停桂格里，會允許他缺席一次。因爲問不停跟他說，狄克倫，等我長大結婚了，我家裡全部要鋪地板布，而且我都要跟你買。

其他男生也學這一招，可是狄克倫說，滾開，你們能有尿壺尿尿就不錯了，還想要幾碼的地板布，也不撒泡尿照一照。

爸說他在我這個年紀的時候，已經在圖姆的彌撒當輔祭好幾年了，說我也該當輔祭了。媽說，幹嘛？這孩子連件像樣的上學衣服也沒有，別管什麼輔祭不輔祭了。爸說輔祭的袍子會遮住衣服，媽說我們沒有錢買袍子，也沒有錢每個禮拜都要洗袍子。

他說天主會供應的，就叫我跪在廚房地上。他扮演神父，因爲他把彌撒都記在腦子裡，我必須知道該說什麼。他說，*Introibo ad altare Dei*，我就得說 *Ad Deum qui laetificat juventutem meam*[20]。

每天晚上喝過茶後，我就跪著念拉丁文，除非念得十全十美，否則就不能動。媽說他至少可以讓我坐著，可是爸說拉丁文是神聖的，必須要跪著學習背誦。你可不會看見教宗喝著茶坐著說拉丁語。

拉丁文很難，我的膝蓋很痛還結痂，我很想到巷子裡玩，不過我也想當輔祭，協助神父在聖器室裡穿祭服，高高立在聖壇上，展露我那紅白兩色的袍子，跟我的朋友吉米·克拉克一樣，用拉丁語回答神父，把那本大書從聖櫃這頭移到那頭，把水和酒倒進聖杯，把水倒進神父的手上，在祝聖時敲鐘，跪下，低頭，在祝福儀式上搖香爐，坐在一邊，兩手按著膝蓋，嚴肅認眞，聽著神父佈道，聖若瑟教堂的每個人都看著我，欣賞我的端莊態度。

兩個禮拜之內，我就把彌撒都記在腦子裡了，該到聖若瑟教堂去見聖器保管人了，史帝芬·凱利是

20 這是彌撒常用經文中的句子，第一句的意思是我會走向上帝的聖壇，第二句是走向上帝，我的青春的喜樂。

輔祭童的負責人。爸擦亮了我的靴子。媽補好了我的襪子，還在爐子裡多丟了一塊炭，熱熨斗給我熨襯衫。她燒水幫我洗頭、洗脖子、洗手、洗膝蓋以及所有裸露在外的部位。我被她洗到皮膚又熱又痛，媽跟爸說，她可不會讓別人說她的兒子髒兮兮地上聖壇。她說眞可惜我的膝蓋都是疤，誰叫我到處亂踢罐子，假裝自己是全世界最厲害的足球明星。她說眞可惜家裡連一滴髮油都沒有，不過清水和口水也可以讓我那頭像床墊裡黑色乾草一樣的頭髮服順。她警告我，要我到聖若瑟教堂說話大聲點，說英語和拉丁語不要在嘴巴裡咕噥咕噥的。她說，眞可惜你的開聖體套裝穿不下了，不過也不必覺得丟臉，你有很好的血緣，麥考特和席安，就連我母親的吉爾佛尤一族，以前在利默里克郡也是有好幾畝土地的，只是後來被英國人搶走，送給了倫敦來的攔路賊。

爸牽著我的手走在馬路上，大家都看著我們，因爲我們在反覆地念拉丁語。他敲了聖器保管人的門，跟史帝芬．凱利說，這是我兒子法蘭克，他會拉丁語，可以當輔祭童了。

史帝芬．凱利看看他，再看看我。他說，我們沒有缺額，說完就把門關上了。

爸仍牽著我的手，但他用力握得我發疼想大叫。回家路上他一聲不吭。他摘掉帽子坐在火爐邊，點燃了野忍冬。媽也在抽菸，說怎麼樣啊，他是不是要當輔祭童啊？

沒有缺額。

喔。她呼出野忍冬。我跟你說是怎麼回事，她說。這是階級歧視。他們不想要窮巷子裡的男孩站到祭壇上。他們不想要膝蓋有疤，頭髮倒刺的人。哼，他們要的是抹髮油，穿新鞋，爸爸穿套裝打領帶，有固定工作的。就是這麼回事。哼，這麼勢利還要叫人家保持信仰，眞是笑話。

噢，噯。

噢噯個屁。你就只會說這句。你可以去找神父，跟他說你有個兒子滿腦子塞滿了拉丁話，爲什麼不能當輔祭童，那他滿腦子的拉丁話該怎麼辦？

噢，他長大了八成可以當神父。

我問爸能不能出去玩。好，他說，出去玩吧。

媽說，去吧去吧。

6

四年級的老師是歐尼爾先生，我們叫他小點子，因為他個子小得就像一個點。他在有講台的教室上課，才能比我們高，用他的白楊木棍威脅我們，削蘋果皮讓大家都看到。九月開學第一天，他在黑板上寫了三個詞，這一整年都不會擦掉，歐基里德，幾何學，白痴。他說要是讓他逮到有誰敢動這三個詞，那這個學生就準備下半輩子只剩一隻手吧。他說不了解歐基里德定理的人是白痴。好，跟著我念，不懂歐基里德定理的人是白痴。我們當然都知道什麼是白痴，因為所有的老師都一直說我們是白痴。

布蘭登．桂格里舉手了。老師，什麼是定理？歐基里德又是什麼啊？

我們等著小點子揍布蘭登，就跟別的老師一樣，可是他只是帶著淡淡的笑看著布蘭登。啊，我們這裡有個孩子不僅有問題，而且還有兩個問題呢。你叫什麼名字，孩子？

布蘭登．桂格里，老師。

這個孩子有前途。他會走很遠。他會走多遠啊，孩子們？

很遠，老師。

不錯，他會走很遠。想要多了解歐基里德的典雅、俐落和美的孩子除了上進之外，不會有第二條路。這個孩子除了哪裡之外不會有第二條路啊，孩子們？

上進，老師。

沒有歐基里德的話，孩子們，數學只是一個腳步蹣跚的可憐東西。沒有歐基里德，我們就沒辦法從這裡到那裡。沒有歐基里德，腳踏車就不會有輪子。沒有歐基里德，聖若瑟就當不成木匠，因爲木工就是幾何學，而幾何學就是木工。沒有歐基里德，這一所學校就根本蓋不成。

派帝．克拉赫西在我的後面嘟囔說，狗屁歐基里德。

小點子對著他吼叫，你，你叫什麼名字？

克拉赫西，老師。

啊，那個靠一隻翅膀飛的孩子。你的教名是什麼？

派帝。

派帝什麼？

派帝，老師。

派帝，你剛才跟麥考特說什麼？

我說我們應該要跪下來，感謝天主給了我們歐基里德。

說的跟眞的一樣，克拉赫西。我看見謊言在你的牙齒上化膿。我看見了什麼，孩子們？

謊言，老師。

謊言怎麼樣啊，孩子們？

在化膿，老師。

在哪裡化膿啊，孩子們？
在他的牙齒上，老師。
歐基里德，孩子們，是個希臘人。什麼是希臘人啊，克拉赫西？
某種外國人，老師。
克拉赫西，你是個弱智。好，布蘭登，你一定知道希臘人是什麼吧？
是，老師。歐基里德是希臘人。
小點子露出淡淡的笑。他跟克拉赫西說，他應該要以桂格里爲模範，他知道什麼是希臘人。他在黑板上畫了兩條並排的線，跟我們說這叫平行線，而最神奇的是兩條線不會相交，就算延伸到無限長也一樣，就算延伸到天主的肩膀也一樣，而，孩子們，那可是非常長的一條線，不過有個德裔猶太人卻用他對平行線的理論顛覆了全世界。
我們聽著小點子的話，心裡納悶這些事跟現在德國人到處行軍，轟炸所有會站的東西有什麼關聯。我們自己不能問，可是可以叫布蘭登．桂格里問。誰都看得出桂格里是歐尼爾老師的最愛，所以他可以愛問什麼就問什麼。放學以後我們跟布蘭登說，他明天一定要問這個問題。德國人在到處轟炸，學歐基里德跟這些一直延伸的線有什麼用？布蘭登說他不想當歐尼爾老師的最愛，又不是他自己去拍馬屁的，而且他也不想問這個問題。他是怕問了會被小點子打。我們跟他說要是不問，他就會被我們打。
隔天布蘭登舉手了。小點子露出淡淡的笑。老師，德國人在到處轟炸，學歐基里德跟這些一直延伸的線有什麼用？
淡淡的笑容消失了。啊，布蘭登，啊，桂格里。噯，孩子們，噯，孩子們。

他把棍子放在講桌上，站在講台上閉著眼睛。歐基里德有什麼用？他說。有什麼用？沒了歐基里德，梅塞施密特絕對飛上不天空。沒了歐基里德，噴火式就不能從這朵雲躲到那朵雲裡。歐基里德給我們帶來了典雅、俐落和美。他給我們帶來了什麼，孩子們？

典雅，老師。

還有呢？

美，老師。

還有呢？

俐落，老師。

歐基里德本身就已圓滿，在應用上則是至聖。你們懂了嗎，孩子們？

懂了，老師。

我倒不信，孩子們，我不信。要愛歐基里德就得在世上孤單冷清。

他睜開了眼睛，嘆口氣，你可以看見那雙眼裡閃著淚光。

那天派帝·克拉赫西正要放學，卻被歐戴老師攔下了，他是五年級班的老師。歐戴老師說，你，你叫什麼？

克拉赫西，老師。

你幾年級的？

四年級，老師。

好，告訴我，克拉赫西，你們老師跟你們說了歐基里德嗎？

說了，老師。

他說了什麼？

他說他是希臘人。

廢話，你這個抖來抖去的嘔霉漢。他還說了什麼？

他說沒有歐基里德就不會有學校。

啊。他有沒有在黑板上畫什麼？

他畫了兩條並排的線，說就算停在天主的肩膀上也不會相交。

聖母啊。

不是的，老師，是天主的肩膀。

我知道，白痴。回家去。

隔天我們教室門口有很大的噪音。歐戴老師在吼叫，出來，歐尼爾，你這個投機分子，你這個蠢貨。他說什麼我們都聽得見，因爲門上的玻璃破了。

新校長歐哈樂倫先生在說，好了好了，歐戴老師，請自制，別在我們的學生面前吵架。

那好，歐哈樂倫校長，叫他不要教幾何學。幾何學是五年級學的，不是四年級學的。幾何學是我的。叫他教長除法，把歐基里德留給我。天主在上，誰不知道大數的除法會讓他傷透腦筋。我不要這些孩子的心智被那個站在講台上的投機分子給毀了，那個分蘋果皮，害得左右的人腹瀉的傢伙。告訴他歐基里德是我的，歐哈樂倫校長，否則我就自己來。

歐哈樂倫校長叫歐戴老師回他自己的教室去，叫歐尼爾老師到走廊上來。歐哈樂倫校長說，歐尼爾老師，我之前就跟你說過不要教歐基里德。

你是說過，歐哈樂倫校長，可是你還不如索性叫我不要每天吃蘋果算了。

恐怕我得要堅持，歐尼爾老師。不要教歐基里德了。

歐尼爾老師回到教室，眼睛又閃著水光。他說從希臘人的時代之後，世事就沒有什麼改變，因爲野蠻人進入了柵門裡，而他們的名字占多數。從希臘人的時代之後，什麼改變了，孩子們？

每天看著歐尼爾老師削蘋果皮，一整條無論紅或綠的，實在是天大的折磨；而要是你在他附近，聞到新鮮水果的氣味更讓人受不了。如果你是那天的好學生，回答了他給你的問題，他就會讓你坐在座位上吃蘋果皮，以免你拿到校園去吃會被其他人騷擾。他們會纏著你，給我一片、給我一片，那時你要是能留一口給自己，就算幸運的了。

有時候問題太難了，他就把蘋果皮丟進垃圾桶，折磨我們。然後他會借一個別班的男生來把垃圾桶拿到焚燒紙和蘋果皮的火爐那邊，不然就是留給燒煤的女人，奈莉·埃亨，讓她用大帆布袋全部帶走。我們很想叫奈莉在蘋果皮被老鼠咬之前留給我們，可是她打掃整個學校實在太累了，就很兇地跟我們說，我還有好多事要幹，沒那個閒工夫幫一群滿身是疤的小鬼留蘋果皮。滾開。

他削皮的動作很慢。帶著淡淡的笑容看著全班。他捉弄我們，你們覺得，孩子們，我是不是應該拿這個餵窗台上的鴿子呢？我們說，不，老師，鴿子不吃蘋果。派帝·克拉赫西大聲說，那會害鴿子拉肚子，老師，我們在校園裡走，鴿子大便會掉在我們頭上。

克拉赫西，你眞是個嘔霉漢。你知道什麼是嘔霉漢嗎？

不知道，老師。

這是愛爾蘭語，克拉赫西，是你的母語，克拉赫西。嘔霉漢就是傻瓜，克拉赫西。你是個嘔霉漢。

他是什麼，孩子們？

嘔霉漢，老師。

克拉赫西說，歐戴老師也這樣說我，老師，說我是抖來抖去的嘔霉漢。

他不削皮了，問我們世界上五花八門的問題，答得最好的人就贏了。舉手，他說，誰是美國總統？班上每個人都把手舉得高高的，他如果問的是隨便哪個嘔霉漢都會的問題，我們都會覺得很受不了。我們大聲說，羅斯福。

然後他說，你，摩卡希，天主被釘上十字架的時候，是誰站在十字架底下？

摩卡希的反應遲鈍。十二使徒，老師。

摩卡希，愛爾蘭語的傻瓜怎麼說？

嘔霉漢，老師。

你是什麼，摩卡希。

嘔霉漢，老師。

芬登．史萊特利舉手。我知道是誰站在十字架底下，老師。

芬登當然知道是誰站在十字架底下。他怎麼可能不知道，他老是跟母親跑去望彌撒，他母親最出名的就是她的聖潔。聖潔到害她老公跑到加拿大去砍樹，很高興能一去不回，再也沒有音訊。她跟芬登每天晚上都跪在廚房念玫瑰經，而且還閱讀各種宗教雜誌：《聖心信使》《明燈》《遠東》，以及天主教眞理會印的各種小冊子。不管晴天或是雨天，他們都會去望彌撒和領聖餐，每個禮拜六他們都去耶穌會告解，耶穌會最出名的就是他們只對智慧的罪有興趣，而不是普通的罪，像窮巷裡的人喝醉，有時候怕肉壞掉就在禮拜五吃肉，而且一面吃還一面罵罵咧咧的。芬登跟他母親住在凱瑟琳街，史萊特利太太的鄰居都叫她「向主呈報太太」，因爲無論發生了什麼事，斷了腿也好，把茶灑了也好，老公失蹤也好，她都會說，唉，我要把這事向主呈報，那我就會有數不完的寬容讓我上天堂了。芬登也一樣糟。要是你在校園裡推他或是罵他髒話，他只會微笑，跟你說他會爲你禱告，會爲了他的靈魂和你的靈魂向天主呈報。里彌學校的男生都不想讓芬登爲他們禱告，他們威脅說如果逮到他幫他們禱告，會打爛他的屁股。他說長大以後要當聖人，簡直笑死人了，因爲要死掉了才能當聖人。他說我們的孫子會向他的照片禱告。有個大男生說，我的孫子會在你的照片上小便，芬登也只是微笑。他姊姊十七歲就跑到英國去了，大家都知道他在家裡穿姊姊的衣服，每個禮拜六晚上都拿熱鐵鉗燙頭髮，才能在禮拜天去望彌撒的時候漂漂亮亮的。如果他遇見你去望彌撒，就會說，我的頭髮很亮麗吧，法蘭基？他愛死這個字眼了，別的男生都沒有這樣說過。

芬登當然知道是誰站在十字架底下，八成還知道他們穿什麼、早餐吃什麼，現在他就在跟小點子歐尼爾說，是三個瑪利亞。

小點子說，到前面來，芬登，來領獎。

他不疾不徐地走去講台，我們都不敢相信自己的眼睛，他居然拿出了一把折疊刀，把蘋果皮切成一小片一小片，好一片一片慢慢吃，而不是像我們贏的時候整個塞進嘴巴裡。他舉手，老師，我想把我的蘋果分給別人吃。

蘋果，芬登？才不是呢，你沒有蘋果，芬登，你有的是蘋果皮，只是皮。你沒達到那樣的高度，將來也不會達到能大吃蘋果的高度。至少不會是我的蘋果，芬登。我是不是聽見你說要把獎品分給別人？

是的，老師，我想給三片。一片給桂格里，一片給克拉赫西，一片給麥考特。

爲什麼，芬登？

他們是我的朋友，老師。

教室裡的男生在冷哼，用手肘推來推去，我覺得丟臉，因爲他們會說我燙頭髮，我會在校園裡被欺負，他爲什麼會覺得我是他朋友？要是他們說我穿姊姊的衣服，就算回說我沒有姊姊也沒用，他們會說如果你有姊姊就會穿了。在校園裡說什麼都沒有用，因爲總是有人知道該怎麼回你，而你除了揍他們鼻子一拳，什麼辦法也沒有，可是如果你揍了很會回嘴的人，那你就會每天照三餐挨打。

桂格里接受了芬登的一片蘋果皮。謝謝，芬登。

全班都看著克拉赫西，因爲他是班上最高大兇悍的人，要是他說謝謝，那我也要說謝謝。他說，非常謝謝你，芬登，還臉紅了。我也說非常謝謝你，芬登，我想叫自己不要臉紅，可是沒辦法，全班同學都又冷哼，我眞的很想打他們。

放學後，男生對芬登喊，喂，芬登，你要回家去燙你亮麗的頭髮了嗎？芬登微笑，走上校園的階梯。一個七年級男生跟派帝・克拉赫西說，你要不是剃成了光頭，應該也是要回家去燙頭髮吧？

派帝說，閉嘴啦，那個男生說，哦，誰敢叫我閉嘴啊？派帝揮了一拳，但是那個大男生打中他的鼻子，把他打倒在地上，他流血了。我也揮了一拳，可是那個大男生掐住了我的喉嚨，抓我的頭去撞牆，撞得我眼前有一大堆光點和黑點。派帝摀著鼻子哭著走掉了，那個大男生把我推到他後面。芬登在馬路上看到，就說喔，法蘭西斯、法蘭西斯，喔，派崔克、派崔克，你們是怎樣了？派崔克，你爲什麼在哭？派帝就說，我餓了沒辦法打架，餓得快死掉了，而且我還倒在地上，實在太沒面子了。

芬登說，跟我來，派崔克，我媽媽會給我們東西吃。派帝就說，啊，不要，我的鼻子在流血。

沒關係啦，她會弄東西塞住你的鼻子，或是用鑰匙放在你的脖子後面。法蘭西斯，你也一定要來，你都一副吃不飽的樣子。

不要啦，芬登。

要啦，法蘭西斯。

那好吧，芬登。

芬登家就像小教堂，有兩張圖片，耶穌聖心像和聖母無玷聖心像。耶穌拿著祂的心臟，心臟上有棘冠、火焰，有血。祂的頭歪向左邊，表示祂非常哀愁。童貞聖母瑪利亞比著心臟，如果不是有棘冠，那應該是一顆開心的心臟。她的頭偏向右邊，表示她很哀傷，因爲她知道兒子的結局會很悲慘。

另一面牆上有個男人照片，他穿著褐袍，身上停了很多小鳥。芬登說，你知道這是誰嗎，法蘭西斯？不知道？這是你的主保聖人，聖方濟·亞西西，你知道今天是什麼日子嗎？

十月四日。

對，今天就是他的慶日，而且對你是很特別的一天，因爲你可以向聖方濟討東西，他一定會給你。所以我才想請你今天來我家。坐啊，派崔克，坐啊，法蘭西斯。

史萊特利太太手上纏著玫瑰念珠走進來，很開心看見芬登的新朋友，問我們要不要吃起司三明治。

唉呀，看看你的鼻子，派崔克。她用玫瑰念珠上的十字架碰他的鼻子，禱告了幾句。她跟我們說，這串玫瑰念珠是教宗本人賜福過的，如果有需要，可以叫一條河不要流，派崔克可憐的鼻子就更不在話下了。

芬登說他不吃三明治，因爲他要斷食，爲那個打派帝跟我的男生禱告。史萊特利太太吻了他的頭頂一下，跟他說他是天堂來的聖人，然後問我們三明治要不要加芥末，我跟她說我從來沒聽過起司加芥末，不過我想吃吃看。派帝說，我不知道欸，我從來沒吃過三明治。我們都笑了，我覺得好好笑，怎麼可能像派帝一樣長到十歲還沒吃過三明治。派帝也笑了，你能看見他的牙齒有白的、黑的、綠的。

我們吃三明治喝茶，派帝想知道廁所在哪裡。芬登帶他穿過臥室到後院去，等他們回來後，派帝說，我要回家了。我媽會殺了我。我到外面等你，法蘭基。

輪到我要上廁所了，芬登帶我到後院。他說，我也要上。我解開褲襠卻尿不出來，因爲他在看我，還說你騙人，你根本就不想上廁所。我喜歡看你，法蘭西斯，只是這樣而已。明年就是我們的堅振禮了，我不想犯什麼罪。

派帝跟我一起離開。我快憋爆了，就跑到一間車庫後面去小便。派帝等著我，我們沿著哈茨東具街走，派帝說，那個三明治很夠力，法蘭基，他跟他媽媽也非常聖潔，可是我不想再去芬登家了，因爲他非常奇怪對不對，法蘭基？

對，派帝。

你掏出來的時候他一直看，很奇怪對不對，法蘭基？

對，派帝。

幾天之後，派帝悄悄跟我說，芬登．史萊特利說我們可以去他家吃午餐。他媽媽不在家，會幫他留飯。他可能會分我們吃，而且他還有牛奶。我們要去嗎？

芬登的位子離我們有兩排。他知道派帝在跟我說什麼，兩道眉毛上上下下動，好像在說你要來嗎？我低聲跟派帝說好，他就向芬登點頭，老師對我們吼，叫我們的眉毛嘴巴不要亂動，不然白楊木棍就會在我們的背上唱歌了。

校園裡的男生看到我們三個走出去，就七嘴八舌說個不停。喔，天啊，看看芬登跟他的小相公。派帝就說，芬登，什麼叫小相公？芬登說是古時候說坐在角落的男生。他叫我們坐在他家餐桌旁，想的話可以看他的漫畫：《電影瘋》《樂哈哈》《公子哥》或宗教雜誌，或是他母親的浪漫雜誌：《奇蹟》和《神喻》，裡面都會有漂亮的貧窮工廠女工愛上伯爵的兒子，或是反過來伯爵的兒子愛上工廠女工的故事，這些女工最後都會絕望地跳進泰晤士河，結果被經過的木匠救了，這個木匠一定是個貧窮卻老實的人，愛上這個女工的內在美，不過最後這個經過的木匠其實是公爵的兒子，比伯爵的地位還要高，所以這下子貧窮女工就變成了公爵夫人，可以鼻孔朝天看著那個拋棄她的伯爵的兒子了，她幸福地在施洛普郡占地一萬兩千畝的豪宅裡照料玫瑰花，而且對自己可憐的老母親也很照顧，不過這位老母親不肯從簡樸的小農舍搬走，就算給她全世界的錢也一樣。

派帝說，我都不要看，那些故事都是騙人的。芬登把蓋著三明治和一杯牛奶的布拿掉。牛奶看起來很香濃，涼涼的很好喝，三明治的麵包差不多跟牛奶一樣白。派帝說，那是火腿三明治嗎？芬登說，對。派帝說，這個三明治看起來很好吃，有抹芥末嗎？芬登點頭，把三明治對切，芥末流了出來。他舔掉沾到指頭上的芥末，喝了一大口牛奶。再把三明治切成四塊、八塊、十六塊，從那堆雜誌上拿了《小聖心信使》，一面看一面吃三明治，喝牛奶。派帝跟我看著他吃，我知道派帝在奇怪我們究竟是來幹嘛的，因爲我自己也在奇怪，我在等芬登把盤子拿給我們，可是他沒有，他喝完了牛奶，留下幾塊三明治用布蓋住，花稍地擦嘴巴，低著頭，祝福自己，說飯後的禱告，然後說，唉呀，我們上學要遲到了，然後在出門途中，用小瓷盤裡的聖水再祝福自己，門旁邊還掛著小幅的童貞瑪利亞像，她兩根手指比著心臟，好像怕我們看不到似的。

我跟派帝跑去奈莉·埃亨那裡領甜麵包和牛奶已經來不及了，我不知道我怎麼有辦法忍一下午直到放學後跑回家吃片麵包。派帝停在校門口，說我沒辦法餓著肚子進去裡面，我會睡著，然後小點子會殺了我。

芬登很焦急。快點、快點，我們遲到了。快點，法蘭西斯，快。

我不進去了，芬登。你吃了午餐，我們什麼都沒吃。

派帝爆發了。你是個該死的投機分子，芬登。你就是個該死的小器鬼，去你的三明治，去你的聖心耶穌，去你的聖水。你可以吃我的屁，芬登。

喔，派崔克。

喔，派崔克個屁。走啦，法蘭基。

芬登跑進學校裡，派帝跟我走到伯勒納卡拉的一處果園。我們翻過牆，有隻很兇的狗衝過來，派帝跟牠說話，說牠是好狗狗，我們餓了，回去找你的媽媽去。狗舔了派帝的臉，小跑走開，還搖著尾巴。派帝很是得意。我們摘蘋果裝進襯衫裡，塞得鼓鼓的，最後差點沒法翻牆。我們跑進一片長條形的田裡，坐在樹籬下大吃蘋果，最後連一口都吞不下了，就把臉埋進清涼的小溪裡喝水。然後我們跑向一條水溝的兩頭去撇條，用草和厚葉子擦屁股。派帝蹲著說，什麼都比不上大吃一頓蘋果，喝水，再大便更爽的事了，比什麼有芥末的起司三明治要棒多了，小點子歐尼爾可以把他的蘋果塞進他的屁股裡。

田裡有三頭母牛，牛頭伸在石牆上，對著我們哞哞叫。派帝說，唉唷喂呀，擠奶的時候到了，說完他就翻過牆，躺在母牛底下，母牛的乳房壓著他的臉。他拉一個乳頭，把牛奶擠進嘴裡。擠了幾下就停下來說，來啊，法蘭基，新鮮的牛奶耶，好好喝喔。去擠那一隻，牠們都在等著擠奶了。

我鑽到那頭牛底下，拉扯牠的乳頭，可是牠腳一踢就走掉了，我很確定牠是要踢死我。派帝過來教我怎麼擠，用力拉，直線拉，牛奶就會噴出來。我們兩個躺在一頭母牛底下盡情喝牛奶，忽然有聲怒吼，有個男人揮著棍子衝過來。我們不到一分鐘就翻過了牆，他穿橡皮靴追不上我們。他站在牆邊，揮舞著棍子大吼大叫，說下次被他逮到，保管我們屁股上都是他的鞋印子。我們哈哈笑，因爲他打不到我們，而我心裡在想，到處都有牛奶和蘋果，爲什麼還會有人挨餓。

派帝說，小點子可以把蘋果塞進他的屁股裡，說說是沒關係啦，可是我不想一輩子打劫果園和乳牛，我會努力贏得小點子的蘋果皮，這樣我就能回家跟爸說，我答出了最困難的問題。

我們從伯勒納卡拉往回走，下雨了，還閃電，我們拔腿就跑，可是我的鞋底啪噠啪噠響，隨時可能會害我絆倒，實在很難跑。派帝光著腳，愛怎麼跑就怎麼跑，你能聽到他的腳板落在路面的聲音。我的鞋襪都濕透了，也發出咯吱咯吱的聲音。派帝聽到了，我們就用我們兩個人的聲音編了一支歌，啪啪咯吱咯吱，啪咯吱，咯吱啪。我們笑得站不穩，只好互相攙扶。雨變大了，我們知道不能躲在樹下，不然會被閃電烤焦，所以我們就站在某家門口。不到一分鐘門就開了，一個又大又胖的女傭戴著一頂小小的白帽，穿黑衣服，繫著小小的白色圍裙，叫我們這兩個丟人現眼的東西滾開。我們從門口跑開，派帝回頭大喊，馬林加母牛，大象腿，他哈哈大笑，笑得嗆到，只能虛弱地倚著牆。現在再避雨也是多餘的了，我們整個濕透了，所以就慢慢走在歐康諾街上。派帝說他是從他的彼得叔叔那裡學到馬林加母牛，就是那個加入英軍跑到印度去的叔叔，他們有他的照片，他跟一群阿兵哥戴頭盔拿著槍，胸前掛著子彈帶，還有穿制服的黑人，他們是印度人，向國王效忠。彼得叔叔在一個叫喀什米爾的地方過得很開心，那裡比愛爾蘭的基拉尼漂亮多了，他們整天都在吹牛和唱歌。派帝又說起了要逃家到印度去，住在絲帳篷裡，找個有紅點的女人，吃咖哩無花果等等的，害得我又餓了，雖然我肚裡裝滿了蘋果和牛奶。

雨漸漸變小了，小鳥在我們的頭頂上大聲叫。派帝說那是鴨子或野雁之類的，要飛到非洲去避冬，那些鳥比愛爾蘭人有頭腦。牠們到善農河來度假，然後又回到溫暖的地方，搞不好還飛到印度呢。他說等他到了那邊，他會寫信給我，我可以到印度去，也找一個有紅點的女生。

紅點是幹什麼的，派帝？

表示他們的階級高，上流社會的。

可是派帝，要是他們知道你是從利默里克的窮巷子來的，而且還沒有鞋穿，印度的上流社會會跟你說話嗎？

當然會啊，可是英國的上流社會就不會。英國的上流社會連一條尿都不會給你。

一條尿？唉喲，派帝，這是你自己想出來的嗎？

不是啦，是我爸說的。他躺在床上把內臟都咳出來，臭罵英國人的時候說的。

喔，一條尿，我要記起來以後用。我要在利默里克到處說一條尿、一條尿，等以後我到美國，就會只有我一個人會說。

問不停桂格里騎著一輛很大的女用腳踏車搖搖晃晃過來，看到我就喊，喂，法蘭基．麥考特，你完蛋了。小點子歐尼爾送了張字條到你家，說你午休以後沒回學校，跟著派帝．克拉赫西一起逃學了。你媽媽說要打死你，你爸爸出來找你了，他也要打死你。

唉唷喂，我覺得又冷又空，巴不得現在就在溫暖舒服的印度，不必上學，爸爸就找不到我了。派帝跟桂格里說他沒有逃學，我也沒有。芬登．史萊特利把我們餓得要死，害我們來不及領麵包跟牛奶。然後派帝跟我說，不要管他們，法蘭基，都是騙人的。他們一天到晚送字條到我們家，我們都拿來擦屁股。

我媽跟我爸可絕不會把老師的字條拿來擦屁股，我現在可不敢回家了。問不停騎著腳踏車走了，還哈哈大笑，我眞不曉得是爲什麼，因爲有一次他逃家，跟四隻山羊睡在水溝裡，這比逃學半天可要嚴重多了。

我可以現在就走上營盤山，回家去跟爸媽說對不起我逃學了，都是因爲我太餓了。可是派帝說，走啦，我們到碼頭路去丟石頭到善農河裡。

我們對著河流丟石頭，用河岸的鐵鍊盪鞦韆。天快黑了，我不知道要到哪裡去睡覺。乾脆待在河邊好了，不然就找個門口蹲著，不然我可能得到鄉下去，像布蘭登．桂格里一樣找條水溝跟四隻山羊睡。派帝說我可以跟他回家，我可以睡在地板上，衣服就會乾了。

派帝住在亞瑟碼頭那邊的高房子裡，可以俯瞰善農河。利默里克人都知道這些房子很舊了，隨時可能坍塌。媽經常說，我不要伊們跑到亞瑟碼頭去，要是讓我知道伊們跑去了，我會打爛伊們的臉。那裡的人都是壞人，伊們可能會被搶或被殺。

又下雨了，小孩子在走道和樓梯上玩。派帝說，小心喔，有的樓板是空的，有的樓板會有大便。他說因爲這裡只有一間廁所，在後院裡，小孩子沒辦法及時下樓去把屁股放在馬桶上。

有個女人披著圍巾在四樓平台上面抽菸。她說，是你嗎，派帝？

是我，媽媽。

我在外面抽菸，派帝。那些樓梯差點害死我。你喝過茶了嗎？

沒有。

嗯，我不知道還有沒有剩麵包，上去看看。

派帝一家住在一個大房間裡，天花板高高的，壁爐小小的。有兩扇高高的窗子，看出去就是善農河。他父親躺在角落的床上呻吟，對著水桶吐痰。派帝的兄弟姊妹都在地板和床墊上，有的睡覺有的講話，有的看著天花板。有個沒穿衣服的寶寶向派帝爸爸的水桶爬，派帝把他拉回來。他的母親進來了，喘個不停，因爲爬樓梯的關係。基督，我要死了，她說。

她找到了一些麵包，幫我跟派帝泡茶。我不知道該怎麼辦。他們什麼也沒說，沒說你來幹嘛或是回家去之類的，最後是克拉赫西先生說，這是誰啊？派帝就跟他說，他是法蘭基·麥考特。

克拉赫西先生說，麥考特？這是哪門子的姓？

我爸爸是北愛人，克拉赫西先生。

那你媽媽叫什麼？

安琪拉，克拉赫西先生。

啊，不會是安琪拉·席安吧？

對啊，克拉赫西先生。

啊，基督，他說，突然猛咳了起來，把內臟裡的東西都吐了出來，整個人趴在水桶上。好不容易咳完以後，他又躺回到枕頭上。啊，法蘭基，我跟你媽媽很熟呢。跟她跳過舞，聖母啊，我快死了，我跟她跳過舞，在溫伯利廳，她跳得可眞是好啊。

他又掛在水桶上了。他大口喘氣，伸長手去拉水桶。他很痛苦，可還是要說話。

她跳得可眞好，法蘭基。雖然身材可不瘦，可是在我懷裡就跟羽毛一樣輕盈，她當年離開利默里克，不知傷了多少男人的心呢。你會跳舞嗎，法蘭基？

喔，不會，克拉赫西先生。

派帝說，他會，爸爸。他跟歐康諾太太和西若．班森學過。

啊，那跳啊，法蘭基。在房間裡跳，小心餐具櫃啊，法蘭基。把腳抬起來，小伙子。

我不行，克拉赫西先生。我跳得很爛。

很爛？安琪拉．席安的兒子？跳，法蘭基，不然我就下床來轉得你頭暈。

我的鞋子破了，克拉赫西先生。

法蘭基、法蘭基，你害我要咳嗽了。看在基督之愛上，你跳個舞好嗎？讓我想起年輕時跟你媽在溫伯利廳跳舞。把那隻破鞋子脫掉，法蘭基，跳吧。

我得自己編造舞步和舞曲，就跟我很久以前一樣。我在房間裡跳舞，一腳沒穿鞋，因爲我忘了一起脫下來。我瞎編歌詞，喔，利默里克的城牆要倒了，要倒了，要倒了，利默里克的城牆要倒了，善農河要淹死我們了。

克拉赫西先生在床上哈哈笑。喔，基督，我這輩子就沒聽過這種歌。你倒是長了兩隻會跳舞的腳，法蘭基。喔，基督。他咳嗽，吐出一條條黃黃綠綠的東西。我看了覺得很噁心，不由得猶豫是不是該回家去，躲開這種疾病和這個桶子，讓爸媽殺了我算了。

派帝在靠窗的床墊上躺下來，我躺在他旁邊。像大家一樣穿著衣服，甚至忘了把另一隻鞋子脫下來，鞋子濕透了，吱吱叫還黏腳。派帝立刻就睡著了，我看著他母親坐在微弱的爐火邊又抽了一根菸。派帝的爸爸呻吟咳嗽，吐痰到桶子裡。他說，該死的血，他太太說，你早晚得去療養院。

我不去。他們把你丟進療養院，你就死定了。

你這樣可能會害孩子們也染上肺癆。對孩子們太危險了，我都可以叫守衛來把你帶走了。

要是他們會得肺癆，早八百輩子前就得了。

火熄滅了，克拉赫西太太爬過她先生，睡到床的裡面。不出一分鐘她就打呼了，雖然她先生還在咳嗽，還在笑著說他年輕時候跟安琪拉在溫伯利廳跳舞，而她輕盈得像根羽毛。

房間裡很冷，我穿著濕衣服在發抖。派帝也在發抖，只是他睡著了，自己不曉得。我不知道是要留在這裡或是起來回家去，可是誰會想要在街上遛達，讓守衛問你為什麼跑到外面來。這是我第一次離家，而我知道我寧可待在自己家裡，聞著隔壁臭哄哄的廁所和馬廄的氣味。廚房變成湖泊害我們得搬到樓上的義大利去是很討厭，可是克拉赫西家更可怕，你得走個四樓到下面去上廁所，而且一路上還會踩到大便。我跟四隻山羊睡在水溝裡可能還比較好。

我時睡時醒，可是克拉赫西太太起來了，把全家人一個個叫醒，我就不能再睡了。他們都穿著衣服上床，免得到時候又為了搶衣服穿打架。他們嘟嘟囔囔地跑出門，下去後院的廁所。我也要上廁所，就跟著派帝一起跑，可是他妹妹佩姬在上廁所，我們只好在牆邊小便。她說，我要跟媽講，派帝說，閉嘴啦，不然我就把妳推到糞坑裡。她從馬桶上跳起來，拉上褲子，哭著跑上樓，我要說、我要說。等我們回到房間裡，克拉赫西太太打了派帝的頭一下，處罰他欺負小妹妹。派帝什麼也沒說，因爲克拉赫西太太正在把麥片粥舀進馬克杯、果醬瓶跟一個碗裡，叫我們吃完上學去。她坐在餐桌旁吃她的麥片粥，灰黑色的頭髮髒兮兮，掉在碗裡沾到麥片粥和牛奶。孩子們稀里呼嚕把麥片粥喝完了，還埋怨不夠吃，快餓死了。他們都鼻子掛著鼻涕，眼睛紅，膝蓋到處是疤。克拉赫西先生咳嗽，在床上蠕動，吐出大口的血，我跑出房間，吐在少了一級樓板的樓梯上，麥片粥和蘋果塊像下雨一樣落在底下通往廁所的必經之路上。派帝下來說，沒關係啦，大家都會在樓梯上吐或大便，反正這個鬼地方也快倒了。

我不知道現在該怎麼辦。要是去上學，我可能會被打死，我幹嘛要回學校或是回家被打死？我可以到街上去，這輩子都靠牛奶和蘋果過活，直到我到美國去。派帝說，走啦，反正學校都是騙人的，老師也都是瘋子。

有人敲了克拉赫西家的門，是媽牽著我的小弟弟邁可，還有德內希守衛，他是負責學校出席率的。媽看到我就說，你怎麼只穿一隻鞋？德內希守衛說，啊，太太，這只是小事吧，妳更應該問的是另一隻鞋子跑到哪裡去了，哈哈。

邁可向我跑來。媽咪在哭，媽咪在爲你哭，法蘭基。

她說，你整晚跑到哪裡去了？

在這裡啦。

你害我快急瘋了。你父親找遍了利默里克每一條街。

克拉赫西先生說，誰在門口啊？

是我媽媽，克拉赫西先生。

天主啊，是安琪拉嗎？

對，克拉赫西先生。

他掙扎著撐起了上半身。唉呀，看在天父的分上，妳肯進來嗎，安琪拉？妳不認識我了？

媽一臉困惑。房間裡很暗，她努力想看清是誰躺在床上。他說，是我啊，丹尼斯．克拉赫西啊，安琪拉。

喔，不。

就是我，安琪拉。

喔，不。

我知道，安琪拉。我變了。咳嗽快要了我的命了。可是我記得溫伯利廳。噢，基督，妳的舞跳得可眞好。溫伯利廳，安琪拉，還有跳完舞的炸魚薯條。天啊，天啊，安琪拉。

我母親的眼淚流了下來。她說，你的舞跳得才棒呢，丹尼斯．克拉赫西。

我們本來是能贏的，安琪拉。本來還輪不到佛雷和琴姐出頭，可是妳偏偏跑到美國去了。啊，基督。

他又猛咳了一陣，我們都得站著看他俯在水桶上，吐出身體裡的壞東西。德內希守衛說，我看呢，太太，既然孩子找到了，我就走了。他對我說，要是你再逃學，我們就會把你關進牢裡。聽清楚了沒有，孩子？

聽清楚了，守衛。
別讓你媽擔心，孩子。這種事我們守衛都不會容忍，擔心害怕的母親。
我不會了，守衛。我不會害她擔心的。
他離開了，媽走到床邊，握住克拉赫西先生的手。他眼睛四周都凹陷了，黑頭髮因爲頭頂流下來的汗而閃著光。他的孩子都站在床邊看著他，看著媽媽。克拉赫西太太坐在壁爐邊戳著撥火棍，把寶寶從火邊推開。她說，都要怪他自己，不上醫院。
克拉赫西先生喘著氣，要是我能住在乾燥的地方，早就沒事了。安琪拉，美國是個乾燥的地方嗎？
是的，丹尼斯。
醫生叫我到亞歷桑那去，那個醫生還眞好笑。還亞歷桑那呢，我連到街角去買杯啤酒的錢都沒有。
媽說，你不會有事的，丹尼斯。我會爲你點蠟燭。
別花冤枉錢了，安琪拉。我跳舞的日子早過去了。
我得走了，丹尼斯。我兒子還得上學。
在妳走以前，安琪拉，能不能爲我做一件事？
好的，丹尼斯，只要我做得到。
妳肯不肯唱那首跑到美國之前那個晚上唱的歌？
那首歌很難唱呢，丹尼斯，我沒那個嗓子了。
啊呀，安琪拉，我從那之後就再也沒聽過歌了。這個屋子裡一點歌聲也沒有。我那個太太的腦子裡連一個音符也沒有，那隻腳也連一個舞步都不會。

媽說，好吧，我試試看。

喔，凱立舞會的夜晚，喔，響亮的風笛聲，
喔，那些快樂的時光，消逝了，唉，就像我們短暫的青春。
男孩子在夏夜開始聚集在山谷，
凱立的風笛手讓我們興高采烈渴望著。

她不唱了，一手按著胸口。唉，沒那個嗓子了。法蘭克，幫我唱。於是我就接著唱下去，

喔，回想起來，夢中憶起，我的心在流淚。
喔，凱立舞會的夜晚，喔，響亮的風笛聲，
喔，那些快樂的時光，消逝了，唉，就像我們短暫的青春。

克拉赫西先生想跟著我們唱，唉，就像我們短暫的青春，可是他只是連連咳嗽。他搖頭，大聲說，我就知道妳行，安琪拉。這首歌把我帶回到過去。天主祝福妳。
天主祝福你，丹尼斯，還有謝謝妳克拉赫西太太，收留法蘭基過夜。
不用客氣，麥考特太太。他滿乖的。
是滿乖的，克拉赫西先生說，可是不像他的母親那麼會跳舞。

媽說，只穿一隻鞋子很難跳舞的，丹尼斯。

我知道，安琪拉，可是你會納悶他幹嘛不脫掉。他是不是有點奇怪？

啊，有時候他就跟他父親一樣的德性。

喔，對了，那個北愛父親，安琪拉，也就難怪了。在北愛他們不覺得穿一隻鞋跳舞有什麼奇怪。

我們沿著派屈克街和歐康諾街向上走，派帝·克拉赫西、媽、邁可和我，媽一路都在哭。邁可說，不要哭，媽咪，法蘭基不會再跑掉了。

她把邁可抱起來，摟進懷裡。喔，邁可，我不是在爲法蘭基哭。是丹尼斯·克拉赫西、溫伯利廳和跳完舞後的炸魚薯條。

她帶著我們到學校裡。歐尼爾老師一臉不高興叫我們坐下，說他馬上就回來。他在門口跟我母親談了很久，等她離開後，歐尼爾老師走在座位之間，拍了派帝·克拉赫西的頭。

我很爲克拉赫西一家人以及他們的麻煩難過，可是我覺得他們救了我，沒讓我母親修理我。

7

禮拜四是爸爸到勞工介紹所領補助金的日子，有時候就會有人說，去喝一杯吧，馬拉基？爸就會說，一杯，就一杯，那個人就會說，唉喲，當然就一杯。結果晚上還沒過，錢就都喝光了，爸唱著歌回家來，把我們弄下床排隊立正，發誓將來有一天要爲愛爾蘭而死。他甚至連邁可都挖起來，他只有三歲，可還是唱著歌，發誓會在第一時間爲愛爾蘭而死。爸是這樣說的，第一時間。我那時九歲，馬拉基八歲，我們每首歌都會唱。我們會唱凱文·巴里和洛迪·麥考利，〈西部在沉睡〉〈歐達諾勝利〉〈韋克斯福德的子弟〉。我們唱歌，發誓爲愛爾蘭而死，因爲你不知道爸的口袋裡幾時會有喝剩的一、兩枚零錢，如果他給了我們，隔天我們就能跑到凱絲琳·歐康諾的店去買太妃糖。有些晚上他說邁可唱得最好，就給他零錢。我跟馬拉基就會懷疑，九歲八歲會唱所有的歌，也準備爲愛爾蘭而死有什麼用，最後還不是邁可拿到錢，隔天是他可以把肚子裝滿太妃糖。他才三歲，誰也不能要求他爲愛爾蘭而死，就連一九一六年在都柏林被英國人射殺、希望全世界都陪他一塊死的派屈克·皮爾斯[21]都不能。而且米奇·莫洛伊的父親說，想爲愛爾蘭而死的人都是驢屁股。男人從有歷史以來就在爲愛爾蘭而死，可是看看現在國家是什麼樣子。

爸爸到了第三個禮拜就失業已經夠慘的了，現在可好，他每個月都會有一次把補助金喝光。媽越來越悲觀，早上會拉長一張臉，不跟他說話。他喝了茶早早出門，走很長一段路到鄉下。晚上回來後，媽仍然不跟他說話，也不給他泡茶。如果因爲缺煤，爐火滅了沒辦法燒開水，他就會說，噢，嗳，用果醬瓶喝水，咂咂嘴，像喝了一杯黑啤酒。他說男人只需要一杯好水，媽就會冷哼一聲。她不跟爸爸說話，屋子裡就冷冰冰、沉甸甸的，我們就知道我們也不應該跟他說話，怕媽媽會擺臭臉給我們看。我們知道爸做了壞事，也知道不跟別人說話並不會讓他怎麼樣。就連小邁可都知道爸做了壞事的時候，從禮拜五到禮拜一都不能跟他說話，如果他想把你抱到大腿上，你要跑向媽媽。

我九歲了，有個朋友叫米基·司貝勒西，他的親戚一個個都因爲很快會要命的肺癆走了。我很羨慕米基，因爲只要他家裡有人死了，他就可以一個禮拜不用上學。他媽媽會在他的衣袖上縫一塊菱形黑布，他就可以從這條巷子晃到那條巷子，這條街走到那條街，大家都會知道他在服喪，就會拍拍他的頭，給他錢和糖果安慰他。

可是這個夏天米基卻擔心了。他的姊姊布蘭妲被肺癆折磨得快不行了，可是現在才八月，要是她在九月之前死了，那他就還是得上學，因爲現在放暑假，你沒辦法請一個禮拜的假。他來找比利·坎貝爾跟我，問我們要不要到街角那兒的聖若瑟教堂去爲布蘭妲祈禱，希望她能夠撐到九月。

要是我們去祈禱的話，對我們有什麼好處，米基？

21 派屈克·皮爾斯（Padraig Pearse, 1879–1916），愛爾蘭一九一六年復活節起義的領導人之一。起義失敗後被處決。

嗯，要是布蘭妲能撐下去，我可以放到假，那你們可以來守靈，就可以吃火腿起司蛋糕，喝雪莉酒和檸檬汁，而且可以聽人家唱歌說故事。

唉喲，這麼好康誰能說不呢？什麼也比不上守靈。我們小跑步到教堂，那裡有聖若瑟的雕像，也有耶穌聖心像、童貞聖母瑪利亞、聖女小德蘭（耶穌的小花）。我向耶穌的小花祈禱，因為她自己也是死於肺癆，所以她一定會了解。

我們三個的祈禱不知道是誰的靈驗了，因為布蘭妲活了下來，直到開學的第二天才死掉。我們跟米基說請他節哀，可是他很開心可以一個禮拜不用上學，而且他的衣袖上又縫上了菱形黑布，又能幫他弄到錢和糖果了。

我一想到布蘭妲守靈會上的大餐就流口水。比利去敲門，米基的阿姨來開門。有什麼事？

我們來為布蘭妲祈禱，米基說我們可以來守靈。

她大喊，米基！

幹嘛？

過來這裡。你有沒有跟這一夥說，可以來你姊姊的守靈會？

沒有。

可是，米基，你明明答應過……

她當著我們的臉甩上了門。我們不知道該怎麼辦，最後還是比利．坎貝爾說，我們回去聖若瑟禱告，從現在開始，米基．司貝勒西家的人都會死在暑假，讓他這輩子永遠別想要不必上學。

我們兩個人的祈禱不知道是誰的那麼靈，因為下一個夏天，米基本人就被很快會要命的肺癆帶走了，他也沒有放到假，哈，這下子他絕對學到教訓了吧。

新教徒孫敲著鐘，
不爲天堂爲地獄。

在利默里克的夏天早晨，我看著新教徒上教堂，爲他們感到難過，尤其是爲女生難過，她們那麼可愛，牙齒那麼白那麼美。我爲漂亮的新教徒女生難過，她們注定要下地獄。神父都這麼說。除了信仰天主教，沒有別的救贖之道。不信仰天主教，就只有末日。我想要拯救她們。新教徒女生，跟我一起到眞正的教會。妳們會獲救，妳們不會遭天譴。禮拜天的彌撒做完以後，我跟朋友比利．坎貝爾去貝林頓街她們教堂旁邊的漂亮草坪，看她們打槌球。槌球是新教徒的運動，她們用木槌打球，咚咚響，然後笑開懷。我眞覺得奇怪，她們怎麼還笑得出來，難道她們不知道自己都被天譴了嗎？我爲她們覺得難過，我就說，比利，如果都被天譴了，那還打槌球幹嘛？

他說，法蘭基，反正都被天譴了，不打槌球是要幹嘛？

外婆跟媽說，妳哥哥派特腿不好又那個樣子，八歲的時候已經在利默里克到處賣報紙了，妳的法蘭克個子大長得又醜，也該去幹活了。

他才九歲，還在上學啊。

上學。就是上學教會了他頂嘴，擺一張臭臉跟他老子的那種德性。他可以禮拜五起床，幫幫可憐的派特，那天的《利默里克讀者報》有一噸重。他可以跑上有錢人家長長的花園小路，幫派特省點力氣，還可以賺個幾便士。

他禮拜五晚上得到弟兄團啊。

什麼弟兄團。教理問答集裡面根本沒說過什麼弟兄團。

我在禮拜五晚上五點，到《利默里克讀者報》報社去跟派特舅舅會合。分發報紙的人說我的手臂那麼細，能拿得起兩張郵票就不錯了，可是派特舅舅每條胳膊下都夾了八份報紙。他跟我說，今天下這麼大的雨，像從天上倒水，要是你把報紙弄掉了，我會殺了你。他叫我走在歐康諾街上要貼著牆走，報紙才不會弄濕。看到訂戶，我得跑進去，爬上門外的台階，跑到門口，上樓梯，大喊送報，收取他們這個禮拜應該付的報費，下樓梯，把錢給他，再繼續下一站。訂戶會給他小費，他把小費都自己收著。

我們走上歐康諾街，出了伯勒納卡拉，走進南環路，轉進亨利街，再回到報社去拿更多報紙。派特舅舅戴棒球帽，穿了一件像牛仔的斗篷，以免報紙淋濕，可是他抱怨腳痛，我們爲了他可憐的腳就到酒館裡休息。帕·基廷姨丈也在裡面，全身烏漆抹黑在喝啤酒，看到派特舅舅就說，院長，你打算讓那個孩子站在那裡，一臉想喝檸檬汁想得要命的樣子嗎？

派特舅舅說，啥？帕·基廷姨丈不耐煩了起來。基督，他拖著你的報紙滿城走，你卻連——喔，算了。提米，給那個孩子一杯檸檬汁。法蘭基，你家裡沒雨衣嗎？

沒有，帕姨丈。

這種天氣你怎麼能跑出來呢？全身都濕透了。誰叫你幹這個的？

外婆說我需要幫忙派特舅舅，因爲他的腿不好。

想也知道，那個老賤貨，喂，可千萬不能說是我說的喔。

派特舅舅艱難地下了椅子，把報紙收攏起來。走了，天快黑了。

他一瘸一瘸地沿著街道走，一面喊安娜萊斯維茨萊，聽起來一點也不像《利默里克讀者報》，可是沒關係，人人都知道這是腦袋摔過的席安院長。來，院長，給我們一份，你的腿還好嗎？不用找錢了，留著買菸吧，天氣這麼壞的晚上還得跑出來賣報紙。

謝謝，院長也就是我的舅舅說，謝謝，謝謝，謝謝。雖然他的一條腿不好，要在街上追上他還眞是不容易。他說，你的胳肢窩裡還有幾份報紙？

一份，派特舅舅。

把那一份送去給提莫尼先生。他現在欠我兩個禮拜的報費了。去收錢跟小費。他給小費很大方，可不准跟你表哥蓋利一樣，把小費放進自己口袋裡。那個小王八蛋把小費塞進了自己口袋裡。

我用力叩門環敲門，裡面有隻狗大叫，叫聲好響，連門都在抖動。有個男人說，摩卡胥拉，少鬼吼鬼叫，小心我狠狠踹你一腳。狗叫聲停了，門打開來，有個男人站在那裡，白頭髮，厚眼鏡，白毛衣，手上有一根棍子。誰啊？你是誰啊？

報紙，提莫尼先生。

怎麼不是席安院長啊？

我是他的外甥，先生。

你是蓋利．席安嗎？

不是的，先生，我叫法蘭克．麥考特。

又一個外甥？他是外甥製造機嗎？他家後院是不是開了個外甥小工廠啊？這是兩個禮拜的報費，報紙給我，不然你自己留著也行。我留著幹嘛？我現在眼睛不行了，應該來讀報給我聽的密尼漢太太沒來。少了雪莉酒就沒腿了，她就是那樣。你叫什麼來著？

法蘭克，先生。

你識字嗎？

識字，先生。

你要不要賺點小錢？

要，先生。

明天過來。你叫法蘭西斯是吧？

法蘭克，先生。

你的名字是法蘭西斯，沒聽說過有聖人叫聖法蘭克的，那是黑道跟政客的名字。明天十一點過來，讀報給我聽。

好的，先生。

你確定你識字嗎？

確定，先生。

你可以叫我提莫尼先生。

好，提莫尼先生。

派特舅舅在大門外嘀咕，一面揉腿。我的錢呢？你不應該跟客戶聊天，我站在這裡腿都快被雨淋壞了。他為了那條被淋壞的腿，只好又進了「直拳十字」酒館喝杯啤酒。喝完以後他說走不動了，我們就搭了公車。車掌說車資，拜託，車資，可是派特舅舅說，滾一邊去，少煩我，沒看見我的腿不好嗎？

喔，算了，院長，算了。

公車停在歐康諾紀念雕像，派特舅舅進了雕像炸魚薯條店，那個味道香得害我的胃餓得打鼓。他買了一先令的炸魚薯條，我的口水直流，可是我們到了外婆家門口，他只給了我三便士，叫我下禮拜五再來找他，回家去找我媽吧。

那隻狗摩卡胥拉躺在提莫尼先生的家門口，我打開小小的花園門，走上小徑，她就衝了過來，把我撞到地上，在我的臉可能會被她吃掉之前，幸好提莫尼先生出來了，用棍子打她，大聲罵走開，畜生，走開，妳這隻吃人的大怪物。不是吃過早飯了嗎，混蛋？你沒事吧，法蘭西斯？進來。那隻狗是條印度狗，我是在邦加羅爾的街上發現她母親的。你要是想養狗啊，法蘭西斯，一定得選隻佛教徒，脾氣好，佛教徒的狗。絕對絕對不要養伊斯蘭教的，牠們會趁你睡覺的時候吃了你。也絕不要養天主教的，牠們每天都會吃了你，連禮拜五都不放過。坐下來，讀報給我聽。

《利默里克讀者報》嗎，提莫尼先生？

不是，不是那個爛《利默里克讀者報》，那個連給我擦屁股都不配。那邊桌上有一本書，《格列佛遊記》，不過我不是要你讀那本書，找後面那裡有篇〈一個小小建議〉。念那篇給我聽。文章一開頭是，觸景悲涼啊，走過……找到了嗎？那篇文章我都能默背了，可是我還是想叫你讀給我聽。

我念了兩、三頁之後他叫停。你念得不錯。你覺得怎麼樣，法蘭西斯，一個一歲大的健康孩子是一種最可口、最營養、最有益的食物，無論是紅燒、燒烤、烘烤、清煮，怎麼弄都行？摩卡胥拉一定很願意吃個豐潤的愛爾蘭嬰兒當晚飯，是不是，妳這個老畜生？

他給了我六便士，叫我下個禮拜六再來。

我幫提莫尼先生念書賺了六便士，媽樂壞了。他是想要你念什麼，《利默里克讀者報》嗎？我跟她說我得讀《格列佛遊記》後面的〈一個小小建議〉，她說，沒關係，那是本童書。還以為他想要你念什麼怪東西呢，他從軍在印度曬了太多年太陽，腦袋有點曬壞了，聽說他還娶了一個印度女人，有一次動亂裡不巧被軍人射殺了。發生了那種事也難怪會去看童書。她認識這個密尼漢太太，她就住在提莫尼先生隔壁，以前幫他打掃房子，後來受不了他嘲笑天主教會，說一個人的罪惡不過是另一個人的淘氣。密尼漢太太不介意在禮拜六早晨少喝一杯雪莉酒，可是後來他想勸她改信佛教，提莫尼先生說他自己就是佛教徒，還說愛爾蘭人如果能坐在樹下，看著十誡跟七宗罪順著善農河流到海裡，那愛爾蘭人的日子可能還會比較好過一點。

下一個禮拜五，弟兄團的狄克倫·卡勒在街上看到我跟著派特·席安送報。喂，法蘭基·麥考特，你怎麼會跟著席安院長？

他是我舅舅。

你應該要來弟兄團的。

我在工作，狄克倫。

你不應該工作，你根本還不到十歲，而且你把我們這一區的完美出席率毀了。要是下個禮拜五你還不來，我會狠狠揍你的肚子一拳，聽見了沒有？

派特舅舅說，走開、走開，不然我就從你身上踩過去了。

啊，閉嘴啦，摔過腦子的笨蛋先生。他推了派特舅舅的肩膀一把，害他倒退撞到牆。我丟下報紙衝了過去，可是他閃開了，打了我的頸背一拳，害我的額頭重重撞上牆壁，我氣瘋了，連看也看不清楚了。我衝過去亂打亂踢，要是我能用牙齒咬掉他的臉，我一定會，可是他的長手臂好像大猩猩，一直把我推開，我連碰都碰不到他。他說，你這個白痴發神經了。我會在弟兄團毀了你。然後他就跑掉了。

派特舅舅說，你不該那樣子打架，而且你把我的報紙丟地上了，有的弄濕了，我要怎麼賣濕報紙？氣得我也想要跳過去揍他，我爲了他反抗狄克倫．卡勒，他卻只會嘮叨他的報紙。

那晚結束的時候，他從袋子裡拿了三根薯條給我，還給了我六便士，而不是三便士。他埋怨說給的錢太多，都怪我媽媽跑去跟外婆抱怨錢太少。

媽樂死了，每個禮拜五我從派特舅舅那兒賺六便士，每個禮拜六又從提莫尼先生那裡賺六便士。一週一先令對我們家幫助可大著，她給了我兩便士，讓我念完書以後去黎蕊克看「末路男孩」[22]的電影。

隔天早晨提莫尼先生說，等我們讀到《格列佛遊記》你就知道了，法蘭西斯。你會知道喬納森．斯威夫特是最偉大的愛爾蘭作家，不，是最偉大的世界文人。是巨人，法蘭西斯。提莫尼先生聽〈一個小小建議〉從頭笑到尾，眞讓人覺得奇怪，因爲裡面講的都是怎麼煮愛爾蘭嬰兒，那有什麼好笑的？他說，等你長大了也會笑，法蘭西斯。

不能跟大人頂嘴，可是提莫尼先生不一樣，他不介意我說，提莫尼先生，大人老是跟我們說喔，等

22 一九三五年百老匯舞台劇〈末路〉（Dead End）起用的一群紐約年輕男演員，後來大受歡迎，又以不同的團名拍過許多電影。

你長大了也會笑。等你長大了就會懂。等你長大了就知道了。

他捧腹大笑，我覺得他大概要崩潰了。喔，聖母啊，法蘭西斯，你眞是活寶。你是怎麼了？屁股被蜜蜂螫了？告訴我是怎麼回事。

沒有啊，提莫尼先生。

你的臉怎麼拉得那麼長啊，法蘭西斯？眞希望我能看得見。去牆邊照鏡子去，白雪公主，再告訴我你是不是拉長著一張臉。算了，告訴我是怎麼了。

狄克倫．卡勒昨天晚上找我麻煩，我跟他打了一架。

他叫我把弟兄團跟狄克倫，還有我舅舅，摔過腦袋的派特．席安的事都講一遍，然後他說他認識我姨丈帕．基廷，他在戰爭時中過毒氣，在瓦斯廠工作。他說，帕．基廷是難得一見的男子漢。我跟你說我會怎麼做，法蘭西斯。我會去跟帕．基廷說，然後我們就到弟兄團去找那些宗教僞君子。我本人是佛教徒，不贊成打架，可是我不是不會打架。不准他們干涉我的小讀書人，哼，基督，絕不行。

提莫尼先生是老人家，可是他說話像朋友，我也能有話就說。爸絕不會像提莫尼先生那樣跟我說話。他會說，噢噯，然後就去散步。

派特．席安舅舅跟外婆說，他不要我幫忙賣報紙了，他可以找個便宜一點的男生，而且他覺得我應該要把禮拜六早上賺的六便士分他一點，因爲如果不是他，我也找不到讀報這種工作。

提莫尼先生隔壁的一個女人跟我說，我敲門是在浪費時間，摩卡胥拉咬過郵差和送牛奶的，而且在咬了送牛奶的人的同一天，還咬了一位路過的修女。提莫尼先生笑個不停，可是狗被帶走撲殺的時候，他卻哭了。你愛咬多少郵差和送牛奶的都沒人管，可是路過的修女被咬了，這件事就會驚動主教，他就會採取行動，尤其狗主人如果是佛教徒，又危及了他四周善良天主教徒的話。提莫尼先生聽到的就是這一套，他又哭又笑，最後連醫生都來了，說他沒得醫了，就把他送進了城市之家，那裡專門收容無依無靠或是發瘋的老人。

我的禮拜六進帳就此結束，不過無論有沒有錢，我都願意為提莫尼先生念書。我在街上等，等到隔壁的女人進屋去了，我就爬進提莫尼先生家的窗戶，拿了《格列佛遊記》，走了幾哩路到城市之家去，讓他不要缺了讀物。門口的人說，什麼？你想進來讀書給一個老頭聽？你是在開玩笑嗎？滾出去，不然我就叫守衛來了。

我能不能把書留下，讓別人念書給提莫尼先生聽？

留下、留下，不要再煩我了。我會把書拿上去給他。

說完他哈哈笑。

媽說，你是怎麼回事？在不高興什麼？我跟她說派特舅舅不要我了，說他們把提莫尼先生關進了城市之家，因為摩卡胥拉咬了郵差、送牛奶的跟一個路過的修女，而他哈哈笑。媽也笑了，我相信這個世界是瘋了。然後她說，啊，真遺憾，真可惜你掉了兩份工作。那你乾脆再回弟兄團好了，省得武裝隊跑上門來，最恐怖的還是那個哥利神父。

狄克倫叫我坐在他前面，要是我敢作怪，他會扭斷我的脖子，因為只要他是區隊長，他就會盯著我，絕不會讓我這樣的屁孩毀了他賣地板布的人生。

媽說她爬不動樓梯了，就把床搬到廚房。她笑著說，等到牆壁又濕了，雨水從門縫流進來，那時我再搬回到蘇漣多去。學校現在放假，她可以躺在廚房床鋪上，愛躺多久就躺多久，因爲她不必爲我們起床。爸生火、泡茶、切麵包，確定我們都洗了臉，然後叫我們出去玩。他讓我們賴床，不過誰也不會想在學校放假的時候賴床。我們一清醒就想要跑出去到巷子裡玩。

後來七月有一天，他說我們不能下樓，必須留在樓上玩。

爲什麼，爸？

不要問爲什麼，就跟馬拉基和邁可在這裡玩，等晚一點我叫你們了，你們再下來。

他站在門口，怕我們會以爲可以偷溜到樓下去。我們用腳把毯子踹到天上，假裝住在帳篷裡，是羅賓漢跟他那幫綠林好漢。我們獵跳蚤，用拇指指甲壓扁。

後來有嬰兒的哭聲。馬拉基說，爸，媽是不是生寶寶了？

噢噯，兒子。

我年紀比較大，所以我跟馬拉基說床鋪在廚房裡，天使就可以飛下去，把寶寶放在第七階上，可是馬拉基聽不懂，因爲他還不滿九歲，而我下個月就十歲了。

媽跟新生兒躺在床上。他有一張胖胖的大臉，全身紅通通的。廚房裡有個穿護士服的女人，我們知道她是給新生兒洗澡的，因爲新生兒跟著天使走過漫長的旅程，總是髒兮兮的。我們想給寶寶搔癢，可是她說，不行不行，你們可以看，可是不能摸。

不能摸。護士都這麼說。

我們坐在餐桌喝茶吃麵包，看著我們的新弟弟，他不肯睜開眼睛看我們，所以我們就出去玩了。

幾天之後媽下了床，寶寶抱在大腿上，坐在爐火邊。他睜開了眼睛，我們給他搔癢，他發出咕嚕嚕的聲音，肚子一直抖，我們也哈哈大笑。爸給他搔癢，唱一首蘇格蘭歌曲：

喔，住手，好癢啊，賈克，
好癢啊，賈克，
好癢啊，
好癢，好癢，好癢，
住手，好癢啊，賈克。

爸有了工作，布莉笛．漢能就能隨時來看媽和寶寶。這一次媽總算沒有叫我們出去玩，讓她們說悄悄話。她們坐在爐子邊抽菸，聊著取名的事。媽說她喜歡凱文和祥恩，可是布莉笛說，啊，不行，在利默里克這是菜市場名。耶穌，安琪拉，要是妳把頭伸到窗戶外面，大叫凱文或是祥恩進來喝茶，利默里克會有一半人口跑進妳家。

布莉笛說，如果天主將來願意給她兒子，她要叫他羅納，因為她迷死了在影城戲院看的羅納．考爾門[23]。或是艾羅爾，喔，艾羅爾．弗林可是一個很可愛的名字呢。

媽說妳別發癲了，布莉笛。我可沒辦法把頭伸出去說艾羅爾、艾羅爾，回來喝茶。那個可憐的孩子一定會變成別人的笑柄。

23 羅納．考爾門（Ronald Colman, 1891–1958），英國演員，曾獲一九四七年奧斯卡獎影帝。

羅納，布莉笛說，羅納他好帥喔。

不要，媽說，得是愛爾蘭名字才行。我們這些年不就是爲了這個而戰嗎？要是我們把孩子取個羅納這種名字，那我們跟英國人打了幾百年到底是在打什麼意思？

耶穌喔，安琪拉，妳說話都快跟他一樣了，愛爾蘭這個，英國那個的。

說是這麼說，布莉笛，他可沒說錯。

突然間，布莉笛驚聲呼叫。耶穌，安琪拉，小孩不對勁了。

媽跳下椅子，抱著寶寶不斷呻吟。喔，耶穌，布莉笛，他嗆住了。

布莉笛說，我去找我媽來。不到一分鐘她就帶著漢能太太來了。蓖麻油，漢能太太說。有沒有？什麼油都好。魚肝油？可以。

她把油倒進寶寶口裡，把他翻過來壓背，再把他翻過來，用一支湯匙伸進他的喉嚨裡，挖出了一顆小白球。好了，她說。是牛奶。會在他們的小喉嚨裡結塊變硬，所以要用油來讓它變軟。

媽在哭，耶穌，我差點就失去他了。喔，他死了我也活不成了。

她緊緊摟著寶寶，一面哭一面感謝漢能太太。

嗐，不用客氣，太太。抱著孩子到床上躺下吧，你們兩個都受驚嚇了。

布莉笛跟漢能太太扶著媽媽上床，我注意到她坐的椅子上有血。我的媽媽會流血而死嗎？可以說，嘿，媽的椅子上有血嗎？不行，不能說，因爲他們總是有祕密。我知道如果你說了什麼，大人就會說得了，你老是瞪著眼睛東看西看的，不關你的事，出去玩去。

我得放在心裡，不然我可以跟天使說。漢能太太跟布莉笛離開以後，我坐在第七階上，我想跟天使說，媽會流血而死。我想要他告訴我，別怕，可是第七階又冷又暗，沒有光也沒有聲音。我確定天使不會再來了，我忍不住懷疑是不是因爲我快滿十歲了。

媽並沒有流血至死，她隔天就下床了，準備讓寶寶受洗。她跟布莉笛說，如果寶寶死了下了冥界，那地方收容沒有受洗的嬰兒可能既溫暖又舒服，可還是永遠黑沉沉的一片，沒有逃脫的希望，連審判日都不例外，那她絕對不會原諒自己。

外婆來幫忙，她說，沒錯，沒受洗的嬰兒沒希望進天堂。

布莉笛說，會做這種事的天主一定是個很冷酷的天主。

祂不冷酷也不行，外婆說，不然的話就會有各式各樣的嬰兒吵著要進天堂，像新教徒那一些的，他們欺負了我們八百年，憑什麼讓他們進天堂？

欺負我們的又不是嬰兒，布莉笛說。他們太小了。

那是因爲他們還沒有機會，外婆說。他們從小就是那樣教的。

她們給寶寶穿上了利默里克蕾絲袍子，我們家的小孩全都穿這件衣服受洗。媽說我們可以全都到聖若瑟教堂去，我們好興奮，因爲之後會有檸檬汁和甜麵包可以吃。

馬拉基說，媽，寶寶叫什麼名字？

阿方索．約瑟夫。

這個名字從我的嘴巴裡跑出來。好驢喔，而且根本不是愛爾蘭名字。

外婆用那雙紅紅的老眼狠狠瞪著我。她說，這傢伙需要好好踹上一腳。媽打了我一耳光，害我飛到廚房的另一邊。我的心臟怦怦跳，我好想哭，可是我不能哭，因爲爸爸不在這裡，我是家裡的男人。你跟你的大嘴巴都上樓去，待在房間裡不准動。

我停在第七階，可是那裡仍然冷冰冰，沒有光，沒有聲音。

屋子很安靜，人人都去教堂了。我坐下來，在樓梯上等，把腿和胳膊上的跳蚤打掉，暗自希望爸爸在家，也想著我的小弟弟跟他的外國名字。阿方索，什麼怪名字嘛。

沒多久，樓下有了講話聲，有人提到茶、雪莉酒、甜麵包、檸檬汁，還有這個孩子不是全世界最可愛的小傢伙嗎，阿方，雖然是個外國名字，可是啊，從頭到尾他都沒有哼一聲，眞是好脾氣，天主祝福他，他一定可以長命百歲。喔，小傢伙簡直就是他媽媽他爸爸他外婆他死掉的小哥哥的翻版。

媽在樓梯口往上喊，法蘭克，下來吃檸檬汁和甜麵包。

我不要吃，妳自己吃吧。

我叫你馬上下來，你要是讓我親自爬上去，我會打得你屁股發燒，你就會懊悔今天不該鬧彆扭。

懊悔？什麼是懊悔？

不要管什麼是懊悔。馬上下來。

她的聲音很尖銳，而且懊悔聽起來也滿危險的。好吧，我會下去。

進了廚房外婆就說，看他那張臭臉。你還以爲他會爲他的小弟弟高興呢，不過快滿十歲的男孩子本來就是討厭鬼，我再清楚不過了，我不是生養了兩個嗎。

檸檬汁和甜麵包很可口，而新寶寶阿方咕嚕咕嚕唱著歌，太享受他的受洗日了，天眞得不知道他的名字是一種不幸。

北愛的奶奶匯了五鎊來給阿方寶寶。媽想拿去兌現，可是她沒辦法下床太久。爸說他去郵局兌現，媽就叫我跟馬拉基一起去。爸兌現了匯票，跟我們說，好了，孩子們，回家跟你們的媽媽說，我一會兒就回去。

馬拉基說，爸，你不能去酒館。媽說你要把錢帶回家。你不能去喝酒。

唉呀，兒子，回家去。

爸，把錢給我們。那是給寶寶的錢。

唉呀，法蘭西斯，別這麼不聽話。聽爸爸的話。

他走開了，進了邵斯酒館。

媽坐在爐火邊，抱著阿方。她搖頭。他到酒館去了是不是？

對。

我要伊們到酒館去，把他念出來。我要伊們站在酒館中央，告訴每一個人你父親把給寶寶的錢喝掉了。伊們要告訴全世界家裡連一點麵包屑都沒有了，也連一塊生火的煤炭都沒有了，寶寶的奶瓶裡也一滴牛奶都沒有了。

我們走過街道，馬拉基用最大的肺活量練習他要說的話。爸、爸，那個五鎊是給新寶寶的。不是用來喝酒的。寶寶在床上大哭大鬧，吵著要喝奶，你卻在這裡喝啤酒。

爸不在邵斯酒館裡。馬拉基仍然想要站著發表演說，可是我跟他說，我們得趕快去別家酒館找，以免爸把五鎊全部喝掉。我們在別家酒館也找不到他。他知道媽會來找他，或是叫我們來找，利默里克這一區和這一區之外的酒館多不勝數，足夠讓我們找上一個月。我們只好跟媽說，到處都找不著爸，她就罵我們一點用處也沒有。喔，耶穌，眞恨我沒力氣，不然我就會翻遍利默里克每一家酒館。我會把他的嘴活活撕下來。去，再回去，把火車站附近的酒館都找一遍，試試諾頓炸魚薯條店。

我得自己去，因爲馬拉基拉肚子，沒辦法離尿桶太遠。我找遍了帕諾街和附近每一家酒館。我找了女人專用的小房間，還跑進了每一間男廁。我好餓，可是找不到爸爸我也不敢回家。他不在諾頓炸魚薯條店，可是角落有個男的喝醉了在睡覺，他的炸魚薯條掉在地板上，仍包著《利默里克讀者報》，要是我不撿也會被貓吃掉，所以我就把那包炸魚薯條塞進了我的衛生衣底下，出了門，上街去，坐在火車站的台階上吃炸魚薯條，看著酒醉的阿兵哥摟著吃吃笑的女孩走過，我在心裡感謝那個酒鬼讓炸魚薯條浸飽了醋，還撒了一堆鹽，突然我想到如果我今天晚上死了，我會帶著偷竊的罪惡而死，我會滿肚子炸魚薯條直接下地獄，不過今天是禮拜六，要是神父還在告解室裡，我可以在吃飽以後去滌淨我的靈魂。

道明會就在格蘭沃斯街上。

求神父降福，我的孩子，我犯了罪。從上次告解至現在已有兩個禮拜。我把一般的罪都說了，然後說我偷了一個喝醉的人的炸魚薯條。

爲什麼呢，我的孩子？

我餓了，神父。

你爲什麼會餓呢？

我的肚子裡空空的，神父。

他什麼也沒說，即使漆黑一片我也知道他在搖頭。親愛的孩子，你爲什麼不能回家去請母親幫你弄點吃的呢？

因爲她叫我出來到酒館去找我爸爸。神父，我找不到他，家裡連一點麵包屑都沒有了，因爲我爸爸把北愛的奶奶寄來給新寶寶的五鎊拿去喝酒了，我媽坐在爐子邊氣瘋了，因爲我找不到我爸爸。

我才剛覺得奇怪，這個神父是不是睡著了，因爲他一點聲音也沒有，就聽見他說我的孩子，我坐在這裡，我聽見了窮人的罪惡。我分派了懺悔。我給予了赦免。我應該跪下來洗他們的腳。你聽懂了嗎，我的孩子？

我跟他說懂，其實不懂。

回家去，孩子。爲我禱告。

沒有懲罰嗎，神父？

沒有，我的孩子。

我偷了炸魚薯條耶，我被天譴了。

你得到原諒了。回去吧，爲我禱告。

他用拉丁語祝福我，跟他自己說英語，害我很奇怪我是把他怎樣了。

我眞希望能找到爸爸，那我就可以跟媽說，他在這裡，而且他口袋裡還有三鎊。我現在不餓了，所以我就到歐康諾街的一邊去找，然後再繞回來找另一邊，也找了小巷道裡的酒館，最後在葛里森酒館找到了他，他又在唱歌，我想認錯人都不可能。

如果最大的意外從某人眼中照著我，
要擔憂也是我一個人的擔憂。

〈安特里姆的翠綠峽谷〉的旋律揚起，
我有何感覺是我的私事。

我的心臟用力撞擊胸膛，我不知道該怎麼辦，因爲我知道我心裡就像坐在爐子邊的媽媽一樣冒火，滿腦子只想著跑進去，對著他的腿狠狠踢上一腳，踢完再跑出來。可是我沒有，因爲我們曾有過早晨在爐火邊的時光，他跟我說庫胡林和戴．瓦勒拉和羅斯福，那麼就算他在這裡拿著寶寶的錢喝啤酒，而他的眼裡也有尤金尋找奧利佛時的眼神；那我乾脆回家跟媽媽說謊算了，就說我沒看到他，找不到他。

媽帶著寶寶躺在床上。馬拉基跟邁可在樓上的義大利睡覺。我知道我不必跟媽媽說什麼，等酒館打烊他就會唱著歌回家來，用一便士哄我們爲愛爾蘭而死，而且這次會不一樣，因爲一個男人把補助金或工資拿去買醉就夠糟了，如果他把送給新生兒的錢也拿去買酒，那，照我母親的說法，他已經比過分還要超過了。

8

我十歲了，可以領堅振了，在學校裡預備工作由歐戴老師負責。我們必須把聖化聖寵搞得清清楚楚，了解這是無價的珍珠，是耶穌用祂的死亡送給我們的。歐戴老師的眼珠子滾來滾去，跟我們說領了堅振，我們就是耶穌神性的一部分。我們就有了聖神七恩：上智、明達、超見、剛毅、聰敏、孝愛、敬畏。神父和老師們都跟我們說，領堅振就表示你是教會眞正的戰士，也就有資格在新教徒或穆罕默德的信徒或是任何一種異教徒侵略我們的時候，成爲一名殉道的烈士。又是死。我想跟他們說，我不能爲信仰而死，因爲我已經上了爲愛爾蘭而死的名單了。

米奇．莫洛伊說，你是在開玩笑嗎？那些叫你爲信仰而死的東西都是唬人的，是他們亂編出來嚇你的啦。爲愛爾蘭而死也一樣。現在沒有人會爲什麼而死了啦。該死的都死完了。我就不會爲愛爾蘭或是爲信仰而死。我可能會爲我母親而死，就這樣。

米奇什麼都知道。他快十四歲了。他有羊癲瘋。他有見識。

大人跟我們說，爲信仰而死是一種榮耀，只不過現在還輪不到我們，因爲堅振日就像開聖體禮日，你到巷子和後街去轉一轉，笑納蛋糕、糖果和錢，對，討奉獻。

這時候彼得．杜利來了，我們都叫他加西莫多，因爲他跟鐘樓怪人一樣是駝背，不過我們都知道鐘樓怪人的眞名是查爾斯．洛赫東。

加西莫多有九個姊姊，聽說他媽媽根本不想要他，可是天使把他送過來了，而質疑天使送的寶寶可是一種罪惡。加西莫多很老，十五歲了。他的紅頭髮亂七八糟倒插在頭上，綠色眼珠子有一邊會轉來轉去，所以他老是在敲太陽穴，想讓眼珠歸位。他的右腿短又扭曲，走起路來像在跳什麼扭扭舞，而且誰也不知道他幾時會跌倒，只能等他跌倒的時候嚇一跳。他咒罵自己的腿，咒罵世界，可是他用一種可愛的英國腔在罵，是他從英國國家廣播電台BBC學來的。他在出門以前，都會先把頭探出門來跟巷子說，我的頭出來了，再來是我的屁股。加西莫多十二歲的時候就決定好了，因爲他的鬼樣子以及世人看他的眼光，他最好是找一份聽得見聲音卻看不見人的工作，那麼還有比到倫敦的BBC念新聞稿更好的工作嗎？

可是沒錢不能到倫敦去，所以他才會在那個禮拜五，堅振禮的前一天，搖搖擺擺向我們走來。他有個點子要告訴我跟比利。他知道隔天我們就會拿到領堅振的錢，如果我們肯各付他一先令，他就會讓我們在今天晚上爬到他家後面的排水口上，從窗戶偷看他姊姊們的裸體，因爲今天晚上是她們每個禮拜的洗澡日。我立刻同意。比利說，我自己就有姊姊，幹嘛還要付錢看你的姊姊？

加西莫多說，看自己親姊姊的裸體是最可怕的罪惡，恐怕世界上沒有哪個神父會原諒你，你可能得去找主教，而大家都知道主教是非常恐怖的神職人員。

所以比利也同意了。

禮拜五晚上，我們爬上了加西莫多家的後院圍牆。這天晚上很舒服，六月的月亮高掛在利默里克天空，你能感覺善農河吹來溫暖的微風。加西莫多正要讓比利也爬到排水口上，沒想到有人也翻過了牆頭，原來是米奇．莫洛伊，他壓低聲音跟加西莫多說，拿去，一先令，讓我爬到排水口上面。米奇十四歲了，因爲幫人送煤炭，比我們長得都要高大。他跟帕．基廷姨丈一樣，因爲送煤全身黑漆漆，除了他的眼白和下唇的白色泡沫外，你什麼也看不見，可是下唇的泡沫就表示他隨時可能會發作。

加西莫多說，等一下，米奇，他們先來的。等個屁啦，米奇說，說完他就爬上了排水口。比利發牢騷，可是加西莫多只是搖頭說，我也沒辦法。他每個禮拜都帶著一先令來，我得讓他上去，不然他會打我，還會跟我媽告狀，我媽就會把我關在煤坑裡一整天陪老鼠。米奇爬上了排水口，一隻手抓著排水口，一隻手插進口袋裡動來動去，等排水口也開始動，吱吱吱響，加西莫多就壓低聲音說，莫洛伊，在上面不可以打手槍。他在院子裡跳來跳去，嘰哩咕嚕，BBC的口音不見了，又變成純利默里克人了。基督喔，莫洛伊，馬上給我下來，不然我就告訴我媽。米奇的手在口袋裡動得更快，快到排水口忽然劇烈震動了一下，就鬆脫了。米奇跌在地上發出慘叫，我死了，我完了。喔，上帝。你都能看到他嘴唇邊都是泡沫，而且他咬到了舌頭，還有鮮血流出來。

加西莫多的母親尖叫著衝出門，到底是怎麼回事！廚房燈照亮了後院。他的幾個姊姊從上面窗戶瞪著下面。比利想逃走，可是被加西莫多的媽媽從牆上拖下來。她叫他跑到轉角的藥劑師歐康納那裡，打電話叫救護車來，或是叫醫生來。她對我們吼，叫我們進廚房。她把加西莫多踢進門，他四腳著地，被拖到樓梯底下的煤坑裡，關了進去。待在裡面，給我好好反省。

他在哭，用純粹的利默里克腔喊她。媽媽、媽媽，放我出去啦，這裡面有老鼠。我只是想去BBC啊，媽媽。噢，耶穌，媽媽，耶穌。我不會再讓別人爬上去了啦。我會從倫敦寄錢來，媽媽。媽媽！

米奇仍仰天躺著，在院子裡滿地打滾，抽搐個不停。救護車把他送到醫院，他的一邊肩膀斷了，舌頭也咬碎了好幾處。

我們的母親沒多久就到齊了。杜利太太說，我眞是丟臉，喔，丟臉丟到家了。我的女兒們在禮拜五晚上洗澡，全世界的人卻在窗戶瞪著眼睛看。這些男孩子都在罪惡狀態，在明天的堅振禮以前，都得帶到神父那兒去告解。

可是媽說，我不知道別人要怎樣，可是我爲了法蘭克的堅振禮衣服攢了一整年的錢，我可不要去找神父，讓他跟我說我兒子不適合領堅振，那我就又得等上一年，到時衣服就穿不下了，而這麼折騰只不過是因爲他爬上了排水口，只爲了看一眼蒙娜．杜利沒有幾兩肉的屁股。

她揪著我的耳朵把我拖回家，罰我跪在主教照片前面。發誓，她說，跟主教發誓你沒看到蒙娜．杜利的身體。

我發誓。

如果你說謊，明天的堅振禮就不是在恩寵的狀態，那可是最不可原諒的褻瀆罪。

我發誓。

只有主教本人才能寬恕這種褻瀆罪。

我發誓。

好了。上床睡覺，從今天開始，你給我離那個倒楣鬼加西莫多．杜利遠遠的。

隔天我們都領了堅振。主教問了我一個教理問題，第四誡是什麼？我跟他說孝敬父母。他拍拍我的臉頰，這就讓我成了眞正教會的戰士。我在座位上跪下，心裡想著被關在樓梯底下煤坑裡的加西莫多，暗自琢磨，我是不是應該把一先令給他，讓他到BBC去？

可是我流起了鼻血，覺得頭暈眼花，馬上就把加西莫多拋到九霄雲外了。領堅振的男生女生跟他們的父母都在聖若瑟教堂外面，在明亮的陽光下彼此擁抱親吻，我不在乎。我的父親在上班，我不在乎。我的母親吻我，我不在乎。男生談著討奉獻，我不在乎。我的鼻血不肯停，媽很擔心我會把衣服毀了。她跑進教堂，看聖器管理人史蒂芬·凱利肯不肯借她一塊布，他給了她某種帆布，塞得我的鼻子都痛。她說，你想不想去討奉獻？我跟她說我不在乎。馬拉基說，要、要，法蘭基，他不高興是因為我答應要帶他去黎蕊克看電影，用糖果撐死自己。我只想躺下來。叫我躺在聖若瑟的台階上睡一輩子都可以。媽說，外婆做了頓豐盛的早餐，我一聽到食物就衝到人行道邊大吐特吐，全世界的人都在看我，我不在乎。媽說她最好還是帶我回家去，讓我上床躺下，我的朋友都驚訝地看著我，可以去討奉獻了，怎麼會有人想要上床睡覺？

媽幫我脫掉了堅振禮衣服，讓我上床。她弄濕一塊布，放在我的脖子底下，過了一會兒，鼻血不流了。她端茶上來，可是一看到茶，我又覺得噁心，只好吐在桶子裡。漢能太太從隔壁過來，我聽到她說孩子病得很重，應該看醫生。媽說今天禮拜六，免費施藥所沒開，而且要到哪裡去找醫生？爸從蘭克麵粉廠下班回家了，跟媽說我在經歷一個階段，轉大人的成長痛。外婆上來也說了一樣的話。她說男生從一號年，也就是九歲，到二號年，就是十歲，身體會改變，容易流鼻血。她說我反正身體裡的血太多，流個痛快對我不會有一丁點害處。

那一天過去了，我時睡時醒。馬拉基和邁可晚上上床睡覺，我聽到馬拉基說，法蘭基好燙。邁可說，他流血在我腿上了。媽把濕布放到我的鼻子上，在我的脖子上放了一支鑰匙，可是鼻血就是不停。到了禮拜天早晨，我的胸口和四周都是血。媽跟爸說我連屁股都出血了，爸說我可能是拉肚子，轉大人的時候是正常現象。

特洛伊醫生是我們的醫生，可是他去度假了，禮拜一來看我的那個身上有威士忌的味道，他幫我檢查，跟我媽說我感冒得很嚴重，叫我臥床休息。幾天過去了，我睡覺流血。媽泡了茶和牛肉茶，我不想喝。她甚至還拿了冰淇淋來，我也是一看就想吐。漢能太太又來了，說那個醫生根本不知道自己在胡說什麼，叫我媽去看看特洛伊醫生是不是回來了。

媽跟著特洛伊醫生進來。他摸我的額頭，翻開我的眼皮，把我翻過去看我的背，然後一把抱起我，衝向他的汽車。媽跟在後面跑，他跟她說我得了傷寒。媽哭喊，主啊主啊，難道要我失去整個家嗎？這種日子沒完嗎？她坐進了汽車，把我抱在大腿上，一路呻吟到城市之家的熱病醫院。

病床有清涼的白床單。護士穿著乾淨的白制服，芮塔修女也是一身白。亨佛利醫生和坎貝爾醫生穿白袍，脖子上掛著一堆東西，被他們拿來貼著我的胸膛。我睡了又睡，可是他們拿一罐罐鮮紅色的東西進來的時候我醒著，那些紅罐子吊在我床頭的高柱子上，他們把管子插進我的腳踝和右手背。芮塔修女說，我們在給你輸血，法蘭西斯。是沙斯菲爾軍營的士兵捐的血。

媽坐在病床邊，護士在說，妳知道嗎，太太，這次可眞是很特別，本來是不准有人進入熱病醫院的，怕可能會感染什麼病，可是他們爲妳破了例，因爲他的病太嚴重了。要是他這次能熬過來，就一定能康復。

我睡著了。等我醒來，媽走了，可是房間裡有動靜，是弟兄團的哥利神父，他在角落的桌子作彌撒。我又飄入了夢鄉，然後他們叫我醒來，把床單扯下來。哥利神父在用油幫我塗抹，用拉丁語祈禱。我知道這是臨終聖膏油禮，也就是說我快死了，可是我不在乎。他們又把我叫醒領受聖體。我不想要，我怕可能會想吐。我把祭餅放在舌頭上，睡著了，等我醒來，祭餅不見了。

房間很黑，坎貝爾醫生坐在我的床邊，把著我的手腕，一面看手錶。他長了一頭紅髮，戴眼鏡，跟我講話總是面帶微笑。他現在坐著，哼著歌看著窗外。他閉著眼睛稍微打呼。他歪歪斜斜坐在椅子上，還放屁，露出微笑，我知道我的病快要好了，因爲醫生不會在垂死的男孩面前放屁。

芮塔修女的白袍在窗戶照進來的陽光下好耀眼。她握著我的手腕，看著手錶，面帶笑容。喔，她說，我們醒了啊？啊，法蘭西斯，我覺得我們熬過難關了。我們的祈禱以及弟兄團那幾百個小男生的祈禱應驗了。你能想像得到嗎？幾百個男孩子爲你念玫瑰經，而且把他們的團契奉獻給天父。

我的腳踝和手背因爲那些輸血的管子而悸動，我不在乎有沒有男孩子幫我祈禱。我能聽到芮塔修女離開病房的袍子沙沙響，玫瑰念珠輕輕撞擊。我睡著了，醒來時黑漆漆的，爸坐在我的床邊，一手牽著我的手。

兒子，你醒了嗎？

我想說話，可是嘴巴好乾，什麼聲音也發不出來，我指著嘴。爸就拿了一杯水放到我的嘴唇上，水又甜又涼。他按了按我的手，說我是個偉大的老戰士，那還用說，我的身體裡面不是有戰士的血嗎？

我身上的管子都拔掉了，玻璃罐也不見了。

芮塔修女進來，跟爸說他得走了。我不想讓他走，因爲他一臉哀傷。就像我把葡萄乾給派帝．克拉赫西那天的派帝。如果他一臉哀傷，那就是天底下最壞的事情，所以我就哭了起來。唉呀，這是怎麼了？芮塔修女說。身體裡有那麼多戰士的血你還哭？明天有個大驚喜要給你喔，法蘭西斯。你絕對猜不到。嘻，我來告訴你好了，我們明天早上會給你一塊可口的麵包配茶吃。你說好不好？而且你父親一、兩天之後還會再來的，是不是啊，麥考特先生？

爸點頭，又握住了我的手。他看著我，一步步向後退，停住，又回來，在我的額頭上吻了一下，這是有史以來頭一次，我好開心，簡直就要飄浮起來了。

病房裡的另外兩張床是空的。護士說我是唯一的傷寒病人，而且我能夠熬過來眞是奇蹟。

我的隔壁房間也是空的，後來有天早晨有個女生說，唷呵，有沒有人啊？

我不確定她是在跟我說話，還是在跟房間裡的某人說話。

唷呵，得傷寒的男生，你醒著嗎？

醒著。

你好一點了嗎？

好一點了。

那，你怎麼還在這裡？

我不知道，我還是躺在床上。他們用針插我，給我藥。

你長什麼樣子？

我倒納悶了，這是哪門子問題？我不知道該怎麼回答。

唷呵，你還在嗎，傷寒男生？

在。

你叫什麼名字？

法蘭克。

嗯，不錯的名字。我叫派翠西亞・馬迪根。你幾歲了？

十歲。

喔。她的聲音很失望。

可是我八月就十一歲了，就下個月。

嗯，是比十歲好。我九月就十四歲了。你想不想知道我為什麼在熱病醫院裡？

想。

我得了白喉和別的病。

別的什麼病？

他們不知道。他們覺得我的病是外國病，因為我爸爸以前都在非洲。我差一點死掉。你要告訴我，你長什麼樣子嗎？

我的頭髮是黑色的。

幾百萬人也是。

我的眼睛是棕色帶一點點綠，叫做榛色。

幾萬人也是。

我的右手背和兩隻腳上有縫線，他們把戰士的血輸給我。

喔，真的嗎？

真的。

那你就會一直行軍敬禮了。

袍子的沙沙聲，念珠的玎玎聲，然後是芮塔修女的聲音。唉呀呀，這是怎麼了？不能隔著兩個房間說話，尤其還是一個男生跟一個女生。妳聽見了嗎，派翠西亞？

聽見了，修女。

你聽見了嗎，法蘭西斯？

聽見了，修女。

你們兩個可以爲了你們了不起的康復說謝謝。你們可以念玫瑰經。你們可以讀床邊的《聖心小信使》。不要讓我回來又逮到你們在說話喔。

她進來我的房間，對著我搖手指。尤其是你，法蘭西斯，有幾千個男孩在弟兄團爲你禱告。要感謝，法蘭西斯，要感謝。

她離開了，有一陣子很安靜。後來派翠西亞低聲說，要感謝，法蘭西斯，要感謝，念你的玫瑰經，法蘭西斯，害我笑得好大聲，有個護士跑進來看我是怎麼了。她是凱立郡人，非常嚴格，我很怕她。怎麼回事，法蘭西斯？笑？有什麼好笑的？你是不是在跟那個馬迪根女孩說話？我會跟芮塔修女報告。你不准笑，不然你的內部器官可能會受到嚴重的傷害。

她腳步沉重地走了，派翠西亞又用濃濃的凱立腔低聲說，不准笑，法蘭西斯，不然你的內部器官可能會受到嚴重的傷害。念你的玫瑰經，法蘭西斯，爲你的內部器官祈禱。

媽每週四都來看我。我也想看到爸爸，可是我度過了關鍵期，沒有危險了，只能有一名訪客。更何況，媽說，他回蘭克麵粉廠上班了，拜託天主讓這次能久一點，趁著現在打仗，英國人急需要麵粉。她帶了一條巧克力給我，證明了爸爸的確有工作。用補助金媽絕對買不起。爸傳紙條給我，他說我的弟弟們都在爲我禱告，說我應該要做個好孩子，聽醫生、護士、修女的話，還有我也別忘了要禱告。他很確定是聖猶達幫我度過難關的，因爲他是急難的主保聖人，而我確實是在急難中。

派翠西亞說她的床邊有兩本書，一本是她喜歡的詩集，另一本是英國史，問我要不要。她把書給了西莫斯，他是每天都來拖地板的人，然後他再拿給我。他說，我不應該把白喉病房的東西拿到傷寒病房裡，細菌滿天飛，躲在書裡面，要是你得了傷寒又感染了白喉，他們會知道，我就會弄丟飯碗，只能到街上去，手裡拿著白鐵杯唱愛國歌曲，這個我一定行，因爲寫愛爾蘭苦難的歌沒有一首我不知道，我還會唱一些威士忌的歡樂歌呢。

喔，對，他知道洛迪．麥考利。他現在就唱給我聽，可是他才剛唱了幾句，那個凱立護士就衝了進來。怎麼回事，西莫斯？唱歌？這個醫院有那麼多人，你最應該知道這條不准唱歌的規矩。我要向芮塔修女舉報你。

主啊，別這樣，護士。

好吧，西莫斯，這次就算了。你明知道唱歌可能會害這些病人復發的。

她離開後，西莫斯低聲說他會教我幾首歌，因爲一個人在傷寒病房的時候，唱歌最好打發時間了。他說派翠西亞是個好女孩，常常把她母親每兩個禮拜送一次的糖果連包裝一起都給他。他不拖地了，反而拉高嗓門跟隔壁的派翠西亞說，我在跟法蘭基說妳是個可愛的女孩子，派翠西亞。她就說，你是個可愛的男人，西莫斯。西莫斯微笑，因爲他是個四十歲的老男人，沒生過孩子，只有在熱病醫院這裡可以跟病童說說話。他說，來，書給你，法蘭基。英國人對我們那麼壞，結果你還是得讀他們的歷史，眞是太不幸了，這間醫院裡居然連一本愛爾蘭的歷史書都沒有。

書裡說的都是亞佛烈王和征服者威廉等等的國王女王，一直說到愛德華國王，他必須耐心等著母親維多利亞嚥氣才能當國王。書裡還有我第一次讀到的幾句莎士比亞。

我眞心相信，一旦強有力的環境相誘，
爾會是我的敵人。

這本書的作者說，這句話是亨利八世的太太凱薩琳跟樞機主教沃爾西說的，他想要害她被砍頭。我不知道那是什麼意思，我也不在乎，因爲那是莎士比亞，我在念的時候只覺得嘴巴裡有珠寶。要是我能有一整本的莎士比亞，那他們要我住院住一年也沒關係。

派翠西亞說，她不知道相誘或潛在的環境是什麼意思，她不喜歡莎士比亞，她有自己的詩集，她隔著牆念給我聽，那首詩寫的是一隻貓頭鷹跟一隻貓搭一艘綠船出海，船上裝了蜂蜜和錢。我覺得一點意思也沒有，就跟派翠西亞說了，她就生氣了，還說再也不會念詩給我聽了。她說我老是在背莎士比亞，那個才一點意思也沒有。西莫斯又停手不拖地了，跟我們說不應該爲了詩吵架，因爲等我們長大結婚了，要吵的東西可多了。派翠西亞說她很抱歉，我也說很抱歉，所以她就又念了一首詩的幾行給我聽，我得要背下來，才能在一大清早或深夜沒有修女或護士在的時候念給她聽。

風是漆黑的激流，在呼嘯的林間穿過，
月是一艘幽靈船，在靄靄的海上漂搖，
道路是一條月光緞帶，覆在紫色的荒野上，
而翦徑的強盜策馬而來，
得得得得。
翦徑的強盜策馬而來，來到了老客棧的門前。
他頭上的法國三角帽壓著額頭，下巴有簇集的蕾絲，
一件紫紅絨大衣，一條褐色鹿皮褲，
光整貼身，沒有皺紋，他的靴子高及大腿。
而他騎在馬上珠光閃耀，
他的手槍槍托晶瑩發亮，
他的長劍劍柄閃閃發光，在繁星如珠的天空下。

每天我都等不及要醫生護士快點離開，我才能跟派翠西亞多學一點，才能知道那個攔路打劫的強盜跟地主的紅唇女兒怎麼樣了。我喜歡這首詩，因爲很刺激，而且幾乎跟我那兩行莎士比亞一樣好。紅外套在追這個強盜，因爲他們知道他跟地主的女兒說，我會趁著月光來找妳，即使地獄會封鎖道路。

我也想要那樣，就著月光去找隔壁的派翠西亞，即使地獄會封鎖道路，也甩都不甩。她正預備要讀最後幾行，那個凱立護士突然進來對她吼叫，也對我吼叫，我說過不准隔著房間說話。白喉不准跟傷寒

講話，反過來也不行。我警告你們。然後她大聲喊，西莫斯，把這一個帶走。把男的帶走。芮塔修女說了，他只要再說一句話，就把他帶到樓上去。我們警告過你不要再胡言亂語，你偏不聽。把男的帶走，西莫斯，把他抱起來。

啊呀，護士，他不是什麼事也沒做嘛。不過是念幾句詩嘛。

把男的帶走，西莫斯，立刻把他抱起來。

他彎腰，跟我低聲說，眞是對不起，法蘭基。喏，你的英文歷史書。他把書偷藏進我的襯衫底下，把我從床上抱了起來。他悄悄說我輕得像根羽毛。我們經過派翠西亞的房間時，我想看她一眼，可是只看到枕頭上一個黑色頭顱。

芮塔修女在走廊上攔下我們，跟我說我太讓她失望了，說她本來以爲天主救了我，我會做個好孩子，弟兄團裡有幾百個男生爲我禱告，熱病醫院裡的修女護士那麼盡心地照顧我，他們還讓我父母親進來看我，那可是特別破例的，結果我就這樣子回報他們，躺在床上跟派翠西亞來來回回地背詩，明明知道傷寒和白喉病房是禁止說話的。她說我到樓上的大病房裡，會有許多時間反省我的罪，我應該要懇求天主原諒我背誦異教徒的英文詩，我明明可以禱告或是念一本聖人傳的，卻偏偏去讀什麼騎馬的小偷跟紅唇少女犯下的滔天大罪。她特地把那首詩讀了一遍，眞的，她建議我最好是向神父告解。

凱立護士跟著我們上樓，她喘個不停，扶著欄杆。她跟我說，最好不要以爲有個什麼不舒服或是突然哪裡痛，她就會一直跑上來看我。

病房裡有二十張床，全是白的、空的。護士叫西莫斯把我放在最遠靠牆的那張床，省得我跟每個經過門口的人說話，其實根本不可能，因爲這層樓連隻鬼都沒有。她跟西莫斯說，這裡在多年以前的大饑荒年代是發燒病房，只有天主知道有多少人死在這裡，他們送進來時已經太遲，除了在下葬前幫他們清洗之外，全都藥石罔效，而且據說深夜會傳出哭聲和呻吟聲。她說一想到英國人是怎樣欺凌我們的，誰都會心碎，就算馬鈴薯得了枯萎病不能怪英國人，但他們也沒有出什麼力來阻止。在這間病房死去的人沒有人可憐，沒有人同情，孩子們在這裡受苦垂死，而英國人照樣在豪宅裡大啖烤牛肉，狂飲美酒。小孩子的嘴巴都變成了綠色，因為他們想吃田裡的草，上帝祝福我們，不要讓將來又來一次大饑荒。

西莫斯說確實很可怕，他也不要摸黑走在這邊，以免那些綠嘴巴的鬼瞪著他看。護士測量我的體溫。稍微有點高，好了，好好睡一覺吧，派翠西亞．馬迪根那個話匣子現在在樓下，不會吵你了。唉，那個孩子連長白頭髮的機會都不會有。

她對著西莫斯搖頭，西莫斯也憂傷地搖頭。

護士和修女總覺得你聽不懂她們在說什麼。要是你快滿十一歲，就應該跟我摔過腦袋的派特舅舅一樣頭腦簡單。你不能問問題；護士在說派翠西亞．馬迪根的事，你不能露出你懂的樣子，雖然那個教了你一首可愛的詩、修女卻說是壞東西的女孩快死了，你也不能露出想為她哭的表情。

護士跟西莫斯說她得走了，而他得掃我的床下，病房裡也稍微拖一下。西莫斯跟我說她是個老混蛋，跑去跟芮塔修女告狀，抱怨兩個房間在互相念詩，他說念詩才不會生病，除非是生相思病，哈哈，簡直是說笑話，你們才多大？還不滿十一歲？他就沒聽過這種事，一個小傢伙只是背了幾句詩就被送到樓上來，他倒想去找《利默里克讀者報》報社，叫他們把整件事都刊登出來，只不過他得顧自己的飯碗，萬一讓芮塔修女發現了，他就會失業。不管怎麼說，法蘭基，你早晚會出院的，到時候你愛念多少詩就念多少詩，只是樓下的派翠西亞就難說了，唉，難說啊，天主祝福。

兩天後他就聽說了派翠西亞的事了，她應該使用便盆的，可是她下床上廁所，結果昏倒在裡面死掉了。西莫斯在拖地，臉頰上有淚，他說，死在廁所裡實在太不像話了，尤其是個可愛的女孩子。她跟我說她很抱歉叫你背詩，害你被遷到樓上去，法蘭基。她說都是她不好。

才不是呢，西莫斯。

我知道，我不也是這麼跟她說嘛。

派翠西亞走了，我也沒辦法知道那個強盜跟地主的女兒貝絲怎樣了。我問了西莫斯，可是他說他根本連一首詩也不會，更別提英文詩了。他以前倒是知道一首愛爾蘭詩，可那說的是仙女，裡面沒有強盜。不過他會到常去的那家酒館問一問，那裡常常有人在念什麼，有的話他會幫我帶來。我難道還不夠忙嗎，得讀我的英國歷史，挖掘出他們那些不忠不義的醜行。西莫斯是這麼說的，不忠不義的醜行。我不知道是什麼意思，他也不知道是什麼意思，可是只要是英國人做的，一定都很卑鄙下流。

他一週來拖三次地，護士每天早晨都會來幫我量體溫、測脈搏。醫生用掛在脖子上的東西聽我的胸口。他們都說，我們的小戰士今天如何啊？有個穿藍衣的女生每天都會送三餐來，從來不跟我說話。西莫斯說她的腦筋不正常，所以別跟她說話。

七月的白晝很長，而我害怕黑夜。病房裡只有兩盞日光燈，茶盤一收走，護士給了我藥吃以後就會關燈。護士叫我睡覺，可是我睡不著，因爲我在病房的十九張床上都看到有人，全都奄奄一息，嘴巴綠綠的，因爲他們吃草，而且都呻吟著要喝湯，清教徒的湯，隨便什麼湯；我只能用枕頭摀住臉，希望他們不會過來站在我的床邊，向我伸出手，嚎叫著要吃我媽媽上個禮拜拿來的巧克力。

不，不是她拿來的，她是請人拿過來的，因爲我不能有訪客。芮塔修女跟我說，進熱病醫院來探病是特權，而因爲我跟派翠西亞・馬迪根不守規矩，又念了那種詩，所以我再也沒有特權了。她說再幾個禮拜我就可以回家了，我現在唯一要做的，是專心讓自己的身體好起來，臥床了六週以後要學習怎麼走路，明天我就可以下床吃早餐。我不知道她爲什麼說我需要學習怎麼走路，我從小貝比的時候就會走路了；可是護士站在我的床邊，我卻跌到了地上，護士哈哈笑，看，你又成了小嬰兒了。

我練習走路，從這張床走到那張床，來來回回。我不想當小嬰兒。我不想在這間空盪盪的房間裡，沒有派翠西亞，沒有攔路的強盜，沒有紅唇的地主女兒。我不想要綠嘴巴的兒童鬼魂用只剩骨頭的手指著我，大吵大鬧要我的巧克力。

西莫斯說他去的酒館裡有個人知道那首強盜的詩，詩的結局很悲傷。我要不要聽他說？因爲他沒學過識字，還得把詩硬記在腦子裡。他站在病房中央，倚著拖把背誦了起來。

噠噠噠，在下霜的寂靜裡！噠噠噠，在迴盪的夜裡！
他越來越近，越來越近！她的臉如一道光！
她的眼睛一下子瞪大，吸入最後一口氣，
然後她的指頭在月光中移動，
她的毛瑟槍粉碎了月光，
在月光下粉碎了她的酥胸，警告了他——以她的死亡。

他聽到槍聲就逃走了，後來黎明了他才知道貝絲是怎麼死的，結果他就發狂了，回去復仇，卻被紅外套射殺了。

金黃的月下他的馬刺血紅；絲絨外套如酒紅，
當他們將他擊斃在道路上，
像一條狗倒在道路上，
而他躺在自己的血泊中，喉間有簇集的蕾絲。

西莫斯用衣袖擦臉，吸了吸鼻子。他說，把你遷到上面來一點道理也沒有，害你連那個強盜跟貝絲怎麼了都不知道。這故事實在很悲哀，我說給我老婆聽，她整個晚上哭個不停，一直哭到我們上床睡覺。她說那些紅外套根本沒理由把強盜殺掉，這世上有一半的麻煩是紅外套製造的，他們對愛爾蘭人一點同情心也沒有。要是你還想知道什麼詩，法蘭基，就跟我說，我去酒館幫你問，再背下來帶給你。

藍衣女生有一天突然說話了，你要不要看書？然後她就幫我拿來了《恩尼斯．布利斯先生的奇妙追尋》，作者是E．菲利普．歐本海姆。故事說的是一個英國人，他每天都百無聊賴，不知道該做什麼才好，雖然他那麼有錢，卻連錢都懶得數。他的男佣人幫他端上晨報、茶、蛋、吐司、橘子果醬。他說，拿走拿走，人生眞是空虛。他讀不下報紙，吃不下雞蛋，日漸憔悴。他的醫生跟他說，去倫敦東區跟窮人住，他就會學會要珍惜人生。他去了，而且愛上了一個貧窮卻誠實聰明的女孩子，兩人結婚了，搬進了他在富裕西區的房子，因爲過得舒服比較容易幫助窮人而不覺得無聊。

西莫斯喜歡讓我告訴他我在讀什麼。他說那個恩尼斯．布利斯的故事是捏造的，因爲腦筋正常的人不會爲了錢太多和吃不下雞蛋去看醫生，不過也很難說，英格蘭搞不好就有這樣的事情。在愛爾蘭就絕不會有這種事。要是在這裡你吃不下雞蛋，那你會被送到瘋人院，不然就會被報告給主教知道。

我等不及想回家跟馬拉基說這個吃不下雞蛋的人。馬拉基會笑到摔在地上，因爲絕不可能會有這樣的事情。他會說是我亂編的，不過等我跟他說這是英國人的故事，他就會懂了。

我不能跟穿藍衣的女生說這個故事很爛，因爲她可能會發脾氣。她說如果你的書看完了，我就幫你帶另一本來，因爲以前的病人留下了一整箱的書。她帶了一本《湯姆．布朗上學記》，很難懂，還有一堆P．G．伍德豪斯寫的書，裡面的尤克里治、柏帝．伍斯特、吉甫斯和所有的馬林納家人讓我笑個不停。柏帝．伍斯特很有錢，可是他每天早晨都把雞蛋吃掉，生怕吉甫斯會說什麼。我眞希望能跟藍衣女孩或任何人討論這些書，可是我又怕凱立護士或芮塔修女可能會發現，又把我遷到樓上有五十個空病床的房間，那裡會有一大群嘴巴綠綠的鬼魂，用棍子般的指頭指著我。晚上我躺在床上想著湯姆．布朗跟他在拉格比學校的冒險，以及在P．G．伍德豪斯書裡的每個人物。我可以夢到地主的紅唇女兒和強盜，護士和修女拿我一點辦法也沒有。知道世人沒有辦法干涉你腦子裡的東西，感覺眞好。

八月了，我滿十一歲了。我在醫院住了兩個月，忍不住納悶他們會不會放我出去過聖誕節。凱立護士跟我說，我應該要跪下來感謝天主我還活著之類的，不要亂埋怨。

我沒有埋怨，護士，我只是在想能不能回家過聖誕節。

她不肯回答。只跟我說要聽話，否則她就叫芮塔修女上來，到時我就會聽話了。

媽在我生日那天來醫院，送了兩塊巧克力和一張紙，紙上寫滿了巷子裡的人名，他們叫我快點痊癒回家，你是個勇敢的戰士，法蘭基。護士讓我透過窗戶跟媽媽說話，很困難，因爲窗子很高，我得站在西莫斯肩膀上。我跟媽說想回家，可是她說我還太虛弱了點，不過一定馬上就能出院。西莫斯說，十一歲可了不起了，因爲從現在開始，你隨時都會變成一個需要刮鬍子的男人，可以出去幹活喝啤酒了。

十四週過去了，芮塔修女跟我說我可以回家了，眞是好幸運喔，這天正好是聖方濟．亞西西的慶日。她說我是個非常乖的病人，除了讀那種詩和跟派翠西亞．馬迪根說話——願她安息——的小毛病之外，而且我還受邀回醫院來吃聖誕大餐。媽來接我，我的兩腿仍然虛弱，所以我們走了很久才走到聯合十字路的公車站。她說，慢慢來。反正都過了三個半月了，再多花一個鐘頭也沒什麼。

營盤山和羅登巷的人都站在門口，都說很高興看到我回來，說我是個勇敢的戰士，是我父母的驕傲。馬拉基和邁可在巷子裡朝我跑來，說，唉喲，你走路好慢喔。你不會跑了嗎？

那是晴朗的一天，我很開心，可是一看到爸坐在廚房裡，大腿上坐著阿方，我的心就有種空洞洞的感覺，因爲我知道他又失業了。一直以來我都以爲他有工作，媽說他有，我還以爲不會缺吃的，不會缺鞋子。他對我微笑，跟阿方說，噢，你的大哥哥從醫院回家來了。

媽把醫生說的話告訴了他，說我需要許多營養的食物和休息。醫生說牛肉可以讓我恢復體力。爸點頭。媽用小塊牛肉做了牛肉茶，馬拉基跟邁可看著我喝。他們說他們也想喝，可是媽說走開，伊們又沒得傷寒。她說醫生要我早一點上床。她想除掉跳蚤，可是天氣太熱，跳蚤繁殖的速度太快了。再說，她說，你身上只剩下骨頭和皮，跳蚤想吸血也吸不到了。

我躺在床上想著醫院，那裡的白床單每天換，而且連一隻跳蚤也沒有。還有廁所，你可以坐下來看書，等有人問你是不是死了再出來。還有浴室，你可以泡在熱水裡，愛泡多久就泡多久，還可以說：

我眞心相信，一旦強有力的環境相誘，
爾會是我的敵人。

念這兩句話幫我入睡。

早晨馬拉基跟邁可起床去上學，媽叫我躺著別動。馬拉基現在上五年級，老師是歐戴先生，他很喜歡跟每個人說，他在爲堅振禮念那本大本紅色教理問答，而且歐戴老師教他們什麼是恩寵狀態、歐幾里德，以及英國人折磨了愛爾蘭人長達八百年的事。

我不想再躺在床上。十月的天氣很好，我想坐在外面抬頭看巷子，看太陽斜照在我們家對面的牆上。米奇．莫洛伊把他爸爸從圖書館借來的P．G．伍德豪斯的書拿來給我，我跟尤克里治、柏帝．伍斯特和馬林納一家子度過了美好的時光。爸讓我讀他最愛的書，約翰．米契爾的《坐牢日記》，內容是一個偉大的愛爾蘭反叛者被英國人放逐到澳洲的范迪門斯地[24]。英國人跟約翰．米契爾說，他在范迪門斯地可以自由來去，只要他以紳士的身分發誓他不會逃走。他發了誓，後來有艘船來協助他逃亡，他就到英國地方長官的辦公室去說，我要逃走了，就跳上了馬，最後到了紐約。爸說他不介意我讀P．G．伍德豪斯寫的無聊英國書，只要我不忘記那些爲愛爾蘭盡義務並且奉獻生命的人。

我不能整天待在家裡，媽就在十一月把我帶回了里彌學校。新校長是歐哈樂倫老師，他說他很遺

24 即現在的塔斯馬尼亞省。

憾，我少上了兩個月的課，我得再重讀五年級。媽說我當然可以念六年級。她說，他畢竟只是少上了幾個禮拜。歐哈樂倫校長說他很抱歉，把孩子帶到隔壁的歐戴老師班上。

我們沿著走道走，我跟媽說我不想上五年級。馬拉基就在班上，我不想跟小一歲的弟弟同班。我去年領過堅振了。他沒有。我比較大。因爲傷寒的緣故，我的身材不再比較大，可是我的年紀比較大。

媽說，又死不了。

她不在乎，結果我就跟馬拉基同班，我知道他的朋友全都在那裡嘲笑我，因爲我降級了。歐戴老師要我坐在前排，叫我把那張鬧彆扭的臉拿掉，不然就嘗嘗他的白楊木的滋味。

後來奇蹟發生了，一切都是因爲聖方濟．亞西西，我最愛的聖人，以及天主本人。回學校的第一天我就在街上撿到一便士，我想跑到凱絲琳．歐康諾的店去買一大塊克里夫太妃糖，可是我沒辦法跑，因爲我的腿仍然太虛弱，有時候我還得扶著牆。我太想吃克里夫太妃糖了，可是我也太想不要念五年級。

我知道我必須去聖方濟．亞西西的雕像那裡。他是唯一會聽我說話的人，可是他在利默里克的另一頭，我走了一個鐘頭才走到，一路得坐在台階上，扶著牆壁。點一根蠟燭要一便士，我忍不住想是不是應該只點蠟燭，留下這一便士。不行，聖方濟會知道。他愛天上的鳥和溪裡的魚，可是他不是傻瓜。我點燃了蠟燭，跪在他的雕像前，懇求他不要讓我跟弟弟在同一個班裡，他現在可能已經在巷子裡大叫大嚷說他的哥哥被降級了。聖方濟沒吭聲，可是我知道他在聽，我知道他會讓我到六年級去。我那麼辛苦才走到他的雕像這裡，一路還得坐在台階上，扶著牆壁，他起碼可以做到這一點，不然我幹嘛不到聖若瑟教堂，向耶穌的小花或聖心耶穌本人點蠟燭。如果他在我最需要的時刻遺棄了我，那用他的名字來命名又有什麼好處？

我必須坐在教室裡，聽歐戴老師教去年就教過的教理問答和其他東西。我想舉手回答，可是他說不要吵，讓你弟弟來答。他給他們考數學，叫我坐在那裡幫他們批改。他用愛爾蘭語給他們聽寫，叫我批改他們寫的東西。然後他特別叫我寫作文，要我讀給全班聽，因爲我去年跟他都學過了。他跟全班說，法蘭克．麥考特會示範他去年在我的班上學作文學得有多好。他要寫一篇主題是「我們的主」的作文，對不對，麥考特？他會告訴我們，如果我們的主在利默里克長大會是什麼樣子，我們這裡有聖家弟兄團總團，也是愛爾蘭最虔誠的城鎮。我們知道如果我們的主在利默里克長大，祂就不會被釘上十字架，因爲利默里克的人都是善良的天主教徒，不會用那種刑罰。所以，麥考特，這篇作文是你的作業，回家寫好以後明天帶來。

爸說歐戴老師的想像力很豐富，可是我們的主在十字架上受的苦難還不夠嗎，還得把祂困在利默里克，忍受善農河的濕氣？他戴上了棒球帽出去散步，我得自己想我們的主，很懷疑明天我又要寫什麼。

隔天歐戴老師說，好了，麥考特，把你的作文念給全班聽。

我的作文名字是——

作文題目，麥考特，是作文題目。

我的作文題目是〈耶穌和天氣〉。

什麼？

耶穌和天氣。

好吧。念吧。

我的文章是這麼寫的：我不認爲我們的主耶穌會喜歡利默里克的天氣，因爲老是下雨，而且善農河總是害整個城市濕答答。我父親說善農河是一條殺人河，因爲它殺了我兩個弟弟。你看耶穌的圖片，祂總是穿著白衣在古老的以色列遊走，那裡從來不下雨，也不必怕有人咳嗽或是得肺癆之類的，而且那裡的人也不工作，他們就只是站在那裡吃嗎哪，揮拳頭，去看人被釘死在十字架上。

每次耶穌餓了，只需要走到路上去找一棵無花果樹或橘子樹，就可以吃個飽。如果想喝啤酒，只要對著一個大杯子揮揮手，杯子裡就會有啤酒。不然就去找抹大拉的馬利亞跟她的姊妹瑪莎，她們會給祂晚餐，什麼問題也不問，還會幫祂洗腳，然後用抹大拉的馬利亞的頭髮幫祂擦乾，瑪莎會負責洗碗，我覺得不公平。憑什麼要她洗碗，她的姊妹就可以坐在那裡跟我們的主聊天？耶穌決定要當猶太人，出生在溫暖的地方是件好事，因爲如果他生在利默里克，他就會得肺病，才出生一個月就會死掉，那就不會有天主教會，不會有領聖體或堅振禮，我們就不必學教理問答，寫題目是祂的作文了。結束。

歐戴老師不說話，怪怪地看了我一眼，我很擔心，因爲他如果這麼安靜，就表示有人要倒楣了。他說，麥考特，作文是誰寫的？

我寫的，老師。

是你父親寫的嗎？

不是的，老師。

過來這裡，麥考特。

我跟著他出了門，順著走廊到校長的房間去。歐戴老師把我的作文拿給校長看，歐哈樂倫校長也怪怪地看了我一眼。他說，麥考特，這篇作文是誰寫的？

我寫的，校長。

我被帶出了五年級教室，帶進了歐哈樂倫老師的六年級班，同學都是我認識的，派帝·克拉赫西、芬登·史萊特利、問不停桂格里。那天放學後我又得走到聖方濟·亞西西的雕像那裡去感謝他，雖然我的腿仍然很虛弱，我還是得坐在台階上，扶著牆走，我也在心裡琢磨我在作文裡寫的東西是好還是壞。

湯瑪斯·L·歐哈樂倫老師在同一間教室教三個年級，六年級、七年級、八年級。他的頭像羅斯福總統，而且他戴金邊眼鏡。他穿套裝，海軍藍或是灰色的，他的背心上有一條金錶鍊掛在肚子上。我們叫他跳跳倫，因爲他有一條腿很短，走路像在跳。他知道我們這樣叫他，他說，對，我是跳跳倫，我會跳到你們身上。他拿著一根長棍子當教鞭，要是你不注意聽或是回答得很笨，他就在你的手掌打三下，不然就是抽你的腿肚子。他要你什麼都背下來，無論是什麼，所以他是學校裡最嚴格的老師。他愛美國，要我們按照字母順序把美國的州全記下來。他把愛爾蘭語文法、愛爾蘭歷史和代數都做成表格，掛在畫架上，我們得像唱歌一樣背誦愛爾蘭語的主格受格、動詞變化、詞類變化，著名的名字和戰役，比例、比率、方程式。我們必須記住愛爾蘭史上所有重大的日期。他告訴我們什麼是重要的，又爲什麼重要。從來沒有老師跟我們說過爲什麼。要是你問爲什麼，你就會被敲頭。跳跳倫不會罵我們白痴，如果你問問題，他也不會發脾氣。只有他這個老師會停下來說，聽得懂我在說什麼嗎？有沒有問題？

他說一六〇一年的金歐爾之役是愛爾蘭史上最悲慘的一刻，因爲敵我雙方都表現得殘忍暴虐。我們大家都大吃一驚。

兩邊都殘忍？愛爾蘭這邊？怎麼可能？別的老師都跟我們說，愛爾蘭人總是以高貴的精神在作戰，總是公平作戰。他念了幾句，要我們背起來。

他們上前作戰，但他們總是倒落，
他們的眼睛固定在陰鬱的盾牌上方。
他們打得高貴，打得勇敢，卻打得不好，
然後被狡猾的咒語擊中心臟而下沉。

他們輸，也是輸在出了叛徒和奸細。可是我想要知道愛爾蘭人的暴虐。

老師，愛爾蘭人在金歐爾之役也做了什麼暴虐行爲嗎？

沒錯。根據紀錄，他們殺死了囚犯，不過他們並不比英國人好，也不比英國人壞。

歐哈樂倫老師不能說謊，他是校長。這麼多年來我們受到的教導都是愛爾蘭人永遠是高貴的，在被英國人吊死之前都會說一番慷慨激昂的話。現在跳跳倫卻說愛爾蘭人也做壞事。下一次他就要說英國人做好事了。他說，你們必須學習研究，才能自己決定如何解讀歷史和其他事情，可是你們不能空著腦袋決定。充實你們的頭腦，充實你們的頭腦。那是你們的寶庫，誰也干涉不了。如果你們中了愛爾蘭彩券，買了一棟需要家具的屋子，你會用一堆垃圾去裝潢嗎？你的頭腦就是你的屋子，如果你讓頭腦裝滿了電影那種垃圾，你的頭腦就會腐爛。你可以窮，可以穿破鞋子，可是你的頭腦卻必須是宮殿。

他把我們一個一個叫到教室前面去，看我們的鞋子。他想知道爲什麼破了，或是爲什麼沒有穿鞋。他說這種情況太不應當了，他要辦個抽獎活動募些錢來，讓我們在冬天時有結實暖和的靴子可穿。他給了我們一本本的彩券，我們湧上利默里克的每個角落，爲里彌學校的靴子基金募款。頭獎是五鎊，另外有五個獎是一鎊。十一個沒鞋穿的男生得到了新靴子。我跟馬拉基沒得到，因爲我們腳上有鞋，雖然鞋底磨穿了；我們忍不住納悶，爲什麼要在利默里克滿城賣彩券讓別的男生有靴子穿。芬登・史萊特利說我們做慈善工作能得到大赦，派帝・克拉赫西就說，芬登，拜託你去給自己弄坨大便好不好。

我知道爸幾時做了壞事。我知道他幾時把補助金拿去喝酒，害得媽走投無路，只好到聖文生會去乞討，向凱絲琳・歐康諾賒東西，可是我不想疏遠他，站在媽媽那邊。我怎麼能呢？每天一大早天底下的人都還在睡覺，我已經跟爸起床了。他生火泡茶，自己唱著歌，或是輕聲讀報給我聽，以免吵醒家裡的人。米奇・莫洛伊偷走了庫胡林，第七階天使也不知到哪裡去了，可是早晨的父親仍然是我的。他早早拿到《愛爾蘭新聞報》，告訴我世界上發生了什麼事，希特勒，墨索里尼，佛朗哥。他說這場戰爭跟我們無關，因爲英國人又在耍他們的拿手好戲了。他告訴我華盛頓偉大的羅斯福，以及都柏林偉大的戴・瓦勒拉。早晨的世界是我們兩個的，而且他從來不會叫我爲愛爾蘭而死。他跟我說愛爾蘭古時候，英國人不肯讓天主教徒設學校，因爲他們想要讓大家無知，讓天主教的孩子在鄉下念樹籬學校，學習英語、愛爾蘭語、拉丁語和希臘語。那時的人熱愛學習。他們熱愛故事和詩歌，雖然這些對於找工作都沒有幫助。男人、女人、兒童會聚集在壕溝裡聽那些偉大的老師上課，而且人人都很好奇一個人的腦袋裡究竟能裝多少東西。老師們冒著生命危險，從一條壕溝到另一條壕溝，從一道樹籬到另一道樹籬去授課，因爲萬一讓英國人逮到他們在教學，他們就可能會被流放到外國，甚至更慘。他跟我說現在上學很輕鬆了，不必坐在壕溝裡學加法或是愛爾蘭的光榮歷史。我在學校裡應該要乖，將來我可以回美國去，找個室內的工作，坐在辦公桌後，口袋上插著兩枝自來水筆，一枝紅一枝藍，作決策。我不必淋雨吹風，還會有套裝和皮鞋穿，可以住在溫暖的地方，男人有了這些，夫復何求？他說你在美國做什麼都可以，那是一塊充滿機會的土地。你可以到緬因州當漁夫，到加州當農人。美國不像利默里克，灰濛濛的，還有一條會殺人的河。

如果早晨火爐邊的父親是你一個人的，你就不需要庫胡林、第七階天使或別的東西了。

晚上他會幫我們做練習。媽說在美國都說是家庭作業，可在這裡叫做練習，加法、英語、愛爾蘭語、歷史。他沒辦法幫我們練習愛爾蘭語，因爲他是北愛人，不會母語。馬拉基提議要教爸他認識的愛爾蘭語，可是爸說來不及了，老狗學不會新把戲。睡覺之前我們圍坐在爐火邊，要是我們說，爸，說故事，他就會編造一個故事，用巷子裡的人當主角，帶著我們遊遍世界，上天下海，再回到巷子。故事裡每個人都有不同的顏色，每件東西都是上下顛倒、前後相反。汽車和飛機在水裡面跑，潛水艇在天上飛。鯊魚坐在樹上，大鮭魚跟袋鼠一起在月球上跳。北極熊在澳洲跟大象摔角，企鵝教祖魯人吹風笛。說完故事以後，他帶我們上樓去，陪我們跪下來聽我們禱告。我們念了主禱文，三遍聖母經，說天主祝福教宗，天主祝福媽，天主祝福我們死去的妹妹和兄弟，天主祝福愛爾蘭，天主祝福戴・瓦勒拉，天主祝福給爸爸工作的人。爸說，去睡覺，孩子們，因爲神聖的天主在看著你們，祂會知道你們乖不乖。

我覺得我父親就像三位一體，身體裡有三個人，一個是早晨讀報的，一個是晚上說故事、聽我們禱告的，另外一個就是做壞事、回家來一身威士忌味、要我們爲愛爾蘭而死的。

我對他做的壞事感到很難過，可是我不想不理他，因爲早晨的那個是我眞正的父親。如果我在美國，我可以說，我愛你，爸，就像電影演的一樣，可是在利默里克不能這麼說，怕會被別人笑。你可以說你愛天主，愛小嬰兒，愛贏了賽跑的馬，可是愛別的東西就沒有男子氣概了。

我們日日夜夜在廚房受那些來倒尿桶的人折磨。媽說會殺了我們的不是善農河，而是我們門邊廁所傳來的臭味。冬天淹水從門縫流進來已經夠慘了，但是天氣熱又更糟糕，蒼蠅、青蠅、老鼠到處都是。

廁所旁邊還有一間馬廄，嘉貝煤場的大馬養在這裡。牠叫芬恩，我們都愛牠，可是煤場管馬的人沒有把馬廄打掃乾淨，所以臭味就飄到我們家。廁所和馬廄的臭味吸引了老鼠，我們只好養了一隻狗來趕老鼠。我們的狗叫阿福，牠喜歡把老鼠逼到角落，然後我們就用石頭或棍子把老鼠打扁，或是用馬廄裡的長叉去戳死牠。芬恩會被老鼠嚇到，牠人立起來我們就得很小心。牠知道我們不是老鼠，因爲我們如果去鄉下偷蘋果，就會帶回來給牠吃。

有時候老鼠逃走了，跑進我們家裡，跑進樓梯底下的煤坑裡，那就黑漆漆的一團什麼也看不見了。就算點根蠟燭也找不到老鼠，因爲老鼠到處挖洞，我們不知道該找哪裡。如果我們能生火，就會燒水，然後用水壺慢慢倒熱水進去，老鼠就會從洞裡跑出來，從我們兩腳間鑽過跑出門去，除非阿福在那裡，咬住老鼠，把老鼠甩到沒命。我們以爲阿福會把老鼠吃掉，可是牠只是把內臟都掉出來的老鼠丟在巷子裡，然後跑到我父親面前討一塊浸了茶的麵包。巷子裡的人都說狗有這種行爲還眞奇特，可既然是麥考特家養的，也沒什麼好奇怪的。

只要一看見老鼠或提到老鼠，媽就會衝出門跑到巷子裡。她寧可在利默里克的街上走一輩子，也不願意在一棟有老鼠的屋子裡待上一分鐘，所以她永遠也不得安寧，因爲她知道有那間廁所和馬廄在，就一定會有一隻老鼠帶著準備吃飯的全家人在附近。

我們和老鼠大戰，和廁所的臭味大戰。我們很想在天氣熱的時候把門打開，可是沒辦法，巷子裡的人快步走過來傾倒他們快溢出來的尿桶。有幾家最差勁了，但是爸討厭所有的人，雖然媽說也不能怪人家，誰叫一百年前的人蓋房子不蓋廁所，只在我們門邊蓋了這一間。爸說他們應該半夜出來倒，那時候我們都睡了，也不會被臭味干擾。

蒼蠅差不多跟老鼠一樣討厭。天氣熱的時候，蒼蠅成群結隊飛到馬廄，如果有人來倒尿桶，蒼蠅就又一窩蜂飛到廁所。要是媽在煮什麼，蒼蠅就飛到廚房裡，爸說想到落在糖碗上的蒼蠅前一分鐘才落在馬桶上，或是馬桶裡的東西，就噁心。要是你有個瘡破了被蒼蠅發現，你就會煩得受不了。白天蒼蠅纏著你，晚上蒼蠅也纏著你。媽說跳蚤有個好處，乾淨，可是蒼蠅很髒，誰也不知道蒼蠅是打哪兒飛來的，而且蒼蠅身上沾滿了病菌。

我們可以追殺老鼠，打死蒼蠅和跳蚤，可是對鄰居和他們的尿桶卻一點辦法也沒有。要是我們在巷子裡玩，看到有人提著桶子，我們就朝自己家喊，桶子來了，關門、關門。家裡面的人就趕緊把門關上。天氣熱的時候，我們一天到晚跑去關門，因爲我們知道哪幾家的桶子最噁心。有的家庭父親有工作，要是他們又愛上了咖哩，我們就知道他們的桶子會臭到連天堂都聞得到。現在又在打仗，男人從英國寄錢回來，越來越多的家庭吃咖哩，我們家就不管白天晚上都是臭味。我們知道哪幾家吃咖哩，我們知道哪幾家吃包心菜。媽隨時隨地都在噁心，爸到鄉下散步的時間越來越多，我們也盡可能到外面去玩，離廁所遠一點。爸不再埋怨善農河了，他知道現在是廁所更糟，他帶我到市政廳去投訴。那裡的人說，先生，我只能叫你搬家。爸說我們搬不起，那人就說那他也無能爲力。爸說，這裡不是印度，這裡是基督徒的國家。巷子需要更多間廁所。那人說，那你是要利默里克開始在早晚會倒塌的房子裡蓋廁所嗎？一打仗不是也會轟垮？爸說廁所會害死我們一家人。那人說，我們活的這個時代就是危險的時代。

媽說要有足夠的煤炭煮出一頓聖誕大餐來已經不容易了，可是如果我要去醫院吃聖誕大餐，那我得從頭到腳清洗一遍。她不會讓芮塔修女說我缺乏照料，可能又會生什麼病。一大清早，彌撒還沒開始，她就燒了一鍋水，把我全身上下都刷洗了一遍，險些刷掉我一層皮。她用力擦洗我的耳朵、皮膚，害我全身刺痛。她能給我兩便士讓我搭公車到醫院，可是回程我得自己走路，那樣也好，因爲我反正肚子會塞得太飽。現在她又添了煤煮豬頭、包心菜、粉粉的白馬鈴薯，這些又是她到聖文生會去討來的，而且她決定這是最後一次用豬頭來慶祝吾主的生日了。明年我們會吃鵝或是火腿，有什麼不可以，利默里克的火腿不是名滿天下嗎？

芮塔修女說，唉呀呀，看看，我們的小戰士好健康喔。可惜還是只有骨頭不長肉。來，告訴我，你今天早上去望彌撒了嗎？

去了，修女。

領聖體了嗎？

領了，修女。

她把我帶到空病房裡，叫我坐在椅子上，再等一會兒就有聖誕午餐可以吃了。她走了，我在心裡亂猜是會跟修女護士一起吃呢，還是跟病房裡的小孩一起吃聖誕大餐。過一會兒，那個帶書給我看的藍衣女孩把我的午餐送來了。她把托盤擺在床邊，我拉過來一張椅子。她對我皺眉，鼻子眼睛都擠在一塊。你，她說，這是你的午餐，而且我不會幫你帶書來。

午餐很美味，有火雞、馬鈴薯泥、豌豆、果凍和蛋奶醬、一壺茶。果凍和蛋奶醬看起來好可口，我實在抗拒不了，所以就決定要先吃，反正這裡沒有人會發現。可是我在吃的時候，藍衣女孩進來送麵包，就說，你在幹嘛？

沒幹嘛。

有。你先吃甜點，然後她就跑出去喊，芮塔修女、芮塔修女，快來。修女就衝過來了，法蘭西斯，你沒事吧？

我沒事，修女。

他有事，修女。他還沒吃飯就先吃甜點。那是罪惡，修女。

啊，親愛的，妳去吧，我來跟法蘭西斯談一談。

好，修女，一定要跟他說，不然醫院裡的小孩就會都先吃甜點了，到時我們該怎麼辦？

沒錯，沒錯，到時我們該怎麼辦？好了，去吧。

藍衣女孩離開了，芮塔修女對我微笑。天主愛她，她雖然腦筋混亂，卻什麼也逃不過她的眼睛。我們要對她有耐心一點，法蘭西斯，因爲她有一點遲鈍。

修女離開了，空病房裡很安靜，我吃完以後不知道該做什麼，因爲你應該要等他們叫你做什麼才能做什麼。醫院和學校都會告訴你要做什麼。我等了好長一段時間，最後藍衣女孩進來拿托盤。你吃完了嗎？她說。

吃完了。

好，你只能吃這些，你可以回家了。

腦筋不正常的女生當然不能叫你回家，所以我在猶豫是不是要等芮塔修女來。走廊有個護士跟我說芮塔護士在吃飯，不能打擾她。

從聯合十字路走回營盤山是一段長路，我回家的時候，全家人都在樓上的義大利，正在大吃豬頭、包心菜、粉粉的白馬鈴薯。我跟他們說了我的聖誕午餐。媽想知道我是不是跟護士修女一起吃，我跟她說我一個人在病房裡吃，她有點生氣，說怎麼能這樣子對小孩子。她叫我坐下來吃點豬頭，我勉強嚥下去，但我實在太飽了，如果躺下來，肚子一定凸得有一哩高。

＊ ＊ ＊

一大清早，門外有一輛汽車，我們第一次在巷子裡看到汽車。穿套裝的人在檢查芬恩的馬廄。一定是出事了，因爲巷子裡從來就沒有穿套裝的人來過。

是芬恩。牠躺在地上，抬頭望著巷子，嘴巴有像牛奶一樣的白色東西。負責照顧芬恩的人說，他是今天早晨發現牠這個樣子的，覺得很奇怪，因爲芬恩總是站著等飼料送來。那些人都在搖頭。我弟弟邁可跟其中一個人說，先生，芬恩怎麼了？

生病了，孩子。回家去。

照顧芬恩的馬廄管理人身上有威士忌的味道。他跟邁可說，那匹馬完蛋了，我們得射殺牠。

邁可拉我的手。法蘭克，他們不能射殺牠。跟他們說。你比較大。

管理人說，回家去，孩子，回家去。

邁可攻擊他，用腳踹他，用指甲抓他的手背，那人一揮手就把邁可打飛了。管好你弟弟，他跟我說，管好他。

另一個人從袋子裡拿出黃黃褐褐的東西，走向芬恩，抵著牠的頭，然後是尖銳的一聲響。芬恩全身發抖。邁可對著那個人尖叫，也攻擊他，可是那人說，馬兒病了，孩子，讓牠走比較好。

穿套裝的人開車走了，馬廄管理人說他得等貨車來把芬恩運走，不能丟在這裡，老鼠會吃了牠。他想知道我們肯不肯讓我家的狗阿福來看守，他要上酒館去，他有點難過，需要喝杯啤酒。

邁可拿著棍子守在那裡，雖然人小，不過不會有老鼠有機會靠近芬恩。那人回來了，混身酒氣，然後大貨車來了，把馬匹運走，動用了三個人，兩大片木板架在後車斗上。三個人和管理人用繩子綁住芬恩，把牠拖上木板。巷子裡的人對著他們喊叫，因爲木板上的釘子和破木頭刺到芬恩，把牠的皮撕破了好幾處，木板上留下一條條鮮明的粉紅色馬血。

伊們把那匹馬毀了。

你們就不懂得尊敬死者嗎？

喂，對那匹可憐的馬好一點。

馬廄管理人說，看在基督的分上，伊們是在嗟呼什麼啦？這只是一匹死馬。邁可就又低著頭直撞過去，小拳頭亂揮，管理人推了他一把，害他屁股著地。媽氣沖沖走向管理人，他趕緊跑上木板，從芬恩的身體翻過去，逃走了。晚上他醉醺醺回來睡覺。他走了之後，乾草堆在悶燒，馬廄燒毀了，老鼠都跑到巷子裡，每個男生每條狗都在追老鼠，把老鼠趕到了那些有體面人家住的街上。

9

媽說，阿方已經夠了。我累壞了。最後一個了。不要再有了。

爸說，天主教的好女人一定要履行做妻子的義務，服從丈夫，不然就會面對永遠的天譴。

媽說，只要不要再有孩子，永遠的天譴我覺得也滿不錯的。

爸該怎麼辦？現在在打仗。英國的官員在徵召愛爾蘭人去他們的兵工廠做工，薪水不錯，而且愛爾蘭沒有工作機會，要是你的妻子不理你，英國反正又不缺女人，能幹的男人都去打希特勒和墨索里尼了，你想做什麼就做什麼，只要牢牢記住你是愛爾蘭人，是低階層，別想要往上爬就行。

巷子前前後後的人家都收到他們父親從英國匯回來的錢，他們衝到郵局去兌現，就可以去購物，在禮拜六晚上跟禮拜日早晨向大家炫耀他們的財富。男生在禮拜六剪頭髮，女人用火鉗在家裡燙頭髮。他們現在的氣燄都很高，花六便士甚至一先令到薩佛伊戲院去看電影，那裡的觀眾比較高級，不像花兩便士的黎蕊克戲院，觀眾的階層低，老是對著銀幕叫囂，看到非洲人對著泰山擲長矛會為非洲人歡呼，看到印第安人剝掉美國騎兵的頭皮，會為印第安人叫好。這個新富階層裝腔作勢，禮拜天作完彌撒之後回家，用大量的肉和馬鈴薯、糖果、蛋糕塞飽肚子，用精美的瓷杯喝茶，瓷杯底下墊著小茶碟，盛接溢出來的茶，而且他們握杯子還會豎著小指頭，表示他們有多優雅。有的不再去炸魚薯條店了，因爲那種地方的顧客只有喝醉的阿兵哥和流鶯、把補助金喝光的男人，以及尖著嗓子要他們回家的老婆。顯赫的新一代有錢人出沒的地方是薩佛里餐廳或絲黛拉，喝茶，吃小圓麵包，拿餐巾輕點嘴唇，搭公車回家，還抱怨服務的水平不如從前。他們現在有電了，可以看見以前看不到的東西，夜幕降臨後，他們就打開新的無線電收音機，收聽最新的戰況。他們感謝天主有希特勒這個人，因爲若不是他進軍整個歐洲，愛爾蘭的男人就還是一樣待在家裡，抓著屁股在勞工介紹所外面排隊。

有的家庭會唱：

噫嗳嗳的嗳嗳嗳喔，
噫嗳嗳的嗳嗳，
我們不管英國或法國，
我們只要德國人前進。

如果空氣中有寒意，他們就會打開電爐取暖，坐在廚房聽新聞，嘴巴上說他們對死在德軍轟炸下的英國婦女兒童有多難過，可是英國人不也欺壓了我們八百年嗎？

有父親在英國的家庭，就能對父親不在英國的家庭作威作福。午餐和下午茶時間，新富家庭的母親站在門口高聲叫孩子，米基、凱絲琳、派帝，回來吃飯了。快點回來吃油滋滋的火腿和豌豆，還有粉粉的白馬鈴薯喔。

祥恩、喬西、佩姬，回來喝茶，回來吃新鮮的奶油麵包，又大又嫩的青鴨蛋，巷子裡沒有人有喔。布蘭登、安妮、帕奇，回來吃煎黑香腸，香噴噴的香腸和浸在最高級西班牙雪莉酒裡的鬆糕喔。

像這種時候，媽就叫我們別出去。我們除了麵包和茶什麼也沒有，她不願讓那些炫耀的鄰居看到我們舌頭掉在外面，被飄在巷頭巷尾的美妙氣味引誘得流口水。她說像他們這樣子吹牛，一看就知道是沒過過好日子的。這是一種眞正的低階層心態，站在門口大呼小叫，讓全世界都知道他們午餐吃什麼。她說他們就是藉這個樣子來表現優越，因爲爸是北愛來的陌生人，跟他們一點關係也沒有。爸說他們的食物都是用英國錢買的，花那種錢的人不會走運，可是你還能指望利默里克人怎麼樣呢，這些人從希特勒的戰爭中得利，這些人願意爲英國人做工打仗。他說他絕不會去那邊幫英國人打勝仗。媽說，對，你只會待在這裡，找不到工作，連一塊燒水的煤炭也沒有。對，你只會待在這裡，心情好的時候就把補助金拿去喝酒。你會看著你的兒子們穿破鞋，褲襠破了在那裡晃盪。巷子裡家家戶戶都有了電，我們有根蠟燭就算走運了。天主作證，要是我有路費，我早就自己跑到英國去了，我相信工廠也一定需要女人。

爸說，工廠不是女人應該待的地方。

媽說，火爐旁邊的椅子也不是男人應該待的地方。

我跟爸說，你爲什麼不能到英國去，爸，這樣我們就可以有電和無線電收音機了，媽也可以站在門口告訴大家，我們午餐要吃什麼了。

他說，你難道不想要爸爸在家裡陪你嗎？

我想啊，可是打完仗你就可以回來了，我們就可以一起到美國去了啊。

他嘆氣，噢嗳，噢嗳。好吧，聖誕節過完他就到英國去，既然美國現在也在打仗，那就一定是爲了正義。要不是美國也參戰了，他是絕不會去的。他跟我說我得當家裡的男人，然後他就簽了約到科芬特里的工廠去幹活，聽說那是全英國轟炸得最嚴重的城市。代理人說只要願意工作，就不愁沒活幹。可以加班加到倒下去，要是你把錢都攢起來，老兄，等仗打完了，你就成洛克斐勒[25]了。

我們起了個大早，送爸爸到火車站去。凱絲琳·歐康諾知道爸要到英國去了，很快就會有錢匯回來，所以她很樂意讓媽賒了茶、牛奶、糖、麵包、奶油和一顆雞蛋。

一顆雞蛋。

媽說，蛋是給你父親吃的。旅途很漫長，他需要營養。

蛋煮得全熟，爸把殼剝掉切成五份，給了我們每個人一份，放在麵包上吃。媽說，別傻了。爸說，哪個男人吃得完一整個雞蛋呢？媽的睫毛上有眼淚。她把椅子拉過去爐子邊。我們都吃著麵包加蛋，看著她哭。最後她說，看什麼看？就轉過頭去看著灰燼。她的麵包加蛋還放在桌上，我忍不住想她是要不要吃啊。麵包看起來好好吃，而且我還是很餓，可是爸站了起來，把麵包和茶端過去給媽。媽搖頭，可是他硬塞進她的手裡，她就吃了，一面哭一面吸鼻子。他坐在她對面一會兒，不吭聲，最後她抬頭看鐘，說該走了。他戴上帽子，拎起袋子。媽把阿方包在舊毯子裡，我們就出門走在利默里克的街上。

街上還有別的家庭。遠行的父親們走在前頭，母親們抱著嬰兒或推著嬰兒車。有個推嬰兒車的媽媽跟別的媽媽說，天主啊，妳抱著那個孩子一定累壞了，太太，來，把他放進嬰兒車裡，讓妳的胳膊歇一歇。嬰兒車裡可能會塞上四、五個嬰兒，吱吱嘎嘎向前行，因爲嬰兒車很老舊，輪子搖搖晃晃，嬰兒也晃得很兇，最後每個都暈車，把奶都吐了出來。

男人們彼此招呼。天氣眞好啊，米克。眞適合出遠門啊，喬。是啊，米克。啊，走之前喝一杯吧，喬。說得也是，米克。乾脆喝個醉茫茫好了，喬。

他們哈哈笑，而女人跟在後面一把鼻涕一把眼淚。

車站附近的酒館擠滿了男人，把代理人給他們在路上吃飯的錢都喝掉了。他們在喝愛爾蘭土地上的最後一杯啤酒，最後一滴威士忌。因爲天知道這可能是我們最後一杯酒了，米克，你看小德佬把英國炸得魂都沒了，也算是他們的報應，可我們還是得到那邊去，解救這個老混蛋世仇，你說可悲不可悲？

女人在酒館外聊天。媽跟密漢太太說，等我拿到第一張匯票，我就要到店裡去買一頓豐盛的早餐，讓大家在禮拜天早晨都能一個人吃一顆蛋。

我看著弟弟馬拉基。你聽到了嗎？禮拜天早上一個人吃一顆蛋耶。天啊，我對怎麼吃我的蛋一直都有計畫。拿著尖端輕輕敲，再輕輕敲蛋殼，拿起湯匙，加一咪咪奶油到蛋黃上，撒鹽，不慌不忙，湯匙往下一點點，舀起來，再撒鹽、再加奶油，放進嘴裡。喔，上帝啊，如果天堂有美食，那一定就是雞蛋加奶油和鹽；吃完蛋之後，還有比一片熱熱的新鮮麵包和一杯金黃的甜茶更美妙的事嗎？

有些男人已經喝得連路都走不穩了，那些英國代理人就付錢給清醒的人把他們拖出酒館，丟上一輛馬拉的大運煤車，送到車站去，丟上火車。代理人急著把每個人都弄出酒館。快點，誤了火車你就連好差事都丟了。快點，我們在英國也有健力士啤酒，我們也有尊美醇威士忌。快點啊，老兄，幫幫忙，老兄。你把飯錢都喝光了，別再喝了。

男人叫代理人親他們的愛爾蘭屁股，說代理人還能活著算他們走運，他們欺負了愛爾蘭那麼久，還

25　洛克斐勒（John Rockefeller, 1839–1937），美國石油大亨，可能是現代史上最富有的人。

沒被吊死在最近的燈柱上，是他們運氣好。然後那些男人就高唱：

禮拜一早晨在芒特喬伊，
在高高的絞架樹上，
凱文．巴里把年輕的生命，
獻給了自由。

火車在車站裡高鳴汽笛，代理人哀求這些女人進去酒館把她們的男人弄出來。男人們唱著歌跌跌撞撞走出來，跟老婆孩子又是哭又是摟摟抱抱，答應會把大筆大筆的錢匯回來，讓利默里克變成另一個紐約。男人登上車站階梯，女人和孩子在後面呼喚。

凱文，親愛的，要小心啊，襯衫濕了趕緊換啊。
別穿濕襪子，邁可，不然會得拇囊腫，你就完了。
派帝，少喝點酒，聽見了嗎，派帝？
爸、爸，不要走，爸。
湯米，別忘了寄錢回來啊。孩子們都餓成皮包骨了。
彼得，你的氣管不好，別忘了吃藥啊，天主祝福啊。
賴利，小心炸彈啊。
克里斯帝，別跟英國女人說話，她們混身都是病。

傑基，回來。我們可以想別的法子。別走，傑基、傑基，喔，耶穌，別走。

爸拍我們的頭，叫我們要記得自己的宗教義務，但是最重要的一點是聽媽媽的話。他站在她面前。她懷裡抱著阿方。她說，自己小心。爸把袋子放下，擁抱媽，就這麼站著，直到阿方慘叫起來。他點點頭，拿起袋子登上階梯，轉過來揮手，然後就走了。

回到家，媽說，我不管了。我知道聽起來太浪費，可是我要把火生起來，泡茶，因爲你父親可不是每天到英國去。

我們圍坐在爐火邊，一面喝茶一面哭，因爲我們沒有爸爸了。後來媽說，別哭別哭，你們父親到英國去了，我們的麻煩一定就沒了。

那是當然的嘛。

媽跟布莉笛・漢能坐在樓上義大利的爐火邊抽野忍冬喝茶，我坐在樓梯上聽。我們爸爸在英國，所以就能從凱絲琳・歐康諾的店裡賒到我們要的東西，等兩個禮拜後他寄錢回來，就可以付帳了。媽跟布莉笛說，她等不及搬出這條天殺的巷子，換個有像樣廁所的地方，不必跟半個世界的人共用。我們都會有新靴子和風衣，才不會像落湯雞一樣回家來。禮拜天早晨我們會有雞蛋和鹹肉片當早餐，火腿包心菜馬鈴薯當午餐。我們會有電燈，爲什麼不？法蘭克和馬拉基難道不是生在人人都有電燈的美國嗎？

我們現在只需要等上兩個禮拜，等送電報的孩子來敲門。那時爸在英國也安頓下來了，買了工作服、找到住的地方，所以第一筆錢不會多，三鎊或三鎊十先令吧，不過沒多久，我們就會跟巷子裡別的人家一樣了，一週五鎊，付清欠債，買新衣服，存點錢，然後我們會收拾行李，全家搬到英國，再存點錢，搬到美國去。媽自己可以在英國工廠做工，製造炸彈之類的。有了錢，我們會連自己是誰都不知道了。她不願意我們長大了有英國口音，可是英國口音也總比空著肚子強。

布莉笛說愛爾蘭人不用管什麼口音，因爲他到死也不會忘記英國人欺壓了我們八百年。

我們都知道巷子裡的禮拜六是什麼情況。我們知道有些人家，像對面的唐斯家早早就收到電報，因爲唐斯先生是個懂節制的人，知道在禮拜五喝一、兩杯啤酒之後就回家睡覺。我們知道像他這樣的男人一領到薪水就會跑到郵局，以免家人擔心苦等。像唐斯先生這樣的男人會寄皇家空軍的徽章給兒子，讓他們別在外套上。我們也想要，我們也在爸爸離開前跟他說，別忘了皇家空軍的徽章喔，爸。

我們看見電報童騎著腳踏車衝進巷子裡。他們是快樂的電報童，因爲他們在巷子裡拿到的小費比在別的氣派街道還要多，那邊的有錢人會抱怨他們小便的蒸氣。

早早拿到電報的人家會有那種得意的表情，他們有整個禮拜六來花那些錢。他們會去逛街、吃飯，會有一整天去想晚上要做什麼，而且光是用想的就差不多跟去做一樣美妙了，因爲禮拜六晚上如果你口袋裡有個幾先令，就等於是一整週裡最愜意的一晚了。

有的人家並沒有每週都收到電報，光看他們焦急的表情你就知道了。馬赫太太每個禮拜六都在門口等，等了兩個月了。我媽說她如果像那樣子在門口等，一定會一輩子抬不起頭來。巷子裡的孩子都在巷子裡玩，他們都會留意電報童。喂，電報童，有沒有馬赫家的電報？如果電報童說沒有，他們就會說，你確定嗎？他就會說，當然啊，我知道我的袋子裡有什麼。

大家都知道六點鐘祈禱鐘一響，電報童就不來了，而黑暗也爲那些女人孩子帶來絕望。電報童，你要不要再看一次袋子？拜託。喔，主啊。

我看過了，沒有你家的。

喔，主啊，拜託再看一次。我們叫馬赫。你再看一次好嗎？

我當然知道你們叫馬赫，我也看過了。

小孩子伸手去抓腳踏車上的電報童，他就踢他們，耶穌，不要過來。

祈禱鐘在晚上六點敲過之後，這一天就結束了。收到電報的人家燈火通明吃晚餐，沒收到電報的人家只能點蠟燭，看凱絲琳．歐康諾肯不肯讓他們賒點茶和麵包，等到下週同一時間，在天主以及聖母的幫助下，電報一定會來，到時就能還債。

密漢家住在巷子口，密漢先生跟爸一塊去了英國，電報童停在密漢家，我們就知道下一個輪到我們了。媽已經拿了外套，準備要到郵局去兌匯票，可是除非電報拿在手上，否則她不願意從義大利的爐火邊離開。電報童騎進巷子，轉到了唐斯家。他把電報交給他們，收了小費，腳踏車掉頭就要往巷子口去。馬拉基大喊，電報童，喂，有沒有麥考特家的？我們的應該今天到。電報童搖頭，騎車走了。

媽抽著野忍冬。嗯，反正現在還早嘛，不過我倒是想早點去買東西，免得肉販巴利那兒最好的火腿都賣光了。她不肯離開爐子，我們不敢離開巷子，怕電報童可能會來，卻沒有人在家，那我們就得等到禮拜一才能兌現匯票，那整個週末就完了。我們就得看著密漢家和巷子裡每個人穿著新衣遊街，大搖大擺地捧著禮拜天要吃的雞蛋、馬鈴薯、香腸，在禮拜六晚上神氣地走向電影院。不行，除非電報童來過，不然我們哪兒都不能去。媽說中午到兩點這段時間不要太擔心，因爲電報童也得去吃飯，然後他們會在兩點到祈禱鐘響之間趕著把電報都送完，到六點之前我們沒什麼好擔心的。我們攔下每一個電報童，跟他們說我們姓麥考特，說這是我們的第一通電報，應該至少有三鎊，他們可能忘了把我們的姓名或地址寫上。他確定嗎？他確定嗎？有個電報童說他會到郵局幫我們問，他說他知道等電報是什麼滋味，因為他自己父親就是個酒鬼，跑到英國去卻連一便士都沒寄回來過。媽在屋裡聽見他說話，就跟我們說，你們不該那樣子說自己的父親。這個電報童在六點祈禱鐘響之前又來了，跟我們說他問過郵局裡的歐康諾太太，有沒有麥考特家的電報，結果沒有。媽轉身面對爐子裡的灰燼，褐色的拇指和燙到的中指夾著菸屁股，抽完最後一點野忍冬。邁可才五歲，什麼也不懂，要像我一樣到了十一歲才會懂事。他想知道我們今晚要不要吃炸魚薯條，因為他餓了。媽說，下個禮拜吧，乖兒子。他就到巷子裡去玩了。

沒收到第一通電報，你都不知道該怎麼辦。你不能跟弟弟們在巷子裡玩到天黑，因為人人都在屋子裡，如果留在巷子裡被香腸、鹹肉、煎麵包的香味折磨，那就太丟臉了。你也不會想要看著天黑後電燈從窗戶照出來，你也不會想聽到別人家的無線電收音機傳出的BBC或是愛爾蘭廣播電台的新聞。馬赫太太跟她的孩子都進屋去了，廚房裡只有昏暗的燭光。他們也很丟臉。禮拜六晚上他們足不出戶，禮拜天甚至不去望彌撒。布莉笛・漢能跟媽說，馬赫時時刻刻都抬不起頭來，因為他們的衣服破爛，她絕望到跑去施藥所尋求公家的協助。媽說無論誰家發生這樣的情況，都是最可怕的。比去領補助金還要可怕，比到聖文生會去乞討還可怕，比到街上去跟流浪工人和吉普賽人一起討飯更可怕。若不是走投無路了，不想讓自己進窮人院，不想讓孩子們進孤兒院，誰也不想走到這一步。

我的眉心長了一個瘡，灰灰紅紅的，很癢。外婆說，別摸，也別沾水，不然會越來越大。要是你跌斷了胳臂，她一樣會說別摸，也別沾水，不然會越來越大。不過瘡還是長到了我的眼睛裡，我的眼睛開始有分泌物，變得又紅又黃，早晨還會黏住睜不開。眼皮黏得太牢，我還得用手指把眼皮撐開，媽得用濕布和硼酸粉幫我把黃黃的分泌物擦掉。我的睫毛也一根根掉落，風大的時候，利默里克每一粒灰塵都飛進我的眼睛裡。外婆說我的眼睛光溜溜的，她說都怪我自己不好，眼睛的毛病都是因為我一年到頭坐在巷子口的燈柱下，整個鼻子都埋進書本裡，要是馬拉基不改掉看書的壞習慣，他也會一樣。你們看，小邁可也一樣染上壞毛病了，整個鼻子都埋在書本裡，他明明應該像個健康的小孩一樣去玩的。書、書、書，外婆說，伊們會把伊們的眼睛都看瞎掉。

她在跟媽媽喝茶，我聽見她低聲說，最好的辦法是給他聖安東尼的口水。

那是什麼啊？媽說。

一大清早的口水。趁他沒醒，抹口水在他臉上，斷食的母親的口水有神奇的療效。

可是我總是跟媽媽一塊起床。在她有動靜之前，我已經在用力把眼皮撐開了。我能聽見她走過來，站在我面前，想要抹口水到我臉上，而我的眼睛已經睜開了。喔，她說，你的眼睛睜開了。

我覺得快要好了。

那就好，說完她又回床上了。

我的眼睛不肯好，她只好帶我到施藥所去，窮人在這裡看醫生拿藥。如果誰的父親死了或失蹤了，沒有補助金也沒有薪水，也是到這個地方來申請社會救助。

醫生的診療室旁靠牆擺著長椅，長椅上總是坐滿了人，七嘴八舌談著他們的病痛。老人和婦女坐著呻吟，嬰兒尖叫，他們的媽媽就會說噓、噓。施藥所的中間有個高台，被及胸高的櫃台圍住。有需要就在高台前排隊，找考菲先生或肯恩先生。排隊的婦女就跟聖文生會的婦女一樣，披著披肩，對考菲先生或肯恩先生很尊敬，就怕他們叫她回家去或是下週再來，即使你現在就需要社會救助或是一張看醫生的簽條。考菲先生和肯恩先生喜歡笑這些婦女。他們會決定你的情況是不是悽慘到可以申請社會救助，你的病是不是需要看醫生。你必須當著人人的面跟他們說你哪裡不對勁，而他們通常都會大笑一番。他們會說，妳想要什麼呢，歐喜太太？要簽條看醫生是吧？妳哪裡不舒服呢，歐喜太太？覺得痛是吧？大概是風吹的。也說不定是吃太多包心菜了。喔，包心菜就能治病了。他們哈哈大笑，歐喜太太也笑，所有的女人都跟著一起笑，說考菲先生和肯恩先生眞是幽默啊，要是去演戲，勞萊和哈台[26]都要沒飯吃了。

考菲先生說，來，女人，妳叫什麼？

安琪拉．麥考特，先生。

妳有什麼事？

是我的兒子，先生。他的眼睛不好。

唉唷，眞的耶，女人。他長了兩隻絕望的眼睛呢，就像兩個初升的太陽。小日本鬼子都可以把他弄在國旗上了，哈哈哈。他是把什麼酸弄到臉上了嗎？

是感染了，先生。他去年得了傷寒，現在又生了這個病。

好了好了，我們不用聽他的一生。這是看特洛伊醫生的簽條。

兩張長椅上都坐滿了要看特洛伊醫生的病人。媽坐在一個女人隔壁，她的鼻子上有一個好大的瘡，怎麼治都治不好。我什麼方子都試過了，太太，這個地球上還沒有我沒試過的方子。我今年八十三了，希望能健健康康地進棺材。我想讓鼻子健健康康地見我的救世主，這樣算過分嗎？妳又是什麼毛病啊，太太？

是我的兒子。眼睛。

啊，天主祝福我們拯救我們，看看他的眼睛。我這輩子還沒看過爛成這樣的眼睛，我沒看過這麼紅的顏色。

是感染了，太太。

那一定有得治。妳需要的是胎膜。

那是什麼東西？

嬰兒一出生頭上就有這玩意，像一種頭巾，很稀罕很神奇。去弄個胎膜來，選每個月的三、十三、二十三號隨便一天，放在他的頭頂上，要他憋氣三分鐘，不行的話就用妳的手摀住他的臉，再拿聖水從頭到腳灑三次，他的眼睛就會在黎明變得又清又亮了。

我要到哪裡去弄胎膜？

助產士不都有嗎，太太。沒有胎膜算什麼助產士？那個能治百病，還可以強身健體呢。

媽說她會去找歐哈樂蘭護士，看她有沒有多的胎膜。

特洛伊醫生檢查我的眼睛。這個孩子要馬上住院。把他帶到城市之家的眼科，這是讓他住院的簽條。

他是怎麼了，醫生？

我這輩子看過最嚴重的結膜炎，還有別的感染，我看不出來。他需要眼科醫生。

他要住院多久啊，醫生？

26 勞萊與哈台是一九二〇至一九四〇年代極走紅的喜劇雙人組合。

只有上帝知道了。這孩子應該幾個禮拜之前就來的。

病房裡有二十張病床，大男人和男孩頭上纏著紗布，眼睛戴著黑眼罩、厚眼鏡。有的走路會拿棍子敲來敲去。有個人老是在哭喊他再也看不見了，他太年輕了，孩子還太小，他再也看不見他們了。耶穌基督，喔，耶穌基督，修女就會很吃驚，他居然這麼空洞地呼喊天主之名。住口，莫利斯，不要再褻瀆神聖了。你還健康，還活著。我們大家都有自己的問題。把煩惱交給主，想想十字架上的主，祂的荊棘頭冠，祂可憐的雙手雙腳上的釘子，祂體側的傷口。莫利斯說，喔，耶穌，垂憐我。伯娜黛修女警告他說，要是再不管好自己的舌頭，他們就要讓他單獨住一間病房。他就說，天主啊，我哪裡有耶穌基督受的苦多啊。修女就滿意了。

早晨我得下樓去點藥。護士說，坐在這張高椅子上，來，吃顆糖果。醫生有個裝著褐色玩意的瓶子。他叫我把頭向後仰，對了，好，睜大，睜大眼睛，然後他就把那玩意倒進我的右眼，我的腦袋馬上就像放火燒穿了一個洞。護士說，睜開另一隻眼睛，來，乖，結果她得把我的眼皮撐開，好讓醫生又再放一把火燒穿我的腦袋。她幫我擦臉頰，叫我跑到樓上去，可是我連看都看不清楚，而且我只想把臉埋進冰冷的溪水裡。醫生說，快點跑，像個男子漢，像個好士兵。

整個世界都是褐色的，樓梯也是模糊的一團。其他病人坐在床上，面前有午餐托盤，我的也在，可是我的腦袋像在打仗，我不想吃。我坐在床邊，對面的一個男生說，喂，你不吃嗎？那我吃，他就過來拿走了。

我想躺下來，可是護士說，嘿，大白天的不准躺在床上。你還沒有病得那麼重。

我只好閉著眼睛坐著，眼前不是褐就是黑，不是黑就是褐。忽然，我一定是在作夢，因爲天主在上，這不是那個得了傷寒的小傢伙嗎，小法蘭基，月是一艘幽靈船，在靄靄的海上漂搖，是你嗎，法蘭基？咳，感謝主，我從熱病醫院昇遷到這裡了，那裡什麼病都有，你都不知道衣服裡會帶什麼細菌回家去給你老婆。你怎麼了，法蘭基？你的眼睛怎麼全成了褐色的了？

我感染了，西莫斯。

啊哈，你在結婚以前就會好的，法蘭基。眼睛需要運動。眨眼睛對眼睛很有好處。我有個叔叔眼睛不好，眨眼睛救了他。他每天都坐一個鐘頭眨眼睛，結果這輩子都受用，他的眼睛到最後都好的不得了，眞的。

我想問他眨眼睛和眼睛好的事情，可是他說你還記不記得那首詩啊，法蘭基，派翠西亞的那首詩？他站在病床之間的走道上，拿著拖把水桶，念了攔路強盜的那首詩，所有的病人都不呻吟了，修女和護士也站著聽。西莫斯念個不停，等他念完，大家都熱烈鼓掌，爲他喝采；他跟大家說他愛這首詩，無論他去哪裡腦子裡都會印著這首詩，如果不是因爲法蘭基．麥考特得了傷寒，可憐的派翠西亞．馬迪根得了白喉不幸死了，願天主讓她安息，他絕對不會知道這首詩，結果我就成了城市之家醫院眼科病房的名人，一切都是因爲西莫斯。

媽沒辦法每天來看我，路途太遠，她並不總是有錢搭巴士，而且她腳上的雞眼也讓她走路很痛。她覺得我的眼睛好多了，不過眼裡都是那種褐色東西，實在也很難說；那東西的樣子和味道都像碘酒，而只要是像碘酒就一定會刺痛。不過人家說，藥越苦就越能治病。她得到允許，天氣好的時候可以帶我到庭院散步，我們看到奇怪的一幕，提莫尼先生靠著牆站在老人住的地方，眼睛看著天空。我想跟他說話，可是我得問媽，因爲你不知道在醫院裡怎樣是對怎樣是錯。

提莫尼先生。

誰？誰在這裡？

法蘭克，提莫尼先生。

法蘭西斯啊，法蘭西斯。

媽說，我是他的母親，提莫尼先生。

咳，祝福你們兩位。我既沒有親朋好友也沒有我的狗摩卡胥拉。你怎麼會在這裡，法蘭西斯？

我的眼睛感染了。

啊，耶穌，法蘭西斯，千萬不要是眼睛，千萬不要是眼睛啊。聖母，你還太年輕了，不應該啊。

提莫尼先生，你要我念書給你聽嗎？

費你的眼力嗎，法蘭西斯？啊，不了，孩子，讓你的眼睛歇歇吧。我用不著閱讀了，在我的腦子裡有我需要的一切。我還算聰明，趁年輕的時候把東西裝進了腦子裡，現在我的腦子裡有整間圖書館。英國人射殺了我的妻子，愛爾蘭人殺死了我可憐無辜的摩卡胥拉。你說這是不是天大的笑話？

媽說，這世界太可怕了，可是天主是美善的。

說得對，太太。上帝創造了世界，是個可怕的世界，可是上帝是美善的。再見了，法蘭西斯。讓你的眼睛休息好了再讀書，然後一直讀到眼珠子掉出來。我們讀老喬納森·斯威夫特讀得很愉快，是不是，法蘭西斯？

是的，提莫尼先生。

媽把我帶回眼科病房。她跟我說別爲提莫尼先生哭，他又不是你父親。再說，你會把眼睛哭壞的。

西莫斯一週來病房三次，腦子裡會帶著新詩過來。他說，你害派翠西亞傷心，法蘭基，因為你不喜歡貓頭鷹跟小貓咪那首詩。

對不起，西莫斯。

我背起來了，法蘭基，如果你不說這首詩很蠢，我就念給你聽。

我不會說的，西莫斯。

他念了詩，病房裡的每個人都喜歡。他們想學，他就又念了三次，最後整個病房的人一起念：

貓頭鷹和小貓咪去航海，
搭一艘美麗的青綠色小船。
他們帶了一點蜂蜜和很多錢，
捲在一張五鎊鈔票裡。
貓頭鷹抬頭望著天上的星，
彈著吉他高聲唱，
喔，可愛的小貓咪，喔小貓咪，我的愛，
你眞是一隻美麗的小貓咪，
是的，
是的。
你眞是一隻美麗的小貓咪。

他們跟著西莫斯一起念，念完以後，又是歡呼又是鼓掌，西莫斯哈哈笑，感到很得意。等他帶著拖把水桶離開後，你還是能時時刻刻都聽到這首詩。

喔，可愛的小貓咪，喔小貓咪，我的愛，
你眞是一隻美麗的小貓咪，
是的，
是的。
你眞是一隻美麗的小貓咪。

後來西莫斯來了，既沒有拖把也沒有水桶，我很怕他是因爲念詩被開除了，可是他笑吟吟地跟我說，他要到英國的工廠幹活，賺點像樣的薪水。他要工作兩個月，老婆也帶去，天主說不定會送給他們孩子呢，因爲他記了滿腦子的詩，總得想個用處，而還有什麼比念給小孩子聽，更能夠紀念那個死於白喉的甜美的派翠西亞·馬迪根呢。

再見了，法蘭西斯。要是我有那個拳頭，我會寫信給你，可是我會等我老婆過去以後叫她寫。我搞不好還會去學識字呢，就可以自己寫信了，那樣等我的孩子出生以後，就不會有個笨蛋爸爸了。

我想哭，可是在眼科病房裡，眼睛裡都是褐色東西是不能哭的，護士會說，怎麼了、怎麼了，像個男子漢；修女就會說，把煩惱交給主，想想十字架上的主，祂頭上的棘冠，祂體側的長矛傷口，祂的手腳被釘子刺破。

我住院了一個月，醫生說我可以回家了，雖然還是有一點點感染，不過如果我用肥皂和乾淨毛巾來讓眼睛保持清潔，吃很多牛肉和雞蛋來讓身體健康，那麼不用多久，我就又會有一雙亮晶晶的眼睛了，哈哈哈。

對面的唐斯先生從英國回來參加他母親的葬禮。他跟唐斯太太說到我爸爸，她又跟布莉笛．漢能說，然後布莉笛再跟我媽說。唐斯先生說馬拉基．麥考特喝酒喝到瘋了，把薪水拿去喝酒，喝遍了科芬特里所有的酒館，他大唱愛爾蘭反叛歌曲，英國人並不介意，因爲他們習慣了愛爾蘭人整天把幾百年的苦難掛在嘴上，可是他們不會忍受有人站在酒館裡侮辱英國的國王和王后、他們兩個可愛的女兒以及皇太后本人。侮辱皇太后就是比過分還要過分了。那位可憐的老太太，她又對不起誰了？馬拉基一次又一次喝光了他的房租錢，最後房東把他轟了出去，他只好在公園裡露宿。他實在不是個東西，眞的，唐斯先生很慶幸他不是利默里克人，沒有讓這個古老的城市蒙羞。科芬特里的法官耐性都快磨光了，要是馬拉基．麥考特再不停止胡鬧，他就會被永遠驅逐出境。

媽跟布莉笛說，她不知道該怎麼看待這些從英國傳來的消息，她這輩子沒有這麼絕望過。她看得出凱絲琳．歐康諾不想再讓我們賒帳了，而如果跟她自己的母親借個一先令，她也會對她吼叫；聖文生會的人也想知道她幾時才不會再來乞討，尤其是她還有個丈夫在英國。她對我們穿著又破又髒的衣服、破爛的套頭毛衣、破鞋子、破洞的襪子感到很羞恥。她晚上睡不著，心裡想著最慈悲的做法就是讓四個孩子進孤兒院，她就可以到英國去，找個活幹，一年多的時間她就能把我們全都接過去，過好一點的日子。雖然有轟炸，但她寧可被轟炸，也不要向這個乞討向那個乞討，自取其辱。

不行，無論如何，想到把我們送進孤兒院，她就受不了。如果孤兒院像美國的電影《孤兒樂園》，有像史賓塞．屈賽演的神父一樣的好神父，那還沒關係，可是絕不能相信格林鎮那邊的喇沙會學校，他們是靠打孩子當運動的，而且還會讓孩子挨餓。

媽說除了施藥所、社會救助和賑濟以外沒有別的法子了，她覺得實在丟臉丟到家了。因爲這樣子就表示你已經狗急跳牆了，而且或許只比流浪工人、吉普賽人、街上的乞丐高級一點。也就是說，你得仆伏在考菲先生和肯恩先生的面前，感謝主讓施藥所開在利默里克的另一頭，巷子的人才不會知道我們是在領救濟。

她從別的婦女那兒打聽到一大早去最好，那時考菲先生和肯恩先生的心情可能還不錯。要是再晚一點，他們就會因爲見過了幾百個男人女人、生病的孩子和求助的人而容易陰晴不定。她會帶我們一塊去，證明她有四個孩子要養。她起了個大早，難得有一次叫我們別洗臉、別梳頭，哪件衣服最破就穿哪件。她叫我把痠痛的眼睛好好揉一揉，盡可能越紅越好，因爲在施藥所越是一副可憐相，就越有機會得到社會救助。她埋怨馬拉基和邁可的樣子太健康了，爲什麼他們偏偏挑在今天沒跌破膝蓋、身上沒擦傷、臉上沒有黑眼圈。要是在巷子裡或利默里克的街上遇見了什麼人，不准我們跟他們說要到哪裡去。不用讓全世界的人都知道她就已經夠丟臉了，等到她自己的母親知道了，那才更有好戲看了。

施藥所的外面已經排了一條長龍。都是像媽一樣的婦人，懷裡抱著孩子，像阿方那樣的嬰兒，還有小孩子在人行道上玩。女人們安慰著怕冷的孩子，對著在玩的孩子吼叫，怕他們會衝到馬路上被汽車或腳踏車撞到。還有老人和老婦人挨在牆邊，不是自言自語就是一言不發。媽警告我們不要跑開，我們等了半個鐘頭大門才開。有個人叫我們有秩序地進去，在高台前排隊，考菲先生和肯恩先生隨時都會到，他們現在在另一個房間喝茶。有個女人抱怨她的孩子都快凍死了，考菲先生和肯恩先生就不能喝快一點嗎？那人說她是個愛找碴的，不過這一次他不會把她的名字記下來，因為早晨的天氣太冷了，不過她要是再敢多說一個字，就會後悔莫及。

考菲先生和肯恩先生終於坐到了高台上，壓根就不注意排隊的人。肯恩先生戴上眼鏡，又摘下來，擦乾淨，再戴上，看著天花板。考菲先生看文件，寫幾個字，再把文件傳給肯恩先生。兩人喃喃說話。他們一點也不著急，看都不看我們一眼。

總算，肯恩先生叫了第一個老人到高台那兒。你叫什麼？

提摩西・奎，先生。

奎啊，倒是一個很不錯的傳統利默里克姓氏呢。

是啊，先生，確實是。

你有什麼需要啊，奎？

啊，是這樣的，我的胃又痛了，我想看費利醫生。

嗳，奎，你確定不是波特酒害得你胃痛嗎？

啊，不是的，先生。我從胃痛以後就很少喝酒了。我老婆躺在床上，我也得照顧她。

這世上有太多懶人了，奎。然後肯恩先生又對排隊的人說，妳們聽到了，女士們？太多懶人了，是不是？

排隊的婦女說，喔，是啊，肯恩先生，太多懶人了。

奎拿到了看醫生的簽條，隊伍向前移動。輪到媽了。

妳是想要社會救助嗎，女人，要賑濟？

是的，肯恩先生。

妳的先生呢？

喔，他在英國，可是——

英國啊？那每週寄來的電報呢，厚厚的五英鎊呢？

他幾個月來連一便士都沒寄給我們，肯恩先生。

眞的嗎？噯，我們都知道是什麼原因，是不是？我們知道愛爾蘭男人到英國去，我們知道偶爾會有利默里克的男人帶著一個皮卡迪利妓女在遛達，不是嗎？

他看著排隊的人，他們都知道應該要附和說，是啊，肯恩先生，他們都知道應該要露出笑容或是哈哈笑，否則輪到他們的時候就會被刁難。他們知道他可能會把他們轉給考菲先生，而考菲先生最出名的就是只會說不。

媽跟肯恩先生說爸在科芬特里，並不是在皮卡迪利附近。肯恩先生摘下眼鏡，瞪著她。怎麼了？妳是說我說錯了嗎？

喔，不是的，肯恩先生，不是的。

我要妳知道，女人，這裡的政策是不讓丈夫在英國的婦女領賑濟。我要妳知道，妳是把更應該得到賑濟的人的麵包從嘴裡搶走，那些人都留在這個國家裡盡自己的一分力。

是，是，肯恩先生。

妳姓什麼？

麥考利，先生。
這不是利默里克的姓，妳怎麼會有這種姓？
這是我的夫姓，先生。我先生是北愛人。
他是北愛人，而且他把妳丟在這裡領愛爾蘭自由邦的賑濟。我們難道就是爲這個而戰的嗎？
我不知道，先生。
妳爲什麼不到貝爾法斯特去，看奧蘭治黨[27]願不願意幫妳？
我不知道，先生。
妳不知道，妳當然不知道，這世上無知的人太多了。
他看著排隊的人，我說這世上無知的人太多了。他們就紛紛點頭，說這世上無知的人太多了。
他低聲跟考菲先生說話，兩人看著媽，看著我們。最後他跟媽說她可以得到社會救助，可如果她從丈夫那裡得到一便士，就得要取消她的資格，把錢退回給施藥所。媽答應了，我們就離開了。
我們跟著她到凱絲琳．歐康諾的店去買茶、麵包和一點點生火的泥炭塊。我們上樓到義大利，把火生起來，舒服地喝著茶。我們都非常安靜，連阿方都不吵，因爲我們都知道肯恩先生是如何對待我們母親的。

27　這是一七九五年，愛爾蘭北部的新教徒為擁護新教與英國國王而組織的祕密社團黨員。

10

樓下的愛爾蘭又冷又濕，可是我們在樓上的義大利。媽說我們應該把可憐的教宗拿上來掛在窗戶對面的牆上，他畢竟是勞工的朋友，是義大利人，而且義大利人生長在天氣溫暖的地方。媽坐在爐火邊發抖，我們知道她如果不動或是不抽菸，就是不對勁了。她說她覺得快感冒了，很想喝酸酸的東西，檸檬汁。可是家裡沒錢，連早晨的麵包都沒有。她喝了茶就上床了。

床鋪吱吱叫了一個晚上，因爲她翻來覆去，又呻吟著要喝水，把我們吵得都沒睡。到了早晨，她還是沒下床，仍然抖個不停，我們都不敢吵。要是她再睡，我跟馬拉基就會遲到。幾個鐘頭過去了，她還是動也不動，等我知道早就過了上學時間之後，我就生了火燒水。她翻身，嚷著要喝檸檬汁，可是我拿果醬瓶裝水給她喝。我問她要不要喝茶，她卻像個快死掉的人，一張臉紅通通的，而且奇怪的是她根本沒說要抽菸。

我們靜靜地坐在爐火邊，馬拉基、邁可、阿方、我自己。我們喝茶，讓阿方吃掉最後一點沾糖的麵包。他把糖抹得滿臉都是，胖胖的臉頰黏答答的，對著我們嘻嘻笑，逗得大家都笑了。可是不能笑得太大聲，不然媽就會跳下床來，命令我跟馬拉基去上學，我們會因爲遲到被殺掉。我們沒笑多久，因爲沒麵包了，我們四個都很餓。可是不能再去歐康諾的店賒帳了，也不能去找外婆。她每次都會對我們大吼大叫，因爲爸是北愛人，去英國的軍火工廠幹活卻從來不寄錢回家。外婆說他壓根就不在乎我們會餓死，到時候媽就會學乖了，誰讓她嫁了個北愛人，皮膚蠟黃又一個死德性，還長了一副長老會教徒的鬼模樣。

可是，我還是得再到凱絲琳·歐康諾的店去試一試。我會跟她說我媽生病躺在床上，弟弟們都很餓，我們會因爲沒有麵包而餓死。

我穿上鞋子，在利默里克街上快跑，爲了讓自己在二月的寒霜裡能保暖。你可以從別人家的窗子望進去，看見他們的廚房有多溫暖，火光熊熊，爐灶又黑又亮，餐桌上的杯碟被電燈照得亮晶晶的，盤子上盛著切片麵包，幾磅的牛油，一瓶一瓶的果醬，炒蛋和鹹肉的香味從窗戶飄出來，害你流口水，還有圍坐餐桌的人埋頭大吃，個個都笑容滿面；當媽媽的繫著圍裙，整潔俐落，每個人都清洗得很乾淨。聖心耶穌在牆上低頭看著他們，雖然受著苦，一臉哀傷，卻很滿意於桌上的食物、燈光，吃早餐的善良天主教徒。

我想在腦子裡找音樂，可是只找到媽媽呻吟著要喝檸檬汁的聲音。

檸檬汁。有輛貨車從邵斯酒館開走，把一箱箱的啤酒和檸檬汁放在外面，而且街上一個人也沒有。不到一秒鐘的功夫，我就在衛生衣底下藏了兩瓶檸檬汁，然後假裝沒事人一樣慢慢晃開。

凱絲琳·歐康諾的店外面停了輛麵包車，後車門開著，露出了一排排冒著熱氣的現烤麵包。貨車司機在店裡跟凱絲琳喝茶吃甜麵包，我輕輕鬆鬆就拿了一條麵包。偷凱絲琳的東西是不對的，因爲她總是對我們很好，可是如果我進去請她給我麵包，她會生氣，說我毀了她的早茶，她喜歡平平靜靜、舒舒服服地喝早茶。所以把麵包偷塞到我的衛生衣底下比較簡單，而且我保證會在告解的時候都說出來。

弟弟們都回床上去，躺在大衣底下玩遊戲，可是一看到麵包他們都跳了下來。我們撕麵包吃，因爲太餓了，來不及切，我們用今天早晨的茶葉泡茶。媽翻身以後，馬拉基就把檸檬汁舉到她的嘴邊，她大口大口喝，很快就喝完了。要是她這麼喜歡，那我就得想辦法再多弄一點來。

我們把最後一塊煤放進爐子裡，圍坐著說故事，我們跟爸一樣亂編。我跟弟弟們說我的檸檬汁和麵包冒險，還瞎編說被酒館老闆和店東追趕，又是如何跑進了聖若瑟教堂，因爲如果是罪犯跑進了教堂，別人也不能進去追，就算你殺了自己的母親也不行。馬拉基和邁可知道我去當小偷都一臉震驚，可是後來馬拉基說羅賓漢也會這麼做，劫富濟貧。邁可說我是壞人，要是被捉到，他們會把我吊死在人民公園最高的一棵樹上，黎蕊克戲院的電影都是這樣演的。馬拉基說我最好能保證是在恩寵的狀態，因爲我被吊死的時候可能不會有神父來。我跟他說神父一定要來看絞刑的，神父的功用就是這樣。洛迪．麥考利就有神父，凱文．巴里也是。馬拉基說洛迪．麥考利跟凱文．巴里吊死的時候沒有神父，因爲歌裡沒提到，說著他就唱起了歌來證明，後來媽媽在床上呻吟，叫我們閉嘴。

阿方在爐火邊的地板上睡覺，我們把他抱上床跟媽媽躺在一起，這樣他才會溫暖，不過我們不想要他被媽傳染而生病死掉。要是媽醒來發現阿方死在她身邊，她的哀傷就會沒完沒了，而且她會怪我們。

我們三個回到自己的床上，在大衣下擠成一團，盡量留意不要滾到床墊的洞裡。本來是很舒服的，可是後來邁可擔心阿方會被媽傳染，我會因爲犯法被吊死。他說那他就只剩下一個哥哥了，不公平，別人都有一大堆兄弟。他擔心得睡著了，沒多久馬拉基也睡著了，我躺在那裡想著果醬。能再有一條麵包，配上草莓果醬或隨便一種果醬，那該有多好。我不記得看過果醬車來送貨，我也不想像傑西．詹姆斯[28]一樣拿著槍闖進店裡要果醬，那我鐵定會被吊死。

窗戶射進來的陽光冷冷的，我很確定屋外一定比較暖和，要是弟弟們醒過來，發現我又帶了麵包和果醬回來，他們一定會嚇一大跳。他們會狼吞虎嚥把東西都吃光光，然後再碎碎念我的罪惡和絞刑。

媽仍在睡，她的臉紅紅的，而且打呼的時候還會有像被勒住的聲音。

我在街上走一定得小心，因為現在是上學時間，要是被德內希守衛看見了，他會把我拖回學校去，歐哈樂倫老師會打得我滿教室亂竄。守衛負責學生的出席率，他最愛騎著腳踏車追你，揪著你的耳朵把你拖回學校。

貝林頓街的大房子有一棟的門外放了一個箱子。我假裝去敲門，才能看見箱子裡面裝什麼，一瓶牛奶，一條麵包，起司，番茄，還有，主啊，一瓶橘子果醬。我沒辦法全都塞到衛生衣底下。主啊，我該把整箱都抱走嗎？路過的人連看都沒有多看我一眼，我乾脆把整箱都搬走算了。我母親都說要是為了一隻小羔羊被吊死，那還不如偷一隻大羊。我把箱子抱起來，裝成是送貨的男生，誰也沒多問一句。

馬拉基和邁可看到箱子裡的東西樂壞了，很快就在大吃抹了金黃色橘子醬的厚片麵包。阿方把橘子醬抹得滿頭滿臉都是，連腿上和肚子上都有。我們用冷茶配著吃，因為我們沒有火可以加熱。

媽喃喃著要檸檬汁，我把第二瓶檸檬汁餵了她半瓶。她還要更多，我就加水稀釋，因為我總不能在酒館間跑來跑去偷檸檬汁吧。我們本來很開心的，可是後來媽開始胡言亂語，喊叫什麼可愛的小女兒和三歲都不到就死了的雙胞胎，說為什麼天主不能去帶走有錢人家的孩子，家裡還有沒有檸檬汁？邁可想

28 傑西．詹姆斯（Jesse James, 1847–1882）是一名強盜，但是基層民眾卻認為他是美國的羅賓漢。

知道媽會不會死掉，馬拉基跟他說除非神父來了，不然你不能死。然後邁可又說，我們還會不會有火和熱茶，因爲他雖然在床上蓋著很久以前留下來的大衣，還是凍得要死。馬拉基說，我們應該挨家挨戶去討泥炭、煤炭和木頭，我們可以用阿方的嬰兒車去裝。我們應該把阿方帶著，因爲他很小，他一笑大家就會看到，就會爲他和我們難過。我們想把他身上的土、線頭、羽毛、黏黏的果醬洗掉，可是我們一用水碰他，他就哀哀叫。邁可說他坐在嬰兒車裡反正也會弄髒，幹嘛要幫他洗。邁可雖然年紀小，但總會說出很了不起的話來。

我們推著嬰兒車到有錢人的街道，可是我們敲門，女佣就會叫我們走開，不然她們就要報警了；有的說用那種臭氣熏天的推車拖著嬰兒滿街亂跑簡直丟人現眼，這麼髒的東西連運豬去屠宰場都不配；有的說這裡是天主教國家，嬰兒應該要當成寶貝撫養，讓他們長大了一代一代把信仰傳承下去。馬拉基跟一個女佣說親我的屁股，就被她狠狠打了一下，痛得他眼淚都快掉下來了，他說他這輩子再也不會向有錢人討東西了。他說跟別人討沒有用，我們應該繞到屋子後面去，翻牆去拿我們要的東西。邁可可以在前面按鈴讓女佣分心，我跟馬拉基可以把煤炭和泥炭塊丟過牆，把嬰兒車裝滿。

我們就這樣偷了三家，可是後來馬拉基把一塊煤炭丟過圍牆打到了阿方，他就大哭了起來，我們只好趕緊逃跑，卻落下了邁可，他仍然在按門鈴，承受女佣的辱罵。馬拉基說應該先把嬰兒車推回家，再來接邁可。我們現在不能停下來，因爲阿方又哭又叫，路人都瞪著我們，說我們丟母親和愛爾蘭的臉。

等我們回家以後，費了一番手腳才把阿方從那堆煤炭裡挖出來。我拿果醬麵包哄他，他才不再哭鬧。我怕媽會跳下床，但她只是嘟囔了幾句爸爸、喝酒、孩子死掉的話。

馬拉基帶著邁可回來了，他裝了一肚子按門鈴的冒險故事。有個有錢女人自己來開門，請他進廚房去吃蛋糕、果醬麵包，喝牛奶。她問了我們家的事，邁可說爸爸在英國有很棒的工作，可是媽媽生病躺在床上，一天到晚叫著要喝檸檬汁。有錢女人想知道是誰照顧我們，邁可吹牛說我們自己照顧自己，我們不缺麵包和橘子果醬。有錢女人寫下了邁可的姓名和地址，叫他要乖，回去找哥哥和臥床的母親。

馬拉基對邁可吼叫，罵他是笨蛋，把什麼都告訴了有錢的女人。她現在就會去告我們，在我們還不知道以前，全世界的神父都會跑來敲我們的門，讓我們不得安寧。

已經有人敲門了。不過不是神父，而是德內希守衛。他大聲喊，哈囉、哈囉，有人在家嗎？妳在不在啊，麥考特太太？

邁可敲窗戶，向守衛揮手。我狠狠踢了他一腳，馬拉基也打他的頭，他大喊，我要告訴守衛、我要告訴守衛。他們要殺了我，守衛。他們打我又踢我。

他不肯住嘴，德內希守衛對我們吼叫，要我們開門。我從窗戶向外喊，跟他說不能開門，因為媽媽生了可怕的病。

你父親呢？

在英國。

我要進去跟你們的母親談一談。

不行，不行。

不行，不行，她生病了。我們都生病了。可能是傷寒，也可能是很快就會要命的肺癆。我們身上已經有紅點了。小寶寶身上有硬塊，可能會死掉。

他把門推開，爬上樓到義大利，阿方剛好從床底下爬出來，渾身都是果醬和塵土。他看著他，再看看我母親，再看看我們，然後摘掉帽子搔著頭。他說，耶穌、瑪利亞、聖若瑟，這裡的情況太糟糕了。你們的媽媽怎麼會病成這樣？

我跟他說別靠近她，馬拉基說我們可能要好久好久都不能上學了，守衛說我們無論如何都得上學，我們生下來就是爲了要上學的，而他的責任就是要確保我們去上學。他想知道我們有沒有親戚，然後他就叫我去找外婆和安姬阿姨過來。

她們對我尖叫，罵我髒死了。我想解釋媽病了，而我爲了撐持這個家已經筋疲力盡，要讓爐火一直燒著，要幫媽弄檸檬汁，幫弟弟們弄麵包。跟她們說橘子果醬也沒用，她們只會一直叫罵。跟她們說有錢人跟他們的女佣有多壞也沒用。

她們把我一路推回巷子，對我吼叫，害我在利默里克的街上丟臉。德內希守衛仍然在搔頭。他說，看看這裡，簡直丟臉。就算在孟買或紐約的包利街也比這裡強。

外婆對著媽媽哭，聖母啊，安琪拉，妳這是怎麼了？他們把妳怎麼了？

我媽伸舌頭舔著乾枯的嘴唇，啞聲要檸檬汁。

她想喝檸檬汁，邁可說，我們幫她拿來了，還有麵包和果醬，我們現在都是壞人了。法蘭基是第一個壞人，後來我們都到利默里克街上搶煤炭。

德內希守衛一臉有興趣的表情，牽著邁可的手到樓下去，幾分鐘後我們聽見他哈哈大笑。安姬阿姨說我們的母親生病躺在床上，我們居然做出那種事來，眞是丟人現眼。守衛回來了，叫她去找醫生。他只要看著我或是我弟弟，就一直拿帽子遮臉。土匪，他說，土匪。

醫生開著汽車載安姬阿姨來了，他得立刻把媽送進醫院，因爲她得了肺炎。我們全都想坐醫生的汽車去，可是安姬阿姨說，不行，伊們都到我家去等伊們的媽媽出院。

我跟她說不用了，我十一歲了，可以照顧自己的弟弟。我很樂意待在家裡，不必去上學，確保每個人都吃得飽、洗得乾淨。可是外婆尖聲說不可以，安姬阿姨也打了我一拳。德內希守衛說我還太年輕，當不成土匪和父親，不過我在這兩方面倒是挺有前途的。

去拿衣服，安姬阿姨說，伊們要到我家來等伊們的媽媽出院。耶穌啊，這個小的怎麼這麼髒。

她找了一塊布，綁在阿方的屁股上，怕他會亂拉屎。然後她看著我們，想知道我們爲什麼站在那裡拉長著臉，她不是叫我們去拿衣服嗎？我跟她說我們的衣服都穿在身上，我很怕又被她打或是被她吼。她瞪著我，搖搖頭。來，她說，把寶寶的奶瓶加點水和糖。她跟我說我得推著阿方走，嬰兒車的輪子太搖晃了，整輛嬰兒車也跟著晃，她沒辦法推，再說，那玩意丟死人了，她連放隻癲痢狗進去都覺得丟臉。她拿了我們床上的三件舊大衣，堆進嬰兒車裡，把阿方都埋住了。

外婆跟我們一起走，從羅登巷一路吼罵我，罵到風車街安姬阿姨家。你就不能好好推車嗎？耶穌，你會把那個孩子摔死。不要再歪過來歪過去了，不然我就賞你一腳。她不肯進安姬阿姨家，她受不了再看我們一分鐘。她從那次必須寄六鎊到美國去讓我們回來，就受夠了麥考特一家了，這一家只會用死孩子的葬禮來撈錢，每次我們父親把補助金或是薪水喝光，她就得餵我們吃飯，幫著安琪拉過日子，而那個北愛來的老殺胚卻在英國到處喝酒，把薪水喝得一分不剩。喔，她受夠了，受夠了，說完她就過街到亨利街上，黑色披肩包著白色的頭，高筒黑靴子一瘸一瘸地走了。

如果你十一歲，你的弟弟十歲、五歲、一歲，你到別人家去就會不知道該怎麼辦，即使那人是你母親的姊姊。你聽話把嬰兒車留在走道上，把小弟弟抱進廚房，可是這裡不是你的家，你進了廚房以後就不知道該怎麼辦，怕阿姨會吼你或是打你的頭。她脫掉大衣拿進臥室，你就抱著弟弟站在那裡，等著她吩咐。如果你向前走一步，或是向旁邊走一步，她可能會出來說你在做什麼，你也不知道該怎麼回答，因爲你連手腳要怎麼擺都不知道。要是你跟弟弟們說話，又怕她說你憑什麼在我的廚房裡說話？我們得悄悄站著，這很難，尤其是臥室裡有滴滴答答的聲音，我們知道她在用尿壺。我不想看馬拉基，要是看了，我會露出笑容，他也會露出笑容，邁可也會，那我們很可能會笑出聲來，而如果我們笑出來，就可能好幾天都停不了，腦子裡想著安姬阿姨又大又白的屁股坐在有小花的尿壺上。我能夠自制，我不會笑。馬拉基和邁可也沒笑，看得出來我們都很得意自己有本事不笑出來，不會惹惱安姬阿姨。可是我懷裡的阿方露出了笑容，說咕咕，結果我們三個噗哧一聲全都笑了起來，阿方骯髒的小臉蛋也露出了牙齒，又說了咕咕，我們笑得不可開交；安姬阿姨吼叫著從房間出來，一面把衣服拉好，順手就敲我的腦袋，打得我抱著弟弟撞到牆上。她也打了馬拉基，還想打邁可，可是邁可逃到圓桌另一邊讓她打不到。過來，她說，我會把你臉上的笑抹掉，可是邁可一直繞著桌子跑，她太胖了追不到。我等一下再來修理你，她說，我會打爛你的屁股，還有你，窩囊廢，她跟我說，把孩子放到地上，放爐灶那邊。她把嬰兒車上的舊大衣鋪在地上，阿方就躺在上面，拿著糖水瓶說咕咕，嘻嘻笑著。她叫我們把每一件衣服都脫掉，到後院的水龍頭去把身上每一吋都擦洗乾淨。沒洗到潔白無瑕就不准進門。我想跟她說現在是二月中欸，外頭冷得要死，我們會凍死的，可是我知道只要我一張口，就可能會直接死在廚房地板上。

我們到院子裡，全身光溜溜的，用冰水潑身體。她打開了廚房窗戶，丟出一把刷子跟一大塊褐色肥皂，就跟他們用在芬恩那匹馬身上的一樣。她命令我們互相洗背，洗到她叫停爲止。邁可說他的手腳快凍掉了，可是她不管。她一直說我們還是很髒，如果讓她出來幫我們洗，我們會後悔莫及。又是後悔莫及。我用力刷洗身體。我們都用力刷洗到全身變粉紅色，上下排牙齒打架。但是安姬阿姨覺得還不夠。她提著水桶出來，把整桶冰水往我們身上倒。好了，她說，進屋去擦乾。我們站在她廚房旁的小棚子裡擦乾身體，只有一條毛巾。我們站在那裡發抖，等待，因爲除非她說可以，不然我們不能就這麼大剌剌地走進她的廚房。我們聽見她在裡面生火，撥火棒亂響，然後她對我們吼叫，你們是要站在那裡一整天嗎？進來穿衣服。

她給我們茶和煎麵包片，我們坐在餐桌旁靜靜地吃，因爲除非她說可以，不然你就不能說話。邁可問她要第二片麵包，我們以爲她會因爲他這麼不要臉而把他從椅子上打飛出去，可是她只是嘀咕著，要是兩片麵包就能把伊們拉拔這麼大，那就省事了，然後又給了我們每個人一片。她想餵阿方浸過茶的麵包，可是他不肯吃，最後她撒上了糖，他才吃。等他吃完，就露出了笑容尿在她的大腿上，我們都好高興。她飛奔到小棚子去用毛巾擦，我們在餐桌上彼此嘻嘻笑，跟阿方說他是天底下最棒的寶寶。帕·基廷姨丈一身黑從瓦斯廠下班回來了。哎唷，他說，這是怎麼回事？

邁可說，我媽媽進醫院了，帕姨丈。

是嗎？她怎麼了？

肺炎，馬拉基說。

嗯，幸好不是老人炎。

我們不知道他在笑什麼。安姬阿姨從小棚子進來，跟他說媽住院了，我們要住在這裡等她出院。他說，好好，就到小棚子去洗臉，不過等他回來，你根本看不出他有沒有洗，因爲他還是那麼黑。

他坐在餐桌邊，安姬阿姨給他送上晚餐，有煎麵包、火腿、番茄片。她叫我們下餐桌，不要瞪著他看他喝茶，又叫他不要再把火腿跟番茄給我們吃了。他說，啊唷，安姬，看在耶穌的分上，孩子們餓了。她說，你少管，又不是你親生的。她叫我們出去玩，八點半以後回來睡覺。我們知道外面冷得要死，我們想待在溫暖的爐灶四周，可是到街上去玩，也比在屋子裡聽安姬阿姨碎碎念要好。

後來她叫我進去，要我上樓去跟死掉一個孩子的婦人借一張橡皮床墊。婦人說跟你阿姨說，橡皮床墊要還我，我要留給下一個孩子用。安姬阿姨說，那個孩子死了十二年了，她還留著床墊。她今年四十五了，如果還能生孩子，那我們可得留意東方有沒有星星了。馬拉基說，什麼意思？她就叫他少管閒事，他還太小不會懂。

安姬阿姨把橡皮床墊鋪在她自己的床上，把阿方擺在她和帕姨丈之間。她睡裡面，靠著牆，帕姨丈睡外面，因爲他早晨得起來上班。我們睡在對面牆壁的地板上，底下鋪了一件大衣，身上蓋兩件。她說要是晚上聽到我們說話，她會打爛我們的屁股，而且我們明天要早起，因爲聖灰禮拜三得去望彌撒，爲我們可憐的媽媽和她的肺炎禱告不會有壞處。

鬧鐘把我們都吵醒了。安姬阿姨在床上喊，你們三個快起來，去望彌撒。聽見了沒有？起來。去洗臉，然後到耶穌會去。

後院都是冰霜，水龍頭流出來的水冰得手都刺痛。我們潑了一點水到臉上，用仍然潮濕的毛巾擦臉。馬拉基低聲說，我們洗臉只是意思意思，媽都是這樣說的。

街道上也都是冰霜，可是耶穌會裡很暖和。能當耶穌會的修士一定很棒，睡在有床單毛毯枕頭的床上，早晨起床屋子是暖和的，教堂也暖洋洋的，每天都沒有什麼事要做，只需要作彌撒、聽告解、吼別人的罪、吃別人端上來的三餐、讀你的拉丁文日課禱詞，最後上床睡覺。我希望將來能當個耶穌會的修士，可是在巷子裡長大是沒希望的。耶穌會非常特別。他們不喜歡窮人。他們喜歡有汽車、喝茶的時候會把小指頭翹起來的人。

教堂擠滿了來望七點彌撒、在額頭上抹灰的人。馬拉基低聲說邁可不應該領聖灰，因爲他要等到五月才開聖體，現在領是罪惡。邁可哭了起來，我要灰，我要灰。我們後面的一個老婦人就說，你們對這個可愛的孩子怎麼了？馬拉基解釋說這個可愛的孩子還沒開聖體，不是在恩寵的狀態。馬拉基自己就要領堅振了，總是在炫耀自己的教理問答，開口閉口就是恩寵狀態。他不承認我在一年以前就知道什麼是恩寵狀態了，一年了，久得我都快忘了。老婦人說在額頭上抹灰不需要什麼恩寵狀態，然後她叫馬拉基不要再欺負他可憐的弟弟了。她拍拍邁可的頭，說他是個可愛的孩子，上前去領聖灰吧。他就跑向聖壇，回來後，老婦人給了他一便士。

安姬阿姨仍然躺在床上。她叫馬拉基去把阿方的奶瓶裝上牛奶拿過來。然後叫我去生火，說箱子裡有紙和木柴，煤炭在煤斗裡。要是火生不起來，就灑一點煤油。火燃得很慢，煙又大，我就灑了一點煤油，沒想到火居然轟一聲燒了起來，差點把我的眉毛燒掉。到處都是煙，安姬阿姨衝進廚房，把我從爐灶前推開。耶穌，你什麼都不會嗎？你應該要把風門打開，白痴。

我根本不知道什麼叫風門。我們家裡樓下的愛爾蘭有壁爐，樓上的義大利有壁爐，沒看過有什麼風門。忽然間你到了阿姨家，就應該知道什麼叫風門。跟她說你是第一次用爐灶生火也沒有用，她只會再狠狠敲你的頭，把你打飛出去。大人爲什麼這麼容易爲了像風門這樣的小事生氣？等我長大了，才不會爲了風門這種事情亂打小孩呢。現在她又對我吼叫，看這個窩囊廢就杵在這裡。你難道就不會把窗子打開，讓煙散出去嗎？你當然不會。你就跟你那個北愛老子一樣嘴臉。你覺得現在你能不能燒開水泡茶，而不會把房子燒掉？

她切了三片麵包，幫我們抹上人造奶油，就又回床上了。我們喝茶吃麵包，難得有一個早晨很樂意去上學，因爲學校裡暖和，也不會有又叫又罵的阿姨。

放學後，她叫我坐在餐桌旁給我父親寫信，告訴他媽媽住院了，我們都在安姬阿姨家裡等媽出院。我得告訴他我們很開心，身體很好，送錢來，食物很重要，成長中的男孩需要吃很多，哈哈，阿方需要衣服和尿布。

我不知道她爲什麼隨時都氣呼呼的。她的公寓又暖和又乾燥。屋子裡有電燈，她自己的廁所在後院。帕姨丈有穩定的工作，每個禮拜五都把薪水拿回家。他在邵斯酒館喝酒，可是從來不會唱著愛爾蘭漫長苦難史的歌曲回家來。他說，讓他們都遭瘟吧，他說，天底下最好笑的事情就是我們都有屁股得自己擦，而且這件事誰也逃不了。只要有政客或是教宗在胡說八道，帕姨丈就覺得他是在擦自己的屁股。希特勒、羅斯福和邱吉爾都在擦屁股。戴．瓦勒拉也是。他說在這一點上唯一能信任的就是伊斯蘭教徒，因爲他們用一隻手吃飯，另一隻手擦屁股。人的手就是個鬼鬼祟祟的玩意，誰也料不準它打的是什麼鬼主意。

安姬阿姨如果去技能訓練所打牌，四十五點，那我們跟帕姨丈就會有快樂時光。他說，小器鬼都去死吧。他從邵斯酒館買了兩瓶黑啤酒，在轉角的商店買了六個甜麵包、半磅火腿。他泡了茶，我們坐在爐灶旁喝茶，吃火腿三明治和甜麵包，笑著聽帕姨丈談論天下事。他說我吞過毒氣，我喝啤酒，我壓根不甩什麼世界。要是阿方累了，鬧彆扭又哭，帕姨丈會把襯衫拉開露出胸膛，說來，吸一點媽咪的奶奶。扁平的胸膛和乳頭會讓阿方嚇一跳，不哭也不鬧了。

在安姬阿姨回家來以前，我們得把杯子洗好，整理乾淨，她才不會知道我們的肚子塞滿了甜麵包和火腿三明治。要是被她發現，她會嘮叨帕姨丈一個月。我實在不懂，帕姨丈爲什麼會讓安姬阿姨這樣子念他？他打過一次大戰，中過毒氣，他很高大，他有工作，他逗大家笑。這實在很神祕。神父和老師們都是這樣說的，所有的事都很神祕，而別人怎麼告訴你，你就得怎麼相信。

如果帕姨丈當我的父親，我會很樂意接受。我們會共度美好的時光，坐在爐灶邊喝茶，大笑著聽他放屁的時候說，點火柴，這是德國人送的禮。

安姬阿姨時時刻刻都在找我麻煩。她叫我結痂眼。說我簡直跟我父親一個模子打出來的，也是那副死德性，還有北方長老會教徒鬼鬼祟祟的模樣，我長大以後八成會給奧利佛·克倫威爾建個祭壇，我會跑去娶個英國娼妓，把我家裡貼滿英國皇室的相片。

我想躲開她，只能想到一個辦法，就是讓自己生病住院。我在半夜三更起床，跑到後院去。我可以假裝是要上廁所。我站在冷死人的院子裡，希望能得肺炎或是很快會要人命的肺癆，這樣我就能進醫院，有乾淨的床單，在床上吃飯，藍衣女孩會幫我送書來。我可能會遇見另一個派翠西亞·馬迪根，再學會一首長詩。我穿著襯衫光著腳站在後院好久好久，抬頭看月亮，月亮是一艘幽靈船，在多雲的大海上航行；我全身發抖回去睡覺，希望明天醒來會嚴重咳嗽、兩頰通紅。可是沒有。我覺得生龍活虎，如果現在是在家裡跟媽媽和弟弟們在一起，我會是非常健壯的小伙子。

有時候安姬阿姨說，她再也受不了看到我們一分鐘，離我遠一點。來，結痂眼，把阿方放進嬰兒車裡，帶著你的弟弟們到公園去玩，隨便你們做什麼，就是不要回來；可是等到祈禱鐘一響，立刻就給我進來，晚一分鐘都不行，聽見了沒有，晚一分鐘也不行。天氣很冷，可是我們不在乎。我們把嬰兒車推在歐康諾街上，到伯勒納卡拉或是羅斯布萊恩路。我們讓阿方在田野裡亂爬，看牛看羊，牛用嘴巴拱他，我們哈哈大笑。我鑽到母牛底下，把奶擠進阿方嘴巴裡，吃得他太飽都吐了出來。農夫追趕我們，可是看到邁可和阿方那麼小就放過我們了。馬拉基嘲笑農夫。他說，打我啊，連我跟我抱的小孩一起打啊。後來他有了個好點子，我們幹嘛不回自己家去玩？我們在田野裡撿到了小樹枝，就衝回羅登巷。義大利的壁爐旁有火柴，沒一會兒我們就生起了不小的火。阿方睡著了，沒多久我們也陸陸續續睡著，最後贖世主堂的祈禱鐘響，我們知道回去會遲到，安姬阿姨又要給我們好看了。

我們不在乎。她愛怎麼罵就怎麼罵吧，反正我們在鄉下跟母牛和綿羊玩得很開心，而且在樓上的義大利也生了暖烘烘的爐火。

看得出來她沒過過這樣的好時光。有電燈和廁所，卻沒有好時光。

禮拜四和禮拜日外婆會來找她，她們搭公車到醫院去看媽。我們不能去，因爲兒童不准去探病；如果我們說，媽媽怎麼樣了？她們就一臉不高興，跟我們說她沒事，還活著。我們想知道她幾時會出院，這樣我們就能回家了，可是我們不敢開口。

有一天馬拉基跟安姬阿姨說他餓了，能不能吃片麵包，結果她用捲起來的《聖心小信使》打他，打得他眼睫毛上都有眼淚。隔天他放學了沒有回來，上床時間到了也不見蹤影。安姬阿姨說，哼，他大概是逃家了。隨便。他餓了就會回來，就讓他在水溝裡找安慰好了。

隔天邁可從街上跑進來，爸來了，爸來了，然後就又跑出去，果然，爸爸就坐在門廳地上，摟著邁可哭。你可憐的媽媽，你可憐的媽媽。他身上還有酒味。安姬阿姨在微笑。喔，你來了，她泡了茶，準備了雞蛋和香腸。她叫我出去幫爸買一瓶黑啤酒，我覺得很奇怪，她怎麼會突然間這麼開心大方。邁可說，我們要回自己家了嗎，爸？

是啊，兒子。

阿方又進了嬰兒車，車裡還堆了三件舊大衣和生火用的煤炭和木頭。安姬阿姨站在門口，叫我們要乖，隨時都可以回來喝茶。我的腦子裡浮現出一句罵她的話，老賤貨。話自己出現在我的腦袋裡，我也沒辦法，不過我得在告解的時候跟神父說。

馬拉基不在水溝裡，他在我們自己家裡，吃著炸魚薯條，是某個喝醉的軍人掉在沙斯菲爾軍營大門外的。

媽兩天後出院了。她既虛弱又蒼白，走路很慢。她說，醫生叫我不能凍著了，要多休息，多吃營養的食物，一個禮拜吃三次肉和蛋。天主幫幫我們，那些可憐的醫生根本就不知道什麼叫窮日子。爸泡了茶，爲她烤了吐司，幫我們其他人煎了麵包，樓上的義大利暖洋洋的，我們度過了美好的一晚。他說他不能待太久，得回科芬特里幹活。媽質問他口袋裡連一便士也沒有，是打算怎麼回科芬特里？他在復活節前一週的禮拜六起了個大早，我跟他在爐火邊喝茶。他煎了四片麵包，用《利默里克新聞報》包了起來，兩個口袋各放一包。媽仍在床上，他從樓梯口叫她，我要走了。她說，好吧，到了就寫個信回來。我父親要到英國去了，她卻連下床都不肯。我問爸爸能不能送他到車站。不行，他不是要到車站。他是要到往都柏林的路去看能不能搭個便車。他拍拍我的頭，叫我要照顧母親和弟弟們，就出門了。我看著他走出巷子，轉過巷子口。我跑到巷子口，看著他走下營盤山，進了聖若瑟街。我跑到山下，盡可能跟著他。他一定知道我跟著他，因爲他轉過來高聲喊，回家去，法蘭西斯。回去照顧你媽。

一週後他寫信回來說平安抵達，叫我們要乖，不要忘了我們的宗教義務，最要緊的是要聽媽媽的話。又一週，電報童送來了一張三鎊的匯票，我們樂翻天了。我們有錢了，可以吃炸魚薯條、果凍和蛋奶醬，每個禮拜六到黎蕊克、影城、卡爾登、雅斯紐、中央戲院，還有最豪華的薩佛伊戲院去看電影了。我們搞不好還可以到薩佛伊咖啡館去，跟利默里克的大人物和上流人士喝茶吃蛋糕呢，到時我們一定會翹著小指頭拿茶杯。

下一個週六沒有電報，再下個週六也沒有，再以後都沒有了。媽又到聖文生會去乞討，到施藥所去賠笑臉，聽考菲先生和肯恩先生開玩笑說爸在皮卡迪利摟著妓女。邁可想知道什麼是妓女，媽跟他說是配茶吃的。她白天泰半時間都坐在壁爐邊，跟布莉笛．漢能抽著野忍冬，喝淡茶。我們放學回來，桌上總是留著早餐的麵包屑。她不洗果醬瓶或馬克杯，有糖或是甜的東西裡面一定有蒼蠅。

她說我跟馬拉基得輪流照顧阿方，用嬰兒車把他推出去呼吸新鮮空氣。不能從十月到四月都把這孩子關在義大利。要是跟她說我們想跟自己的朋友玩，可能就會有個右直拳打到頭上，打得我們連耳朵都刺痛。

我們拿阿方和嬰兒車玩。我立在營盤山的山頂，馬拉基在山腳。我把嬰兒車往山下推，馬拉基應該要接住嬰兒車的，可是他在看一個朋友溜滑板，嬰兒車就從他面前飛了過去，撞破了列寧斯頓酒館的門，裡面的客人正在安詳地享受一杯啤酒，沒想到會有一個坐嬰兒車的骯髒小鬼說咕咕咕咕。酒保大吼太不像話了，一定得立法禁止這種行為，小貝比坐著破爛的嬰兒車闖進門來，他要叫守衛來抓我們，阿方向他揮手微笑，他就說，好吧好吧，這孩子可以吃顆糖，喝杯檸檬汁，兩個哥哥也可以喝檸檬汁，唉，看這一對叫花子兄弟。這日子眞是難過啊，前一分鐘你還以爲自己過得不錯，下一分鐘就有一輛嬰兒車衝進門來，而你就在左一個右一個地分糖果和檸檬汁了。你們兩個把孩子帶走，回家找媽媽去。

馬拉基又有了一個好點子，他說我們可以像流浪工人一樣，推著阿方到利默里克的酒館到處闖，就能弄到糖果和檸檬汁，可是我不要讓媽發現，又挨她的右直拳。馬拉基說我真討厭，就跑掉了。我把嬰兒車推到亨利街，再推到贖世主堂旁邊。今天的天空灰灰的，教堂也灰灰的，神父門外的一小群人也灰灰的。他們在等著乞討神父午餐的剩菜。

而在人群中穿著骯髒灰大衣的，赫然就是我的母親。

這是我的母親，在乞討。這比補助金、聖文生會、施藥所還要糟，是最羞恥的羞恥，幾乎跟在街頭乞討一樣糟，像流浪工人抱起身上都是痂的孩子，可憐可憐這孩子，施捨個一便士吧，先生，可憐的孩子沒飯吃啊，先生。

我的母親現在是乞丐了，要是巷子裡的人或學校的人看見她，我們全家都會抬不起頭來。我的朋友會發明新的字眼，在校園裡欺負我，而我知道他們會說什麼。

法蘭基・麥考特，
乞丐婆的兒子。
結痂眼，
小舞男，
愛哭鬼，
日本鬼子。

神父家的門打開了，人人都伸長了雙手衝上前去。我能聽見他們說，修士、修士，這邊，修士，啊，看在天主的愛上，修士。家裡有五個孩子啊，修士。我能看見我自己的母親向前推擠。我能看見她緊抿著嘴，硬搶來一個袋子，從門口轉身。我在她看見我之前，推著嬰兒車走了。

我再也不想回家了。我把嬰兒車推到碼頭路，出了柯肯利，這裡覆滿了泥土，也是利默里克丟垃圾、焚燒垃圾的地方。我站了一會兒，看著男生追老鼠。我不知道他們爲什麼要折磨不在他們家裡面的老鼠。如果不是阿方餓得大哭，肥肥的腿亂踢，揮舞著空奶瓶，我會就這樣一直走到鄉下。

媽生了火，鍋子裡煮著東西。馬拉基微笑，說她帶醃牛肉回來了，還有凱絲琳·歐康諾店裡的一些馬鈴薯。要是他知道他是乞丐的兒子，就不會這麼開心了。她把我們從巷子裡叫回來，我們坐在餐桌旁，要我看著我媽媽這個乞丐，實在很困難。她把鍋子端到桌上，爲我們每個人舀了馬鈴薯，用叉子把醃牛肉撈起來。

根本就不是什麼醃牛肉，只是一大塊抖動的灰色脂肪，頂端一丁點的紅肉才算牛肉。我們瞪著那一丁點肉，心裡在盤算不知道會給誰吃。媽說，這是給阿方的。他是小寶寶，長得快，需要吃肉。她把肉放在他面前的小碟上。他用手指把它推開，又拉回來。舉到嘴邊，看了看四周，看到了阿福，就丟給牠吃了。

說什麼都沒用。肉沒了。我們吃馬鈴薯，加了很多鹽，我吃我的那份脂肪，假裝是一丁點的紅肉。

11

媽警告我們，伊們的手爪子不准去碰大衣箱，因爲裡面的東西都跟你們沒關係。

大衣箱裡只有一堆的文件、出生證明、受洗證明、她的愛爾蘭護照、爸從貝爾法斯特申請到的英國護照、我們的美國護照，以及她一路從美國帶回來，有花邊和亮片的鮮紅色直筒連身裙。她想留著這件衣服，紀念年輕時的跳舞時光。

我不在乎她的衣箱裡有什麼東西，可是後來我跟比利．坎貝爾，還有馬拉基組了一支足球隊。我們買不起制服或靴子，比利說，那別人怎麼知道我們是誰？我們連個隊名都沒有。

我想起了那件紅衣服，就想到了一個名字。利默里克紅心。媽從來也不打開大衣箱，如果我把那件衣服剪下一塊，裁出七個紅心貼在胸口，她哪會知道？不知道就不心煩，她不是也老這樣說嘛。

衣服埋在文件底下。我看著自己的護照相片，那時候我還小，我一看就明白他們爲什麼叫我小日本鬼子。有張紙上寫結婚證書，說馬拉基．麥考特和安琪拉．席安在一九三〇年三月二十八日正式結婚。怎麼可能？我是在八月十九日出生的。比利．坎貝爾跟我說，男人跟女人必須結婚九個月以後才會生孩子。我卻只用一半的時間就出生了。所以說我一定是神蹟，我長大以後可能會是聖人，大家以後會過利默里克的聖法蘭西斯慶日。

我得去問問米奇·莫洛伊，他仍然是女生身體和噁心事的權威。

比利說，如果要成爲厲害的足球員，我們就得要練習，所以找大家在公園會合。我把紅心拿給他們，他們每一個都嫌得要命，我說既然不喜歡，那他們就自己回家去剪他們母親的衣服。

我們沒有錢買球，有個男生就用綿羊的膀胱塞滿破布當足球。我們在草坪上把羊膀胱踢上踢下，結果把膀胱踢破，破布掉了出來，最後我們實在受夠了踢一個差不多不算是膀胱的膀胱了。比利說明天早上集合，明天是禮拜六，我們可以到伯勒納卡拉，看能不能挑戰有錢的新月學院男生，來場七對七的比賽。他說雖然我們的紅心是紅色破布，還是要把心別在襯衫上。

馬拉基回家喝茶，可是我不能回去，因爲我得去找米奇·莫洛伊，查出我爲什麼只用了一半時間就出生了。米奇跟他父親彼得從屋子裡出來。今天是米奇的十六歲生日，他父親要帶他到波爾斯酒館去喝他的第一杯啤酒。諾拉·莫洛伊在屋子裡對著彼得叫喊，要是他們去了，那就死在外面別回來，她受夠了烤麵包，不要再進瘋人院了，要是他讓孩子醉醺醺地回來，她會到蘇格蘭去，從地球表面消失。

彼得跟米奇說，別理她，賽克洛普斯。愛爾蘭的母親永遠都反對第一杯啤酒。我爸爸帶我去喝第一杯啤酒的時候，我自己的媽媽就差點用煎鍋把他宰了。

米奇問彼得，我能不能跟著去喝一杯檸檬汁。

彼得告訴酒館裡每一個人，米奇來喝他的第一杯啤酒，所有人都想要請米奇喝一杯，彼得說，啊，不行，要是他喝太多，全都吐出來就糟糕了。

啤酒送來了，我們靠著牆坐，莫洛伊父子喝著啤酒，我喝檸檬汁。客人都祝福米奇將來萬事如意，說幾年前他從排水口上掉下來，結果居然再也不發病了，這可不是天主的恩賜嗎？而可憐的小加西莫多．杜利，那麼多年來說話像個英國人，就爲了要進BBC那個不適合愛爾蘭人的地方，結果卻得了肺癆給抬走了，可不是太可惜了嗎？

彼得跟客人說話，米奇小口喝著他的第一杯啤酒，低聲跟我說，我好像不喜歡這個，可是別跟我父親說。然後他跟我說，他偷偷練習英語口音，打算要進BBC當廣播員，實現加西莫多的夢想。他跟我說，我可以把庫胡林拿回去了，說在BBC念新聞，庫胡林沒有用。他現在十六歲了，想到英國去，要是我有無線電收音機，那將來在BBC國內台聽見的聲音就是他。

我跟他說了結婚證書的事，說比利．坎貝爾告訴我，要九個月才能生孩子，可我只用了一半時間就出生了，他知不知道我會不會是什麼神蹟。

不是，他說，不是。你是私生子，你遭天譴了。

你用不著詛咒我，米奇。

我沒有。他們就是這樣子叫不是結婚九個月以後出生的孩子的，在毯子外受孕。

什麼意思？

什麼什麼意思？

受孕？

就是精子撞上卵子，然後成長，九個月後你就出生了。

我聽不懂你在說什麼。

他低聲說，你兩腿間的東西就是亢奮所在。我不喜歡別的名稱，棒槌，老二，命根子。是這樣的，你父親把他的亢奮塞進你母親的身體裡，噴發，然後小精子就爬進你母親身體裡的一個蛋，後來就慢慢成長變成了你。

我才不是蛋咧。

你是蛋。每個人都曾經是蛋。

那我爲什麼遭天譴？我是私生子又不能怪我。

所有的私生子都遭天譴，他們就像沒受洗的嬰兒，被打入冥界，永世不得超生，而且也不是他們自己的錯。說到這就不免讓你懷疑，高高在上的天主對沒受洗的小嬰兒一點也不慈悲，所以我才再也不去教堂。閒話少說，反正你就是遭天譴了。你的父親和母親享受了亢奮，那時沒有結婚，所以你就不是在恩寵的狀態下。

那我該怎麼辦？

不怎麼辦。你遭天譴了。

我不能去點蠟燭之類的嗎？

你可以試試聖母瑪利亞，她是負責遭天譴的人。

可是我沒有一便士可以點蠟燭。

沒關係，沒關係，借你一便士。等你一百萬年後找到工作再還我。我能成爲女生身體和噁心事的專家，可花了我不少錢呢。

酒保在塡字謎，對彼得說，前進的相反是什麼？

後退，彼得說。

對了，酒保說。不管什麼都會有相反的一面。

聖母喔，彼得說。

你怎麼了，彼得？酒保問。

湯米，你剛才說什麼？

不管什麼都會有相反的一面。

聖母喔。

你沒事吧，彼得？啤酒沒壞吧？

啤酒很好，湯米，我是喝酒冠軍，忘了嗎？

對、對，彼得，誰能忘得掉呢。

所以說，我也可以是在相反的那一面當冠軍。

噯，彼得，你說到哪兒去了。家裡的老婆還好吧？

湯米，把這杯酒拿走。我現在是不喝酒的冠軍了。

彼得轉身拿走了米奇的酒杯。我們要回去找你媽，米奇。

你沒叫我賽克洛普斯，爸。

你是米奇，是邁可。我們要到英國去。我不喝酒了，你也不喝酒，你媽也不必烤麵包了。來吧。

我們離開了酒館，酒保湯米在後面喊，你知道嗎，彼得，都是你看的那些書害的。書把你的腦子毀了。

彼得和米奇轉身回家了，我得到聖若瑟去點蠟燭免得遭天譴，可是我看著卡格尼漢商店的窗戶，看到有一大塊克里夫太妃糖，招牌上說**一便士兩塊**。我知道我遭天譴了，可是我的舌頭兩邊口水直流，我就把一便士放在卡格尼漢小姐的櫃台上，我跟聖母保證等我再弄到一便士，就會去點蠟燭，到時請她跟她的兒子說一聲，把天譴暫時往後延一下。

一便士的克里夫太妃糖吃不了多久，吃完之後，我得想想回家後的情況。家裡的媽媽讓我父親把他的亢奮推進身體裡，所以我只花了一半時間就出生了，而且長大了是個私生子。要是她提到紅衣服什麼的，我就要跟她說亢奮的那件事我全知道了，她就會大吃一驚。

禮拜六早晨我跟利默里克紅心隊會合，我們跑到馬路外去找賽球的機會。男生們仍在爲看起來不像心的紅布囉嗦，後來比利說，要是他們不想踢球，就回家去玩他們姊妹的洋娃娃。

伯勒納卡拉的一處球場上有男生在踢足球，比利就挑戰他們。他們有八個人，我們只有七個，可是我們不在乎，因爲他們有一個人是獨眼龍，比利就叫我們跑在他看不見的那邊。他還說，法蘭基．麥考特的眼睛壞到跟瞎子差不多，我們更吃虧。他們都穿著藍白色運動衣、白短褲、正規的足球鞋。其中有一個人說，我們好像貓叼進來的東西，馬拉基差點就撲上去打他，幸好被大家拉開。我們同意踢半個鐘頭，因爲伯勒納卡拉男生說他們得去吃 lunch[29]。午餐。全世界的人都在中午吃 dinner，只有他們吃 lunch。如果半小時內兩隊都得分，那就算平手。我們來回踢球，後來比利拿到了球，加速快跑，沿著邊線推進，誰也追不上他，最後得分。半小時差不多快到了，可是伯勒納卡拉男生還想再比半小時，第二個半小時他們得分了。後來球飛過了界線，換邊發球，是我們的球。比利站在發球線把球舉過頭頂，他假裝看著馬拉基，卻把球丟給了我。球朝我直飛過來，好像全世界只剩下這顆球。球直接落在我的腳下，我只需要盤球到左邊，再直接把球踢進球門就好了。我的頭腦一片空白，彷彿上了天堂。我在球場上飄浮，後來利默里克紅心隊紛紛拍我的背，讚美我說踢得好，法蘭基，你也傳得好，比利。

我們沿著歐康諾街往回走，我一直在回想球落到我腳下的情形，那一定是天主或聖母瑪利亞傳過來的，雖說祂們不會把這樣的恩寵送給一個只花一半時間就出生、遭天譴的人。而我知道只要我活著，就絕不會忘記我得的那一分，是比利·坎貝爾傳給我的球。

媽在巷子裡碰到布莉笛·漢能跟她母親，她們跟她講起漢能先生可憐的腿。可憐的約翰，每天在碼頭路那兒為煤商搬煤塊，晚上騎腳踏車回來實在太辛苦了。他的上班時間是早上八點到晚上五點半，可是他得在八點以前先把馬套好，五點半以後還得把馬先安頓好。他整天在運煤車上爬上爬下，抬一袋又一袋的煤塊，又忙著讓腿上的繃帶別掉下去，以免開口的膿瘡又沾上髒東西。繃帶老是黏在他的腿上，每次都得用力撕下來。他回家來讓她用溫水和肥皂幫他清洗膿瘡，抹上藥膏，再換上乾淨的繃帶。他們沒辦法每天都買新的繃帶，所以她只好把舊的一洗再洗，洗到繃帶都變灰了。

媽說漢能先生可以去看醫生啊，漢能太太說，唉呀，他看過十幾次了，醫生說他得讓兩條腿休息。就這樣。讓腿休息，說得輕鬆，讓腿休息。他得上班啊。要是他不上班，我們的日子要怎麼過？

媽說布莉笛也許能去找個差事，想不到卻惹惱了布莉笛。妳不知道我的胸腔不好嗎，安琪拉？妳不知道我得過風濕熱，隨時都可能會死嗎？我得要很小心。

媽常常說布莉笛跟她的風濕熱和虛弱的胸腔。她說，那個人能坐在這裡幾個鐘頭，抱怨她的病痛，

29 在英國，勞動階級的人多用 dinner 來表示午餐，而中產階級則多用 lunch。

可是卻照樣抽野忍冬。

媽跟布莉笛說，她很遺憾她的胸腔不好，也很遺憾她父親的病痛。漢能太太跟我媽說，約翰的情況一天比一天壞。麥考特太太，妳覺得讓妳兒子法蘭基每個禮拜跟著他幾個鐘頭，幫他把煤塊扛到貨車上怎麼樣？我們實在擠不出錢來，可是法蘭基可以賺個一、兩先令，約翰也可以歇歇他可憐的腿。

媽說，這個嘛，他才十一歲，又得過傷寒，煤炭的粉塵對他的眼睛也不好。

布莉笛說，他是在屋子外頭，眼睛不好或是得過傷寒的人最需要新鮮空氣了，對不對，法蘭基？

對，布莉笛。

我巴不得跟著漢能先生坐在大運煤車上，像個眞正的工人。要是我做得好，他們搞不好會讓我不必再上學了，可是媽說，只要不耽誤了上學就行，他可以在禮拜六早晨開始。

我現在是個男人了，所以我在禮拜六早晨一大早就生了火，自己泡茶煎麵包。我在隔壁等漢能先生牽著腳踏車出來，他們家的窗戶飄出美味的鹹肉和炒蛋味道。媽說漢能先生吃得最好，因爲漢能太太仍然像嫁給他那天那樣愛戀著他。他們就像美國電影裡的情侶。他推著腳踏車出來了，嘴裡還抽著菸斗。他叫我爬到腳踏車中間的橫條上，然後我們就出發了，去上我成爲男人以來的第一個班。他的頭高高地在我的頭之上，菸斗的味道很香。他的衣服上有煤炭味，害我直打噴嚏。

走路的、騎腳踏車的男人朝煤場、蘭克麵粉廠，以及碼頭路上的利默里克汽船公司前進。漢能先生把菸斗拿掉，跟我說禮拜六是最美麗的一個早晨，只要上半天班。我們八點開始上工，在十二點的祈禱鐘敲響以前就收工了。

我們先照顧馬，幫牠擦洗一下，在木槽裡裝滿了燕麥，水桶裝滿水。漢能先生教我怎麼套馬具，讓我牽著馬倒退進運煤車的車轅。他說，唉唷，法蘭基，你學得眞快。
我聽了好高興，眞想跳上跳下，這輩子就當個運煤車的車夫了。
有兩個人把袋子裝滿煤炭和泥炭塊，在大鐵秤上秤重，每袋都是一英擔[30]重。他們需要把袋子扛到運煤車上疊好，而漢能先生會到辦公室去拿運煤清單。裝袋的工人動作很快，我們已經要出發了。漢能先生坐在運煤車的左邊，甩了一下鞭子，讓我知道我應該坐右邊。運煤車好高，又裝滿了袋子，要爬上去很難，我就想站在車輪上往上爬。漢能先生告訴我下次絕對不可以。馬匹只要套上了馬車，就絕不要把手腳放在輪子附近。馬兒可能會想自己去散步，你的手或腿就會卡進輪子裡，眼睜睜看著自己的手或腿被拉斷。他對馬兒說上工了，馬兒甩頭，馬具也嘎嘎響，漢能先生笑了。這匹傻馬眞愛幹活，他說。用不了幾個鐘頭，牠就會沒力氣甩馬具了。
下雨了，我們就用舊煤袋蓋住身體，漢能先生把菸斗朝下，不讓菸草淋濕。他說雨會讓什麼東西都變重，可是埋怨有什麼用，這不就跟非洲人埋怨大太陽一樣。
我們走過了沙斯菲爾橋，要運煤到因尼斯路和北環路。有錢人，漢能先生說，伸手到口袋裡掏小費的動作特別慢。
我們有十六袋煤要送。漢能先生說我們今天很幸運，因爲有些人家訂了不止一袋煤，他就不用爬上爬下，毀了他的腿。馬車停下來，他下車，我就把袋子拖到邊緣，放在他的肩膀上。有的人家屋外有活板門，把袋子傾斜讓煤倒光就可以了。有的人家有長長的後院，你可以看見漢能先生把煤袋從貨車上扛

30　一英擔＝五〇．八公斤。

下來，送進後門邊的小棚屋，他的兩條腿很不靈光。但你只會聽見他說，啊，基督，法蘭基，啊，基督。然後他會要我幫他一把，拉他上車。他說要是他有手推車，他會把煤袋放到手推車上再推到屋子裡，那就方便太多了。可是一輛手推車得要兩個禮拜的薪水，誰買得起呢？

袋子都送完了，太陽也出來了，運煤車空了，馬兒也知道今天的工作結束了。坐在運煤車上看著馬兒從頭到尾都在搖晃，悠哉悠哉走過因尼斯路，越過善農河，走上碼頭路，倒是一件很愜意的事。漢能先生說，運送了十六英擔煤炭和泥煤塊的男人值得喝一杯，而幫助他的男孩也應該喝瓶檸檬汁。他跟我說我應該要去上學，不要像他一樣勞動到兩條腿都爛了。回學校去，法蘭基，離開利默里克和愛爾蘭。這場仗早晚會打完，你可以到美國或澳洲去，或是隨便哪個大的國家，你可以抬頭看，卻看不到土地的邊際。世界很寬廣，你可以去探險。我要不是因爲這兩條腿啊，早就到英國的工廠去賺錢了，跟別的愛爾蘭人一樣，跟你父親一樣。不，不跟你父親一樣。我聽說他就把你們晾在這兒不管了？我不知道有哪個正常的男人會就這麼一走了之，把老婆孩子丟在利默里克，讓他們在冬天裡挨餓發抖。上學去，法蘭基，上學去。念書，念書，念書。在你的腿爛掉以前，在你徹底崩潰以前，離開利默里克。

馬蹄達達響，我們進了煤場以後就餵馬喝水，幫牠擦洗。漢能先生一直在跟牠說話，叫牠我的老夥計，馬兒就噴鼻，用鼻子去拱漢能先生的胸口。我很想把這匹馬帶回家，我們住樓上的義大利，讓牠住在樓下，可是就算我能把牠弄進門，我媽也會對我吼叫說，我們最不需要的就是家裡多出一匹馬來。

從碼頭路出來的上坡路，對漢能先生來說要踩腳踏車又要載我實在太辛苦了，所以我們就走路。他的腿因爲勞動而痠痛，走了很久才走到亨利街。他靠著腳踏車或是坐在別人家的門階上，用力咬著嘴上的菸斗。

我偷偷地想幾時會拿到今天的工資，因爲如果我帶著一先令或是漢能先生多少給的一點錢回家，媽可能會讓我去黎蕊克戲院。這時我們走在邵斯酒館的門口，漢能先生叫我進去，他不是答應要請我喝檸檬汁嗎？

帕．基廷姨丈也在酒館裡，跟平常一樣一身黑，旁邊坐著比爾．高文，跟平常一樣一身白，一面抽鼻子一面大口喝著黑啤酒。漢能先生說，你好嗎？就坐在比爾．高文的另一邊，酒館裡人人都哈哈笑。基督喔，你們看看，兩個黑炭團加一個雪球。男人從各個角落過來，看兩個黑炭團人中間夾著一個石灰白人，他們想叫人去找《利默里克讀者報》的人來拍照。

帕姨丈說，你怎麼也一身黑啊，法蘭基？是掉進煤礦裡了嗎？

我在幫漢能先生送煤。

你的眼睛看起來好可怕，法蘭基，像雪地上的兩個尿洞。

是煤炭塵啦，帕姨丈。

回家以後洗一洗。

好，帕姨丈。

漢能先生請我喝檸檬汁，給了我一先令，跟我說可以回家了，我是個好幫手，下個禮拜放學以後可以再來幫他。

回家路上我在商店櫥窗裡看見了自己，從頭到腳黑漆漆的，我覺得自己像個男人，口袋裡有一先令的男人，跟兩個煤炭人、一個石灰人在酒館喝過檸檬汁的男人。我不再是小孩子了，我可以乾脆離開里彌學校。每天跟著漢能先生去上工，等他的腿變得太差，我可以接手駕車，送煤到有錢人家，就這樣幹一輩子，我的母親就不必到贖世主堂的神父家去當乞丐了。

街上巷子裡的人都好奇地看著我。男生女生都哈哈笑，大聲喊，掃煙囪的來了。幫我們家掃煙囪要多少錢啊？你是掉進煤坑裡了嗎？你是不是被黑暗燒到了？

他們是無知。不知道我這天運送了十六擔的煤炭和泥煤塊。他們不知道我是個男人。

媽在樓上的義大利帶著阿方睡覺，窗子上蒙著大衣阻擋陽光。我跟她說我賺了一先令，她說我可以去黎蕊克，那是我應得的。拿兩便士，剩下的錢放在樓下壁爐上，讓她拿去買一條麵包來配茶吃。窗上的大衣突然掉了，房間一片明亮。媽看著我，主啊，看看你的眼睛。下樓去，我馬上下來幫你洗。

她用水壺燒水，用硼酸粉幫我擦眼睛，跟我說今天不能去黎蕊克戲院了，明天也不能去，要等到我的眼睛清亮以後，雖然上帝才知道那是什麼時候。她說，你的眼睛這個樣子，不能去送煤了。炭粉會把你的眼睛弄瞎。

我要這份工作。我要帶一先令回家。我要當個男人。

你不必帶一先令回家也能當個男人。上樓去躺下來，讓眼睛歇一歇，不然你就會是個瞎眼男人了。

我要這份工作。我用硼酸粉每天洗三次眼睛。我記得醫院裡的西莫斯，他叔叔的眼睛是靠眨眼運動治好的，所以我每天都會坐下來眨眼一個小時。眼睛要好就要多眨眼，他說。所以現在我的眼睛眨了又眨，嚇得馬拉基跑去找媽媽，媽正在巷子裡跟漢能太太說話。媽，法蘭基不對勁，他在樓上一直眨眼睛。

她跑上樓來。你怎麼了？

我在做運動讓眼睛更健康。

什麼運動?

眨眼睛。

眨眼睛不算運動。

醫院裡的西莫斯說,眼睛要好就要多眨眼,他叔叔就是靠眨眼睛才會眼睛好的。

她說我越來越古怪,就回巷子裡去跟漢能太太聊天了。我眨眼睛,用溫水泡硼酸粉洗眼睛。我能聽見漢能太太的說話聲從窗戶傳進來。你的小法蘭基眞是幫了約翰大忙,就是要爬上爬下運煤車才會害他的腿不好。

媽沒說什麼,意思就是她為漢能先生難過,她會讓我再去幫他,在禮拜四,他工作最沉重的那天。

我一天洗三次眼睛,眨眼眨到連眉毛都痛。在學校裡,只要老師沒看到,我就眨眼睛,我班上的男生都叫我眨眼睛,而且又加入了那一大串的渾號名單裡了。

眨眼睛的麥考特,
乞丐婆的兒子。
結痂眼,
小舞男,
愛哭鬼,
日本鬼子。

我不在乎他們都怎麼說我，只要我的眼睛越來越好，又有固定工作能把幾英擔的煤炭抬上運煤車就好。我希望能讓他們看見我在禮拜四放學之後坐在運煤車上，漢能先生把轠繩交給我，而他自在地抽菸斗。來，法蘭基，要輕一點，這是一匹好馬，不需要硬扯。

他也把鞭子給了我，可是這匹馬用不著鞭子，鞭子只是做做樣子，我也像漢能先生一樣只在空中揮，不然就是把在車轅間搖來搖去的金色馬屁股上的蒼蠅打掉。

大家一定會看著我，欣賞我隨著運煤車搖晃，我握轠持繩的冷靜態度。我希望能像漢能先生一樣有菸斗跟一頂毛呢帽。我希望能夠成爲一個眞正的煤炭人，像漢能先生和帕姨丈一樣皮膚黑，大家就會說，唉呀，那是法蘭基．麥考特，全利默里克的煤都是他送的，而且他在邵斯酒館喝酒。我絕對不會洗臉。我會一整年都黑漆漆的，即使是聖誕節，爲了聖嬰耶穌應該要全身上下都清潔一番。我知道祂不會介意，因爲我在贖世主堂的耶誕秣槽看過三智者，有一個比帕．基廷姨丈還要黑，而帕姨丈已經是全利默里克最黑的人了，如果連智者都那麼黑，那就是說無論你到世界哪個角落去，都有人在送煤炭。

馬兒揚起了尾巴，屁股就有冒煙的大塊黃色糞便掉下來。我正要拉轠繩讓牠停下來舒舒服服撇條，可是漢能先生說，別停，法蘭基，要牠小跑。馬總是在小跑的時候拉屎。那是馬擁有的一個神恩，一邊小跑一邊拉屎，馬不像人一樣會髒會臭，一點也不會，法蘭基。天底下最噁心的事，就是在一個吃過豬腳、喝了一夜酒的人上完廁所以後進去廁所，那種臭味連最強壯的人都受不了。馬就不一樣了，馬只吃燕麥和乾草，拉出來的東西也乾淨自然。

我在禮拜二、四的放學後，以及禮拜六的上半天都跟著漢能先生去上工，也就是說，我媽媽可以收到三先令，不過她始終很擔心我的眼睛。我一回到家，她就幫我洗眼睛，命令我讓眼睛休息半小時。

漢能先生說，禮拜四他把貝林頓街的煤送完以後，會在里彌學校附近等我。這下子同學都會看到我了，這下子他們都會知道我是個工人，而不是一個眼睛結痂、愛哭會跳舞的日本鬼子。漢能先生說，上來吧，我就爬上運煤車，像別的工人一樣。我看著同學張口結舌看我。瞪著眼珠，張著嘴巴。我跟漢能先生說，如果他想要舒舒服服地抽菸，我可以幫他駕車，於是他把韁繩交給我，我確定我聽見了他們倒抽一口氣。我跟馬兒說，走吧，像漢能先生一樣。我們小跑離開，我知道幾十個里彌的男生都犯下了嫉妒的大罪。我又跟馬兒說一聲，走吧，確定人人都聽見了，確定他們都知道是我在駕駛運煤車，不是別人，確定他們不會忘記是我在運煤車上握著韁繩和鞭子。那是我人生中最美好的一天，比我的開聖體日還要光彩，開聖體日被外婆毀了，也比我的堅振禮日棒，那天我得了傷寒。

他們再也不給我取渾號，不笑我是結痂眼了。他們想知道我才十一歲，怎麼能得到這麼好的工作，我賺多少，會不會一直做下去。他們想知道煤場還有沒有其他好工作，我能不能幫他們說幾句好話。

後來又有十三歲的大男生把臉伸到我面前，說他們才應該得到那份工作，因爲他們更高大，我只是一個矮小的瘦皮猴，連肩膀都沒有。隨便他們愛怎麼說就怎麼說吧。工作是我的，而且漢能先生說我的力氣很大。

有的日子他的腿狀況太差，連路都不能走，你可以看得出漢能太太很擔心。她給我一杯茶，我看著她把漢能先生的長褲捲起來，剝下弄髒的繃帶。腫瘡又紅又黃，凝結著煤灰。她用肥皂水幫他清洗，抹上黃色的藥膏。她把他的腿架在椅子上，他就這樣看一晚上的報紙或是他頭頂書架上的書。

漢能先生的腿越來越糟了，早晨他得提早一個小時起床，讓僵硬的腿先活動活動，然後再換一次藥。禮拜六早晨天還沒亮，漢能太太來敲我家的門，問我肯不肯去跟鄰居借手推車，帶到運煤車上，因爲漢能先生今天沒辦法扛煤袋，我能不能用手推車幫他搬煤袋。他沒辦法用腳踏車載我了，我可以推著手推車到煤場去跟他會合。

鄰居說，漢能先生要借，當然可以，天主祝福他。

我在煤場的大門口等，看著他騎腳踏車過來，速度比平常要慢。他的腿非常僵硬，險些連下車都沒辦法。他說，你眞了不起，法蘭基。他讓我套車，不過我在上馬具方面仍然不是很靈光。他讓我把運煤車駕出煤場，走上降霜的街道，我眞希望能一直駕著馬車，不必回家。漢能先生教我怎麼把煤袋拉到馬車邊緣，拋在地上，然後再拖上手推車，推到每家每戶。他教我怎麼不費力地扛袋子推袋子。我們在中午以前，就把十六袋的煤送完了。

我眞希望現在能讓里彌的同學看到，看到我喝檸檬汁，跟漢能先生和帕姨丈坐在一起，三個人一身黑，而比爾·高文一身白。我想讓全世界都看看漢能先生讓我留下的小費，四先令，以及他給我的一先令工資，一共五先令耶。

媽坐在爐子邊，我把錢交給她，她看著我，把錢丟在大腿上，哭了起來。我完全不懂是怎麼回事，因爲錢應該會讓你快樂才對。看看你的眼睛，她說。去玻璃那裡，照照你的眼睛。

我的臉烏漆抹黑，眼睛比之前更慘。眼白和眼皮都是紅的，眼角又分泌出黃黃的東西，流過了下眼瞼。分泌物過了一會兒就會凝結，得挑掉或是洗掉。

媽說夠了，不能再幫漢能先生了。我想說漢能先生需要我，他連路都快不能走了。今天早晨的活都是我一個人幹的，我駕駛運煤車，我用手推車把煤袋送到每戶人家，我坐在酒館裡喝檸檬汁，我聽男人討論誰最厲害，是隆梅爾還是蒙哥馬利。

媽說她很遺憾漢能先生的腿不好，可是我們也有自己的麻煩，而她現在最不需要的，就是一個瞎了眼的兒子在利默里克街上跌跌撞撞亂走。你差點因爲傷寒死掉就已經夠糟了，現在又想要把眼睛弄瞎。

我哭個不停，因爲這是我能當大男人的唯一機會，我可以帶錢回家，彌補爸爸從來沒透過電報童送回來的錢。我哭個不停，因爲我不知道禮拜一早晨漢能先生該怎麼辦，沒有人幫他把煤袋拉到馬車邊緣，沒有人幫他把煤袋推到每戶人家。我哭個不停，因爲他對待那匹他叫甜心的馬那麼好，因爲他是那麼溫和的一個人，如果漢能先生不能再駕馬車，如果我不能駕馬車，那馬兒該怎麼辦？牠會不會因爲缺燕麥和偶爾的蘋果而餓得倒下來？

媽說我不應該哭，對眼睛不好。她說，再說吧，現在只能這樣。再說吧。

她幫我洗眼睛，給我六便士讓我帶馬拉基到黎蕊克去看鮑里斯·卡洛夫主演的《吊不死的人》，再買兩塊克里夫太太妃糖。眼睛有黃色分泌物流出來，很難看見銀幕，所以馬拉基得把劇情告訴我。四周的人叫他閉嘴，他們要聽的是鮑里斯·卡洛夫說的話，馬拉基頂了回去，說他是在幫瞎眼的哥哥。他們就把負責人法蘭克·高金找來，他說要是再聽見馬拉基說話，就要把我們兩個都丟出去。

我不在乎。我有辦法把一邊眼睛的分泌物擠出來，用這邊的眼睛看，就這麼來來回回邊擠邊看，我看到的東西都是黃黃的。

禮拜一早晨，漢能太太又來敲我們的門。她問媽，能不能讓法蘭克到煤場去跟辦公室的人說，漢能先生今天不能去上班，他得去看醫生，不過明天他一定會去上班，今天不能送的煤明天一定會送完。漢能太太現在總是叫我法蘭克。能夠運送幾英擔煤的人不能再叫他法蘭基了。

辦公室的人說，哼，我覺得我們對漢能先生已經夠通融了。你，你叫什麼？

麥考特，先生。

跟漢能說我們需要醫生的條子。聽懂了嗎？

懂了，先生。

醫生跟漢能先生說他得住院，否則他的腿會變成壞疽，到時候可不能怪醫生。救護車把漢能先生載走了，我的大工作也完了。這下子我會像里彌學校裡的每個人一樣白，沒有運煤車，沒有馬，沒有可以帶回家給我母親的先令。

幾天之後，布莉笛．漢能來我們家，說她母親想叫我過去，陪她喝杯茶。漢能太太坐在爐子邊，一手按著漢能先生的椅子。坐，法蘭克，她說。我去坐另一張椅子時，她說，不，坐這裡，坐在他的椅子上。你知道他幾歲嗎？法蘭克。

喔，他一定很老了，漢能太太。他一定三十五歲了。

她微笑。她有漂亮的牙齒。他四十九了，法蘭克，這個年紀的男人不應該有這麼壞的一雙腿。

是不應該，漢能太太。

你知不知道你陪著他送煤他有多歡喜嗎？

我不知道，漢能太太。

是眞的。我們生了兩個女兒，你認識的布莉笛，跟在都柏林當護士的凱絲琳。可是沒有兒子，他說你給了他兒子的感覺。

我覺得眼睛灼熱，我不想讓她看見我哭，尤其是我根本不知道我爲什麼哭。最近我老是在哭。是因爲這份工作？還是因爲漢能先生？我媽說，喔，你的膀胱長在眼睛旁邊了。

我覺得我哭，是因爲漢能太太平靜談話的樣子，而她會這樣說話是因爲漢能先生。像個兒子，她說，我很高興他有這樣的感覺。他工作的日子結束了，你知道。他得在家裡休養。也許能治得好，要是治得好，他大概還能找到工作，當個看守，就不必抬上抬下的了。

我再也不會有工作了，漢能太太。

你有工作啊，法蘭克。上學，那就是你的工作。

上學不是工作，漢能太太。

你不會有像這樣的工作，法蘭克。漢能先生一想到你把煤袋從馬車上拖下來，就難過得心碎，你的母親也一樣心碎，而且你的眼睛也會壞掉。天主知道我眞的很後悔把你牽扯進來，害你可憐的母親在你的眼睛跟漢能先生的腿之間左右爲難。

我可以去醫院看漢能先生嗎？

他們可能不會讓你進去，可是等他回家來，你當然可以過來看他。反正他除了看看書、看看窗外，也沒什麼事好做。

回家後媽跟我說，你不應該哭，可是話說回來，眼淚是鹹的，可以把你眼睛裡的壞東西洗掉。

12

爸寄了一封信來，說聖誕節前兩天他會回來。他說到時一切都會改變，他是個全新的人，他希望我們是乖孩子，聽媽媽的話，沒忘記我們的宗教義務，他會幫我們帶東西回來過聖誕節。

媽帶我到車站去接他。車站的氣氛總是很興奮，旅客來來往往，乘客從車廂探出身體，有的哭，有的笑，有的揮手道別，火車汽笛響，噴出一團團白煙，緩緩離開。月台上的人在吸鼻子，銀亮的鐵軌消失在遠處，通向都柏林和外面的世界。

現在差不多是午夜了，空盪盪的月台上很冷。一個戴鐵路帽的人問我們要不要到暖和的地方等。媽說，眞是太謝謝你了。他帶我們到月台的尾端，爬梯子到信號台上，媽笑了出來。她的動作很慢，因爲她很重，而且她一直說，喔主啊，主啊。

我們在世界之上，信號台上很黑，只有在那人俯在儀表板上的時候會閃著紅燈綠燈黃燈。他說，我正要吃晚飯，不嫌棄就一起用吧。

媽說，啊，不用了，謝謝，我們不能吃掉你的晚餐。

他說，我老婆每次都幫我裝太多，就算我在這上面守一個禮拜也吃不完。看著燈號，拉拉桿子又不是什麼辛苦的活。
他拿掉水壺蓋子，把可可倒進馬克杯裡。來，他跟我說，來，喝杯可可。
他給媽半個三明治。啊，不用不用，她說，吃不完可以帶回家給孩子吃嘛。
我有兩個兒子，太太，都在那邊爲英國國王陛下打仗。一個在非洲跟著蒙哥馬利，一個在緬甸還是什麼鬼地方的，請原諒我說粗話。我們從英國那裡爭到了自由，然後我們又去打她的仗。來吧，太太，吃個三明治。
儀表板上的燈光在答答響，那人說，妳的火車來了，太太。
太感謝了，聖誕快樂。
聖誕快樂，太太，還有新年快樂。下樓梯小心啊，年輕人。扶你母親一把。
非常謝謝你，先生。
我們又在月台上等，火車轟隆隆駛進車站。車廂的門打開來，有些提行李箱的男人踏上月台，匆匆朝大門走。牛奶罐丟在月台上，玎玎響。一個男人和兩個男生在搬報紙和雜誌。
沒有我父親的蹤影。媽說他可能是在車廂裡睡著了，可是我們都知道他在自己的床上都很少睡覺。她說從霍利希德發的船可能誤點了，連帶害他誤了火車。每年這個時節愛爾蘭海都很不平靜。
他不回來了，媽。他不管我們了。他在英國那邊喝醉了。
不准這樣說你父親。
我沒再出聲。我沒跟她說，我眞希望我的父親像信號台上的那個人，會給你三明治和可可。
隔天爸走進了家門。他的上排牙齒沒了，左眼下有瘀血。他說愛爾蘭海很洶湧，他靠著船邊，結果牙齒掉進了海裡。媽說，不會是因爲喝醉了吧？不是跟人打架了吧？

噢，不是的，安琪拉。

邁可說，你說你要帶東西給我們的，爸。

噢，我帶了啊。

他從行李箱裡拿出一盒巧克力，交給了媽。她打開盒子給我們看，裡面只剩下一半的巧克力。

你買得起嗎？她說。

她把盒子關上，放到壁爐架上。等明天吃過聖誕午餐以後再吃。

媽問他有沒有帶錢回來。他跟她說時機不好，工作難找。她就說，你是在唬我嗎？現在在打仗，英國滿地都是工作。你把錢喝光了，是不是？

你把錢喝光了，爸。

你把錢喝光了，爸。

你把錢喝光了，爸。

我們吼叫得太大聲，阿方嚇哭了。爸說，噢，孩子們，嗳，孩子們。對你們的父親尊敬點。

他戴上帽子。他得去見一個人。媽說，去見你的人，可是今天晚上別又醉醺醺地回來，大唱什麼洛迪．麥考利的。

他醉醺醺地回來，不過他很安靜，而且昏死在媽床邊地板上。

隔天我們吃了聖誕大餐，多虧了媽從聖文生會討來的食物券。我們吃羊頭、包心菜、粉粉的白馬鈴薯，還有一瓶蘋果汁，因爲是聖誕節。說他不餓，喝茶就好，還跟媽借了一根菸。她說，吃點東西，今天是聖誕節。

他又跟她說不餓，可是如果沒人要吃羊眼睛，那他就吃。他說眼睛有很多營養，我們都發出噁心的聲音。他用茶把眼睛呑下去，抽完剩下的野忍冬，就戴上帽子，上樓去拿行李箱。

媽說，你要上哪兒去？

倫敦。

在天主的生日？聖誕節？

這是出門最好的日子了。開汽車的人都會給工人搭便車到都柏林，他們會想到聖家三口的窮困日子。

你口袋裡一便士也沒有，是打算怎麼坐上到霍利希德的船？

我怎麼來的就怎麼走。他們總會有疏忽的時候。

他吻了我們每個人的額頭，叫我們要乖，要聽媽的話，要記得禱告。他跟媽說他會寫信來，媽說，是啊，就跟你以前一樣。他提著行李箱站在她面前。她站起來，把那盒巧克力拿下來分給我們大家。她把一塊巧克力放進嘴裡又拿出來，因爲太硬了咬不動。我拿到一塊軟的，就跟她換那一塊硬的，硬的可以吃比較久。巧克力糖既香濃又柔滑，中央還有核果。馬拉基跟邁可抱怨他們的沒有核果，爲什麼每次都是法蘭克吃到核果？媽說，每次是什麼意思？這是我們第一次有一盒巧克力呢。

馬拉基說，他在學校裡吃到有葡萄乾的麵包，大家都說他把葡萄乾給了派帝·克拉赫西，那他爲什麼不能把核果給我們？

媽說，因爲今天是聖誕節，他的眼睛不好，核果對眼睛很有用。

邁可說，核果會讓他的眼睛變好嗎？

會。

是一隻眼睛變好還是兩隻眼睛變好？

兩隻眼睛吧。

馬拉基說，那如果我有核果，我會讓給他吃。

媽說，我知道你會。

爸看著我們吃巧克力，過了一會兒，他拉開門栓走出門，又把門帶上。

媽跟布莉笛·漢能說，白天就不舒服，晚上更糟糕，這場雨幾時才下完啊？遇上不舒服的日子她就想躺在床上，讓我跟馬拉基在早晨生火，而她坐在床上餵阿方小片麵包，把馬克杯拿到阿方嘴邊餵他喝茶。我們得到樓下的愛爾蘭用臉盆接自來水洗臉，然後用掛在椅背上的濕襯衫擦臉。如果我們的長褲破洞，媽就坐起來，用能找到的零頭布來縫補。我們在十三、四歲之前一直都穿短褲，長襪總是有破洞得縫。如果她沒有毛線而長襪又是黑色的，我們就用鞋油把腳踝塗黑，遮掩一下。長襪破洞露出了皮膚，還要穿著它滿世界亂跑實在很慘。我們週復一週穿破洞長襪，洞變得越來越大，我們只好把襪子往前拉，讓破洞變成是在腳底，隱藏在鞋子裡。下雨天長襪就濕答答的，我們得在晚上把襪子掛在壁爐前，希望到早晨能烘乾。到了早晨，襪子上的泥巴都凝固了，襪子硬梆梆的，我們又不敢穿，怕襪子會掉在地上，在我們面前碎成幾百片。能把襪子穿上就算幸運了，可是又得把破洞隱藏在鞋子裡，我跟馬拉基會搶家裡有的硬紙板或是紙片。邁可才六歲，剩下的才輪得到他，媽在床上威脅我們，要我們幫忙我們的小弟弟。她說，要是你們不幫弟弟把鞋子弄好，還得我下床來幫他弄，那就有你們好看的。你不得不替邁可難過，因為他太大了不能跟阿方玩，跟我們玩又太小了，而且他這個年紀誰都打不過。

其他的衣服就簡單了。我穿著睡覺的襯衫就是我穿去上學的那件。我每天就是這件衣服，這件衣服也穿來踢足球、爬牆、打劫果園。我穿這件襯衫去望彌撒和弟兄會，大家會鼻子嗅來嗅去，然後走開。要是媽從聖文生會討到新襯衫，舊襯衫就升級當毛巾，濕濕地掛在椅子上好幾個月，不然媽就用它來縫補其他襯衫。她甚至會把舊襯衫割開，讓阿方穿一陣子，最後就會塞到門縫下，阻擋巷子裡的雨水。

我們穿過巷子和後街去上學，才不會遇見念基督兄弟會學校的體面男生，或是念耶穌會學校、新月學院的有錢人家孩子。基督兄弟會的學生穿毛呢外套、溫暖的羊毛衣、襯衫，打領帶，靴子亮晶晶的。我們知道這些人以後會當公務員，幫助統治世界的人。新月學院的學生穿鮮豔的運動外套，學校圍巾圍在脖子上，垂在肩膀上，表示他們是小霸王。他們的長頭髮覆在額頭上，蓋住了眼睛，才能像英國人一樣甩劉海。我們知道這些人以後會上大學，接手家族事業，管理政府，管理世界。我們會是騎腳踏車的送貨人，幫他們送雜貨，要不然就是到英國當建築工。我們的姊妹會幫他們帶孩子，擦洗他們的地板，除非她們也到英國去。我們知道。我們對自己的外貌感到羞恥，如果有錢學校的學生們說了我們一句，我們就會衝上去打架，弄得流鼻血，衣服撕破。老師如果知道我們打架，一點也不會同情，因為他們的兒子都是上有錢學校的，還說伊沒有權利對高階層的人動拳頭，所以伊不准打架。

你永遠也不知道什麼時候回家，會發現媽坐在爐火邊跟陌生的女人和孩子說話。總是一個女人跟一個孩子。媽發現他們在街上流浪，如果他們問，能不能施捨幾便士，太太？她就會心軟。她的口袋永遠是空的，所以她就請他們進屋來喝茶，吃一點煎麵包，如果是天氣不好的晚上，她就在角落墊上一堆破布，讓他們睡在爐火邊。她給別人麵包，就表示我們自己吃的麵包變少了，要是我們埋怨，她就會說有人過得比我們還差，當然要拿出一點點來資助他們。

邁可也一樣。他把流浪狗和老人帶回家來。你永遠也不會知道什麼時候會有一條狗跟他一塊躺在床上。有的狗長膿瘡，有的狗缺耳朵、缺尾巴。他在公園發現了一條被小孩子虐待的瞎眼靈猩，邁可把那些小孩打退，抱起了比他還大的靈猩，跟媽說他的晚餐可以讓給狗吃。媽說，什麼晚餐？家裡有一片麵包我們就要偷笑了。邁可就說他的麵包可以給狗吃。媽說那隻狗明天得送走，邁可就哭了一整夜，到了早晨他發現狗死在他旁邊，他哭得更兇。他不肯去上學，因爲他要去從前的馬廄那兒幫狗挖墳墓，還要我們大家都幫他一起挖，念玫瑰經。馬拉基說爲狗念經文沒用，你怎麼知道牠是不是信天主教的？邁可說，牠當然是一隻信天主教的狗。我不是把牠抱在懷裡嗎？他哭得太厲害了，媽只好讓我們都待在家裡。我們樂壞了，一點也不介意幫邁可挖墳，我們還念了三遍聖母經。我們可不要把美好的一天浪費在爲一隻死掉的靈猩念玫瑰經上。邁可才六歲，可是他帶老人回家卻自己生了火，給他們泡茶。媽說她快瘋了，回家來看見那些男人用她最好的馬克杯喝茶，而且還喃喃自語，在爐火邊搔癢。她跟布莉笛·漢能說，邁可習慣把腦子有點不正常的男人帶回家來，如果他沒有麵包可以給他們吃，他就去敲鄰居的門，厚著臉皮乞討。最後她告訴邁可，不准再帶老人回來了。有個老人留下了虱子，我們都被傳染了。

虱子很噁心，比老鼠還討厭。我們的頭髮裡有，耳朵裡有，連鎖骨間的凹陷也有。虱子鑽進我們的皮膚，鑽進衣服縫裡，我們用來當毛毯的大衣到處都是虱子。我們必須翻找阿方身體的每一吋，因爲他是小貝比，自己沒辦法抓。

虱子比跳蚤還討厭。虱子趴在我們的皮膚上吸血，我們都能透過虱子的皮看到自己的血。跳蚤會跳會咬人，可是乾淨，我們寧可選跳蚤。會跳的比趴著的要乾淨。

我們大家一致同意，不要再帶流浪的女人和兒童、狗和老人回來了。我們不想再感染疾病了。

結果邁可就哭哭啼啼起來。

外婆的隔壁鄰居波索太太，是她那條巷子唯一有無線電收音機的人家，是政府給的，因爲她又老又瞎。我想要收音機。我的外婆很老了，可是她沒瞎，那有這樣一個不肯讓眼睛瞎掉好讓政府送你收音機的外婆又有什麼用？

禮拜天晚上我坐在外面的馬路上，就在波索太太的窗戶底下，聽BBC和愛爾蘭電台的廣播劇。你可以聽到奧凱西、蕭伯納、易本生、莎士比亞的戲劇。莎士比亞最棒了，雖然他是英國人。莎士比亞就像馬鈴薯泥，怎麼吃都吃不膩。你還可以聽到奇怪的戲劇，說希臘人的，他們因爲不小心娶了自己的母親而把自己的眼睛挖了出來。

有天晚上我坐在波索太太的窗下聽《馬克白》。她的女兒凱絲琳把頭從門口伸出來。進來，法蘭基。我媽說這種天氣你坐在地上會得肺癆的。

啊，不用了，凱絲琳，沒關係啦。

不行，進來。

她們給我茶，還有一大塊抹了黑莓醬的麵包。波索太太說，你喜歡莎士比亞嗎，法蘭基？

我愛莎士比亞，波索太太。

喔，他是音樂，法蘭基，而且他有全世界最精采的故事。要是沒有莎士比亞的戲劇，我眞不知道禮拜天的晚上該怎麼過。

廣播劇播完了，她讓我弄收音機的鈕，我轉動轉盤，尋找短波帶上的遙遠聲音，奇異的呢喃聲和嘶嘶聲，海洋的呼嘯聲來來去去，還有摩斯密碼滴滴滴答。我聽見了曼陀林、吉他、西班牙風笛、非洲鼓、尼羅河上的船夫在哀號。我看見瞭望的水手在喝熱可可。我看見了大教堂、摩天樓、農舍。我看見了撒哈拉沙漠的貝都因人和法國外籍兵團，美洲大草原上的牛仔。我看到山羊在希臘崎嶇多岩的海岸跳躍，那裡的牧羊人是瞎子，因爲他們不小心娶了自己的母親。我看見人們在咖啡館裡閒聊，喝著葡萄酒，在林蔭大道和街道上漫步。我看到妓女在門洞裡，僧侶在唱誦晚課，然後是大笨鐘很響的一聲噹，這是BBC海外台，以下播出新聞。

波索太太說，別轉台，法蘭基，我們才能知道世界情勢。

新聞播完後就是美國軍聞網，聽到輕鬆活潑的美國聲音很好玩，接著是音樂，唉呀，艾靈頓公爵[31]的歌聲叫我搭上火車，到比莉．哈樂黛[32]只爲我一人而唱的地方。

我只能給你愛，寶貝。
我只有愛最多，寶貝。

喔，比莉，比莉，我想跟妳跟那個音樂一起在美國，那裡沒有人有一口爛牙，人人都把食物留在盤子上，每個家庭都有廁所，每個人都幸福快樂度過一生。

波索太太說，你知道嗎，法蘭基？

什麼事，波索太太？

莎士比亞實在太棒了，他一定是愛爾蘭人。

收房租的人沒有耐性了。他跟媽說，妳欠了四個禮拜了，太太，一共是一鎊兩先令。不能再拖了，因爲我得到辦公室去向文生·納許爵士報告，麥考特家已經拖欠一個月的房租了。到時我會怎麼樣，太太？我會丟了飯碗，我還有個九十二歲的高堂老母要奉養，而且她每天都到方濟會去領聖體。收租的人要收到房租，太太，不然就會丟掉工作。我下個禮拜再來，要是妳到時沒有錢，一共一鎊八先令六便士，那就請妳搬到馬路上去，讓雨滴在妳的家具上。

媽回到上面的義大利，坐在爐火邊，盤算著她是要到哪裡去弄到一週的租金，拖欠的就先不管了。她很想喝杯茶，可是沒辦法燒水，後來還是馬拉基從隔開樓上兩個房間的木板牆，拆下一塊鬆脫的木板。媽說，反正也掉下來了，脆乾就砍斷當柴火吧。我們燒了水，用剩下的木頭泡早上的茶，可是今晚呢？明天呢？以後呢？媽說，再從牆上拆片木板下來，就這一片，然後就不拆了。她這句話說了兩個禮拜，到後來除了桁樑框之外，整面牆都不見了。她警告我們不准去動桁樑框，因爲那是天花板和房子本身的支柱。

31 艾靈頓公爵（Duke Ellington, 1899–1974）本名愛德華·甘尼迪·艾靈頓，美國音樂家，在世時對爵士音樂就極具影響力。

32 比莉·哈樂黛（Billie Holiday, 1915–1959），公認為二十世紀最重要的爵士歌手之一。

喔，我們絕對不會去動。

她去找外婆，屋子裡好冷，我拿了斧頭砍其中一根桁樑。馬拉基幫我加油，邁可也興奮地鼓掌。我用力拉桁樑，天花板吱呀一聲，掉到媽的床上，帶著一團灰泥、石板和雨水。馬拉基說，喔，完了，我們都會被殺掉。邁可轉著圈跳舞，一面大唱，法蘭基打壞了房屋，法蘭基打壞了房屋。

我們冒雨跑去跟媽說這件事。她一臉茫然地聽著邁可唱法蘭基打壞了房屋，我解釋說房屋破了一個大洞，天花板掉下來了。她說，耶穌，拔腿就跑，外婆在後面拚命追趕。

媽看見她的床埋在灰泥石板下面，就用力扯頭髮。這下子我們該怎麼辦，怎麼辦？她對著我尖叫，罵我亂動桁樑。外婆說，我到房東的辦公室去叫他們來修，免得你們全都淹死。

她很快就帶著收租的人回來了。他說，偉大的主啊，另一個房間呢？

外婆說，什麼房間？

我租了兩個房間給伊，一間不見了。房間呢？

媽說，什麼房間？

樓上有兩個房間，現在只剩下一間。牆壁又跑哪兒去了？本來是有牆的。現在牆壁也不見了。我記得非常清楚有牆壁，因爲我記得非常清楚有房間。牆到哪裡去了？房間又到哪裡去了？

外婆說，我不記得有牆，我連牆都不記得有，怎麼可能會記得有房間？

伊不記得？哼，我可記得。我當了四十年房東的代理人，就從來沒見過這種事。天啊，這種情況實在太離譜了。看吧，你連把頭轉過去的這會兒功夫都大意不得，房客不但不付房租，還把牆和房間弄沒了。我要知道牆在哪裡，還有伊們把房間怎麼了。

媽轉頭看我們。伊們記得有牆嗎？

邁可拉她的手。是不是我們燒來生火的牆？

收租人說，天上的父啊，這簡直是世界奇觀，簡直離了譜了，這簡直是比過分還要超過。不付房租，我是要怎麼跟文生爵士說啊？出去，太太，我要伊們搬出去。從今天算起，一個禮拜之後我會再來敲門，我要這間屋子裡一個人也沒有，每個人都出去，不准再回來。妳聽見了嗎，太太？

媽的神情緊繃。眞可惜你不是活在英國人驅逐我們，把我們丟在路邊的時代。

少貧嘴，太太，否則我明天就叫人來把伊們丟出去。

他走出了屋子，連大門都沒關，表示對我們的輕蔑。媽說，我不知道該怎麼辦。外婆說，咳，我沒有房間給伊們住，不過你的表哥傑拉德．葛里芬，就住在羅斯布萊恩路那邊他母親的小房子裡，他應該可以收容伊們。現在很晚了，不過我會去問問他的意思，法蘭克可以跟我一塊去。

她叫我穿上大衣，可是我沒有大衣，她就說，我看問伊有沒有傘也是白搭吧。走吧。

她用披肩包著頭，我跟著她出門，走過巷子，冒雨走向大約兩哩遠的羅斯布萊恩路。那裡有一長排小農舍，她敲了其中一棟的門。你在家嗎，拉曼？我知道你在家，開門。

外婆，妳怎麼叫他拉曼？他不是叫傑拉德嗎？

我怎麼會知道？我知道爲什麼大家都叫你舅舅派特院長嗎？大家都叫這個傢伙拉曼。開門，我們要進去了。他可能在加班。

她推了門。裡頭很黑，還有一股濕濕甜甜的味道。房間看來像廚房，隔壁還有個小一點的房間。臥室上有個小閣樓，有天窗，雨滴正敲打在天窗上。到處都是箱子、報紙、雜誌、食物的碎屑、馬克杯、空錫罐。我們看見兩張床占據了臥室所有空間，一張很大，另一張靠窗，比較小。外婆戳著大床上那團鼓鼓的東西。拉曼，是不是你啊？起來，起來。

啥？怎麼了？怎麼了？

有麻煩了，安琪拉跟孩子們被趕出來了，現在又下著傾盆大雨。他們在自力更生以前，需要一個遮風擋雨的地方，我沒地方讓他們住。你願意的話，可以讓他們住在閣樓上，可是小的爬不上，也會跌下來摔死，所以你到閣樓上住，讓他們搬進來這裡。

好啦，好啦好啦。

他勉強下了床，身上有威士忌味。他到廚房去，把餐桌推到牆邊，充當梯子讓他爬上閣樓。外婆說，這下好了，伊們今晚可以搬到這裡來，收租的人也不會來追伊們了。

外婆跟媽說，她要回家了，她渾身濕透又累，而且不再是二十五歲了。她說拉曼·葛里芬家裡有床有家具，不需要搬這裡的過去。我們把阿方放進嬰兒車裡，在他的四周堆上廣口鍋、煎鍋、水壺、果醬罐、馬克杯、教宗、兩只長枕頭和床上的大衣。我們把大衣披在頭上，推著嬰兒車在馬路上穿梭。媽叫我們出巷子的時候要安靜，不然鄰居會知道我們被掃地出門，我們就會很丟臉。嬰兒車的一個輪子很不穩，害得車子歪歪斜斜，照著它自己的意思走。我們努力讓嬰兒車走直線，而且我們忙得很開心，因爲現在一定過午夜了，明天媽絕對不會叫我們去上學。我們現在搬去的地方離里彌學校好遠，搞不好從今以後都不用再上學了呢。一出了巷子，阿方就拿湯匙敲鍋子，邁可唱著一首他從艾爾·喬遜演的電影裡學的歌，史瓦尼，我是多麼愛你，我是多麼愛你，我親愛的史瓦尼。他模仿艾爾·喬遜的低沉聲音，逗得我們哈哈笑。

媽說她很高興現在時間很晚了，街上沒有人看到我們的恥辱。

等我們進屋以後，我們就把阿方和所有東西從嬰兒車裡拿出來，這樣我跟馬拉基才能再跑回羅登巷拿大衣箱。媽說要是她失去了那只大衣箱和裡面的東西，她會死。

我跟馬拉基睡在小床的兩頭。媽帶著阿方睡大床，邁可睡床腳。到處都既潮濕又發霉，拉曼．葛里芬在我們的頭頂上打呼。屋子裡沒有樓梯，也就是說不會有第七階的天使。

可是我快滿十三歲了，可能也過了有天使的年紀了。

早晨鬧鐘叮鈴大響，天色仍是暗的，拉曼．葛里芬又是噴鼻又是擤鼻涕的，然後把胸膛裡的東西吐出來。他的腳一踩地板就嘎嘎響，他在尿壺小便，尿了好久好久，我們得拿大衣摀嘴巴以免笑出來，最後媽壓低聲音叫我們安靜。他在我們頭頂上嘀咕，然後爬下來騎腳踏車，乒乒乓乓地出門。媽低聲說，屋子只剩下我們了，繼續睡覺。伊們今天就待在家裡吧。

我們睡不著。我們搬進了新家，我們得尿尿，而且我們想要探險。廁所在外面，距後門大概十步遠，我們自己的廁所，還有門可以關，還有地方可以坐，可以讀拉曼．葛里芬留下來擦屁股的《利默里克讀者報》。後院是長形的，有菜園，長滿了長長的雜草；一輛舊腳踏車，一定是巨人騎的；一大堆錫罐，舊報紙和雜誌都腐爛化成了土；一輛生鏽的縫紉機；一隻死貓，脖子上掛著繩子，一定是有人從籬笆外丟過來的。

邁可不知怎麼想的，居然以爲這裡是非洲，不停地問泰山呢？泰山呢？他在後院跑來跑去，沒穿褲子，想要模仿泰山從這棵樹盪到另一棵樹。馬拉基看著籬笆後面別人的院子，跟我們說他們有菜園，他們在種東西。我們也可以種東西，我們可以自己種馬鈴薯和別的。

媽從後門喊，看能不能找東西回來生火。

屋子後面加蓋了一個木棚，快倒塌了，當然可以抽幾片木頭出來生火。媽對我們拿進去的木頭很不滿，她說都腐爛了，而且長滿了白色的蛆，可是乞丐還有什麼好挑的。木頭在引火的紙張上滋滋叫，我們看著白蛆逃命。邁可說他爲白蛆難過，可是我們知道他一天到晚都在爲某個東西難過。

媽跟我們說，以前這間屋子是一家商店，拉曼．葛里芬的母親從那扇小窗子賣雜貨，所以才能送拉曼去上洛克維爾學院，讓他最後能進皇家海軍當軍官。喔，他確實是皇家海軍軍官，這邊有張相片，他跟其他軍官跟一個有名的美國電影明星珍．哈露合影。他瘋狂地愛上了她，可是有什麼用呢？人家可是珍．哈露啊，而他只不過是皇家海軍的一個軍官，無可奈何之下他就開始酗酒，被海軍趕了出來。結果現在呢，只是電力供應委員會的一個普通工人，還把家裡弄得亂七八糟。不知道的人還以爲這裡根本沒人住呢。你看，拉曼的母親過世以後，家裡的東西動都沒動過，我們得把這裡打掃乾淨才能住人。

有些箱子裡裝著一瓶瓶紫色的髮油。媽去外面上廁所，我們就開了一瓶抹在頭上。馬拉基說味道好香，可是媽回來後問，什麼東西這麼臭？她想知道爲什麼我們的頭髮突然變得油膩膩。她命令我們把頭伸到屋外的水龍頭下，用一條舊毛巾擦乾，毛巾是從一疊《倫敦新聞畫報》底下抽出來的，雜誌好舊好舊，有維多利亞女王和愛德華王子揮手的圖片。還有幾塊皮爾斯透明香皂，跟一本厚厚的《皮爾百科全書》，我日日夜夜都在讀，因爲你想知道什麼都能在這裡讀到，而我什麼都想知道。

還有幾瓶史龍擦劑，媽說如果我們抽筋或風濕痛很有效。瓶身上寫著，好痛啊，史龍呢？也有幾盒安全別針和幾袋女帽，女帽一碰就碎了。另外有一袋袋的緊身胸衣、襪帶、女人的高筒釦鞋，各式輕瀉劑標榜著讓你臉頰紅潤、眼睛明亮、頭髮捲。還有埃奧因．奧達菲將軍[33]寫給傑拉德．葛里芬先生的信，說歡迎他加入國民陣線，愛爾蘭藍衫黨的行列，他很榮幸得知傑拉德．葛里芬這樣的人才對這個運動有興趣，他有優秀的教育背景，受過皇家海軍的訓練，又是贏得全國貝特曼杯橄欖球冠軍的青年芒斯特隊的一員。奧達菲將軍正在組織一支愛爾蘭旅，很快就要航向西班牙，和偉大的天主教徒佛朗哥大元帥並肩作戰，葛里芬先生的加入會是本旅的一支生力軍。

媽說拉曼的母親不肯讓他去。她這麼些年守著一間小鋪，送他去求學，可不是要讓他去西班牙跟著佛朗哥找刺激的，所以他就留在家裡，在電力供應委員會找到了工作，沿著鄉村的馬路挖洞豎電線杆。他母親很高興能把兒子綁在身邊，可是一到禮拜五他喝了酒，他就會爲珍．哈露哀嘆。

媽很開心我們有成堆的紙可以生火，不過我們拆倒塌棚子的木頭拿來燒，屋子裡有股噁心味道，她很擔心白蛆會逃走繁衍。

我們忙了一整天，把箱子袋子搬到外面的木棚去。媽打開了所有的窗子通風，也讓髮油和霉味散出去。她說能再看見地板實在讓人放了心，現在我們可以坐下來，平靜地喝杯茶，輕鬆一下，等到天氣變暖和了，我們可以弄個菜園，像英國人一樣在屋外喝茶，不是很棒嗎？

拉曼．葛里芬每天晚上六點就回來，喝過茶就上床睡覺，一覺到天亮，只有禮拜五例外。禮拜六他下午一點就上床，一直睡到禮拜一早晨。他把廚房桌拉到牆邊，就在閣樓底下，踩著一張椅子爬上桌，再把椅子拉到桌上，爬上椅子，扶住床鋪的一隻腳，把自己拉上去。要是禮拜五他喝得太醉，他就叫我

33 埃奧因．奧達菲（Eoin O'Duffy, 1892–1944），一九一七至一九二二年間的愛爾蘭共和軍參謀長。

爬上去幫他把枕頭毛毯拿下來，就睡在廚房爐火邊，或是跟我和弟弟們擠一張床，打呼放屁到天亮。

我們剛搬進去不久，他就抱怨每天睡覺得爬上爬下，還得爬上爬下到後院的廁所，他快累死了。他在閣樓上喊，把桌子椅子推過來，我要下來了，我們就得把桌子收拾乾淨，推到牆邊。他受夠了，他不要再爬了，他要用他母親漂亮的夜壺。他整天躺在床上，讀圖書館借來的書，抽「金火」香菸，丟幾先令給媽，要她叫我們其中一個去店裡買司康，或是一點火腿和切片番茄來讓他喝茶。然後他又喊媽，安琪拉，這個夜壺滿了，她就拖椅子桌子爬上去端夜壺，拿到外面的廁所倒掉，沖洗乾淨，爬上桌子送上閣樓。她的臉色變得緊繃，說大少爺今天還有什麼吩咐嗎？他哈哈笑，這是女人的差事，安琪拉，女人的差事，而且還免房租喔。

拉曼把他的借書證從閣樓上丟下來，叫我去幫他借兩本書，一本是釣魚的，一本是園藝的。他寫了條子給圖書館員，說他因爲幫電力供應委員會挖洞，腿快痛死了，從現在開始就由法蘭克·麥考特代他來借書。他知道這個孩子還不滿十四歲，也知道按規定兒童不能進入圖書館的成人部，可是這個孩子會把手洗乾淨，而且會循規蹈矩，聽命行事，謝謝。

圖書館員讀了條子，說實在太遺憾了，葛里芬先生是位眞正的紳士，也是一位知識很淵博的人，你不會相信他都讀了什麼書，有時候一個禮拜讀四本呢。有一天他借一本法文書回家，法文欸，拜託，說的是船舵的歷史，船舵欸，拜託，她要是能看看他的頭腦構造，無論什麼代價都肯付，因爲他的頭腦裡頭一定塞滿了各式各樣的知識，塞滿了，拜託。

她挑出一本很漂亮的書，裡面有英國花園的彩色照片。她說，我知道他喜歡哪一類的釣魚書，我選了一本叫《尋找愛爾蘭鮭》，是休·柯爾敦准將寫的。喔，圖書館員說，他讀了幾百本英國軍官在愛爾蘭釣魚的書。我自己也讀了幾本，純粹是好奇，看得出來那些軍官爲什麼會喜歡愛爾蘭，他們在印度非洲和其他的蠻荒地區眞是太委屈了，至少這裡的人懂禮貌。我們就是以有禮貌出名的，我們不會滿世界亂跑拿長矛射別人。

拉曼躺在床上看書，朝樓下說著將來有一天他的腿會痊癒，他就會到後院去弄個花園，五彩繽紛，遠近馳名；不種花蒔草的時候，他就要在利默里克周邊的河流泛舟，釣回會讓人流口水的鮭魚。他的母親留下了一份獨門的鮭魚食譜，要是他有時間，腿也不痛的話，他會把食譜翻出來。他說我是個可靠的人，每週可以幫自己借一本書，可是別把猥瑣的東西帶回來。我想知道什麼是猥瑣的東西，他不肯說，我只好自己去找出答案來。

媽說她也想去圖書館，可是從拉曼家走路去很遠，兩哩，我能不能每個禮拜幫她借本書回來，夏綠蒂．M．布連寫的羅曼史，或是別的好作家的書。她不想看英國軍官尋找鮭魚或是你射我我射你的書。世界上的麻煩已經夠多了，不必再去讀把魚和彼此的生活擾得不得安寧的東西了。

我們在羅登巷出租屋捅紕漏的那天晚上，外婆著了涼，後來又演變成肺炎。他們把她送到城市之家醫院，結果她死了。

她的長子，我的湯姆伯伯也去了英國，跟利默里克窮巷裡的男人一樣，可是他的肺癆變嚴重了，於是就回來利默里克，結果他也死了。

他的太太哥威爾的珍也隨他去了，他們六個孩子裡有四個進了孤兒院。最大的男孩蓋瑞逃家了，加入了愛爾蘭軍隊，又叛逃，投入了英軍。最大的女兒佩姬跟安姬阿姨一起住，過得很悲慘。

愛爾蘭軍隊在召募有音樂天分，肯在軍樂學校接受訓練的男生。他們接受了我弟弟馬拉基，他就到都柏林去受訓成爲軍人並且吹小號。

現在家裡只剩下兩個弟弟了，媽說她的家人就在她眼前一個一個消失了。

13

里彌學校週末要騎腳踏車到啓雷洛，他們說我應該借一輛腳踏車也一起去。我只需要一張毛毯、幾匙茶和糖、幾片麵包。我會每天晚上在拉曼·葛里芬上床睡覺以後，用他的腳踏車練習騎車；他當然不會連把腳踏車借給我兩天都不肯吧。

要請他幫忙最好的時機就是禮拜五晚上，那時他酒足飯飽，心情很好。他把晚餐裝在風衣口袋裡，一大塊帶血牛排、四個馬鈴薯、一個洋蔥、一瓶黑啤酒。媽煮馬鈴薯，煎牛排和切片的洋蔥。他穿著風衣坐在餐桌，用兩手吃牛排。油脂和血從下巴流下來，滴到風衣上，他也用風衣擦手。他喝黑啤酒，笑呵呵地說，什麼也比不上禮拜五晚上來一塊帶血牛排，如果這就是他犯過最嚴重的罪，那他將來一定會連身體帶靈魂都飛到天堂裡，哈哈哈。

你當然可以借我的腳踏車，他說。男孩子應該出去看看鄉下。當然好。可是不能平白借給你。什麼事都不能不勞而獲，對不對？

對。

我有個差事給你。你不會介意幹點活吧？

不會。

你也想幫助你的母親吧？

對。

好，那個夜壺從今天早晨就是滿的了。我要你爬上去拿，拿到外面的廁所倒掉，在水龍頭底下沖乾淨，再爬上去放好。

我不想清他的夜壺，可是我夢想著在啓雷洛的路上騎車，離開這棟屋子，滿眼是田野和天空，在善農河裡游泳，在穀倉睡一晚。所以我就把桌椅推到牆邊，爬上去，白色的夜壺就在床底下，壺身有一條條黃色褐色的污痕，大小便都快滿出來了。我把夜壺輕輕放在閣樓邊緣，免得灑出來，然後再爬到椅子上，伸手去搆夜壺，端下來，別開臉，手上捧著夜壺腳踩到桌上，再把夜壺放在椅子上，我再爬下來站到地板上，再把夜壺拿到外面的廁所倒掉，在廁所的後面吐，一直到我習慣這份差事爲止。

拉曼說我是個好孩子，隨時都可以借腳踏車，條件是要倒夜壺，跑去商店幫他買菸，到圖書館去幫他借書，還有他叫我做什麼我就做什麼。他說，你倒夜壺眞有一套。他哈哈笑，而媽則瞪著壁爐裡熄滅的灰燼。

有一天雨下得好大，圖書館員歐里俄登小姐說，現在別出去，不然書會淋壞。去那邊坐，別搗亂。你可以一面等雨停，一面讀那些聖人傳。

巴特勒[34]寫的《聖人傳》有四大本。我不想一輩子都讀什麼聖人傳，可是我一翻開書來讀，就希望雨永遠也不會停。無論你幾時看到聖人的圖片，不管男的女的，總是仰頭望天，天上有雲朵，小小胖胖的天使拎著鮮花或彈著豎琴在讚頌他們。帕·基廷姨丈說，他想不出天上有哪個聖人會讓他想要跟他坐下來喝杯啤酒的。這些書裡的聖人卻不一樣，書裡有童貞女、殉道者、殉道童貞女的故事，而且比黎蕊克戲院的任何恐怖電影還要嚇人。

我得查字典才知道童貞女是什麼意思。我知道天主的母親是童貞聖母瑪利亞，大家這樣稱呼她是因爲她連個丈夫都沒有，只有可憐的老聖若瑟。而在《聖人傳》裡童貞女總是會惹麻煩，我也不知道是爲什麼。字典上說，童貞女是貞潔始終未受侵犯的女性，特別是年輕的女性。

這下子我又得查什麼叫未受侵犯和貞潔了，結果我只查到未受侵犯就是沒有受到侵犯的意思；貞潔就是堅貞，也就是純潔，沒有不合法的交媾。結果我又得查什麼是交媾，意思是插入，再查插入，結果是讓任何雄性動物交配的器官進入。查交配的意思是交配，在傳宗接代的行爲上兩性結合。我完全看不懂，而且一直翻這本厚厚的字典實在很累人，我就像隻沒頭蒼蠅一樣，從這個字查到那個字，就只因爲寫字典的人不想讓我這樣的人獲得知識。

我只想知道我是哪裡來的，可是你如果去問人，他們就會叫你去問別人，不然就是弄一堆讓你昏頭的生字。

這些殉道的童貞女都被羅馬的法官命令要放棄她們的信仰，接受羅馬的眾神，可是她們說，不。於是法官就叫人折磨她們，再把她們殺死。我最喜歡的是驚異基斯定，她被殺了好久好久才死掉。法官說，割掉她一邊乳房，他們割了以後她就把乳房朝法官擲過去，結果法官變得又聾又啞。另一個法官又被叫來審判，他說，割掉她另一邊的乳房，結果同樣的事情又發生了。他們想用箭射死她，可是箭矢從

34 巴特勒（Alban Butler, 1710–1773），羅馬天主教會的神父暨聖徒傳記作家。

她的身上彈開，反而殺死了射箭的士兵。他們想用熱油燙死她，她卻在大缸裡晃來晃去，還小睡了片刻。後來法官們受夠了，就把她的頭砍下來，一了百了。驚異基斯定的慶日是七月二十四，我覺得我要把這個日子跟聖方濟．亞西西的十月四日一樣，當作是我個人的日子。

圖書館員說，你得回家了，雨停了。我正要出門，又被她叫回去。她想寫個字條給我的母親，而且一點也不介意讓我看。字條上寫著，親愛的麥考特太太，就在你以為愛爾蘭世風日下、人心不古的時候，卻有個男孩子坐在圖書館裡埋頭讀著《聖人傳》，讀到連雨停了都沒發覺，你還得把他從那本書拉開。我覺得，麥考特太太，妳家裡可能有一位未來的神父喔，我會為這件事成真點根蠟燭。真誠的凱瑟琳．歐里俄登，助理圖書館員。

＊　＊　＊

「跳跳倫」歐哈樂倫老師是里彌國際學校裡，唯一會坐著上課的老師，因為他是校長，也可能因為他一腳長一腳短，走路像在扭麻花，所以得休息。其他老師都在教室前面或走道上來回走動，所以你永遠猜不透幾時會因為答錯了，或是字跡潦草而挨上一棍子或一鞭子。但要是跳跳倫想要處罰你，他會叫你到教室前面，當著三個班級的面處罰你。

有時候上課很好玩，他坐在講桌後面談著美國。他說，孩子們，從北達科塔冰封的荒原到佛羅里達芳香的橘樹叢，美國人有各式各樣的氣候。他談著美國歷史，要是美國農夫拿著燧發槍和滑膛槍能從英國人那裡爭到一片大陸，那我們這些天生的戰士當然也能光復我們的島嶼。

如果我們不想讓他用代數或愛爾蘭文法折磨我們，只需要問一個有關美國的問題，他就會整個人變得很興奮，很可能說上一整天。

他坐在講桌後，背誦著他熱愛的部落和酋長。阿拉帕荷族、夏安族、齊佩瓦族、蘇族、阿帕契族、易洛魁族。像詩啊，孩子們，像詩啊。聽聽酋長的名字，踢熊、臉上的雨、坐牛、瘋馬，還有天才的傑羅尼莫。

他在七年級班上秀出一本小書，整本都是詩，是奧利佛·戈德史密斯寫的《荒村》。他說這首詩看似在寫英國，其實是在哀嘆詩人的祖國，就是我們的祖國愛爾蘭。我們要把這首詩背起來，每天晚上背二十行，每天早晨都要背誦。每次抽六個學生到前面去背詩，漏掉一行就兩隻手心各打兩下。他叫我們把書放到課桌裡，全班一齊朗誦校長在村子的那一段。

身邊有零亂的籬笆爲界，
盛開的荊豆無益地歡鬧著，
在他喧嚷的巨宅中，手段老道的
鄉村教師督導著他的小學校。
他是個嚴厲的人，表情凜然，
我對他很熟，每個頑童都熟。
發著抖提著心，他們早就學會了，
從他清晨的臉色判斷今日的吉凶。

他們假裝歡天喜地笑著，
爲了他說的笑話，因爲他有一籮筐的笑話。
竊竊的低語聲環繞盤旋，
在他皺眉時傳遞著慘鬱的消息。

我們念到最後幾行時，他總是閉著眼睛，面帶微笑。

然而他生性和善，或該說，沒有一絲嚴厲，
他對學習的熱愛簡直像有毛病。
全村的人都宣稱他博學多聞。
他當然能寫字，也會算術。
他能夠丈量土地，預知勢態走向，
甚至有傳說他鐵口直斷。
在辯論上，教區牧師也深諳其道，
因爲，即使輸了，他仍辯個不休，
淵博的用字和雷霆的聲音，
讓四周目瞪口呆的鄉下人又驚又佩。
他們瞪大眼睛，益發驚異不定，

這麼一顆小腦袋能裝那麼多東西。

我們知道他熱愛這幾行，因爲說的是一位校長，說的是他，而且他猜對了，我們的確驚奇這麼一顆小腦袋怎麼能裝這麼多東西，而我們一念這幾行詩就會想起他。他說，啊，孩子們，孩子們，你們可以自己打造自己的頭腦，可是首先要往裡面裝東西。聽見了嗎？往你們的腦袋裝東西，你們就能光輝燦爛地在世間走動了。克拉克，什麼叫光輝燦爛？

我覺得意思是閃亮，老師。

簡潔了些，克拉克，但是夠了。麥考特，用簡潔來造個句子。

克拉克的解釋簡潔卻足夠了，老師。

很機伶，麥考特。你可以當神父，或是當政客，孩子。考慮考慮。

我會的，老師。

請你母親過來找我。

是，老師。

媽說，不行，我不敢去見歐哈樂倫老師。我連一件像樣的衣服或外套都沒有。他爲什麼要見我？

我不知道。

那去問啊。

不行啦，他會殺了我。要是他說叫你母親來，那就只能叫你母親去，不然就會挨打。

媽去見了他，他跟她在門廳說話。他跟媽說，她的兒子法蘭克一定得繼續求學。他一定不能落入電報童的行列，那種工作沒出息。把他帶到基督兄弟學校，跟他們說是我叫你們去的，跟他們說他是個聰明的孩子，應該要上中學，然後再上大學。

他說他來里彌國際學校當校長，可不是爲了訓練出一學校的電報童。

媽說，謝謝你，歐哈樂倫校長。

我希望歐哈樂倫校長少管閒事，我不想去上基督兄弟學校。我想乾脆休學，找份工作，每個禮拜五領薪水，跟大家一樣禮拜六晚上去看電影。

幾天之後，媽叫我把臉和手好好洗一遍，我們要去基督兄弟學校。我跟她說我不想去，我想去做工，我想當男人。她叫我不要哀哀叫，我要去上中學，而且我們會想辦法過日子的。就算要她去刷地板，我也得去上學，而且她會先拿我的臉練習。

她敲了基督兄弟學校的門，說她想見主管穆瑞修士。他來到門口，看著我母親跟我，說有什麼事？

媽說，這是我兒子法蘭克，里彌學校的歐哈樂倫校長說他很聰明，有沒有可能讓他在這裡念中學？

我們沒有名額了，穆瑞修士說，說完就當著我們的面關上了門。

媽從門口轉身，回程既漫長又沉默。她脫掉外套，泡了茶坐在爐火邊。聽我說，她說，你在聽嗎？

在聽。

這是教會第二次當著你的面把門關上了。

是嗎？我不記得了。

史蒂芬．凱利跟你和你父親說你不能當輔祭童，而且當著你們的面把門關上了。你記得嗎？

記得。

現在穆瑞修士又當著你的面關上了門。

我不在乎。我想去找工作。

她繃緊了臉，在生氣。你不可以再讓別人當著你的面甩上門。聽見了嗎？

她哭了起來。主啊，我把你生出來不是要你當電報童的。

我不知道該說什麼或是做什麼，但是我鬆了好大一口氣，不必在學校裡再待個五、六年了。

我自由了。

我快滿十四歲了，現在是六月，上學的最後一個月。媽帶我去見神父科帕博士，談讓我當電報童的事。郵局的主管歐康諾太太說，你會騎腳踏車嗎？我謊稱會騎。她說我不滿十四歲，資格不符，要我八月再來。

歐哈樂倫校長跟全班說，像麥考特、克拉克、甘迺迪這樣的孩子必須伐木汲水實在太糟蹋了。他很氣憤這個自由獨立的愛爾蘭，維持著一種英國人偷偷塞給我們的階級體系，很氣憤我們把有才華的孩子丟進垃圾堆裡。

你們一定得離開這個國家，孩子們。去美國，麥考特。聽見了嗎？

聽見了，老師。

神父們到學校來，召募到海外的傳教士，贖世主會、方濟會、聖神會，全都是要去讓遙遠的異教徒皈依的。我不理他們，我要去的是美國。但是有一個神父吸引了我的注意。他說他是白衣神父傳教會的，他們去游牧民族貝都因部落傳教，也擔任法國外籍兵團的隨軍教士。

我要了申請表。

我需要教區神父的推薦函以及家庭醫生的體檢表。教區神父當場就寫了信，他去年就很樂意看我去。但醫生說，這是什麼？

是加入白衣神父的申請表，他們到撒哈拉沙漠向游牧民族傳教，也擔任法國外籍兵團的隨軍教士。是嗎？法國外籍兵團啊？你知道在撒哈拉沙漠最常用的運輸方式是什麼嗎？

火車？

不是，是駱駝。你知道什麼是駱駝嗎？

駱駝有駝背。

不只一個駝背。牠的脾氣很壞，牙齒因爲壞疽變成了綠色，而且還會咬人。你知道咬在哪裡嗎？

在撒哈拉嗎？

不是，你這個嘔霉漢。牠咬你的肩膀，把整個肩膀咬下來。讓你一個人歪著身體站在撒哈拉沙漠裡。怎麼樣，喜歡吧？等你歪歪斜斜地在利默里克的街上走，你覺得會有多好看？哪個腦筋正常的女孩子會多看你這個只剩下一邊排骨肩膀的前白衣神父一眼？還有，看看你的眼睛。在利默里克這裡就夠糟的了，跑到撒哈拉去，你的眼睛會潰爛，眼珠子會掉出來。你多大了？

十三歲。

回你母親身邊去。

這裡不是我們的房子，不像在羅登巷，無論是在樓上的義大利或樓下的愛爾蘭，我們都自由自在。

只要拉曼回家來，想在床上看書或睡覺，我們就得靜悄悄的。我們天黑以後還待在街上，進屋以後除了睡覺也沒別的事可做，如果有蠟燭或煤油燈裡有油，我們就看書。

媽叫我們睡覺，等她爬上閣樓把拉曼最後一杯茶送上去，她馬上就來。我們常常在她爬上去之前就睡著了，可是有的晚上我們會聽見他們說話，咕噥，呻吟。有時候她根本沒下來，邁可和阿方就獨享大床。馬拉基說她待在上面，是因爲摸黑爬下來太困難了。

他才十二歲，他不懂。

我十三歲，我想他們是在上面亢奮。

我知道什麼是亢奮了，我知道那是一種罪，可是這個罪在我的夢裡來找我，黎芯克戲院銀幕上的美國女生穿著泳裝擺姿勢，而我從夢中醒來身體激昂，這樣能算是罪嗎？如果像在里彌學校歐戴老師大吼著第六誡是毋行邪淫，也就是不潔的想法、不潔的語言、不潔的行爲，總歸一句話，一切骯髒的事情，然後同學們清清醒醒地談著手淫，那就是一種罪。

有個贖世主會的神父一天到晚對著我們吼第六誡。他說不潔是非常嚴重的罪，連童貞聖母瑪利亞都會別過臉去哭泣。

她爲什麼會哭泣，孩子們？她哭泣是因爲你們，以及你們對她摯愛的兒子做出的事。她哭泣是因爲她俯視著漫長枯寂的時光，卻驚恐地看著利默里克的男生弄髒自己、污染自己、干擾自己、虐待自己，污穢了他們年輕的身體，那可是聖靈的殿堂啊。聖母爲這些可憎的行爲哭泣，因爲她知道每次你們打擾自己，就是在她摯愛的兒子身上多釘一根釘子，又一次把棘冠撳在祂的頭上，把那些可怕的傷口又弄破了。祂在極度口渴的痛苦中掛在十字架上，而那些背信忘義的羅馬人給他什麼？一塊洗廁所的海綿浸到醋和膽汁裡，塞進了祂可憐的嘴巴裡，那張嘴巴很少不是爲了禱告而動，甚至是爲你們禱告，孩子們，甚至是爲你們這些把祂釘在十字架上的人禱告。想想天主受的苦啊。想想祂頭上的棘冠啊。想想看一根小小的大頭釘刺進你們的頭顱，那種穿刺的痛苦啊。然後再想想二十根荊棘刺進你的頭顱裡。反省吧，想想刺穿了祂雙手雙腳的釘子。你能夠忍受一丁點那樣的痛苦嗎？還是拿大頭釘來做例子，一根小小的大頭釘用力戳進身體裡，再把那種感覺放大一百倍，而且還被可憐的長矛戳刺。啊，孩子們，惡魔想要你們的靈魂。他想要你們跟他一起下地獄，記住，每次你們打擾自己的身體，每次你們屈服於自瀆這種邪惡的罪，你們不但是往基督的身上釘釘子，也向地獄邁進了一步。從深淵撤退吧，孩子們。抗拒惡魔，管好你們的手。

我沒辦法不打擾自己的身體。我向童貞聖母瑪利亞禱告，跟她說我很抱歉又把她的兒子釘上了十字架，我下次不敢了，可是我管不住自己，我發誓會去告解，而且下一次，當然是下一次，我絕不會再犯了。我不想下地獄，讓惡魔拿著熾熱的大叉子把我逐出永生。

利默里克的神父們對我這樣的人一點耐性也沒有。我去告解，他們噺聲說我並沒有正確的懺悔心態，如果有的話，我就會放棄這種駭人的罪。我從一個教堂換到另一個教堂，尋找一個比較寬容的神父，最後派帝．克拉赫西說，道明會有一個九十歲的神父，聾得像一塊石頭。隔個一、兩週這位老神父就會聽我告解，喃喃說我應該爲他禱告。有時他會睡著，我也不忍心叫醒他，所以隔天我去領聖體，既沒有懺悔，也沒有得到赦免。神父聽我告解聽到睡著也不能怪我啊，而且我既然去告解過，當然就是在恩寵狀態下了。後來有一天，告解室的小鑲板滑開來，不是我的神父，是一個年輕的神父，兩隻大耳朵好像貝殼。他絕對會把每句話都聽進去。

求神父降福，我犯了罪。從上次告解至現在已有兩個禮拜。

你犯了什麼罪呢，孩子？

我打了我弟弟，我蹺課，我跟我母親說謊。

好，我的孩子，還有嗎？

我——我——我做了骯髒的事情，神父。

啊，我的孩子，是對你自己，還是跟別人，還是跟某種動物？

某種動物。我從來沒聽過還有這種罪。這個神父一定是鄉下來的，眞要是的話，那他還眞是幫我開了眼界啊。

我要去啓雷洛的前一晚，拉曼・葛里芬喝醉了回家來，吃餐桌上的一大袋炸魚薯條。他叫媽去燒開水泡茶，她說沒有煤炭也沒有泥煤塊，他就大吼大叫，罵她是廢物，帶著一窩臭孩子免費住在他的屋簷下。他把錢朝我丟過來，叫我去店裡買幾塊泥煤炭和木柴來生火。我不想去。我想揍他，因爲他那樣對我母親，可是如果我說了什麼，明天他就不會讓我借腳踏車了，我都等了三個禮拜了。

媽把火生了起來，燒著水，我提醒拉曼他答應要借我腳踏車。

你今天有沒有倒夜壺？

喔，我忘了。我現在就去倒。

他大喊，你沒倒我的夜壺。我答應借你腳踏車。我每個禮拜給你兩便士讓你幫我跑腿、倒夜壺，你現在卻厚著臉皮站在這裡說你沒做。

對不起，我忘了，我現在就去倒。

現在去倒？你是要怎麼上去閣樓？是不是要把我放炸魚薯條的桌子拖過去？

媽說，唉呀，他整天在學校裡，而且還得去醫生那兒看眼睛。

哼，腳踏車，你可以死了那條心了。你沒遵守規定。

可是他是沒辦法啊，媽說。

他叫她閉嘴，少管閒事，她就沉默地坐在爐火邊。他回頭去吃炸魚薯條，可是我又跟他說，你答應過我的。我倒夜壺，幫你跑腿，我做了三個禮拜。

閉嘴，上床睡覺去。

你不能叫我上床睡覺，你又不是我爸爸，而且你答應過我了。

就跟天父創造了小蘋果一樣，不用懷疑，我警告你，要是讓我站起來，你就要呼叫你的主保聖人來保護你了。

你答應過我的。

他把椅子推開，踉蹌著向我走來，用一根手指戳我的眉心。我叫你閉嘴，結痂眼。

我不要。你答應過我的。

他打我的肩膀，我不肯住口，他就改打我的頭。我母親跳起來，哭著要把他拉開。他對我拳打腳踢，把我打進了臥室，可是我還是一直說，你答應過我的。他把我打到我媽的床上還不罷休，最後我只能用手臂護著頭臉。

我要宰了你，小王八蛋。

媽不斷尖叫，用力拉扯他，把他拖回廚房。她說，行了行了，吃你的炸魚薯條吧。他只是個孩子，過兩天就忘了。

我聽見他把椅子拉近餐桌，聽見他唏哩呼嚕又吃又喝。火柴給我，他說。要命，我得抽根菸。然後是噗噗的抽菸聲，以及我媽的哀泣聲。

他說，我要上床了。他裝了滿肚子的酒，所以花了一番手腳才爬上椅子，爬到桌上，再把椅子拉上去，爬上閣樓。床鋪被他壓得吱吱響，他嘟囔著脫下了靴子，丟在地板上。

我聽到媽吹熄煤油燈的時候在哭，屋子裡漆黑一片。發生了這樣的事，她當然會回自己的床上睡覺，所以我也準備好要回牆邊的小床去睡了。可是卻有爬上椅子的聲音，然後是桌子、椅子，媽哭著上了閣樓，跟拉曼．葛里芬說，他只是個孩子，眼睛又不好。拉曼說，他是個小王八蛋，我要他滾出我的房子，她就哭了，一直懇求他，最後只剩下低語聲、悶哼聲和呻吟聲，然後什麼聲音也沒有了。

過了一會兒他們都在閣樓上打呼，我的弟弟們也睡著了。我不能再待在這個屋子裡了，因爲如果拉曼．葛里芬再打我，我會拿刀子割斷他的脖子。我不知道該怎麼辦，不知道還能上哪兒去。

我離開了屋子，順著馬路從沙斯菲爾軍營走到紀念碑咖啡館。我夢想著將來有一天我會反擊拉曼。我會到美國去找喬．路易斯[35]，跟他說我的煩惱，他會了解的，因爲他也是窮人家的孩子。他會教我如何訓練肌肉，如何握拳，兩腳如何跳躍。他會教我如何像他一樣縮下巴貼著肩膀，如何擊出上勾拳，一

35 喬．路易斯（Joe Louis, 1914–1981），外號「褐色轟炸機」，被認為是史上最偉大的重量級拳擊手之一。

定能把拉曼一拳打飛。我會把拉曼拖到蒙格利他的家族跟媽的家族下葬的墓地，我會把他活埋，只讓他的頭露出來，他就動也不能動，那時他就會求我饒命，我就會說，你沒戲唱了，拉曼，你要去見你的造物主了，他就會拚命求饒，請天主原諒他沒借我腳踏車還打得我滿屋子跑，因爲他在亢奮以後不是在恩寵的狀態下，他會下地獄，套用他自己的話，就跟天父創造了小蘋果一樣，不用懷疑。

馬路上很暗，我得處處留神，說不定我會像很久以前的馬拉基一樣走運，找到喝醉酒的阿兵哥落下來的炸魚薯條。可是地上什麼也沒有。要是我找到舅舅席安院長，他可能會把他禮拜五晚上的炸魚薯條分我一點，可是咖啡館的人說他來過又走了。我現在十三歲了，不再叫他派特舅舅了。我跟別人一樣叫他院長。如果我去外婆家，他一定會給我一片麵包什麼的吧，說不定他會讓我留下來過夜。我可以跟他說，再過幾個禮拜我就要去郵局送電報了，可以拿到豐厚的小費，就可以自己養活自己了。

他坐在床上吃完他的炸魚薯條，包炸魚薯條的《利默里克讀者報》掉在地板上，他用毛毯擦嘴擦手。他看著我，你的臉都腫了，跌倒撞到的嗎？

我跟他說是跌倒撞到的，因爲說別的也沒用。他不會懂的。他說，你可以睡我媽的床，你不能帶著那張臉跟兩隻紅眼睛在街上走。

他說屋子裡沒吃的，連麵包屑都沒有。他睡著以後，我撿起了地上的油膩報紙，舔了正面，這一頁都是電影廣告和城裡的舞蹈表演。我舔了頭條。我舔了巴頓和蒙哥馬利在法國德國的攻勢。我舔了太平洋的戰役。我舔了訃聞和哀傷的紀念詩、運動版、雞蛋奶油培根的市場價格。我把整張報紙吸到連一絲油膩也不剩。

我不知道明天該怎麼辦。

14

早晨院長給我錢，叫我去凱絲琳．歐康諾那兒買麵包、乳瑪琳、茶、牛奶。他用瓦斯爐燒水，跟我說我可以喝杯茶，還說，少放點糖，我可不是百萬富翁。你可以吃一片麵包，別切太厚。

現在是七月，我不用再上學了。再過幾週就可以到郵局去送電報，像個大男人一樣工作了。在我遊手好閒的這幾週裡，我可以想做什麼就做什麼，早晨起床，賴在床上，像我父親一樣到鄉下去散步，在利默里克閒逛。要是我有錢，我會到黎蕊克戲院看電影，吃糖果，看艾羅爾．弗林征服看見的每一個人。我可以看院長帶回家來的英文和愛爾蘭文報紙，不然也可以用拉曼．葛里芬和我媽的借書證，用到最後露餡爲止。

媽叫邁可送了一牛奶瓶的熱茶和幾片抹了烤肉滴油的麵包過來，還有一張字條，上面說拉曼．葛里芬已經不生氣了，我可以回去了。邁可說，你要回家嗎，法蘭基？

不要。

啊，回來啦，法蘭基，回來啦。

我現在住這裡了，我死也不要回去。

可是馬拉基去軍隊了，你又在這裡，我就沒有哥哥了。別的男生都有哥哥，我只有阿方，他還不到四歲，連話都說不好。

我不能回去，我死都不要回去。你隨時都可以來這裡啊。

他的眼睛閃著淚光，我的心好痛，我想說，好啦，我跟你一起走。可是我只是嘴巴說說而已，我知道我再也沒辦法看著拉曼．葛里芬了，也不知道能不能看著我的母親。我看著邁可走在巷子裡，鞋跟破了踢達達踢響。等我到郵局工作以後，我會幫他買鞋子，我會。我會給他吃雞蛋，帶他到黎蕊克戲院看電影吃糖果，然後我們會去諾頓吃炸魚薯條，吃到我們的肚子凸出來有一哩高。我將來會存錢買房子或公寓，有電燈，有廁所，有床，床上有床單毛毯枕頭，跟別人一樣。我們會在明亮的廚房吃早餐，外頭的花園會有鮮花怒放，餐桌上有精美的杯碟，蛋杯裡裝著溏心蛋，濃濃的牛油一放上去就會融化，茶壺放在暖罩裡，吐司會抹上厚厚一層牛油和橘子果醬。我們會慢條斯理地用餐，聽著BBC或美國軍聞網的音樂。我會爲全家人買衣服，我們的屁股就不會露在褲子外面，就不會丟臉了。一想到恥辱我就心痛，忍不住吸鼻子。院長說，你怎麼了？你不是吃過麵包了嗎？不是喝過茶了？還想要什麼？下一次你就想吃雞蛋了。

跟一個摔過腦袋、靠賣報紙維生的人說什麼都沒有用。

他抱怨說不能一輩子養著我，我得自己去賺麵包和茶。他不想回家來看見我在廚房開著燈看書。他會看數字，他會，每次他出去賣報紙，他會看電表，就知道我用了多少電，要是我還要一直開電燈，他就要把保險絲拿掉，裝在自己口袋裡，要是我自己裝一根保險絲進去，他就要索性把電線都拔了，回頭去用瓦斯燈。他過世的母親用的就是瓦斯燈，他當然也行，因爲他反正只是坐在床上吃炸魚薯條，數錢，然後就睡覺了。

我跟爸一樣早起，到鄉下去散步。我繞著蒙格利的老修道院墓園走，我母親的親戚都葬在這裡，我會走上到卡里哥戛諾的諾曼城堡的小土路，爸帶我來過兩次。我爬到頂端，愛爾蘭陳列在我的眼前，波光粼粼的善農河向大西洋流去。爸跟我說城堡是幾百年前建造的，如果那邊的雲雀安靜下來，你就能聽見底下的諾曼人敲敲打打，七嘴八舌，等著上戰場打仗。有一次他天黑了帶我來，讓我聽穿越幾世紀的諾曼人和愛爾蘭人的聲音，我眞的聽到了，眞的。

有時我會一個人爬上卡里哥戛諾的高處，我會聽見古代的諾曼女生在歡笑，唱法語歌；我在心裡看見她們，整個人覺得癢癢的，我就爬上城堡的最頂端。以前這裡有座高塔，可以俯瞰整個愛爾蘭，我就在這裡打擾自己的身體，把精液噴在整個卡里哥戛諾和城外的田野上。

這是我永遠無法告訴神父的罪。爬到高處在整個愛爾蘭面前搞自己，當然是比在隱密地方對你自己或是跟別人或是跟某種動物亢奮要惡劣。底下的田野裡，或是沿著善農河岸，會有一個男孩或是牛奶女工抬頭看，看見我在犯罪，如果他們看見了，那我就完了。因爲神父總是說，誰讓兒童暴露在罪惡中，就會脖子上綁著磨石，被拋進海裡。

可是，想到有人看，反而讓我更亢奮。我不想要個小男生盯著我看。不，不，那我一定會被綁上磨石，可是如果是牛奶女工瞪大眼睛看，她一定也會亢奮，也會搞自己，我不知道女生是要怎麼搞自己，因爲她們根本沒有東西可以搞。沒有設備，米奇．莫洛伊都這麼說。

我希望那個又老又聾的道明會神父能回來，我就可以把我的亢奮毛病跟他說，可是他死了，我得面對一個開口閉口都是磨石和天譴的神父。

天譴。利默里克每個神父最愛的字眼。

我順著歐康諾街和伯勒納卡拉走回去，這裡的房屋門階上早早就放著麵包和牛奶，我如果借個一條麵包或一瓶牛奶應該沒關係吧，等我到郵局上班以後，我一定會還。我又不是偷，是借，借東西不是不赦之罪。再說，我今天早晨站在城堡上，已經犯過比偷麵包牛奶還嚴重的罪了，反正已經犯了罪，再多犯一點也無所謂，因爲你一樣會下地獄。一種罪的代價是永生，十種罪的代價也是永生。

寧可爲一隻大羊吊死也勝過一隻小羊羔，我媽就會這麼說。我喝了一瓶牛奶，把空瓶留下，免得送牛奶的人被誤會沒有送。我喜歡送牛奶的人，因爲有一個給了我兩個破掉的雞蛋，我生呑下肚，還呑下了一點蛋殼。他說我每天喝一杯波特酒加兩顆蛋，長大了就會孔武有力。你需要的營養都在雞蛋裡，而你想要的東西都在波特酒裡。

有的人家的麵包更好吃，當然更貴，我也專吃這一種的。我替有錢人難過，他們早上起床後到門口會發現麵包沒了，可是我也不要害自己餓死。要是我挨餓，就沒力氣去郵局當電報童，也就是說我不會有錢歸還這些麵包牛奶，沒辦法存錢到美國去，如果不能到美國，那我乾脆跳進善農河裡淹死算了。只要再幾週，我就可以到郵局去工作、領第一份薪水，這些有錢人當然不至於連幾週都等不得吧。他們總是能派女佣出去買。這就是有錢人跟窮人的差異。窮人沒辦法出去買，因爲根本沒錢可買，就算有錢，他們也不會派女佣去買。我得擔心的是那些女佣。在我借麵包牛奶時我得小心，因爲她們都在大門口擦門把、門環和信箱。要是被她們看見了，她們會奔向女主人喊，啊，夫人、夫人，外面有個囝仔把牛奶和麵包都偷走了。

囝仔。女佣都這樣說話，因爲她們都是鄉下人，馬林加母牛，派帝·克拉赫西的叔叔說，肥肥胖胖的，尤其是兩條蘿蔔腿，她們連小便的熱氣都不會給你。

我把麵包帶回家，院長雖然驚訝，卻不問我從哪兒弄來的？因爲他的腦袋摔過，連好奇心也一起摔掉了。他只是用大大的眼睛看著我，他的眼珠中間是藍色的，周圍是黃色的；他用他母親留下來的裂縫馬克杯呼嚕呼嚕喝茶，跟我說這是偶的杯子，別想用偶的呷茶。

用偶的呷茶。就是這種利默里克貧民窟的說話方式讓爸擔心。他說，我不要我的兒子在利默里克的巷子裡長大說偶的偶的。這是底層人說的，要說就要說得字正腔圓。

媽就說，你愛自命清高隨便你，可沒見你做什麼讓偶們呷茶啊。

＊　＊　＊

出了伯勒納卡拉，我就翻牆到果園去摘蘋果。如果有狗，我就向前走，因爲我沒有派帝·克拉赫西那種跟狗說話的本領。農夫會來追我，可是他們穿著橡膠靴動作很慢，就算他們跳上腳踏車來追我，我也可以跳過圍牆，他們就沒辦法騎車追了。

院長知道我在哪兒弄到蘋果的。在利默里克的窮巷裡長大，你遲早都會去打劫果園。就算你討厭蘋果也得打劫果園，不然你的朋友就會說你是娘娘腔。

我總是給院長一個蘋果，可是他不吃，因爲他的牙齒很少。他還剩五顆牙，他可不想把這五顆牙捐給蘋果。如果我把蘋果切片，他還是不吃，因爲吃蘋果哪能切呢。那是他的說法，要是我說，吃麵包不是也先切嗎？他就說，蘋果是蘋果，麵包是麵包。

摔過腦袋的人就是這樣子說話的。

邁可又帶著一牛奶瓶熱茶和兩片煎麵包來了。我跟他說我不需要了。跟媽說我會照顧自己，我不需要她的茶和煎麵包，多謝了。我給邁可一個蘋果，他很高興，我跟他說上學的日子每天來，還有更多蘋果。他也就不再要我回拉曼．葛里芬家了，我很高興這句話能止住他的眼淚。

愛爾蘭城有個市場，農夫禮拜六來販賣蔬菜、母雞、雞蛋、牛油。如果我去得早，他們會付我幾便士，要我幫忙從推車或汽車上卸貨。一天結束時，他們會給我賣不掉的蔬菜，壓壞的或是有一點爛掉的。有個農夫的太太總是把破了的雞蛋給我，跟我說，明天等你望彌撒以後回來，在恩寵的狀態下可以炒蛋吃，因爲如果你的靈魂犯了罪卻吃雞蛋，蛋會黏在你的喉嚨裡，眞的。

她是農夫的老婆，他們都這樣說話。

我站在炸魚薯條店的門口等他們打烊，看他們有沒有炸焦的薯條或是油鍋裡會有幾塊漂浮的炸魚，我這樣子比乞丐好不了多少。如果老闆趕時間，就會把薯條給我，再給我一張紙包起來。

我喜歡的紙是《世界新聞報》，這在愛爾蘭是禁書，但還是有人從英國偷渡過來，就爲了看幾乎不會有的穿泳裝女生照片。而且還報導有人犯下各式各樣利默里克找不到的罪惡，像離婚啦，通姦啦。通姦。我還是得去查出這個詞的意思，到圖書館去翻字典。我確定一定是比老師教我們的什麼壞想法、壞語言、壞行爲還要可怕。

我帶著薯條回家，像院長一樣上床。要是他喝了幾杯酒，他就坐著吃用《利默里克讀者報》包的薯條，唱著〈到拉辛之路〉。我吃我的薯條。我舔《世界新聞報》，舔那些有人做出驚人事情的報導。我舔那些穿泳裝的女生，沒東西可舔之後，我就看著那些女生直到院長把燈吹熄，我就在毛毯底下犯不赦之罪。

我隨時都可以拿著媽或是拉曼．葛里芬的借書證到圖書館去，不會露出馬腳，因為拉曼懶得要死，不肯在禮拜六下床，而媽以身上的衣服為恥，絕不會靠近圖書館。

歐里俄登小姐露出笑容。《聖人傳》在等你呢，法蘭克。一冊又一冊喔。巴特勒、歐哈倫、貝林－古爾德，我跟館長說過你，她好高興，她準備要給你你自己的借書證了。是不是很棒？

謝謝，歐里俄登小姐。

我在讀聖女彼濟達的故事，她的慶日是二月一日。她是個大美女，愛爾蘭所有的男人都想娶她，她的父親想要讓她嫁給一個重要人士。可是她誰也不想嫁，所以她就向天主禱告，請祂協助，祂就讓她的眼睛融化，從臉頰上流下來，留下了好大一條疤，愛爾蘭的男人就全都沒了興趣。

再來是聖維濟佛媞，殉道童貞女，慶日是七月二十日。她的母親生了九個孩子，而且是同一胎生的，四對雙胞胎，另一個是聖維濟佛媞，她們全都為信仰而犧牲了。聖維濟佛媞是個大美人，她父親想把她嫁給西西里國王。聖維濟佛媞很絕望，天主就讓她長了絡腮鬍和八字鬍，西西里國王就不願意了，可是她的父親氣瘋了，就把她釘死在十字架上，管她有沒有鬍子。

如果你是英國女人，嫁了一個很討厭的丈夫，那你就應該向聖維濟佛媞祈禱。

神父們從不跟我們說殉道童貞女的故事，像聖阿加莎，慶日是二月十五日。二月是充滿了殉道童貞女的月分。西西里的異教徒命令阿加莎放棄對耶穌的信仰，而她也跟所有的殉道童貞女一樣拒絕。他們就折磨她，把她綁在拷問台上拉扯四肢，用鐵鉤撕破她的皮肉，用火把燒她，她還是說，不，我不會否認吾主。他們壓扁她的乳房，把她的乳房切下來，可是在他們把她放到熱煤炭上面滾的時候，她實在受不了了，所以她讚美上帝之後就斷氣了。

殉道童貞女死的時候總是唱著聖詩、讚美上帝，一點也不在乎獅子是不是咬下了她們一大塊肉，狼吞虎嚥地吃著。

神父怎麼從來都沒跟我們說，慶日在十月二十一日的聖烏蘇拉，以及她的一萬一千個殉道童貞女？她的父親想把她嫁給一個異教徒國王，可是她說我要離開三年，仔細考慮一下。所以就帶著一千個貴族的侍女以及一萬個同伴離開了。她們航行了一陣子，走過許多國家，最後停在科隆，匈奴人的酋長要烏蘇拉嫁給他。不，她說，匈奴人就殺了她以及跟隨她的少女。她爲什麼不能就答應算了，拯救那一萬一千個童貞女的性命呢？爲什麼殉道童貞女都要這麼頑固？

我喜歡聖馬林，他是愛爾蘭的主教。他不像利默里克的主教住在宮殿裡，他住在樹上，別的聖人來拜訪他，他們會坐在樹枝上，跟鳥一樣，喝清水吃乾麵包，共度快樂的時光。有天他在走路，一個痲瘋病人說，喂，聖馬林，你要去哪裡？我要去望彌撒，聖馬林說。我也想去望彌撒，你乾脆揹著我去好了。聖馬林就把他揹了起來，可是才剛揹好，痲瘋病人就埋怨了。你的粗布襯衫扎得我的瘡好痛，脫掉。聖馬林就把襯衫脫掉，兩人就上路了。然後痲瘋病人又說，我要擤鼻涕。聖馬林說，我沒帶手帕，用你的手吧。痲瘋病人說，我沒辦法又抱著你又擤鼻涕啊。好吧，聖馬林說，那你擤在我的手裡吧。那不行，痲瘋病人說，痲瘋病弄得我只剩下一隻手了，我沒辦法又要抱著你又擤鼻涕到你的手裡。如果你眞的是聖人，你就會扭過頭來，幫我把鼻涕吸掉。聖馬林不想吸這個人的鼻涕，可是他還是吸了，而且還獻給了天主，讚美天主賜予他這個特權。

我可以了解邁可小時候爸把他腦袋裡的壞東西吸出來，可是我不了解爲什麼主會要聖馬林到處去吸痲瘋病人的鼻涕。我一點也不了解天主，就算我想當聖人，讓人人都崇拜我，我也不要吸痲瘋病人的鼻涕。我想當聖人，可是如果犧牲這麼大，那我看還是當我自己好了。

不過，我倒是可以一輩子在圖書館裡讀這些童貞女和殉道童貞女，可是後來我爲了一本別人留在桌上的書，跟歐里俄登小姐發生了不愉快。書的作者是林語堂，誰都知道這是中國名，我很好奇他都寫了什麼。這是一本談愛與身體的散文集，他用的一個詞又讓我去查起了字典。Turgid。他說男性生殖器官會變得 turgid，然後插入女性的接納口。Turgid。字典說是腫脹，而我現在就一個頭兩個大，站在那裡查字典，因爲我現在知道米奇・莫洛伊到底在說什麼了，我現在知道我們跟街上黏在一起的狗沒有兩樣，而想到所有的父親母親都做這種事，實在很震驚。

我父親騙了我好多年，說什麼第七階的天使。

歐里俄登小姐想知道我在查什麼字。每次我查字典，她總是一臉擔憂，所以我就告訴她我在查追認聖人或至福，任何的宗教語彙。

那這是什麼書？她說。這可不是《聖人傳》啊。

她拿起了林語堂，讀起了我攤開來面朝下放在桌上的書。

聖母啊，你是在讀這個嗎？我看見你拿在手上。

呃，我——我——我只是想看看中國人、中國人，呃，有沒有聖人。

哼，說的比唱的還好聽。這是下流的東西，髒死了。難怪中國人是那個樣子。可是斜眼睛又黃皮膚的人，你還能指望什麼？而你，我現在再仔細看你，你也有點斜眼睛了。你馬上離開圖書館。

可是我在讀《聖人傳》啊。

出去，否則我就叫館長來，她會叫守衛來抓你。出去。你應該要跑去找神父，懺悔你的罪。出去，在你出去以前，把你可憐的母親和葛里芬先生的借書證交出來。我很想寫信給你可憐的母親，要不是我覺得她可能會受不了這個打擊，我是一定會寫的。什麼林語堂，哼。出去。

圖書館員如果像這樣子發飆，跟他們講道理是沒用的。你可以站在那裡一個鐘頭，跟他們說你讀的是彼濟達、維濟佛媞、阿加莎、烏蘇拉和殉道童貞女，可是他們滿腦子就只有林語堂書上某一頁的某一個字。

人民公園就在圖書館後面。天氣明朗，草很乾燥，我到處討薯條，又得忍受爲了腫脹這個字而發飆的圖書館員，我累壞了。我看著白雲飄過紀念碑，自己也飄飄然進了夢鄉，我夢見了《世界新聞報》上刊登了殉道童貞女穿著泳裝，拿著羊膀胱責打中國作家。我醒來時處於亢奮狀態，又熱又黏的東西湧了出來，天啊，是我的男性生殖器官翹得半天高。公園裡的人奇怪地看著我，母親們叫她們的孩子過來這裡，親愛的，離那個傢伙遠一點，應該叫守衛來把他抓走的。

在我十四歲生日的前一天，我用外婆餐具櫥上的玻璃當鏡子照。看我這副德性，怎麼能在郵局上班？沒有一個地方是完好的，襯衫、衛生衣、短褲、長襪都是破的，我的鞋子隨時都會從腳上掉下來。我媽會說這是舊體面的殘骸。我的衣服已經很破爛了，可是我本人還更慘。無論我把頭髮浸得有多濕，每根頭髮仍舊亂七八糟倒豎著。讓頭髮服貼的最佳妙方是口水，只是要把口水吐在自己頭上實在有困難。你得朝天空使勁吐一口口水，然後趕上前去用頭接住。我的眼睛紅通通的，還分泌出黃色液體，臉上布滿了又紅又黃的青春痘，門牙也都蛀黑了，我這輩子絕不可能咧嘴微笑。

我沒有肩膀，我知道全世界的人都欣賞肩膀。利默里克有男人死掉，女人總是說，了不起的人啊，肩膀那麼寬那麼厚，連門都進不來，還得側著身子進來。我死了的話，她們會說，可憐啊，肩膀都沒長出來呢。我希望能長出點肩膀來，這樣別人才會知道我至少十四歲了。里彌學校的男生都有肩膀，只有芬登．史萊特利沒有，我可不想跟他一樣沒肩膀，膝蓋又因爲跪著禱告而磨出繭來。要是我有錢，我會向聖方濟點蠟燭，請問他是不是有機會說服天主，在我的肩膀上施展神蹟。不然如果我有郵票，我可以寫信去問喬．路易斯，親愛的喬，你能不能告訴我要到哪裡去弄一副強壯的肩膀，即使我是個窮光蛋？

我得體體面面地去上班，所以我就把衣服都脫掉，光溜溜地蹲在後院的水龍頭下，拿一塊酚皂洗衣服。我把襯衫、衛生衣、褲子、長襪都掛在外婆的曬衣繩上，同時向天主祈禱不會下雨，祈禱明天會乾，因爲明天是我這一生的開始。

我赤身裸體哪兒也不能去，所以就整天躺在床上看舊報紙，看《世界新聞報》上的女生而變得亢奮，同時感謝天主讓陽光普照。院長五點回家來，在樓下泡茶，雖然我餓了，但我知道如果向他討吃的，他會囉嗦。他知道有件事我會很在意，就是他跑去找安姬阿姨，跟她抱怨我待在外婆的家裡，睡在她的床上，要是讓安姬阿姨知道了，她就會跑過來把我丟到街上。

他吃完飯後就把麵包藏起來，我永遠也找不到。你大概會以爲，沒摔過腦袋的人鐵定能把摔過腦袋的人藏的東西找出來。後來我才明白，麵包既然不在屋子裡某個地方，那一定是藏在那件無論冬夏他都穿在身上的風衣口袋裡。我一聽見他從廚房向後院的廁所走，我就跑下樓，把麵包從風衣口袋掏出來，切了厚厚一片再放回口袋裡，跑回樓上，躺到床上。他什麼話也不能說，不能指控我。只有最下等的小偷才會偷切一片麵包，而且不會有人相信他，就連安姬阿姨都不會信。而且她會對他吼叫，說你幹嘛把麵包放在口袋裡？那根本就不是放麵包的地方。

我慢吞吞嚼著麵包。每一口都咀嚼十五分鐘，這樣能吃得久一點，而且如果我配著水吃，麵包會在我的肚子裡脹大，給我飽足感。

我看著後窗，確認傍晚的太陽在曬乾我的衣服。別家後院的曬衣繩晾著五顏六色的衣服，隨風搖擺。我的衣服掛在那兒卻像是幾條死狗。

陽光夠亮，可是屋子裡又冷又濕，我希望能有什麼穿。我沒有別的衣服，要是我動院長的東西，他絕對會跑去跟安姬阿姨告狀。最後我在衣櫃裡只找到一件外婆的黑色羊毛連身裙。你是不應該在外婆死掉以後穿她的舊衣服，而且你又是個男生，可是既然可以保暖，而你反正又躲在毛毯下沒有人會知道，所以有什麼關係。衣服有親愛的外婆的味道，我很擔心她可能會從墳墓裡爬出來，在全家人以及大庭廣眾之前詛咒我。我向聖方濟禱告，請讓她躺在墳墓裡，我答應等我工作以後會去給他點蠟燭，也提醒他，他自己穿的袍子也跟連身裙差不了多少，可是沒有人因此而欺負他，最後我睡著了，夢中還看見聖方濟的臉。

天底下最倒楣的事，就是你穿著死去外婆的黑色連身裙躺在她床上睡覺，而你的舅舅在邵斯酒館喝了一夜的酒倒在酒館外，好管閒事的人就衝到安姬阿姨家，她就叫帕·基廷姨丈幫她把院長扛回家，扛上樓時卻發現你躺在床上就對著你吼，你怎麼會在這裡？起來，去燒水，給你摔倒的派特舅舅泡茶。看你動也不動，她就掀掉毛毯，活見鬼似地倒退，大聲喊著聖母啊，你幹嘛穿著我過世媽媽的衣服？

這是天底下最倒楣的事，因爲很難跟她解釋你就要開始這一生中最重要的工作了，你爲了準備所以洗了衣服，衣服正晾在外面曬，可是天氣太冷，你只好穿上在這棟屋子裡能找到的僅有的一件衣服。而在這個當口更沒辦法跟安姬阿姨說話，因爲院長在床上呻吟，我的腳好像著火了，給我的腳泡水。帕·基廷姨丈一手摀著嘴巴，笑到倚著牆，說你的樣子美呆了，黑色很適合你，你要不要把下襬拉一拉？安姬阿姨說，滾下床來，下樓去燒水泡茶給你可憐的舅舅。你也不知道該怎麼辦，是脫掉衣服裹上毛毯，還是就這樣下去？上一分鐘她還在尖叫，你幹嘛穿我可憐媽媽的衣服？下一分鐘她又叫你去燒水。我跟她說，我爲了我的大工作洗了衣服。

什麼大工作？

到郵局去當電報童。

她說如果郵局雇用你這種人，那他們一定是狗急跳牆了。下去燒水。

第二個倒楣的事就是拿水壺到後院去裝水，月光明亮，而隔壁的凱絲琳·波索坐在牆頭上找她的貓。天啊，法蘭基·麥考特，你怎麼穿你外婆的衣服？而你得穿著那件連身裙，手上拿著水壺，說明你洗了衣服，就掛在曬衣繩上示眾，你躺在床上好冷，只好穿上外婆的衣服，而你的派特舅舅摔倒了，被安姬阿姨和她的先生帕·基廷送回來，她命令你到後院去裝水，等你的衣服乾了，你會立刻換掉這件連身裙，因爲你完全不想穿著死去外婆的衣服過日子。

這下子換凱絲琳·波索發出尖叫聲，跌下了牆頭，忘了她的貓，你能聽見她嘻嘻哈哈跟她瞎眼的母親說話，媽咪、媽咪，我跟妳說，法蘭基·麥考特在後院裡，穿著他死去外婆的衣服。你很清楚，一旦凱絲琳·波索聽說了一星半點的醜聞，那在天亮之前整條巷子都會知道，所以你還不如就把頭伸出窗外，大聲把你自己跟這件衣服的事情宣告一遍算了。

水燒開的時候，院長已經醉得睡著了，安姬阿姨說她和帕姨丈要喝點茶，她也不介意我喝一點。帕姨丈說仔細再想想，這件黑衣服倒像是道明會神父的法衣，說完他就跪下來，說求神父降福，我犯了罪。安姬阿姨說，起來，老白痴，不要再拿宗教開玩笑了。然後她說，你、你在這間屋子裡幹什麼？

我不能跟她說媽跟拉曼・葛里芬以及在閣樓上亢奮的事。我就說想待在這裡一陣子，因爲拉曼・葛里芬家到郵局太遠了，等我能自立了，我們一定會找個像樣的地方全都搬過去，我媽和幾個弟弟。

哼，她說，倒是比你的老子行。

15

知道明天你就滿十四歲要像個大男人一樣開始工作了，就會很難入睡。院長黎明醒了，一醒就呻吟著問，肯不肯幫他泡茶？要是肯的話，我可以拿他口袋裡的半條麵包，切一大片。他把麵包放在口袋裡是爲了防老鼠，要是我去找外婆的留聲機、她以前放唱片的地方，就會找到一罐果醬。

他不識字，卻知道把果醬藏到哪裡。

我幫院長把茶和麵包端上樓，自己也弄了一些。我換上了濕衣服，回到床上，希望躲在被窩裡靠自己的體熱把衣服烘乾。媽老是說，就是濕衣服才害你得肺癆，讓你提早進棺材的。院長坐在床上，跟我說他的頭好痛，他做了一個夢，夢見我穿他可憐母親的黑色連身裙，而她到處飛，一面尖叫，罪惡、罪惡、罪惡。他喝完茶，又呼呼大睡了。我等著他的鐘在八點半報時，該起床了，九點要到郵局，就算衣服仍濕濕地黏在我的皮膚上也得去。

出門的時候我覺得奇怪，安姬阿姨幹嘛走在巷子裡。她一定是來看院長的死活，或是需不需要醫生之類的。她說，你幾點得上班？

九點。

好吧。

她轉身陪我走在亨利街上，一聲不吭，我不免懷疑她是不是要到郵局去，當眾揭穿我睡在外婆的床上，還穿她的黑色連身裙。她說，去跟他們說你阿姨在外面等你，你要請一個小時的假。要是他們有意見，我就自己去跟他們說。

我幹嘛要請一個小時的假？

叫你請你就請。

牆邊的長椅上坐著電報童，辦公桌後有兩個女人，一胖一瘦。瘦的說，什麼事？

我叫法蘭克．麥考特，我是來這裡上班的。

上什麼班？

當電報童，小姐。

瘦女人嘎嘎叫，唉喲，我還以爲你是來掃廁所的呢。

不是的，小姐。我母親從科帕博士那兒拿到了一張條子，應該是有工作的。

喔，是嗎？你知道今天是幾號嗎？

知道，小姐。今天是我的生日，我滿十四歲了。

好棒喔，胖女人說。

今天是禮拜四，瘦女人說。你的工作從禮拜一開始。回去，把自己洗乾淨，下禮拜一再來。

牆邊的電報童都哈哈笑。我不知道有什麼好笑的，可是我覺得我的臉變熱了。我跟兩個女人說，謝謝。出來時聽見瘦女人說，耶穌喔，莫琳，誰把那種貨色拉進來的啊？她們也跟著電報童一起笑。

安姬阿姨說，怎麼樣？我跟她說，下禮拜一才開始上班。她說我的衣服簡直丟人現眼，我是拿什麼去洗的。

酚皂。

味道就跟死鴿子一樣，你害我們整個家族都成了笑柄。

她把我帶到羅喜的店，幫我買了襯衫、衛生衣、一條短褲、兩雙長襪、一雙特價的夏天鞋子。她給了我兩先令買茶和甜麵包來慶祝我的生日。她搭上了回歐康諾街的公車，因爲她太胖太懶不想走路。又胖又懶，自己沒有兒子，可是她卻爲了我的新工作幫我買衣服。

我夾著那包新衣服朝亞瑟碼頭走，我得站在善農河的岸邊，不讓別人看見一個男人在滿十四歲那天流下的男兒淚。

禮拜一早晨我起了個大早，洗臉，用水和口水把頭髮抹平。院長看見我穿新衣服。耶穌，他說，你是要結婚嗎？說完就回去睡覺了。

那個胖女人歐康諾太太說，唉呀呀，可眞時髦啊。瘦女人巴瑞小姐說，你是在週末搶銀行了嗎？靠牆邊坐的電報童笑得好大聲。

我照吩咐坐在長椅的尾端，等著輪我去送電報。有的電報童穿制服，他們是通過考試的正式員工，願意的話，可以在郵局做一輩子，接著再考試當郵差，然後再考職員，就可以坐在樓下的櫃台後賣郵票和匯票。郵局給正式的電報童大的防水披風，以防壞天氣，而且他們每年有兩週的假期。大家都說這是好飯碗，穩定又有退休金，又受人尊重，要是得到這樣的工作，那這輩子就沒什麼好愁的了。

臨時的電報童超過十六歲就不能再做了。沒有制服，沒有假期，薪水少，要是有一天生病，你就會被開除。沒有理由。也沒有防水披風。自己帶雨衣來，不然就躲開雨滴。

歐康諾太太把我叫到辦公桌前，交給我一個黑色皮帶和小袋子。她說腳踏車不夠，我只得走路去送我的第一批電報。我要先送最遠的地址，倒著回來，可別磨蹭一整天。她在郵局夠久了，知道走路送六通電報需要多久的時間。我不准跑進酒館、書店或回家喝茶，要是我敢，一定會被揭發。也不准跑到教堂去禱告。要是我一定得禱告，就一面走或一面騎車一面禱告。下雨的話，不要管。把電報送完，不准抱怨。

有一通電報是要送給亞瑟碼頭的克拉赫西太太的，除了派帝的母親之外，絕不可能是別人。是你嗎，法蘭基．麥考特？她說。天啊，我都不知道你長這麼大了。進來，進來。

她穿著顏色明亮的長衣，遍布花朵，還趿著新鞋。地板上有兩個孩子在玩玩具火車。餐桌上有茶壺、帶碟子的茶杯、一瓶牛奶、一條麵包、牛油、果醬。窗邊有兩張床，以前並沒有。角落的大床是空的，她必定知道我在想什麼。他走了，她說，不是死了，是跟派帝到英國去了。來，喝杯茶，吃點麵包。你需要，可憐見的，你就像是大饑荒時候活過來的。來，吃麵包果醬，讓身體壯一點。派帝老是說起你，丹尼斯，我可憐的先生躺在床上，一直念念不忘你母親過來的那天，唱著凱立舞會的歌。他現在到英國去了，在餐廳裡做三明治，每個禮拜寄個幾先令回來。眞不知道英國人是怎麼想的，居然會收一個有肺癆的人做三明治。派帝在克里克伍德找了個好差事，那也是在英國。要不是派帝爲了舌頭爬牆，丹尼斯到現在還待在家裡呢。

舌頭？

丹尼斯饞了，眞是的，想吃羊頭，加點包心菜和馬鈴薯，所以我就把最後的幾個先令帶著，去肉販巴利那兒。我煮了羊頭，丹尼斯雖然病成那樣，還是心急得不得了。在床上一直喊一直喊，喊著要吃羊頭，我終於把羊頭盛在盤子上端給他，他好高興，把羊頭的每一滴骨髓都吸得乾乾淨淨。他吃完以後就說，瑪麗，舌頭，舌頭呢？

什麼舌頭？我說。

羊舌頭。每隻羊生下來都有舌頭，這樣才能咩咩叫，這個羊頭沒有舌頭。去找肉販巴利，跟他要。所以我就去找肉販巴利，他說，那隻可惡的羊來的時候叫得太兇了，我們就把牠的舌頭割掉，丟給狗吃了，誰知道那條狗吃了以後也開始咩咩叫，要是牠再不停，我就要把牠的舌頭割了給貓吃。

我回家來跟丹尼斯講，他在床上氣瘋了。我要舌頭，他說。所有的營養都在舌頭裡。結果你猜怎麼著？我的派帝，也就是你的朋友，天黑以後跑到肉販巴利家，爬過圍牆，把牆上鉤子掛的一個羊頭舌頭給割了下來，帶回來給他可憐的父親吃。我當然得把舌頭煮了，加了一堆鹽。而丹尼斯，天主愛他，吃完後躺回床上，過了一會兒把毯子一掀，兩隻腳站在地上，大聲說管他什麼肺癆不肺癆的，他可不要死在那張床上，反正會死，他寧願死在德國人的炸彈下，他要去幫家人賺個幾鎊，而不是在那張床上哼啊哀呀的。

她拿出派帝寫的信給我看。他在他安東尼叔叔的酒館工作，一天十二小時，每週二十五先令，每天都有湯和三明治可以吃。他很高興德國人帶著炸彈飛來，因爲酒館不營業，他可以睡覺。晚上他睡在樓上走道的地板上。他每個月寄兩鎊給他母親，剩下的錢存起來，好將來把她和家人都接到英國，到時他們在克里克伍德擠一個房間也比在亞瑟碼頭住十個房間要強。她到時一定會找到工作，不用操心。在一個正在打仗的國家還找不到工作，那你也沒藥救了，尤其是美國佬源源不絕地進來，大把大把鈔票地花錢。派帝本人計畫要在倫敦城的中心找工作，那裡的美國佬小費給得很大方，足以養活一個愛爾蘭的六口之家一個禮拜。

克拉赫西太太說，我們終於有足夠的錢買吃的和鞋子了，感謝天主和聖母。你絕對猜不到派帝十四歲的時候在英國遇見了什麼人，而且還像個大男人一樣幹活。布蘭登·桂格里，你們都管他叫問不停的那個。他在做工，也在存錢，將來好到加拿大去當騎警，像尼爾森·艾迪[36]唱我會叫你嗚嗚嗚嗚嗚嗚。要不是希特勒，我們早就死了，唉，這麼說也實在不應該。你可憐的母親怎麼樣了，法蘭基？

她很好，克拉赫西太太。

不，她才不好。我在施藥所看過她，她的樣子比我的丹尼斯躺在床上的時候還差。你得照顧好你可憐的母親。你的樣子也不好，法蘭基，兩隻眼睛那麼紅。來，小費給你。三便士，買點糖果吃。

我會的，克拉赫西太太。

一定要啊。

＊　＊　＊

週末之前，歐康諾太太把我今生第一筆薪水給我，我賺的第一鎊。我跑下樓，跑上歐康諾街，這是主街，燈光都亮了，人們下班回家，跟我一樣口袋裡揣著薪水。我要他們知道我也跟他們一樣，我是大男人，我有一英鎊。我走在歐康諾街的一側，再回頭走另一邊，希望他們會注意到我。他們沒有。我想拿出一鎊鈔票向全世界揮舞，好聽他們說，看啊，法蘭基·麥考特幹活了，口袋裡有一鎊啊。

現在是禮拜五晚上，我想幹什麼就可以幹什麼。我可以買炸魚薯條，到黎蕊克戲院去。不，不要黎蕊克了。我不必再坐在最高最遠的位子，聽著四周的觀眾爲印第安人殺卡士達將軍歡呼，爲非洲人追泰山而喝采。我現在可以到薩佛伊戲院了，花六便士坐在前面，那裡的觀眾比較有水準，他們吃盒裝巧克力，笑的時候會掩口。看完電影，我可以去樓下的餐廳喝茶吃甜麵包。

邁可在對街喊我。他餓了，想問問有沒有可能到院長那裡討一點麵包，順便過夜，省得還得大老遠走回拉曼·葛里芬的家。我跟他說他不用討麵包了。我們要到影城咖啡館，吃炸魚薯條，他想吃什麼都可以，喝一大堆檸檬汁，然後我們要去看詹姆斯·卡格尼演的《勝利之歌》，吃兩大塊巧克力。看完電影之後，我們要喝茶吃甜麵包，我們會像卡格尼一樣又唱又跳回院長家。邁可說能在美國一定很棒，那裡的人除了唱歌跳舞什麼都不用做。他半睡半醒的，說將來要到美國去又唱又跳，我會不會幫他去美國？他睡著了以後，我開始思索去美國以及存錢當旅費的事情，不能把錢浪費在炸魚薯條、茶和甜麵包上。我的這一鎊裡得存下幾先令來，因爲如果我不存錢，我這輩子都離不開利默里克。我十四歲了，要是每個禮拜都存錢，等我二十歲時應該就能到美國去了。

電報有送到辦公室、商店、工廠的，都是沒希望拿小費的地方。職員收下電報，連看都不會多看你一眼，也連句謝謝也沒有。也有電報送到因尼斯路和北環路那些有女佣的體面人家的，同樣沒小費。女

36 尼爾森·艾迪（Nelson Eddy, 1901–1967），美國歌手及演員，在鼎盛時期是全球唱酬最高的歌手。

傭就跟職員一樣，看也不看你，也不說謝謝。有電報送到神父修女家的，他們也有女傭，雖然他們嘴巴上都說貧窮是高貴的。如果你等著神父或修女給小費，那你會死在他們的門階上。有電報是送到離城幾哩外的農夫家的，院子泥濘，還有想把你的腿吃掉的狗。有電報是送到住大屋子、有門房、好幾哩土地都圍著圍牆的有錢人家的。看門的人揮手要你進去，你得在長長的車道上騎個幾哩路，經過草坪、花床、噴泉，才會騎到豪宅。如果天氣好，會有人打槌球，新教徒的遊戲，或是在散步，說說笑笑，他們全都穿著花朵圖案的衣服和外套，有羽毛裝飾、黃金鈕釦，你根本就不會知道現在在打仗。豪宅的大門外停著賓利和勞斯萊斯，女傭叫你繞到傭人的出入口，你難道一點規矩都不懂嗎？

豪宅裡的人說話有英國腔，而且不給電報童小費。給小費最大方的人是寡婦、新教的牧師娘以及一般的窮人。寡婦知道電報送來的匯票是英國政府給的，她們會守在窗邊等。她們如果請你進去喝茶，你得小心，因爲有個臨時電報童叫瘦皮猴盧比的說，有個三十五歲的老寡婦邀他進去喝茶，結果卻想脫掉他的褲子，他只好跑出屋子，雖然他眞的很心動，而且下個禮拜六還得去告解。他說他那玩意硬得像根棍子，騎在腳踏車上眞的非常彆扭，可是你如果騎得很快，想著童貞聖母的苦難，沒一會兒就會軟掉。

新教的牧師娘絕不會像瘦皮猴盧比的老寡婦那樣，除非她們也是寡婦。克里斯帝．華勒斯是正式的電報童，隨時都準備要變成郵差，他說新教徒才不在乎他們做什麼，就算是牧師娘也一樣。他們反正都遭天譴了，所以如果她們跟電報童樂一樂，又有何妨？所有的電報童都喜歡新教的牧師娘。她們雖然有女傭，可是會親自應門，說請等一下，然後給你六便士。我很想跟她們說話，問她們遭天譴有什麼感覺，可是她們可能會覺得受冒犯而把六便士收回去。

在英國工作的愛爾蘭人都在禮拜五晚上和禮拜六整天把工錢匯回來，這時候的小費最多。前一分鐘把一批電報送完，下一分鐘我們就又出去了。

最糟的巷子是在愛爾蘭城，就在高街或蒙格利街之外，比羅登巷或歐基夫巷或是我住過的巷子都還要窮困。有的巷子中間就有水溝穿過。媽媽們站在門口大喊小心喔，然後把便桶倒掉。小孩子折紙船或是用火柴盒加上小帆在油膩的水面上玩。

你一騎進巷子，小孩子就大聲嚷，電報童來了、電報童來了。他們向你跑來，女人們在門口等。如果你把電報交給一個小孩子要他拿給他母親，他就是全家的英雄。小女孩都知道她們應該要等男生先有機會，不過如果她們沒有兄弟，也可以拿到電報。站在門口的女人會高聲說她們手邊沒錢，不過如果你明天過來，來敲門拿小費，上帝祝福你跟你的家人。

郵局的歐康諾太太和巴瑞小姐每天都會告誡所有人，我們的工作是送電報，沒有別的。不准幫別人跑腿，不准幫別人去店裡買雜貨，額外的事情一概不准做。她們不在乎是不是有人在床上奄奄一息。她們不在乎是不是有人缺腿、發瘋，或是在地板上爬。我們就是送電報，僅此而已。歐康諾太太說，你們做什麼都逃不過我的眼睛，因爲全利默里克的人都盯著伊們看，我的抽屜裡就有很多報告。

還眞會藏，把報告藏在襯褲[37]裡，托比．莫齊壓低聲音說。

可是歐康諾太太和巴瑞小姐不知道走進一條窮巷，敲門後有人說進來，你進去，發現一絲燈光也沒

37 英文的 drawers 可指抽屜，也有襯褲的意思。

有，床上的一個角落有一堆破布，而這堆破布說誰啊，你說送電報，那堆破布跟你說能不能幫我去店裡，我快餓死了，我願意用兩隻眼睛換一杯茶。那時你該怎麼說？說我很忙，然後跳上腳踏車離開？把匯票丟給那堆破布等於沒用，因爲那堆破布根本下不了床，更別提去兌現那張匯票了。

你說你能怎麼辦？

你得到的警告是絕不可以到郵局去幫別人兌匯票，否則你就會丟飯碗。可是幾百年前參加波爾戰爭的老人說他的兩條腿都沒了，如果你能去找郵局的帕帝·康西汀，跟他說說他的情況，帕帝絕對會把錢兌現，你自己留下兩先令，因爲你是個好孩子，你能怎麼辦？帕帝說別擔心，可是絕不能說出去，否則我就完蛋了，你也一樣，孩子。打過波爾戰爭的老人說，他知道你有電報要送，可是你能不能今晚再來一趟，也許幫他跑一趟商店，家裡什麼也沒有，而且他快凍死了。他坐在角落的舊扶手椅上，蓋著破爛的毯子，椅子後有個桶子臭得讓你想吐，你看著黑暗角落中的老人，你眞想弄條熱水管，脫掉他的衣服，幫他徹底清洗一遍，給他吃一頓鹹肉雞蛋馬鈴薯泥，加上一堆的牛油鹽洋蔥。

我想把這個打過波爾戰爭的老人跟床上的那堆破布帶走，安置到一棟鄉間的明亮大屋子裡，窗外有小鳥啁啾，小溪潺潺。

斯畢林太太住在凱里路再過去的幫浦巷，她有一對雙胞胎，跛腳，金色的頭很大，身體小，腿垂在椅子邊緣。他們整天望著爐火，說爸爸呢？他們的英語說得跟大家一樣，可是卻跟彼此用他們自創的話說個不停，換換粗換換。斯畢林太太說，意思是什麼時候吃飯？她跟我說如果她先生一個月能寄四鎊來，她就算走運了，而且施藥所因爲他去了英國，對她百般刁難，也快把她逼瘋了。孩子才四歲，非常聰明，但是不能走路，也不能照顧自己。要是他們能走路，要是他們是正常人，她會收拾行李搬到英國去，離開這個天殺的國家，爭了那麼久的自由，可是看看我們現在，戴・瓦勒拉倒是住在都柏林的豪宅裡，那個下流的老殺胚，其他政客也都一塊下地獄去，上帝原諒我。神父也都下地獄去，而且我不會請上帝原諒我這麼說。那些神父修女跟我們說什麼耶穌很貧窮，不必覺得羞恥，可是貨車開到他們的屋子去，載去一箱又一箱、一桶又一桶的威士忌和葡萄酒，小山一樣高的雞蛋火腿，他們卻叫我們為了四旬齋要捨棄。四旬齋個屁。我們一年到頭都在齋戒，還要我們怎麼捨棄？

我想把斯畢林太太跟她的兩個金髮跛腳兒子帶走，送到那棟鄉下的大屋子裡，跟那堆破布和打過波爾戰爭的老人同住；把每個人都洗得乾乾淨淨，讓他們都坐在太陽下，聽小鳥啁啾，小溪潺潺。

我不能把一張沒用的匯票丟給那堆破布，因為那堆破布是個老太太，葛楚德・達利太太，在利默里克的窮巷能染上的疾病她都染上了，關節炎，風濕症，掉頭髮，半個鼻孔不見了因為她老拿手指去戳。這樣的一個老婦人從一堆破布裡坐起來，對著你笑，黑暗中只見閃閃的白牙，是她的真牙，完美無瑕，你忍不住會懷疑這究竟是個什麼世界？

沒錯，她說，是我自己的牙齒，等我在墳墓裡腐爛以後，一百年後的人會發現我的牙齒還是又白又亮，我就會被封為聖人。

電匯的三英鎊是她兒子寄來的，附了幾句話，生日快樂，媽咪，妳的愛子泰迪。她說，他捨得三鎊還真是神蹟哩，那個小兔崽子，皮卡迪利的妓女都給他嫖遍了。她問我能不能幫她一個忙，去兌現匯票，到酒館去幫她買一點鮑爾斯威士忌、一條麵包、一磅豬油、七顆馬鈴薯，一天吃一顆。我肯不肯幫她煮一顆馬鈴薯，加一坨豬油攪成泥，給她一片麵包，弄點水來稀釋威士忌？我肯不肯去藥劑師歐康納那裡幫她買擦膿瘡的藥膏，順便帶幾塊肥皂，讓她痛快地刷洗一番，她會永遠感激，會爲我禱告，這裡有兩先令，算是補償我的辛苦。

啊，不行，夫人。

把錢收著。小意思。你幫了我大忙。

我不能收，夫人，妳自己的情況也不好。

把錢收下。不然我就要跟郵局說，不讓你再幫我送電報了。

喔，好吧，夫人。非常謝謝妳。

晚安了，孩子。要孝順你母親啊。

晚安，達利太太。

＊　＊　＊

九月開學了，有時候邁可會先到院長家，然後再走路回拉曼·葛里芬那兒。下雨的話，他就說我能不能在這裡過夜？沒多久他就根本不想走回拉曼·葛里芬家了。他又累又餓，受不了往返各兩哩路。

媽來找他，我不知道該跟她說什麼。不知道該怎麼看著她，就一直看旁邊。她說，工作怎麼樣？彷彿在拉曼·葛里芬那兒什麼事也沒發生過。我說，很好，彷彿在拉曼·葛里芬那兒什麼事也沒發生過。如果雨下得太大，她就帶著阿方在樓上的小房間過夜，隔天再回拉曼家，可是邁可留下來不走，沒多久她也一點一點搬進來了，最後都不再去拉曼家了。

院長每個禮拜付房租。媽領救濟金和食物券，最後有人告了她，施藥所就不肯再接濟她了。他們說她的兒子每週賺一鎊，比某些領補助金的家庭還多，她應該很感激他有工作。這下子我得把工錢交出來了。媽說，一鎊？不管颳風下雨你都得騎著腳踏車到處跑，就賺這麼點？這在美國就是四塊。四塊。在紐約四塊錢連一隻貓都餵不飽。要是你在紐約幫西聯匯款送電報，你一個禮拜會賺二十五塊，過得舒舒服服的。她總是把愛爾蘭幣換算成美金，這樣她才不會忘記，同時也讓別人相信在美國的日子比較優渥。有些禮拜她會讓我留下兩先令，可是如果我去看電影或是買二手書，就不會剩錢，我就沒辦法存自己的旅費了，我就會困在利默里克，直到變成二十五歲的老頭子。

馬拉基從都柏林寫信來，說他受夠了，不想下半輩子都在軍樂隊裡吹喇叭。一個禮拜以後他回來了，發現得跟我、邁可、阿方睡一張大床，就埋怨說他在都柏林有自己的行軍床，有床單、毛毯和一個枕頭。現在又要退回到大衣和一碰就會有羽毛滿天飛的長枕。媽說，好可憐喔，眞是太委屈你了。院長睡自己的床，媽睡小房間。我們又都在一起了，沒有拉曼來欺負我們了。我們泡茶，煎麵包，坐在廚房地板上。院長說，你們不應該坐在廚房地板上，餐桌和椅子是幹什麼用的？他跟媽說法蘭基的腦筋不正常，媽說我們會被地板的濕氣弄病，最後死掉。我們坐在地板上唱歌，媽和院長坐椅子。她唱〈你今晚寂寞嗎？〉，院長唱〈到拉辛之路〉，我們還是都聽不懂他在唱什麼。我們坐在地板上，說著發生的事情，說著沒發生的事情，說著我們全都到美國之後會發生的事情。

郵局有的時候很清閒，我們就坐在長椅上聊天，聊天可以，可是不能笑。巴瑞小姐說我們應該很感激，可以白拿薪水坐在這裡，我們是一幫懶漢加街頭頑童，絕對不准笑。白拿薪水坐著聊天一點都沒有什麼好笑的，誰敢第一個笑出聲，就全部都出去，等到腦袋想清楚了再回來，要是還笑個不停，就要把我們報告給有關部門。

電報童都壓低聲音談論她。托比·莫齊說，那個臭女人就是需要痛痛快快爽一次，需要一杯百家酒[38]。她的媽媽是街上的流鶯，她爸爸從瘋人院裡逃出來，蛋蛋上生了囊腫，老二上生了疣。

長椅上的人都笑了，巴瑞小姐大聲說，我警告過伊們不准笑。莫齊，你在那邊胡說八道什麼？

我說今天天氣這麼好，我們最好都到外面去送電報，巴瑞小姐。

是喔，你最好是這樣說，莫齊。你的嘴巴就跟廁所一樣髒，你聽見了嗎？

聽見了，巴瑞小姐。

樓梯上都聽見你的聲音了，莫齊。

知道了，巴瑞小姐。

閉嘴，莫齊。

好，巴瑞小姐。

不准再說一個字了，莫齊。

是，巴瑞小姐。

我叫你閉嘴，莫齊。

好，巴瑞小姐。

可以了，莫齊。別考驗我的耐性。

我不會的，巴瑞小姐。

聖母給我耐心吧。

是，巴瑞小姐。

我最後一次警告你，莫齊。最後一次。

遵命，巴瑞小姐。

托比·莫齊跟我一樣是臨時的送報童。他看了一部電影叫《犯罪都市》，現在他想到美國去，當個強悍的記者，戴帽子抽香菸。他的口袋裡放著一本筆記簿，因爲好記者會隨時記錄眞相。他必須把眞相記下來，而不是一堆無聊的詩，在利默里克的酒館，男人一天到晚掛在嘴巴上的就是被英國人欺壓的苦難。眞相，法蘭基。他記下送了多少電報，走了多遠。我們坐在長椅上確定自己不笑出來，他跟我說要是我們一天送四十通電報，一個禮拜就有兩百通，一年就有一萬通，兩年就有兩萬通。要是我們一個禮拜騎上一百二十五哩，兩年就有一萬三千哩，已經繞世界半圈了，法蘭基，難怪我們的屁股不長肉。

托比說，誰也不比電報童了解利默里克。我們知道每一條大道、每一條馬路、每一條街、每一處台地、每一間馬房、每一個住所、每一條死胡同、每一條巷子。耶穌，托比說，利默里克沒有一家我們不知道的。我們敲過各式各樣的門，鐵門、橡木門、夾板門。兩萬個門，法蘭基。我們敲門、踢門、推門。我們拉門鈴、按門鈴。我們大聲喊、吹口哨，電報童，電報童。我們把電報丟進信箱裡，塞進門縫裡，丟過門窗的橫檔。我們爬進臥病人家的窗子。我們打退每一隻想把我們當大餐的狗。你把電報交給別人的時候，永遠料想不到會是什麼情況。他們會笑會唱歌會跳舞會哭會尖叫會突然昏倒，你在心裡亂

38 以前會有節儉的酒保把客人喝剩的酒都倒進一個酒瓶裡自己喝。

猜他們會不會醒過來，賞你小費。跟美國電影裡的送電報一點也不一樣，米基．魯尼在《小鎮的天空》騎車送電報，鎮民都很和善，爭先恐後要給小費，還邀請他進去，請他喝茶吃麵包。

托比．莫齊說他的筆記簿裡有大量的眞相，他對什麼事都不鳥，而我也想要像他這樣。

歐康諾太太知道我喜歡送鄉下的電報，如果天氣晴朗，她會給我一袋十通電報，讓我送一個早上，我可以等到吃過午餐以後再回來。秋天裡有五天善農河波光閃閃，田野翠綠，閃爍著早晨的露珠。煙吹過田野，泥煤生的火有種甜甜的味道。母牛和羊群在吃草，我不由得好奇這些是不是神父說的動物。是的話我也不會意外，因爲總是會看到公牛爬到母牛身上，公羊爬到母羊身上，公馬爬上母馬，牠們的老二都好大，我看著都會出汗，而且爲世上的雌性生物難過，可憐牠們得受那種苦，不過我自己倒不介意當一頭公牛，因爲公牛可以爲所欲爲，而且那種事對動物來說也不是罪惡。我不介意在這裡搞自己，可是你不知道路上幾時會有農夫走來，趕著牛群或羊群去趕集或是到另一塊田去，舉高棍子跟你打招呼，日安，年輕人，天氣眞好啊，感謝天主和聖母。這麼虔誠的農夫看見你就在他的田地前面犯第六誡，可能會深受冒犯。馬兒喜歡把頭伸到樹籬和籬笆外一探動靜，我就停下來跟牠們說話，因爲馬兒有大大的眼睛長長的鼻子，表示牠們很聰明。有時兩隻鳥會隔著田地互相鳴唱，我也得停下來聽，要是時間夠久，還會有更多小鳥加入，最後每棵樹和灌木叢都活了起來。如果橋下有淙淙流水，小鳥鳴囀，母牛哞哞叫，羔羊咩咩叫，那比什麼電影裡的音樂都美。午餐的培根和包心菜香味從一戶農家飄出來，害我餓得腿軟，我就爬進田野，用黑莓塞飽肚子，一吃就是半個鐘頭。我把臉埋進溪裡，喝冰冷的溪水，這比任何一家炸魚薯條店的檸檬汁都還可口。

送完電報後，還有時間可以到古代的修道院墓園，我媽的親戚都埋在這裡，吉爾佛尤氏和席安氏，我媽也想要葬在這裡。從這裡我能看見卡里哥戛諾城堡高處的斷垣殘壁，還有很多時間可以騎車上去，坐在最高的牆上，看著善農河流向大西洋，流向美國，夢想著我自己航向美國的那一天。

郵局的男生跟我說，拿到卡莫迪家的電報很幸運，他們的小費是一先令，是利默里克最多的小費之一。爲什麼是我拿到？我只是新進人員。他們說，嗯，有時候泰芮莎．卡莫迪會來應門，她有肺癆，他們怕會被她傳染。她十七歲，進進出出療養院，而且活不到十八歲。郵局的男生說，像泰芮莎這樣的病人知道沒有多少時間可活了，就會對愛情和浪漫很渴望，很渴望喔。肺癆就是會這樣，郵局的男生說。

我騎車穿過十一月濕淋淋的街道，想著一先令的小費，我轉進了卡莫迪家住的街，腳踏車輪子突然一滑，我就摔倒了，擦破了臉皮，手背也破了。泰芮莎．卡莫迪來開門。她長了一頭紅髮，眼睛綠的就像利默里克城外的田野。臉頰是鮮亮的粉紅色，皮膚白得要命。她說，喔，你淋濕了，而且在流血。

我摔車了。

進來，我幫你上藥。

我心裡想，我該進去嗎？我可能會染上肺癆，那可就完了。我還想活到十五歲呢，不過我也想要一先令的小費。

進來。站在外面會著涼的。

她把水壺放到爐子上，準備燒水泡茶。然後幫我的傷口擦碘酒，我盡量表現出男子氣慨，吭都不吭一聲。她說，喔，你眞勇敢。到客廳去，把自己烘乾。來，把褲子脫掉，晾在壁爐前的遮屏上。

啊，不用了。

啊，一定要。

那好吧。

我把褲子晾在遮屏上，坐在那裡看著褲子冒出蒸氣，也看見自己在立正，我很擔心她可能會過來，看到我在亢奮。

怕什麼來什麼。她端著麵包果醬和兩杯茶來了。唉呀，她說，你雖然皮包骨，可是還眞是個不錯的男孩子。

她把杯盤放在靠壁爐的桌上，杯盤就這樣擺在那兒，碰都沒人碰了。她用食指和拇指捏住我的亢奮尖端，帶我穿過房間，走到靠牆的綠沙發上。這時我的腦子裡滿是罪惡、碘酒、對肺癆的恐懼、對一先令的想望、她的綠眼睛，還有她躺在沙發上。別停，不然我會死，她在叫，我也在叫，因爲我不知道是怎麼回事，要是我從她的嘴巴得到肺癆害死了自己，我也是在往天堂飛，我從懸崖上摔下來，就算這是罪，我也一點都不鳥。

我們在沙發上休息，過了一會兒，她說，你不是還有電報要送嗎？等我們坐起來，她小聲地叫，喔，我在流血。

妳怎麼了？

大概是因爲第一次吧。

我跟她說等一下，就去廚房拿了碘酒，灑在她的傷口上。她從沙發上跳起來，發狂似地在客廳到處跳，然後跑進廚房去沖洗。她擦乾以後說，天啊，你眞的很天眞耶。不可以拿碘酒倒在女生身上啦。

我以爲妳受傷了啊。

之後的幾個禮拜都是我送電報。有時我們會在沙發上亢奮，可是有些日子她會咳嗽，你看得出她面帶病容。她從沒跟我說她的病，從沒跟我說她得了肺癆。郵局的男生說，我一定跟那一先令小費還有泰芮莎・卡莫迪玩得很開心。我沒跟他們說我不再收一先令小費了，沒跟他們說綠沙發和亢奮的事。我沒跟他們說她打開門，我看出她生病的那種痛苦，我只想幫她泡茶，摟著她坐在綠沙發上。

有個禮拜六我奉命去伍爾沃斯，送電報給在那兒工作的泰芮莎的母親。我盡量表現得很隨興。卡莫迪太太，你們家的電報都是我去送的，妳女兒叫泰芮莎吧？

對，她現在在醫院。

她是在療養院嗎？

我不是說醫院嗎。

她跟利默里克的每個人都一樣，對肺結核感到很羞恥，而且她沒給我一先令，連一便士小費也沒有。我騎車到療養院去看泰芮莎，他們說你得是親戚而且還得是成人才能探病。我說我是她表哥，八月就滿十五歲了。他們叫我離開。我騎車到方濟會去為泰芮莎祈禱。聖方濟，請你跟天父說一說，跟祂說不是泰芮莎的錯。我大可以拒絕每個禮拜六去送電報。跟天父說不能因為沙發上的亢奮怪泰芮莎，因為那是肺癆害的。反正也沒關係了，聖方濟，因為我愛泰芮莎。我愛她就像你愛小鳥愛動物愛魚那樣，麻煩你告訴天父請祂把肺癆帶走，我保證再也不會靠近她了。

下一個禮拜六，他們給我卡莫迪家的電報。騎到那條馬路的半路上，我就看到他們家拉著窗簾。我能看見門上的黑紗花圈，能看到白色鑲紫邊的服喪卡。我從門口看見泰芮莎跟我赤裸著翻滾的綠沙發，我知道她現在下了地獄，而一切都是我害的。

我把電報塞進門縫裡，騎車到方濟會，爲泰芮莎的靈魂能安息祈禱。我向每一尊雕像禱告，向彩色玻璃窗禱告，向苦路圖禱告。我發誓這一生都會過著信仰、希望、慈善、貧窮、堅貞、服從的日子。

隔天是禮拜天，我去了四場彌撒。我拜了三次苦路，我念了一整天的玫瑰經。我不吃不喝，只要能找到靜一靜的地方，我就哭求天主和童貞瑪利亞可憐可憐泰芮莎・卡莫迪的靈魂。

禮拜一我騎著郵局的腳踏車，跟著送葬隊伍到墓地。我站在樹後，遠遠地看著。卡莫迪太太哭泣哀嘆，卡莫迪先生吸鼻子，一臉茫然。神父念了拉丁禱詞，在棺材上灑聖水。

我想走向神父，走向卡莫迪夫婦。我想跟他們說，我是那個害泰芮莎下地獄的人。他們想怎麼對我都沒關係。責打我，辱罵我，拿墳土丟我。可是我待在樹後等著送葬的人離開，挖墓工把墳墓填滿。

新翻的墳土已經覆上一層白霜，我想著泰芮莎冷冰冰躺在棺材裡，紅髮綠眼。我不懂心中的感覺是什麼，可是我知道我家裡死了那麼多人，窮巷裡死了那麼多人，那麼多人離我而去，我卻從來沒有過這種感覺，我希望以後不要再有這種感覺。

天快黑了。我牽著腳踏車離開墓園。我還有電報要送。

16

歐康諾太太叫我送電報去給哈靈頓先生，他是英國人，去世的妻子在利默里克出生長大。郵局的男生說，弔唁電報是浪費時間。他們只會哭，哀傷地嘆息，覺得有理由不給小費。他們會問你願不願意進來看一眼死者，在床邊禱告。如果他們請你喝杯雪莉，吃個火腿三明治，那還不壞。不過呢，叫你禱告他們當然是很樂意，可你只是個電報童，要是能得到一片乾乾的餅乾，那就算走運了。郵局裡大一點的男生說，要拿到喪家的小費得要有點技巧。如果他們要你進去禱告，你得跪在屍體旁邊，發出重重的嘆息，祝福自己，額頭碰到床單，別讓他們看見你的臉，肩膀要抖動得像傷心欲絕的樣子，兩隻手抓牢床鋪，彷彿他們就要把你拖走，打發你去送其他的電報，要確定你的臉頰閃著眼淚，不行的話就沾口水。如果這樣表演還得不到小費，下一次就把電報塞進門縫底下，或是丟過門窗的橫檔，讓他們自己去哭個夠吧。

這不是我第一次送電報到哈靈頓家。哈靈頓先生在保險公司上班，一天到晚在出差，哈靈頓太太給小費很大方。可是她死了，來應門的是哈靈頓先生。他的眼睛紅紅的，還一邊吸鼻子。他說，你是愛爾蘭人嗎？

愛爾蘭人？這裡是利默里克，我拿著一包電報站在他家門口，我還可能是哪國人？是的，先生。他說，進來吧。把電報放在門廳的衣帽架上。他把門關上，還上了鎖，把鑰匙放進口袋裡，我心裡想，英國人還眞是奇怪。

你當然會想看看她。你會想看看你們這些人用你們該死的肺結核把她折磨成什麼樣子。你們這群食屍鬼。跟我來。

他先帶我進廚房，他端了一盤火腿三明治，拿了兩只瓶子，然後再上樓。哈靈頓太太躺在床上看來很漂亮，金髮，粉紅色衣服，很安詳。

這是我太太。她雖然是愛爾蘭人，可是外表不像，感謝上帝。跟你一樣，愛爾蘭人。你當然會需要喝酒。你們愛爾蘭人不管什麼事都要喝酒。才剛斷奶就吵著要喝威士忌，要喝黑啤酒。你要哪一種，威士忌？雪莉酒？

啊，檸檬汁就可以了。

我在爲妻子哀悼，不是在過該死的檸檬節。給你喝雪莉。從該死的天主教法西斯西班牙弄來的。

我灌下了雪莉。他又幫我斟滿，然後給他自己倒了威士忌。可惡，威士忌都沒了。待在這裡。聽見了沒有？我要到酒館去再買一瓶威士忌。待在這裡等我回來，別動。

我很困惑，也被雪莉酒弄得昏昏的。我不知道應該怎樣對待哀悼中的英國人。哈靈頓太太，床上的妳看起來好漂亮。可是妳是新教徒，已經遭天譴了，下地獄了，跟泰芮莎一樣。神父說，除了教會沒有其他救贖。等等，我可能有辦法拯救妳的靈魂。幫妳受洗成天主教徒。彌補我對泰芮莎做的事。我去拿水。喔，主啊，門怎麼上鎖了？為什麼？是不是妳沒死？妳在監視我。妳死了嗎，哈靈頓太太？我不害怕。妳的臉冷冰冰的。喔，妳是死了。我會用從該死的天主教法西斯西班牙弄來的雪莉酒幫妳受洗。因父及子及聖神之名，為汝——

你他媽的在幹什麼？離我太太遠一點，你這個羅馬天主教的白痴。這是哪門子的鬼儀式？你碰了她嗎？有沒有？我要扭斷你的火柴棒脖子。

我——我——

喂喂，說英語，混蛋。

我只是，用一點點雪莉酒幫她進天堂。

天堂。我們有天堂，安，我，我們的女兒愛蜜莉。不准用你的粉紅色豬眼看她。基督啊，我受不了了。來，多喝一點雪莉酒。

啊，不用了，謝謝。

啊，不用了，謝謝。沒出息的凱爾特哀號。你們這些人愛死喝酒了，能幫你們爬，哀哀叫得更大聲。你當然想吃東西。你的樣子就像個快餓昏的愛爾蘭人。火腿。吃。

啊，不用了，謝謝。

啊，不用了，謝謝。再說一次，我就把火腿塞進你的屁股裡。

他對著我揮舞火腿三明治，用力塞進我的嘴巴裡。

他倒在椅子上。喔，上帝、上帝，我該怎麼辦？我得休息一會兒。

我的胃在翻攪。我衝到窗邊把頭探出去，吐了起來。他從椅子上跳起來，向我衝過來。

你、你，上帝罰你下地獄，你吐在我太太的玫瑰花上了。

他撲過來，沒對準，摔倒在地上。我爬出窗戶，掛在壁架上。他衝到窗口抓我的手。我一放手就掉進了玫瑰叢裡，掉進了我剛才吐的火腿三明治和雪莉酒裡。我被玫瑰花刺扎到，還扭傷了一邊腳踝。他立在窗口吼罵著，給我進來，你這個愛爾蘭矮子。他會向郵局投訴我。他用威士忌酒瓶打我的背，拜託，你不能陪我守個一個鐘頭嗎？

他拿雪莉酒杯、威士忌酒杯、一堆火腿三明治、他太太梳妝台上的東西丟我，香粉啦，乳霜啦，梳子啦。

我爬上了腳踏車，搖搖晃晃穿過利默里克的街道，雪莉酒加上受傷的緣故，我整個人頭暈眼花。沒想到歐康諾太太也攻擊我，七封電報，一個地址，你去了一整天。

對，對，對。

對，對，還喝醉了。你居然喝醉了，還臭得要命。喔，我們都聽說了。那個好人來按鈴，哈靈頓先生，可愛的英國人，說話就跟詹姆斯·卡格尼一樣。他讓你進屋去幫他可憐的太太禱告，結果你拿著雪莉酒和火腿從窗子跳出來。你可憐的母親啊，她怎麼會生出這麼個兒子來。

是他逼我吃火腿，喝雪莉酒的。

逼你？耶穌喔，笑死人了。逼你。哈靈頓先生是位優雅的英國人，他有什麼理由說謊？我們這個郵局不要你這種人，連雪莉酒和火腿都偷。把你的袋子和腳踏車交出來，你在郵局工作的日子結束了。

可是我需要這份工作，我得存錢到美國去啊。

美國。美國讓你這種人上岸也算是倒楣了。

我一瘸一瘸走在利默里克的街上。我很想要回去朝哈靈頓先生家的窗戶丟石頭。不行，得尊重死者。我要過沙斯菲爾橋，下去河岸，找個灌木叢躺下來。我不知道要怎麼回家跟媽說我的工作丟了。但是還是得回家，還是得告訴她。不能整晚待在河岸。她會急瘋的。

媽求郵局讓我回去工作。他們說不行，他們從沒聽說過電報童傷害屍體，還帶著火腿和雪莉酒逃離現場。他絕對不能再走進郵局一步。不行。

她從教區神父那兒弄到一封信。讓孩子回來，教區神父說。喔，是，神父，遵命，郵局說。他們會讓我做到十六歲生日那天，多一分鐘都不行。歐康諾太太說，想想英國人欺壓了我們八百年，那個人根本就沒資格為了一丁點的火腿和雪莉酒抱怨。那麼一點火腿和雪莉酒跟大饑荒比起來算什麼？那時他又在哪兒？要是我可憐的先生還活著，我會跟他說你做了什麼，他一定會誇你給了他們好看，法蘭克·麥考特，給了他們好看。

每個禮拜六早晨我都發誓會去告解，跟神父說我在家裡的不潔行為，在利默里克鄉間的無人泥土路上，在瞪大眼的母牛和羊群面前的不潔行為，在卡里哥戛諾城堡的高處，在世界面前的不潔行為。我會跟他說泰芮莎·卡莫迪的事，說我害她下地獄，然後我就完了，我會被逐出教會。

泰芮莎是我的一個心病。每次送電報到她那條街，每次經過墓園，我都覺得罪惡在心中滋長，像膿腫，如果我不去告解，我會什麼都不是，只是一個膿腫騎在腳踏車上，人群指指點點，互相說就是他、就是他，法蘭基·麥考特，害泰芮莎·卡莫迪下地獄的髒東西。

我看著人們在禮拜天去領聖體，人人都在恩寵狀態中，嘴裡含著天主回到座位上，安詳寧靜，輕鬆自如，隨時都可以死，然後直接上天堂，或是回家去吃鹹肉雞蛋，心裡一絲煩憂都沒有。

當利默里克最無可救藥的罪人讓我心力交瘁，我想擺脫這個罪，吃鹹肉雞蛋，沒有罪惡感，沒有煩憂。我想當個普通人。

神父們總是說，主的慈悲無邊無際，可是有哪個神父能夠赦免像我這樣的一個人，送電報送到了綠沙發上，還跟一個患了肺癆來日無多的女生一起亢奮？

我帶著電報騎在利默里克的大街小巷，在每一間教堂停留。我從贖世主會到耶穌會到聖奧斯定堂到道明會到方濟會。我在聖方濟．亞西西的雕像前跪下，求他幫助我，可是我覺得他太厭棄我了。我在告解室旁跟著長椅上的人跪下，可是輪到我時我沒辦法呼吸，心跳如雷，額頭變得又冷又濕，最後只能逃出教堂。

我發誓聖誕節會去告解，我沒去。復活節，沒去。週復一週月復一月，轉眼間泰芮莎死去一年了。我會去她的週年忌，沒去。我現在十五歲了，經過教堂不再停留。我得等到去美國，那裡的神父像《與我同行》裡的平．克勞斯貝，不會像利默里克的神父一樣把我踢出告解室。

有一通電報要送給一位老婦人，布麗姬．費尼肯太太。她說，你幾歲了，孩子？

十五歲半，費尼肯太太。

不算大，還是會做蠢事，也不算小，知道凡事要小心。你聰明嗎，孩子？你算不算聰明？

我會讀書識字，費尼肯太太。

啊，瘋人院裡也有人會讀書識字。你會不會寫信？

會。

她要我幫她寫信給她的客戶。如果你需要套裝或是孩子的連身裙，可以去找她。她給你一張兌換券，你拿去店裡他們就會給你衣服。她自己有折扣，卻要你全價加利息。你每個禮拜付一次款。她有些客戶欠了她錢，需要寫信去催討。她說，你寫一封信我就給你三便士，如果討到了錢，我再給你三便士。要是你想做，就禮拜四和禮拜五晚上過來，自己帶紙和信封來。

我是求之不得。我想到美國去，可是我沒錢買紙和信封。隔天我送電報去伍爾沃斯，我的問題得到了解決。那兒有一整區堆滿了紙和信封。我沒錢，所以得自己拿，可是要怎麼拿？結果是兩隻狗救了我，伍爾沃斯商店的門口有兩隻狗在亢奮後黏在一起，一面叫一面轉圈。顧客和店員都吃吃笑，假裝看別的地方，趁他們忙著假裝，我就偷偷把紙和信封塞進毛衣底下，出了門，騎上腳踏車，遠離了那一對黏在一起的狗。

費尼肯太太一臉懷疑。你的文具還眞高級啊，孩子，是你母親的嗎？等你拿到錢得還，是不是，孩子？

是啊。

從現在開始我不准再靠近她家門口。她的屋子後面有條巷子，我要從後門進去，以免有人看見我。她拿出一本大帳簿，給了我六個欠款的客戶姓名住址。恐嚇他們，孩子。把他們的魂嚇掉。

我的第一封信是這樣：

親愛的歐布萊恩太太：

鑑於妳沒有付我積欠的款項，我可能不得不採取法律途徑。貴公子邁可穿著我付錢的新套裝昂首闊步，我卻連一點維持身心的麵包皮都沒有。我相信妳不會想要在利默里克的監牢裡憂愁憔悴，與親戚朋友分離。

等著打官司的布麗姬．費尼肯太太

她跟我說，寫得很夠力，孩子，比你在《利默里克讀者報》上讀到的東西強多了。「鑑於」這個詞眞夠恐怖。是什麼意思？是說，這是妳的最後機會。

我寫了五封信，她給我錢買郵票。我到郵局的途中心裡想，我幹嘛把錢浪費在買郵票上面啊？我自己就可以在半夜走路去送信啊。如果你是窮光蛋，催債信不管是怎麼放到門口的，都是威脅。

我在利默里克的窮巷穿梭，把信塞到門縫裡，同時祈禱不會被人看到。

隔週費尼肯太太快樂得吱吱叫。有四個人付錢了。喔，坐下來，再寫幾封。讓他們感受到天主的憤怒。週復一週，我的討債信寫得越來越狠毒，我開始使用連自己也不太懂的字眼。

親愛的歐布萊恩太太：

鑑於妳對之前信件所提的迫近的法律行動置之不理，特此敬告，我們正和都柏林的律師諮商中。

下個禮拜歐布萊恩太太也付錢了。她淚汪汪地來，全身顫抖，保證絕不會有下一次。

禮拜五晚上，費尼肯太太叫我到酒館去買一瓶雪莉酒。你不夠大不能喝。你可以給自己泡杯茶，可是得用今天早晨泡過的茶葉。不，你不能吃麵包，麵包太貴了。還麵包咧，下次你就會要雞蛋吃了。

她在爐火邊搖著椅子，啜飲雪莉，數著大腿上皮包裡的錢，登錄到她的帳簿裡，然後把東西都鎖進了大衣箱，藏到樓上的床底下。喝了幾杯雪莉酒之後，她跟我說能有一點錢眞好啊，這樣就可以在彌撒後奉獻給教堂，請神父祝福你的靈魂安息。一想到她死了下葬之後，神父一年又一年爲她禱告，她就開心得不得了。

有時她會睡著，如果錢包掉在地上，我就會乘機拿個一、兩先令，算是加班費以及慰勞我使用了那麼多的生詞生字。付給神父請他們禱告的錢會變少，但是一條靈魂又需要多少禱告？況且教會當著我的面甩上了門，我當然有權利多得個幾鎊吧。他們不肯讓我當輔祭童，不肯讓我進中學，不肯讓我去加入白衣神父傳教團。我不在乎。我在郵局有帳戶，要是我的討債信能繼續有效用，順便從她的皮包裡再拿個幾先令，把郵票的錢留下來，我就能存到逃去美國的路費。就算我全家人都餓死了，我也不會動用郵局裡的這筆錢。

通常我得寫信去威脅我母親的鄰居朋友，擔心可能會被發現。他們跟我媽抱怨，那個老婊子費尼肯，住在愛爾蘭城的那個，寄了封恐嚇信給我。哪種地獄跑出來的惡魔會用這種信來折磨自己的同類？而且信裡面的字我這輩子都沒看過，寫這種信的人比猶大還壞，比跟英國人通風報信的混蛋還壞。

我媽說，寫這種信的人應該放到滾燙的油鍋裡煮，讓瞎眼的人把他的指甲一片片拔掉。

我很遺憾爲他們引來煩惱，可是我只有這個辦法能存錢到美國去。我知道有一天我會是個有錢的美國人，我會寄幾百塊回家來，我的家人就再也不必擔心恐嚇信了。

有些臨時的電報童要參加八月分的考試。歐康諾太太說，你應該去考試，法蘭克．麥考特。你有頭腦，輕輕鬆鬆就能及格，沒多久就可以當郵差，幫你可憐的母親減輕負擔。

媽也說我應該去考，當個郵差，存錢，到美國去，在美國當郵差。這種生活不是很美好嗎？

有個禮拜六我送電報到邵斯酒館去，剛好帕．基廷姨丈在裡面，還是一樣一身黑。他說，來喝杯檸檬汁，法蘭基，你快十六了吧，還是想喝啤酒？

檸檬汁，帕姨丈，謝謝。

等你十六歲生日那天，你會想喝第一杯啤酒吧？

會，可是我爸爸不在家，沒人幫我買。

放心吧。我知道少了爸爸就是不一樣，可是我會幫你買第一杯啤酒。要是我自己有兒子，我就會這麼做。十六歲生日的前夕過來這裡。

好的，帕姨丈。

我聽說你要考郵局的考試？

對。

你爲什麼要考？

那是好工作，而且我不用多久就可以當郵差了，還有退休金。

哈，退休金個屁。十六歲就在說什麼退休金。你是不是在開玩笑啊？你聽見我說的話了嗎，法蘭基？退休金個屁。你要是考試過了，就會待在郵局裡，後半輩子舒舒服服地過著。你會娶一個叫布麗姬的女人，生五個小天主教徒，在花園裡種玫瑰。你還不到三十歲腦子就會枯死，睪丸還會早一年乾枯。自己給自己作決定，去他的安全牌，少管那些說風涼話的。你聽見了嗎，法蘭基．麥考特？

聽見了，帕姨丈。歐哈樂倫老師也是這麼說的。

他怎麼說？

自己給自己作決定。

歐哈樂倫老師說得對。這是你的人生，自己作決定，那些說風涼話的都可以去死，法蘭基。到頭來你還是會去美國，對不對？

對，帕姨丈。

考試那天我不用上班。歐康諾街上有塊告示牌寫著「徵聰明男生，字體工整，擅算術，洽經理莫凱弗利先生，伊森有限公司。」

我站在考試的地方，是利默里克新教青年會的房子。全利默里克的男生都爭相跑上台階去參加考試，門口有個男人在分發考卷鉛筆，對著他們大吼快一點，快一點。我看著門口的人，想到了帕．基廷姨丈和他說的話。我想到了伊森公司的告示牌「徵聰明男生」。我不想進那扇門去通過考試，如果我進去了，我就會是個正式的電報童，有制服穿，接著當郵差，最後在櫃台賣郵票，就這樣過後半輩子。我到老死都會待在利默里克，種玫瑰花，腦子死掉，睪丸枯乾。

門口的人說，喂，你是要進來還是要杵在那裡秀你的臉？

我想跟他說，吃我的屁，可是我還得在郵局待個幾週，他可能會去投訴我。我搖搖頭，走上那條在徵聰明男生的街道。

經理莫凱弗利先生說，我要看看你寫的字，也就是說，看看你有沒有好拳頭。在那張桌子坐下來。寫下你的姓名住址，再寫一段文章說明你爲什麼要應徵這份工作，以及你打算怎麼樣在伊森父子有限公司向上爬。只要有毅力，能刻苦，時時刻刻注意著前面的旗手，小心左右各種罪惡的呼喚，這間公司就會有無窮的機會。

我寫了：

法蘭克・麥考特
愛爾蘭
利默里克郡
利默里克市
小貝林頓街四號

我應徵這份工作是爲了要爬到伊森有限公司的最高層，憑藉著毅力和刻苦，以及知道只要我注視前方，保護我的左右兩側，就能避開一切誘惑，成爲伊森以及愛爾蘭的光榮。

這是什麼？莫凱弗利先生說。是不是扭曲了一點眞相啊？

我不知道，莫凱弗利先生。

小貝林頓街。那是條巷子。你為什麼說它是街？你住在巷子裡，不是街上。

他們都說是街，莫凱弗利先生。

少自抬身價了，孩子。

喔，我不會的，莫凱弗利先生。

你住在巷子裡，也就是說，你唯一的路就是向上爬。你了解嗎，麥考特？

了解，先生。

你得靠工作讓你走出巷子，麥考特。

是的，莫凱弗利先生。

你有窮巷孩子的樣子，麥考特。

是，莫凱弗利先生。

你全身都是窮巷味。從頭頂到腳趾。別想要騙社會大眾，麥考特。你要騙我這種人還嫌太早。

喔，我不會的，莫凱弗利先生。

還有你的眼睛，又紅又腫。你看得見嗎？

看得見，莫凱弗利先生。

你會識字寫字，可是會加減嗎？

會，莫凱弗利先生。

嗯，我不知道有沒有紅腫眼睛的規定，我得打電話到都柏林，問問他們對眼睛紅腫的看法。可是你的字寫得很清楚，麥考特。拳頭不錯。在他們審理眼睛紅腫有沒有關係的時候，我們可以用你。禮拜一早晨，六點半在火車站見。

早晨嗎？

早晨。我們總不會在晚上送早報吧，是不是？

是，莫凱弗利先生。

還有一件事。我們送的是《愛爾蘭時報》，新教徒的報紙，是都柏林的共濟會經營的。我們到火車站去拿報紙，數份數，送到經銷商那裡。可是我們不看，我可不要發現你在看報。你可能會失去信仰，而且看你的眼睛，你也可能會失去視力。你聽見了嗎，麥考特？

聽見了，莫凱弗利先生。

不准看《愛爾蘭時報》，等你下個禮拜過來，我會把所有不能在辦公室裡看的英國垃圾都告訴你。聽見了嗎？

聽見了，莫凱弗利先生。

歐康諾太太抿緊了嘴唇，連看都不肯看我一眼。她跟巴瑞小姐說，我聽見有個窮巷子的暴發戶從郵局考試的試場門口走掉了，大概是嫌那份工作太低下了吧。

妳說得對，巴瑞小姐說。

是我們高攀人家了。

說得對。

妳覺得他會跟我們解釋他爲什麼不考試嗎？

喔，搞不好會呢，巴瑞小姐說，只要我們肯跪下來。

我跟她說，我想到美國去，歐康諾太太。

妳聽到了嗎，巴瑞小姐？

聽到了，歐康諾太太。

他說話了耶。

是啊。

他將來會後悔的，巴瑞小姐。

一定會的，歐康諾太太。

歐康諾太太越過我，對著在長椅上等著送電報的男生說話，這個法蘭基·麥考特覺得在郵局工作太委屈他了。

我沒有那樣想，歐康諾太太。

誰請你開口了，高高在上先生？我們哪配得上啊，是不是，孩子們？

是的，歐康諾太太。

我們對他那麼寬厚，讓他去送可以拿很多小費的電報，讓他在天氣好的時候去鄉下，他對那個英國人哈靈頓先生做了那麼丟臉的事情，不尊重可憐的哈靈頓太太的遺體，吃了一肚子的火腿三明治，喝雪莉酒喝得醉醺醺的，還跳窗子，毀了每一株玫瑰花，搖搖晃晃地回來這裡。發生了那種事，我們還是讓他回來工作，誰知道他送電報的這兩年還幹了什麼？誰知道啊，不過呢，我們可是一清二楚的，妳說是不是啊，巴瑞小姐？

沒錯，歐康諾太太，不過那種事情可不適合在這裡說。

她跟巴瑞小姐咬耳朵，兩人看著我，搖搖頭。

他真是愛爾蘭跟他可憐母親的恥辱，希望她永遠也不會知道。可是這個人在美國出生，父親又是北愛人，還能指望什麼？我們不是都忍了嗎，還讓他再回來工作呢。

她一直越過我，跟長椅上的男生說話。

人家要去伊森公司上班，去幫都柏林那一夥共濟會的跟清教徒。郵局太委屈他了，可是他卻樂意去把各種下流的英國雜誌送到利默里克每一條街。他摸過的每一本雜誌都會是不赦之罪。可是人家現在要走了，可憐他的母親啊，祈禱能有個兒子用退休金照顧她的後半輩子。喏，把你的工錢拿走，別讓我們再看到你。

巴瑞小姐說，他是個壞孩子，是不是啊，孩子們？

是，巴瑞小姐。

我不知道該說什麼，不知道自己做錯了什麼。我應該說我很抱歉嗎？說再見？

我把皮帶和袋子放在歐康諾太太的桌上，她兇巴巴看著我。去、去，去伊森上班去。離開這裡。下一個，過來拿電報。

他們回頭工作了，而我則步下樓梯，走向我人生的下一站。

17

我不知道歐康諾太太爲什麼要當著大家的面羞辱我，我並沒有覺得自己在郵局工作太委屈什麼的。我的頭髮根根倒豎，又滿臉青春痘，眼睛紅腫還分泌黃色液體，還長了一口爛牙，又沒肩膀，騎了一萬三千哩的腳踏車，把兩萬封電報送到利默里克每一戶人家，騎得屁股都沒肉了，我憑什麼假清高？

歐康諾太太很久以前說，她對每一個電報童都瞭如指掌。她一定知道我有時會跑到卡里哥戛諾城堡的頂端去搞自己，底下的牛奶女工目瞪口呆，小男孩仰著脖子猛看。

她一定知道泰芮莎．卡莫迪和綠沙發的事，知道我是怎麼害她陷入罪惡狀態，害她下地獄的，那是最壞的罪，比卡里哥戛諾城堡還要壞上一千倍。她一定知道我在泰芮莎的事之後都沒有告解過，知道我自己也注定要下地獄了。

犯過這種罪的人，在郵局或任何地方工作都不會委屈。

邵斯酒館的酒保記得我跟漢能先生、比爾．高文、帕．基廷姨丈坐在一起，黑白黑。他記得我父親，記得他把薪水和補助金喝光，唱著愛國歌曲，還像個被定罪的叛徒一樣在被告席上說得口沫橫飛。

你想喝什麼？酒保說。

我是來找帕．基廷姨丈，喝我的第一杯啤酒的。

唉呀，眞的嗎？他馬上就到，那我乾脆先幫他裝酒，也幫你裝你的第一杯啤酒吧。

好的，先生。

帕姨丈進來了，叫我坐在他旁邊靠牆的位子。酒保送上了啤酒，帕姨丈付了錢，舉起酒杯，跟酒館裡的客人說，這是我外甥，法蘭基．麥考特，我的小姨子安琪拉．席安的兒子，這是他的第一杯啤酒，祝你健康長壽，法蘭基，願你活著享受啤酒，不過可別多喝了。

客人都舉起酒杯，點頭，喝酒，嘴唇和鬍子上都沾了奶白色泡沫。我猛喝了一大口，帕姨丈跟我說，慢點喝，別一口氣喝完，只要健力士家族能健康強壯，就會有喝不完的啤酒。

我跟他說，我想用最後一點郵局賺來的工資請他喝一杯啤酒，可是他說，不行，把錢拿回家去給你母親，等你從美國回來了，功成名就，手臂上還挽著一個金髮妞，那時你再請我喝一杯。

酒館裡的客人在談論世界的惡劣情勢，談論赫曼．戈林是如何在絞刑前一個鐘頭逃過劊子手的。紐倫堡那兒的美國人宣稱，不知道那個納粹雜種把藥丸藏在哪裡。在他的耳朵裡？鼻孔裡？屁眼裡？美國佬在逮捕納粹分子的時候，一定每個洞都找過了，可是赫曼偏偏讓他們栽了跟頭。看吧，你可以航行過大西洋，在諾曼第登陸，用炸彈把德國轟出地球表面，可是到頭來他們卻找不到戈林藏在他肥屁眼裡的一顆小藥丸。

帕姨丈又幫我買了一杯酒。要喝下肚更困難了，因爲我喝飽了，肚子都凸了出來。客人談論著集中營，說可憐的猶太人從來沒傷害過什麼人，可是男人女人小孩都塞進了爐子裡，小孩子啊，他們能有什麼錯，小鞋子散落得到處都是，給硬塞進爐子裡。酒館煙霧瀰漫，人聲一忽兒大一忽兒小，帕姨丈說，你還好嗎？你的臉白得跟床單一樣。他帶我到廁所，我們兩個對著牆尿了好久，而牆壁一下子近一下子遠。我沒法再進酒館了，香菸的煙霧，健力士，戈林的肥屁股，散落的小鞋子，沒辦法再進去了，晚安，帕姨丈，謝謝。他叫我直接回家，直接回去。喔，他不知道閣樓上的亢奮或綠沙發上的亢奮，或是我在遭天譴的狀態中，如果我現在死了，我會立馬下地獄。

帕姨丈回去喝酒。我來到歐康諾街上，何不乾脆走個幾步到耶穌會去，在我十五歲的最後一晚把我的罪都說出來？我按了神父家的門鈴，有個大漢來開門。有事嗎？我跟他說，我想要告解，神父。他說，我不是神父，別叫我神父，我是修士。

好吧，修士。我想在我明天滿十六歲以前告解。我的生日要在恩寵狀態下度過。

他說，走開，你喝醉了。像你這樣的孩子喝醉了，竟還敢像個領主一樣，這麼晚了來按神父家的門鈴。走開，不然我就要叫守衛了。

啊，不要，不要。我只是想告解。我被天譴了。

你喝醉了，現在不適合懺悔。

他當著我的面把門關上了。又一次，可是我明天就十六了，所以我又按鈴。修士來開門，把我轉過去，踢了我的屁股，踢得我跌跌撞撞下了台階。

他說，再按一次鈴，我就打斷你的手。

耶穌會修士不可以這樣說話。他們應該要像天主，而不是滿世界威脅要打斷別人的手。

我頭暈眼花。我要回家上床睡覺。我扶著貝林頓街的欄杆，挨著牆走進巷子。媽坐在爐火邊抽野忍冬，我的弟弟都在樓上睡覺。她說，這個樣子回家還眞好看。

開口說話很難，可是我跟她說，我和帕姨丈喝了第一杯啤酒。沒有父親幫我買第一杯酒。

你的帕姨丈應該要更懂事一點。

我踉蹌走向椅子，她說，就跟你父親一樣。

我努力控制舌頭在嘴巴裡的動作。我寧可、我寧可、寧可像我父親也不要像拉曼・葛里芬。

她背轉過身去，凝視著爐灶裡的灰燼。可是我不肯罷休，因爲我喝了啤酒，喝了兩杯，而且我明天就滿十六歲了，是男人了。

妳聽見了嗎？我寧可像我父親也不要像拉曼・葛里芬。

她站起來面對著我。管好你的舌頭，她說。

妳管好妳自己的舌頭吧。

不准這樣跟我說話，我是你母親。

我愛怎麼跟妳說話就怎麼說話。

你的嘴巴就跟送貨的一樣。

是嗎？是嗎？哼，我寧可像送貨的也不要像拉曼・葛里芬那種老酒鬼，鼻水流個不停，還有跟他一起爬到閣樓上的人。

她走開了，我跟著她上樓到小房間。她轉過身說，別煩我，別煩我。我還是對她吼，拉曼・葛里芬、拉曼・葛里芬。最後她推了我一把，滾出這個房間，而我甩了她一巴掌，打得她眼睛湧出淚水，她發出了小小的嗚咽聲。妳再也不會有那種機會了。我退開了，因爲在我漫長的罪惡名單上又多了一條，而我深深覺得可恥。

我倒在床上，衣服鞋襪都沒脫，半夜三更醒來吐在枕頭上，弟弟們抱怨臭死了，叫我清理，說我真噁心。我聽見母親在哭，我想跟她說我很抱歉，可是她跟拉曼·葛里芬做出那種事，我幹嘛要道歉。早晨我的小弟弟們都去上學了，馬拉基出去找工作，媽坐在爐火邊喝茶。我把工資放在桌上她的手肘邊，轉身就走。她說，你不喝杯茶嗎？

不要。

今天是你的生日欸。

我不在乎。

她在巷子裡追著我喊，你應該吃點東西，可是我只背對著她，繞過了轉角，一聲也不吭。我仍然想跟她說我很抱歉，可是如果說了，我也會想說都是她害的，她不應該在那天晚上爬到閣樓上。不過我現在什麼也不甩了，因爲我還在幫費尼肯太太寫恐嚇信，在存錢到美國去。

今天除了要到費尼肯太太家寫恐嚇信之外，我一整天都沒事做。我在亨利街上晃，後來下雨了，我只得跑進方濟會躲雨，聖方濟跟他的小鳥和羔羊站在一起。我看著他，很納悶我爲什麼會跟他禱告。不，我不是禱告，我是乞求。

我乞求他幫泰芮莎·卡莫迪說情，可是他什麼也沒做，只是立在他的基座上，露出淡淡的笑容，小鳥，羔羊，根本就不甩泰芮莎或是我。

我跟你算完了，聖方濟。忘了吧，法蘭西斯。我不知道他們爲什麼要給我取這個名字[39]。要是他們

39 聖方濟的英文是 St. Francis，即法蘭西斯。作者即是以這位聖人為名。

叫我馬拉基，可能還好一點，一個是國王，一個是大聖人。你爲什麼不治好泰芮莎？你爲什麼害她下地獄？你讓我母親爬到閣樓上。你讓我掉進了遭天譴的狀態裡。小孩子的鞋子散落在集中營裡。我又長了膿腫，長在我的胸口，而且我餓了。

聖方濟沒有用，他不肯讓我兩隻眼睛湧出來的淚水停止，我吸著鼻子，喉嚨嗆住，不停地說主啊主啊，我跪在地上，頭靠著前面的長椅椅背，我因爲飢餓和哭泣而虛弱，可能會跌在地上。求求你幫助我，天主或是聖方濟，因爲我今天十六歲了，我打了我母親，我害泰芮莎下地獄，我在利默里克和鄰郡到處打手槍，我怕死了脖子上的磨石。

有一隻手搭住我的肩膀，一件褐袍，黑色的玫瑰念珠嗒嗒響，是一位方濟會的神父。

孩子，孩子，孩子。

我是個孩子，我靠著他，小法蘭基靠在父親的大腿上，跟我說庫胡林的故事，爸，是我的故事，不能給馬拉基，鞦韆上的弗瑞迪·雷伯維茨也不行。

孩子，來跟我一塊坐。把你的煩惱告訴我。不想說也沒關係。我是格瑞哥神父。

我今天十六歲了，神父。

喔，眞好，眞好，那你爲什麼會煩惱呢？

我昨天晚上喝了第一杯啤酒。

是嗎？

我打了我媽。

主啊，孩子。不過主會原諒你的。還有什麼事嗎？

我不能跟你說，神父。

那你想不想告解？

我不能，神父。我做了很恐怖的事。

天主會原諒所有眞心懺悔的人。祂把祂的獨子送到世上來爲我們而死。

我不能說，神父。我不能。

可是你可以跟聖方濟說，是不是？

他不再幫我了。

可是你愛他，是不是？

對。我也叫法蘭西斯。

那就跟他說。我們就坐在這裡，你可以把心裡的煩惱告訴他。我如果坐在這裡聽，也只是聖方濟和天主的一雙耳朵。這樣可以嗎？

我跟聖方濟說話，跟他說了瑪格麗特、奧利佛、尤金；我爸唱洛迪．麥考利的歌，口袋空空回家；我爸沒從英國寄錢來；泰芮莎跟綠沙發；我在卡里哥戞諾城堡犯的重罪；集中營裡散落著小孩子的鞋子，他們爲什麼不把赫曼．戈林吊死；基督教兄弟學校當著我的面把門關上；他們不肯讓我當輔祭童；我的弟弟邁可走進巷子裡，破鞋子啪噠啪噠響；我引以爲恥的壞眼睛；耶穌會修士當著我的面把門關上；我打媽耳光時她眼中的淚。

格瑞哥神父說，你願不願意靜靜坐一會兒，也許禱告個幾分鐘？

他的褐袍磨擦著我的臉頰，粗粗的，還有香皀的味道。他看著聖方濟和聖龕，點個頭，我猜他是在跟天主說話。然後他叫我跪下來，給了我赦免，叫我念三遍聖母經，三遍主禱文，三遍聖三光榮經。他跟我說天主寬恕了我，我一定要寬恕自己，說天主愛我，我一定要愛自己，因爲唯有你愛自身中的天主，你才能愛天主創造的一切生物。

可是我想知道泰芮莎·卡莫迪是不是下地獄了，神父。

沒有，孩子，她當然是在天堂裡。她像古代的殉教者一樣受了那麼多苦，天主知道那樣就是懺悔了。你可以百分之百肯定，醫院裡的修女不會讓她臨終的時候身邊沒有神父的。

眞的嗎，神父？

當然是眞的，孩子。

他又祝福了我，要我爲他禱告。我開心地小跑步在利默里克的街上，知道泰芮莎在天堂裡，而且不再咳嗽了。

禮拜一的黎明，在火車站裡。報紙和雜誌都一捆一捆堆在月台牆邊。莫凱弗利先生跟另一個男生威利·哈洛德在那裡，割斷麻繩，清點，載入帳簿裡。英文報紙和《愛爾蘭時報》必須及早送，雜誌晚一點。我們數出報紙，貼上標籤，要送到遍布全城的商店去。

莫凱弗利先生駕駛貨車，他留在車子裡，我跟威利抱著一捆捆的報紙跑進商店，同時收明天的訂單，在帳簿上加加減減。報紙送完之後，我們在辦公室把雜誌搬下來，回家去吃五十分鐘的早餐。

我回到辦公室發現又有兩個男生，伊曼和彼得，他們已經把雜誌分類，清點，沿路塞進書報店的信箱裡了。份數少的訂貨就由蓋瑞·哈維騎著腳踏車去送，大訂單就由莫凱弗利先生開車去送。莫凱弗利先生叫我待在辦公室，學著數雜誌，記錄到帳簿裡。莫凱弗利先生前腳一走，伊曼和彼得就拉開抽屜，他們把菸屁股藏在裡面，然後就抽了起來。他們不相信我不抽菸。想知道我是不是有哪裡不對勁，眼睛壞了或是肺癆吧。要是你不抽菸，怎麼約女生出去？彼得說，如果你跟女生上街去，她跟你要香菸，你說你不抽菸，那你不就成了大白痴了？那你是要怎麼把她弄到田裡去樂一樂？伊曼說，我爸說不喝酒的男人不可靠。彼得說，要是有哪個男人不抽菸不喝酒，那他就對女生一點興趣也沒有，你就會想要用手擋住屁眼，絕對的。

兩人哈哈笑，笑到咳嗽，而且越笑就咳得越兇，最後他們兩個扶著彼此，互捶肩胛骨中間，擦掉臉上的淚。等他們鬧夠了之後，我們把英國和美國雜誌分開來，看著女性內衣、胸罩、內褲、長絲襪的廣告。伊曼在看一本美國雜誌叫《看見》，上面有日本女孩讓遠離家鄉的士兵開心的相片，伊曼說他得上廁所。他走了以後彼得對我眨眨眼，你知道他是去幹什麼吧？有時男生在廁所磨蹭太久，在裡面搞自己，浪費了寶貴的時間，辜負了伊森公司付給他們的薪水，更重要的是危害了他們不朽的靈魂，莫凱弗利先生就會發火。莫凱弗利先生不會開門見山就說不要再打手槍了，因為除非有證據，否則你不能指控別人犯了不赦之罪。有時候在某個男生上完廁所之後，他會去探頭探腦，回來後一臉威嚇地跟男生說，伊們不准看那些外國的下流雜誌。伊們只負責清點數量，放進信箱裡，就這樣。

伊曼從廁所回來了，彼得帶著一本美國雜誌《柯利爾氏》進去了，那上面有選美比賽的女生。伊曼說，你知道他在裡面幹什麼嗎？在搞他自己。他一天進去五次。每次有新的美國雜誌送來，裡面有女人內衣的，他就進去一次。搞得沒完沒了。還瞞著莫凱弗利先生偷借雜誌回家去，天知道他一整晚都拿著那本雜誌搞什麼。要是他死在裡面，地獄一定會張開大大的嘴巴。

彼得出來以後，我也想上廁所，可是我不想讓他們說，看吧，新來的，第一天上班就在搞自己了。菸倒是不抽，可還是像頭老山羊一樣打手槍。

莫凱弗利先生開貨車送完貨回來了，他想知道爲什麼雜誌都沒數好捆好，準備分送。彼得跟他說，我們忙著教新來的麥考特。唉唷，他眼睛不好，動作有點慢，不過我們一直在盯他，現在他比較快了。

送貨的蓋瑞．哈維會有一個禮拜不來上班，因爲輪到他休假，他想陪女朋友蘿絲，她剛從英國回來。我是新來的，所以他不在我得頂替他送貨，騎著車頭有大金屬籃的腳踏車跑遍利默里克。他教我如何平衡報紙和雜誌，以免腳踏車翻倒，連帶害我也摔倒，萬一有輛貨車經過，我可能會被輾過去，變成馬路上的一片鮭魚。他從前看過一個阿兵哥被軍隊的貨車輾過，就像一片鮭魚。

禮拜六中午，蓋瑞到伊森位在火車站的書報亭去送最後一趟貨，倒是方便，因爲我可以跟他在那裡會合，他把腳踏車交給我，然後在火車站等蘿絲下火車。我們站在大門外等，他跟我說他一年沒看見蘿絲了。她在布里斯托一家酒館工作，他一點也不喜歡，因爲英國人總是對愛爾蘭女孩上下其手，偷偷伸手到她們的裙子底下，或是更壞，可是愛爾蘭女孩唯恐會丟了飯碗，一聲都不敢吭。人人都知道愛爾蘭女孩潔身自愛，尤其是利默里克的女生，全世界都知道她們有多純潔，她們有心上人在等候她們回來，就像蓋瑞．哈維。他看她走路的樣子就知道她是不是保持貞節。如果有女生在一年之後回來，走路跟她當初離開時不一樣，那你就知道她跟英國那些下流的色鬼搞到一塊了。

火車駛入了車站，蓋瑞揮手，指著從火車最後一節走來的蘿絲。蘿絲微笑，露出白牙，一身綠色連身裙。蓋瑞揮著揮著突然不動了，喃喃自語，看她走路的樣子，婊子，落翅仔，流鶯，妓女，說完就跑掉了。蘿絲走向我，剛才跟你站在一起的是蓋瑞．哈維嗎？

是啊。

他人呢？

喔，他出去了。

我知道他出去了。去哪裡啊？

不知道，他沒跟我說。他就這樣跑出去了。

什麼也沒說嗎？

我沒聽見他說什麼。

你是他的同事？

是啊，我來牽腳踏車。

什麼腳踏車？

送貨的腳踏車。

他騎的是送貨的腳踏車？

對。

他跟我說他在伊森辦公室裡上班，是坐辦公桌的。

我不知道如何是好。我不想害蓋瑞．哈維變成騙子，害他跟可愛的蘿絲有麻煩。喔，我們都輪流騎送貨的腳踏車。一個鐘頭坐辦公桌，一個鐘頭騎車。經理說，出去呼吸新鮮空氣對身體好。

嗯，那我就回家去放行李，再去他家找他。我本來以爲他會幫我提行李的。

腳踏車在我這裡，妳可以把行李箱放到籃子裡，我陪妳走路回家。

我們走到凱利路，她跟我說她好興奮喔。她在英國存錢，現在想回來跟蓋瑞結婚，雖然他只有十九歲，而她只有十七歲。但既然戀愛了，歲數有什麼關係。我在英國像修女一樣過日子，每天晚上都夢見他，眞謝謝你幫我送行李箱回來。

我轉身跳上腳踏車，騎回伊森公司，蓋瑞卻從後面追了上來。他滿臉通紅，鼻子噴得像頭公牛。你跟我的女朋友搞什麼，小王八蛋？啊？什麼？要是讓我發現你跟我的女朋友做了什麼，我就宰了你。

我什麼也沒做啊，只是幫她載行李箱，因爲很重啊。

不准你再看她一眼，否則你就死定了。

我不會的，蓋瑞。我不想看她。

哦，是嗎？因爲她長得醜嗎？

不是、不是，蓋瑞，她是你的，而且她愛你。

你怎麼知道？

她說的。

她說的？

她說的，我向天主發誓。

耶穌。

他砰砰砰地打門，蘿絲、蘿絲，妳在裡面嗎？她出來了，我當然在啊。我就騎著籃子上招牌寫著伊森的腳踏車走了，心裡亂猜他現在應該在吻她了，也想著他在火車站說的話，同時也在氣憤彼得怎麼能在辦公室裡跟莫凱弗利先生那樣亂說，明明就是他跟伊曼在看穿內衣的女人，又跑到廁所裡去搞自己的。

莫凱弗利先生在辦公室裡發飆。你跑哪兒去了？天上的父啊，從火車站騎回來得騎一整天嗎？我們這裡出了急事，應該叫哈維來辦的，可是他媽的他偏偏放假了，上帝原諒我說髒話，現在得叫你去了，你得騎得越快越好，幸好你當過電報童，熟悉利默里克的大街小巷。你到每一家我們的訂戶商店，直接走進去，只要看到《約翰．歐倫敦週刊》，就把第十六頁撕下來，有人攔你，就說是政府的命令，他們不可以干涉公務，有誰敢阻止，就會被逮捕監禁，還會罰一筆鉅款。好了，看在上帝的分上，快去，把每一本的第十六頁都帶回來辦公室燒掉。

每一家店嗎，莫凱弗利先生？

我會到大的店家去，你負責從這裡到伯勒納卡拉，再到因尼斯路和以外的地區，上帝幫助我們。去啊，快去。

我跳上了腳踏車，伊曼跑下階梯。嘿，麥考特，等一等。聽著，等你回來的時候，別把所有的第十六頁都交給他。

爲什麼？

我們可以拿去賣，我跟彼得。

爲什麼？

那是在說節育的事，節育在愛爾蘭是禁止的。

什麼叫節育？

喔，基督，你什麼都不懂嗎？就是保險套，你知道，橡皮做的，法國字，讓女生不會上柱子。

上杜子？

就是大肚子。你都十六歲了還這麼無知。快點，快去把十六頁弄回來，免得大家都跑到店裡去買《約翰．歐倫敦週刊》。

我正要把腳踏車推走，莫凱弗利先生又跑下了台階。等等，麥考特，我們一起坐貨車去。伊曼，你跟著來。

那彼得呢？

他留下。反正他會帶著雜誌鑽進廁所裡。

莫凱弗利先生在貨車裡自言自語。媽的，這麼好的一個禮拜六，可是都柏林打一通電話過來，我們就得在利默里克到處跑，去撕一本英國雜誌，害我不能在家裡喝茶吃麵包，兩腳架在箱子上，在聖心像下面悠哉地讀著《愛爾蘭新聞報》。媽的，什麼鬼電話。

莫凱弗利先生跑進每一家店，我們跟著他。他抓起雜誌，交給我們各一堆，叫我們動手撕。店主朝他大叫，伊們在幹什麼？耶穌，聖母瑪利亞，大聖若瑟，伊們是瘋了嗎？把雜誌放回去，不然我就叫守衛了。

莫凱弗利先生跟他們說，政府的命令，夫人。這一週的《約翰．歐倫敦週刊》有不適合愛爾蘭人的污穢內容，我們是在執行天主的意旨。

什麼污穢內容？什麼污穢內容？在伊們亂撕以前，拿給我看。這些雜誌我不會付伊森錢，我不付。

夫人，我們伊森不在乎。我們寧可損失一大筆錢，也不能讓利默里克和愛爾蘭人民受到這種污穢內容污染。

什麼污穢內容？

不能告訴妳。來吧，小子們。

我們把撕下來的雜誌丟在貨車裡，莫凱弗利先生在一家店裡爭吵，我們就乘機塞了一些到襯衫下。貨車裡有舊雜誌，我們就撕下來亂撒，讓莫凱弗利先生以爲都是《約翰．歐倫敦週刊》的第十六頁。

這份雜誌最大的訂戶是哈欽森先生，他跟莫凱弗利先生說，滾出他的店，否則他會打破他的腦袋，不准動這些雜誌，可是莫凱弗利先生照撕不誤，哈欽森先生就把他丟到街上。莫凱弗利先生大喊說，這裡是天主教國家，哈欽森雖然是新教徒，也沒有權利在愛爾蘭最神聖的城市裡販賣污穢的東西。哈欽森先生說，啊，吃我的屁啦。莫凱弗利先生說，看到了嗎，孩子們？看到了嗎，不是教會眞正的一員就會這樣子。

有些店說他們已經把《約翰．歐倫敦週刊》都賣光了，莫凱弗利先生說，喔，聖母啊，我們會變什麼樣啊？伊都賣給誰了？

他逼問顧客的姓名住址，因爲他們都會因爲讀這些節育文章而危害到他們不朽的靈魂。他會到他們家去把那污穢的一頁撕掉，可是店主說，現在是禮拜六晚上啊，莫凱弗利，而且天快黑了，拜託你走開行不行？

回到辦公室途中，伊曼在貨車後面跟我低聲說，我有二十一頁。你有多少？我跟他說十四，其實我有四十幾頁，我不跟他說，誰叫他們用我的壞眼睛誣陷我，絕不要跟這種人說實話。莫凱弗利先生叫我們把貨車裡撕下來的雜誌拿進去。我們把地上的東西全都抄了起來，他開心地坐在辦公室另一頭的辦公桌後，打電話給都柏林，跟他們說他像上帝的復仇者一樣衝進每家店裡，把利默里克從節育的恐怖中解救了出來。同時他看著熊熊火焰吞噬掉一頁頁跟《約翰．歐倫敦週刊》毫不相干的紙張。

禮拜一早晨我騎車去送雜誌，大家看到腳踏車前的伊森招牌就攔下我，問我有沒有可能弄到一本《約翰．歐倫敦週刊》。他們都是有錢人的模樣，有的開著汽車，男人戴帽子和硬領，打領帶，口袋裡插著兩枝自來水筆；女士戴帽子，肩膀垂著皮草，是在薩佛里或絲黛拉喝茶豎著小指頭的人，展現她們的出身多高貴，而現在卻想讀有關節育的文章。

伊曼稍早跟我說，低於五先令不賣。我問他是不是在開玩笑。不，不是。利默里克的每個人都在談這一頁，他們恨不得能快點弄到一張。

五先令，不然就免談，法蘭基。如果是有錢人，就把價錢再拉高，不過我是定價五先令，你可別騎著腳踏車到處跑，用低價搞壞了行情。我們得分彼得一點，不然他會跑去莫凱弗利那兒告狀。

有些人願意付六先令六便士，我在兩天的時間裡就大賺了一票，口袋裡揣著十多鎊，扣掉給彼得那條毒蛇的一鎊，他是會出賣我們的。我把八鎊存進了郵局帳戶裡，那天晚上我們吃了豐盛的一餐，有火腿、番茄、麵包、牛油、果醬。媽想知道我是不是贏了獎券，我跟她說是小費。她不高興我去當送貨小弟，因爲那是利默里克最低下的工作，可是如果這工作能帶火腿回家，那我們就該感激地點蠟燭。她不知道我在郵局裡偷偷存的路費越來越多，如果她知道我寫恐嚇信賺多少，她一定會氣死。

馬拉基在一家修車廠倉庫找到了工作，幫技師遞零件。媽自己也在照顧一個老人，斯林尼先生，他住在南環路，兩個女兒每天都去上班。媽跟我說要是送報紙到那附近，就進來喝茶吃三明治。那兩個女兒不會知道，而斯林尼先生也不會介意，因爲他不是很清醒，他以前在印度服役，搞得現在大多數時間都筋疲力盡的。

她在斯林尼家的廚房裡穿著潔白無瑕的圍裙，樣子很祥和，她的四周都光亮整潔，屋外的花園裡百花爭豔，小鳥歡唱，無線電收音機裡響著愛爾蘭電台的音樂。她坐在餐桌旁，桌上有一壺茶，有杯碟，許多麵包、牛油，各種冷肉。我愛吃哪種三明治都可以，可是我只認得火腿和醃肉凍。她沒有醃肉凍，因爲這種東西只有貧巷裡的窮人才吃，南環路上的人家是不吃的。她說有錢人不吃醃肉凍，因爲那是培根工廠用從地上和流理台上掃在一起的肉做的。美國把醃肉凍稱作頭起司，她也不知道是爲什麼。

她給我一份火腿三明治，還夾了多汁的番茄片，喝茶的杯子有粉紅色小天使在飛翔，拿著小箭射別的藍色小天使。我不免覺得奇怪，爲什麼做茶杯和夜壺非得要用各種天使，或是在幽谷玩樂的少女不可？媽說有錢人就是這樣子，他們喜歡這種裝飾，如果我們有錢，不也一樣。她如果有這樣的房子，花園裡有花有小鳥，還有收音機播放著可愛的〈華沙協奏曲〉或是〈歐文之夢〉，還有數不盡的茶杯碟子上面畫著射箭的小天使，那她願意用兩隻眼睛去換。

她說她得去看看斯林尼先生，他太老太虛弱了，還會忘記喊我幫他拿夜壺。

夜壺？妳還得幫他倒夜壺？

當然啊。

一陣沉默，因爲我以爲我們想起了我們這一切麻煩的根源，拉曼．葛里芬的夜壺。但那是很久以前的事了，現在換成了斯林尼先生的夜壺，但是沒有關係，因爲她是領工錢來做這件事的，而且斯林尼先生也無害。她回來後跟我說，斯林尼先生想見見我，所以趁他還醒著，進來吧。

他躺在前會客室的床上，窗戶用黑床單遮著，一絲光線都沒有。他跟我媽說，把我抬起來一點，太太，再把窗上的鬼玩意拉開，讓我看看這個孩子。

他的白頭髮長到肩膀。媽低聲說他不肯剪頭髮。他說，我有自己的牙，孩子。你相信嗎？你有自己的牙嗎，孩子？

啊，我有，斯林尼先生。

我以前在印度，你知道。我跟前面一家的提摩尼。一大堆利默里克人在印度。你知道提摩尼嗎，孩子？

知道，斯林尼先生。

他死了，你知道。可憐的傢伙瞎了。我還看得見，還有自己的牙。照顧好你的牙啊，孩子。

我會的，斯林尼先生。

我累了，孩子，可是我要告訴你一件事。你在聽嗎？

我在聽，斯林尼先生。

他在聽嗎，太太？

喔，他在聽，斯林尼先生。

好。我要告訴你的就是，靠過來一點，我要對著耳朵說。我要告訴你的是，絕不要抽別人的菸斗。

哈維跟蘿絲到英國去了，整個冬天我都得騎腳踏車送貨。這年冬天很冷，到處是冰雪，我完全料不到腳踏車幾時會滑溜，害我飛跌到街上或是人行道上，雜誌和報紙落得到處都是。店家向莫凱弗利先生抱怨說，《愛爾蘭時報》送來的時候還沾著冰雪和狗屎，他跟我們嘀咕那份報紙就該這樣子送，新教徒的垃圾。

我每天送完貨，都會把《愛爾蘭時報》帶回家看，想看出到底危害在哪裡。媽說幸好爸不在，不然他就會說，難道愛爾蘭人拋頭顱灑熱血，就是爲了讓自己兒子坐在廚房看這種共濟會報紙嗎？

愛爾蘭各地都有人寫信給編輯，聲稱聽見今年的第一聲布穀鳥叫，你能從字裡行間看出大家在互罵騙子。有新聞報導新教徒的婚禮和照片，那些女人總是比我們在貧巷裡認識的人漂亮。看得出來新教徒女人有完美的牙齒，不過哈維的蘿絲也有漂亮的牙齒。

我一直在讀《愛爾蘭時報》，心裡難免懷疑這樣算不算犯罪，不過我不在乎。自從泰芮莎·卡莫迪進了天堂不再咳嗽，我就不再去告解了。我讀《愛爾蘭時報》和倫敦的《泰晤士報》，因爲這份報紙會告訴我國王每天都在忙什麼，伊莉莎白和瑪格麗特公主又在做什麼。

我讀英國的女性雜誌，看所有與食物有關的文章以及回答女人問題的信箱。彼得和伊曼裝英國腔，假裝他們在讀英國的女性雜誌。

彼得說，親愛的琥珀小姐，我正在跟一個愛爾蘭人約會，他叫莫凱弗利，他的手在我身上亂摸，還用那玩意頂我的肚臍，我氣得發狂，不知道該怎麼辦。焦急的露露·史密斯小姐，約克郡。

伊曼說，親愛的露露，如果這個莫凱弗利個子高到可以用他的寶貝玩意頂妳的肚臍眼，那我建議妳去找一個矮一點的人，那就能滑進妳的大腿間了。妳當然能在約克郡找到一個像樣的矮子吧。

親愛的琥珀小姐，我十三歲了，頭髮是黑色的。我發生了一件可怕的事情，我不敢跟別人說，連我媽都不行。我每隔幾個禮拜就會流血，妳知道是哪裡，我很怕會被發現。愛格妮絲·崔普小姐，德文郡小滴滴答答鎮。

親愛的愛格妮絲，恭喜妳。妳現在是女人了，可以燙頭髮了，因爲妳的月經來了。不要怕月經，因為英國女人都有。這是上帝送的禮物，可以讓我們純潔，讓我們為帝國生下強壯的孩子，將來變成軍人，讓愛爾蘭不敢輕舉妄動。在世界的某處，有月經的女人是不潔的，可是我們英國人卻珍惜有月經的女人，真的喔。

春天時來了一個新的送貨小弟，我回到辦公室裡。彼得和伊曼去了英國。彼得受夠了利默里克，沒有女生，你只好搞自己，打手槍、打手槍、打手槍，我們在利默里克就只會打手槍。來了新人，我變成資深的了，而且工作很簡單，因為我的動作快，莫凱弗利先生開貨車出去，我的工作也做完了，我就讀英國的、愛爾蘭的、美國的雜誌和報紙。日日夜夜我都夢想著美國。

馬拉基到英國去工作了，是一所富有的天主教男生念的寄宿學校，他滿面笑容地到處走動，彷彿自己跟學校裡那些男生是平等的，而人人都知道，在英國的寄宿學校工作應該要低著頭，拖著腳，有愛爾蘭佣人的樣子。他們因為他的態度開除了他，馬拉基跟他們說，他們可以親他的皇家愛爾蘭屁股，他們就說這種粗俗的語言和行為早在他們意料之中。後來他在科芬特里的瓦斯廠找到了工作，像帕・基廷姨丈一樣把煤剷進熔爐裡，一面剷著煤，一面等待可以追隨我的腳步到美國去。

18

我十七歲了，十八歲了，即將十九歲了，在伊森公司上班，也幫費尼肯太太寫恐嚇信，她說她也沒有多少日子好過了，爲她的靈魂禱告得越多，她的感覺就越好。她把錢放進信封裡，叫我送去市內各個教堂，去敲神父的門，把信封當面交給神父，請他們爲她做彌撒。她要所有的神父都幫她禱告，唯有耶穌會的例外。她說，他們一點用處也沒有，只有頭腦沒有心。所以他們的門上才應該有拉丁文，我是不會給他們一便士的，因爲你給耶穌會一便士，他們也只是拿去買書買葡萄酒。

她送錢出去，希望神父爲她祈禱了，可是她又不能肯定，而既然她不肯定，我又何必要把所有的錢都交給神父？我自己就需要錢到美國去，要是我留下個幾鎊存進郵局裡，誰會曉得？即使我是個早就不告解的罪人了，要是我替費尼肯太太禱告，爲她的靈魂點蠟燭，等她死後，天主難道會不聽？

再一個月我就滿十九歲了。我只需要幾鎊就能湊足路費，再幾鎊就能在美國登陸後，口袋裡還有餘錢。

我十九歲生日的前夕是個禮拜五。費尼肯太太叫我去買雪莉酒，我回來時她死在椅子上，瞪著大眼，皮包落在地上，敞開著。我不敢看她，可是我拿了一捲錢，十七鎊。我拿了鑰匙到樓上去，打開了大衣箱，拿走了箱子裡的帳本和四十鎊，留下了六十鎊。我會把這些存到郵局帳戶裡，那我就有足夠的錢到美國去了。出來的時候我帶走了那瓶雪莉酒，以免浪費。

我坐在善農河邊的乾塢附近，喝著費尼肯太太的雪莉酒。安姬阿姨的名字也在帳本上，她欠了九鎊。很可能就是許久以前她幫我買衣服的錢，可是現在她不必再還了，因爲我把帳本丟進了河裡。我很遺憾不能跟安姬阿姨說我幫她省了九鎊。我很遺憾寫恐嚇信給利默里克貧巷裡的窮苦人，我自己的同類，不過現在帳本沒了，誰也不會知道他們欠了多少錢，他們也不必還錢了。我眞希望能跟他們說，我是你們的羅賓漢。

又一口雪莉酒。我會拿出一、兩鎊來，請神父爲費尼肯太太的靈魂做彌撒。她的帳本沉進了善農河，流向了大西洋，我知道有一天我也會跟過去。

歐里俄登旅行社的人跟我說，他沒辦法讓我搭飛機到美國去，除非我先到倫敦，那可得花上不少錢。他可以幫我搭上一艘叫「愛爾蘭橡樹號」的船，幾週之後就會離開科克港。他說，航行九天，九月和十月是全年最好的時候，你有自己的艙房，十三名旅客，最好的食物，算是給自己放個假，一共是五十四鎊，你有錢嗎？

我有。

我跟媽說，我幾個禮拜後就要走了，她一聽就哭了。邁可說，我們有一天也會去嗎？

會。

阿方說，你會不會寄牛仔帽和那種丟了會飛回來的東西給我？

邁可跟他說那叫迴力鏢，得跑到遙遠的澳洲去才能買到那種東西，在美國買不到。

阿方說在美國買得到，可以。兩人就一直為了美國澳洲迴力鏢吵個不停，最後媽說，看在耶穌的分上，你們的哥哥要離開我們了，你們兩個還在那裡為了迴力鏢吵架，不要吵了行不行？

媽說在我離開的前一晚，我們應該辦個派對。從前如果有人要到美國去，他們都會辦派對，因為美國太遠了，他們就把派對叫做美國守靈會，因為這一家人再也見不著遠行的那個人了。她說可惜馬拉基不能從英國回來，可是將來有一天在天主和聖母瑪利亞的幫助之下，我們全家都會在美國團聚。

輪到我放假的日子，我會在利默里克亂轉，看著那些我們住過的地方，風車街、哈茨東具街、羅登巷、羅斯布萊恩路、小貝林頓街（其實是條巷子）。我站在外面看著泰芮莎・卡莫迪的家，看到她的母親出來說，你有什麼事？我到舊的聖派屈克墓地坐在奧利佛和尤金的墳前，再過街到聖勞倫佐墓園去看泰芮莎。無論我走到哪裡，都能聽見亡者的聲音，我不禁好奇他們會不會跟著你渡過大西洋。

我想讓利默里克的一草一木都銘刻在我的腦海裡，以防我眞的不再回來了。我坐在聖若瑟教堂和贖世主堂裡，叫自己仔細看一看，因為我可能再也看不到了。我沿著亨利街往下走，向聖方濟道別，雖然我很肯定我在美國還能夠跟他說話。

行程都確定之後，有些日子我反而不想去美國了，我很想去跟歐里俄登旅行社要回我的五十四鎊。我可以等到滿二十一歲，馬拉基可以跟我一塊走，那麼我在紐約至少會有一個認識的人。我有種奇怪的感覺，有時我跟媽和兩個弟弟坐在爐火邊，我會覺得想哭，而我為自己的脆弱感到羞恥。起初媽笑著跟我說，你的膀胱一定長在眼睛附近，可是後來邁可說，我們都要到美國去，爸爸會在那邊，馬拉基會在那邊，我們都會在一起，結果她自己也流下眼淚，而我們就坐在那裡，四個人哭得像白痴。

媽說這是我們第一次辦派對，卻是在孩子們一個個從你身旁溜走的時候辦，能不叫人傷心嗎？馬拉基到英國，法蘭克到美國。她從薪水裡攢了幾先令，買了麵包、火腿、醃肉凍、起司、檸檬汁、幾瓶啤酒。帕·基廷姨丈帶了啤酒、威士忌和一點雪莉酒來，雪莉酒是爲了安姬阿姨敏感的胃準備的。安姬阿姨帶了一個覆滿醋栗和葡萄乾的蛋糕，是她親手烤的。院長帶了六瓶啤酒，他說沒關係，法蘭基，都給你喝，只要給我留個一、兩瓶，幫我唱我的歌就行。

他唱〈到拉辛之路〉。他拿著酒瓶，閉著眼睛，開口唱歌，調門很高。歌詞一點意義也沒有，可是每個人都覺得奇怪，他閉著的眼睛怎麼會滲出了眼淚。阿方低聲跟我說，那首歌一點意思也沒有，他爲什麼還會哭？

我不知道。

院長唱完了歌，睜開眼睛擦乾臉頰，跟我們說這是首哀傷的歌，唱的是一個愛爾蘭男孩去了美國，被黑道的流氓射殺了，在神父還沒趕來之前就死了，他跟我說如果沒有神父在附近，千萬別被射殺了。

帕姨丈說，這眞是他聽過最哀傷的歌曲了，就不能唱點歡快的嗎？他點名要媽唱，媽說，啊，不行，帕，我沒嗓子了。

唱嘛，安琪拉，唱嘛。唱個一首，就唱一首。

好吧，我試試。

我們都跟著她，唱起了她的悲歌。

母愛是一種祝福，
無論你飄泊到何方。
母親還在時要珍惜，
等她走了你就會想念。

帕姨丈說一首比一首還淒涼，我們眞要把這晚當成守靈會嗎？還是說，誰想唱首歌來活絡一下氣氛，不然他就得喝悶酒了。

唉呀，我忘了，安姬阿姨說。現在在月蝕耶。

我們跑到巷子裡，看著月亮消失在一輪黑色陰影後方。帕姨丈說，這可是你出門的好兆頭啊，法蘭基。

不，安姬阿姨說，這是惡兆。我在報上看到的，月亮是在爲世界末日練習。

喔，世界末日個屁，帕姨丈說。這是法蘭基．麥考特嶄新的開始。幾年後他就會回來，穿著一身新套裝，骨頭上也長了肉，跟別的美國佬一樣，還挽著一個牙齒很白的可愛女孩子。

媽說，啊，不，帕，不。他們就把她帶進去，用一點西班牙來的雪莉酒安慰她。

愛爾蘭橡樹號從科克港啓程的時候很晚了，經過了金沙爾和克利爾島就天黑了，密珍岬上燈光閃爍，這是我看愛爾蘭的最後一眼了，天知道幾時我才會再踏上這片土地。

我應該要留下來的，參加郵局考試，在這個世界慢慢往上爬。我本來可以賺進夠多的錢讓邁可和阿方上學，有像樣的鞋子穿，肚子裝得飽飽的。我們可以從窮巷搬到街上，甚至搬到一條林蔭路上，房子還附帶花園。我應該參加考試的，媽就不必再幫斯林尼先生或是任何人倒夜壺了。

但是現在後悔也來不及了。我坐在船上，而愛爾蘭消失在夜裡，站在甲板上回望，想著我的家人、利默里克以及在英國的馬拉基和我的父親，實在是一件傻事，更傻的是我的腦海裡響著洛迪．麥考利上刑場的歌，以及媽驚聲說喔，凱立郡跳舞的日子，而克拉赫西先生在床上猛咳。現在我想要回愛爾蘭，至少我還有媽和弟弟們，還有安姬阿姨（雖然她很壞），以及帕姨丈請我喝我的第一杯啤酒，我的膀胱長到了眼睛附近，而甲板上有個神父站在我旁邊，看得出來他很好奇。

他是利默里克人，但他說話有口音，因為他住在洛杉磯多年。他能體會離開愛爾蘭的滋味，他自己就嘗過，而且始終無法忘懷。你住在洛杉磯，有陽光有棕櫚樹，一天又一天，可你卻問上帝有沒有可能祂會給你一個柔和的利默里克雨天。

我坐在大副那桌，神父坐我旁邊。大副跟我們說船的指令變了，不去紐約了，改到蒙特婁。

三天過去，指令又變了。我們還是要去紐約。

有三名美國乘客抱怨，可惡的愛爾蘭人。他們就不能弄清楚嗎？

在我們駛入紐約的前一天，指令又變了。我們要到哈德遜河上游一個叫奧巴尼的地方。

美國人說，奧巴尼？天殺的奧巴尼？我們為什麼偏偏得坐一個可惡的愛爾蘭浴缸不可？可惡。

神父叫我別理他們。美國人並不是都跟他們一樣。

駛入紐約的黎明我在甲板上。我以為自己是在電影裡，電影最後會結束，黎蕊克戲院的燈光會亮起。神父想指點我看東看西，其實不需要。我自己就看出了自由女神像、愛莉絲島、帝國大廈、克萊斯勒大廈、布魯克林橋。幾千輛的汽車在路上奔馳，陽光把每一樣東西都照成了金黃色。富有的美國人戴著高帽子、打白領帶、穿燕尾服，一定是要跟那些牙齒白皙的美麗女人回家上床。其他人則是要到溫暖舒適的辦公室去上班，沒有人心裡有煩惱。

三個美國乘客在跟船長吵架，有個人從船上爬到下面的拖船上。我們爲什麼不能在這裡下船？我們爲什麼非得一路到混蛋奧巴尼去？

那人說，因爲你們是船上的乘客，而船長是船長，我們沒有帶你們上岸的方法。

哼，這裡是一個自由的國家，而且我們是美國公民。

是這樣嗎？哼，你們現在是在愛爾蘭船上，船長是愛爾蘭船長，他叫你們怎麼做你們就得聽，不然就游泳上岸。

他爬下梯子，拖船緩緩開動，我們沿著哈德遜河經過了曼哈頓，喬治・華盛頓橋底下，經過了幾百艘在戰時運送物資的貨輪，現在都停泊在那裡，等著腐爛。

船長宣布因爲潮汐的緣故，我們不得不再下錨一晚，對岸是一個叫波啓浦夕的地方，神父把地名拼出來給我聽，說是印第安名，美國人都說天殺的波啓浦夕。

天黑之後，一艘小船靠近船隻，有個愛爾蘭人朝上喊，哈囉，有人嗎？我看見了愛爾蘭旗，唉呀，我眞不敢相信自己的眼睛啊。哈囉，有人嗎？

他邀請大副到岸上去喝酒，帶個朋友一塊去，你也是，神父，帶個朋友。

神父邀請我，我們就爬下梯子到小船上，同行的還有大副和報務員。小船上的人說他叫提姆・波佑，是梅奧人。唉呀，天父幫忙啊，我們可眞會挑時間停泊，因爲他們正在開派對，我們全都受邀參加。他帶我們到一棟房子，有草坪，有噴泉，還有三隻粉紅色的鳥單腳獨立。稱爲客廳的房間有五個女人，她們的頭髮僵硬，長衣一塵不染，手上拿著杯子，很友善，面帶笑容露出完美的牙齒。有一個說，請進請進，剛好趕上趴踢。

趴踢。她們是這樣說話的，我猜幾年以後我也會這樣說話。提姆．波佑跟我們說，這些女生的先生晚上都去獵鹿了，她們有一點時間。一個叫貝蒂的女人說，對。都是戰時的弟兄。戰爭結束差不多五年了，他們還是沒適應，所以每個週末都去打獵，喝萊因哥啤酒，喝到什麼也看不見。該死的戰爭，啊神父，原諒我說粗話。

神父低聲跟我說，這些不是好女人，我們別久留。不是好女人的人說，要喝什麼？我們什麼都有。你叫什麼，甜心？

法蘭克．麥考特。

好名字。你喝酒吧？愛爾蘭人都喝酒。喜歡啤酒嗎？

喜歡，謝謝。

喲，這麼有禮貌。我喜歡愛爾蘭人。我祖母就是半個愛爾蘭人，所以我也是半個，四分之一個？我搞不清楚。我叫菲莉妲。來，你的啤酒，甜心。

神父坐在沙發尾端，他們叫 couch，兩個女人在跟他說話。貝蒂問大副要不要參觀房子，他說喔，我要，因爲我們在愛爾蘭沒有這種房子。另一個女人跟報務員說，他應該看看她們花園裡種的東西，你一定不相信有那麼多的花。菲莉妲問我怎麼樣，我說沒事，可是能不能麻煩她告訴我廁所在哪裡。

什麼？

廁所？

喔，你是說浴室啊。就在這邊，甜心，走廊裡面。

謝謝。

她推開門，打開燈，吻了我的臉頰，低聲說如果我需要什麼，她就在外面。

我站在馬桶前面解放，心裡奇怪這種時候我會需要什麼？美國有這種規矩嗎？你在裡面小便，女人在外面等？

我尿完了，沖水，開門出去。她牽著我的手，帶我到一間臥室，放下了酒杯，鎖上門，把我推倒在床上。她亂摸我的褲襠。可惡的鈕釦。你們愛爾蘭沒有拉鍊的嗎？她把我的亢奮掏出來，爬到我身上，上下滑動，耶穌，我上了天堂。忽然有人敲門，神父說，法蘭克，你在裡面嗎？菲莉妲用手指按住自己的嘴唇，眼睛向上翻。法蘭克，你在裡面嗎？神父，拜託你走開，喔主啊，泰芮莎，妳看到我發生什麼事了嗎？就算是教宗在敲門，我也不甩他，就算是紅衣主教團全都張口結舌在窗口看，我也不甩。喔主啊，我的一整根都插進她裡面，她癱倒在我身上，說我很棒，要不要考慮在波啓浦夕住下。

菲莉妲跟神父說，我上完浴室以後有點頭昏，長途跋涉又喝了萊因哥這種怪怪的啤酒就會這樣，她相信愛爾蘭沒有這種啤酒。看得出來神父並不相信她，我也沒辦法管住自己的臉別發燙變紅。他已經寫下了我母親的姓名住址，現在我很怕他會寫信跟我媽說，你的好兒子到美國的第一晚，就在波啓浦夕市跟一個女人在臥室裡風流快活，而這個女人的丈夫爲美國而戰，現在爲了休閒出門去獵鹿，這樣子對待一個爲國家而戰的男人還眞是可敬。

大副和報務員也參觀完房屋和花園回來了，他們也不看神父。女人說我們一定都餓壞了，她們就走進廚房。我們坐在客廳裡，彼此都不說話，只聽著女人在廚房裡嘰嘰喳喳，嘻嘻哈哈。神父又跟我低聲說，壞女人，壞女人，犯罪的機會。而我不知道該說什麼。

壞女人端出了三明治，又倒了更多啤酒，我們吃完喝完，她們就放上法蘭克·辛納屈的唱片，問有沒有人要跳舞。沒有人說要，因爲絕不可以在神父面前站起來跟壞女人跳舞，所以女人自己跳，笑個不停，好似有什麼小祕密。提姆·波佑喝威士忌，在角落睡著了，還是菲莉姐把他叫醒，叫他帶我們回船上。我們離開時，菲莉姐向我靠過來，彷彿要吻我的臉頰，可是神父用很不客氣的語氣說晚安，沒有人握手。我們沿著街道走向河邊，還聽見那些女人在笑，笑聲在夜風中好似銀鈴。

我們爬梯子上船，提姆在小船上對我們高聲說，爬梯子小心啊。唉呀呀，唉呀呀，今晚不是很開心嗎？晚安了，孩子們，晚安了，神父。

我們看著他的小船消失在波啓浦夕黑暗的河岸。神父說晚安，就下去船艙了，大副也跟著走了。

我站在甲板上，跟報務員看著美國的萬家燈火。他說，主啊，眞美的夜啊，法蘭克。這個國家還眞是偉大呢。

19

到了。

非虛構 030

安琪拉的灰燼
Angela's Ashes

作　　者　法蘭克・麥考特 Frank McCourt
譯　　者　趙丕慧

出 版 者　愛米粒出版有限公司
地　　址　台北市10445中山北路二段26巷2號2樓
編輯部專線　(02) 25622159
傳　　真　(02) 25818761
【如果您對本書或本出版公司有任何意見，歡迎來電】

總 編 輯　莊靜君
編　　輯　葉懿慧
企　　劃　葉怡姍
校　　對　金文蕙
美術編輯　張蘊方
印　　刷　上好印刷股份有限公司
電　　話　(04) 23150280
初　　版　二〇一七年（民106）四月一日
定　　價　580元
總 經 銷　知己圖書股份有限公司　郵政劃撥：15060393
（台北公司）台北市106辛亥路一段30號9樓
電話：(02) 23672044／23672047　傳真：(02) 23635741
（台中公司）台中市407工業30路1號
電話：(04) 23595819　傳真：(04) 23595493
法律顧問　陳思成 律師
國際書碼　978-986-93954-3-4　　CIP：785.27 / 106001942

愛米粒出版有限公司
Emily Publishing Company, Ltd.

因為閱讀，我們放膽作夢，恣意飛翔—
成立於2012年8月15日。不設限地引進世界各國的作品，分為「虛構」、「非虛構」、「輕虛構」和「小米粒」系列。在看書成了非必要奢侈品，文學小說式微的年代，愛米粒堅持出版好看的故事，讓世界多一點想像力，多一點希望。來自美國、英國、加拿大、澳洲、法國、義大利、墨西哥和日本等國家虛構與非虛構故事，陸續登場。

愛米粒出版
Emily

廣 告 回 信
台北郵局登記證
台北廣字第 04474 號

平 信

To：愛米粒出版有限公司 收

地址：台北市10445中山區中山北路二段26巷2號2樓

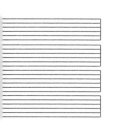

＊請沿虛線剪下，對摺裝訂寄回，謝謝！

當讀者碰上愛米粒

姓名：________________ □男 / □女：_____ 歲

職業 / 學校名稱：________________________

地址：______________________________

E-Mail：____________________________

＊請沿虛線剪下，對摺裝訂寄回，謝謝！

- 書名：安琪拉的灰燼

- 這本書是在哪裡買的?

a.實體書店 b.網路書店 c.量販店 d. __________

- 是如何知道或發現這本書的?

a.實體書店 b.網路書店 c.愛米粒臉書 d.朋友推薦 e.____________

- 為什麼會被這本書給吸引？

a.書名 b.作者 c.主題 d.封面設計 e.文案 f.書評 g.____________

- 對這本書有什麼感想？有什麼話要給作者或是給愛米粒？

※ 只要填寫回函卡並寄回，就有機會獲得神祕小禮物！

讀者只要留下正確的姓名、E-mail和聯絡地址，
並寄回愛米粒出版社，即可獲得晨星網路書店$30元的購書優惠券。
購書優惠券將mail至您的電子信箱（未填寫完整者恕無贈送！）

得獎名單將公布在愛米粒Emily粉絲頁面，敬請密切注意！
愛米粒Emily: https://www.facebook.com/emilypublishing

愛米粒出版有限公司
Emily Publishing Company, Ltd.